企业采购与招标管理

陈川生　朱晋华　编著

电子工业出版社
Publishing House of Electronics Industry
北京·BEIJING

内 容 简 介

本书是从事招标采购教育的院校学者与从事招标实践的专家合作撰写的面向企业采购招标管理的专著。全书以《招标投标法》和《合同法》等法律为指导，通过项目管理的视角，对企业公开采购的各种方式，特别是招标采购方式做了全景式的解读。针对企业采购的特点，本书以方案、文件、程序合同为经线，以经济、管理、法律、技术知识为纬线，相互交织。经纬之间镶嵌了若干经典、活泼有趣的故事及案例，使读者在理解企业采购招标制度和采购技能的学习中看得懂、记得住、用得上。

本书对法理的解读有创新，故事案例有新意，是作者多年来作实线的总结和结晶。相关附录都是企业采购招标工作人员中经常需要的。

本书可作为高等学校相关专业的教材，对其他行业招标采购人员也有重要的参考作用。

未经许可，不得以任何方式复制或抄袭本书之部分或全部内容。

版权所有，侵权必究。

图书在版编目（CIP）数据

企业采购与招标管理 / 陈川生，朱晋华编著. —北京：电子工业出版社，2017.7
ISBN 978-7-121-31954-9

Ⅰ．①企… Ⅱ．①陈… ②朱… Ⅲ．①企业管理－采购管理－高等学校－教材②企业－招标－高等学校－教材 Ⅳ．①F27

中国版本图书馆 CIP 数据核字（2017）第 139795 号

策划编辑：陈晓莉
责任编辑：秦淑灵　　文字编辑：陈晓莉
印　　刷：三河市兴达印务有限公司
装　　订：三河市兴达印务有限公司
出版发行：电子工业出版社
　　　　　北京市海淀区万寿路 173 信箱　邮编 100036
开　　本：787×1 092　1/16　印张：20　字数：588 千字
版　　次：2017 年 7 月第 1 版
印　　次：2017 年 7 月第 1 次印刷
定　　价：59.00 元

凡所购买电子工业出版社图书有缺损问题，请向购买书店调换。若书店售缺，请与本社发行部联系，联系及邮购电话：（010）88254888，（010）88258888。

质量投诉请发邮件至 zlts@phei.com.cn，盗版侵权举报请发邮件至 dbqq@phei.com.cn。

本书咨询联系方式：（010）88254531，qinshl@phei.com.cn。

自　序

采购特别是招标采购是一个涉及多学科的实践问题，说到底就是一个管理问题。彼得·德鲁克（Peter Drucker）说过，"管理就是正确地做事，领导就是做正确的事"。

企业采购从管理的性质区分，可分为项目采购和经营采购两大类。源于项目管理和运营管理。

采购管理是企业管理的重要组成部分。企业采购和公共采购有共性，特别是国有企业。但是，企业采购是为了满足企业生产经营活动或实现企业战略目标，在公平和效率的平衡中效率优先；公共采购是为了满足公共机构日常使用需要或为社会公众提供公共服务需要，在公平和效率的平衡中公平优先；显然两种不同目标的采购管理应当不同。

在企业采购中工业企业采购管理和流通企业的采购管理有共性但也有不同，我国流通企业的日常经营采购同西方发达国家基本相同，完全是一项民事行为；但是，鉴于我国企业国有资金占主要成分的特性，国有工业企业的采购基于法律或其内部制度普遍实行招标采购制度，在很大范围内采购成为公权管制下的民事行为。

我国企业的项目采购绝大多数属于依法必须招标的项目，受到《招标投标法》的规范，在目前政府和社会资本合作（PPP）的项目中，作为社会资本合作方还受到《政府采购法》的约束。但在经营采购中，绝大多数采购则不属于强制招标范围。因此，对其基于制度规定的招标采购方式应当区别规定分类管理。同时还应允许其借鉴西方发达国家的经验实现采购方式多样化。

如果说招标采购活动主要具有法律、经济、技术和管理属性。那么在管理学中，法律是管理的工具、技术是管理的标准、通过竞争缔结的经济合同是管理的结果。

依据我国著名管理学家席酉民先生的观点，管理的知识在学习，管理的艺术在琢磨，管理的技艺在操练，而管理之道在感悟，但感悟的基础在学习、琢磨和操练。

在管理学家看来，国家治理主要有两种形态，即层级治理和市场治理。通俗地讲就是政府有形的手和市场无形的手，在法律层面就是公权和私权。但是随着技术的进步特别是信息技术的发展，在两种治理互补合作的基础上，系统学的创始人哈肯（Hermann Haken）提出"自组织"的概念，应用到社会管理中称之为网络治理。该理论认为社会中个体之间通过互动进而达成秩序和实现发展的过程有自组织的特性。现代信息技术的发展，使人们的沟通和自愿共享更为方便，也大大促进了自组织作用的日益强大，同时使过去对层级治理的依赖日益降低。换句话说，网络治理不断吞噬着层级治理的领地。

层级治理、社会治理和网络治理三种机制存在着丰富的关系。首先，以国家和政府为代表的层级治理主要通过理性设计为社会中的网络机制和市场机制提供法律和制度支持，如国家对公共资源交易平台管理的规定；其次，网络机制和市场机制通过自发的演化为国家和政府提供新知，增强对经济社会发展的认识并反作用于网络和市场；最后，网络和市场之间也会产生微妙的作用，网络治理在增强、放大层级治理和市场治理效力的同时，还应当对其适当管制和引导，否则会对层级治理和市场治理带来破坏性影响。

管理学理论的发展为招标采购管理注入新的思想和动力。其中在技术层面大数据、物联网、移动通信、云计算和人工智能技术为招标采购管理带来颠覆性的革命。

清华大学法学院于安教授指出，依托互联网的电子交易平台，通过互联网可以放大制度的优点也可放大制度的缺点。从管理学的角度审视，这就是网络治理对层级治理和社会治理的反作用。

上述政策的调整和技术的发展给企业采购管理带来新的机遇和挑战。因此，在企业采购部门加强系统的业务学习就迫在眉睫，学习新理论、研究新问题，在这个背景下，作者编写了专门针对企业采购管理的专著，供读者学习参考。

本书由我和中北大学理学院高级工程师朱晋华合作编著。全书是以招标采购的方案、文件、程序、合同为经线，以法律、经济、管理、技术知识为纬线，编织而成的全景式教科书，经纬之间镶嵌了若干古今中外经、典令人感叹的故事和案例。掩卷深思后读者会对招标采购有新的认识。此外，本书有关章节附录的典型招标方案、PPP项目招标文件和练习题为初学者的学习、实践提供了样板；本书附录中固定资产分类与代码、招标采购程序法定时间和异议投诉法定时间的规定、招标采购资料档案管理基本知识等为招标采购一线工作者提供了必备的资料。鉴于招标、采购知识领域的复杂性，以及作者能力水平有限，书中缺点和不妥难免，恳请读者不吝赐教，批评指正。

陈川生

2017年于太原

目 录

第1章 企业招标与采购管理概论 1
  一、采购及其采购方式 1
    （一）采购的基本概念 1
    （二）法律或规则规范的采购方式 3
  二、企业经营采购及其管理 4
    （一）企业经营采购的特点 4
    （二）企业采购的管理 7
    （三）企业采购管理体制 9
  三、企业项目采购中的管制和自由 10
    （一）正确处理投入和产出关系的经济活动 10
    （二）正确处理公平和效率的管理活动 12
    （三）确定需求的技术选择和推荐中标人的技术活动 13
    （四）具有公权和私权两重法律关系的法律活动 14
  四、企业招标采购管理 15
    （一）招标人对招标采购项目的组织管理 15
    （二）政府有关部门对招标采购项目的行政管理 18
    （三）行政监督部门对招标采购项目的行政监督 19
    （四）相关法律责任的解读 24
  本章附录 31
  本章练习题 31

第2章 关于招标采购活动的法律适用 32
  一、关于强制招标范围的管制 32
    （一）国企自行招标采购关键设备能否确定第二名中标 32
    （二）《招标投标法》强制招标范围的规定 32
    （三）《招标法》招标投标活动的区别规定和分类管理 35
    （四）依法必须招标可以不招标的规定 39
  二、法律对招标方式和招标组织形式的管制 41
    （一）法律对招标方式的管制 41
    （二）法律对招标组织形式的管制 42
  三、关于 PPP 项目采购的法律适用 43

（一）PPP 项目的概念和内容 ·· 43
　　（二）特许经营项目采购的法律适用 ·· 45
　　（三）政府购买服务的 PPP 项目采购的法律适用 ······························· 46
　　（四）EPC 项目的招标采购规则 ··· 48
　本章练习题 ·· 50

第 3 章　招标代理机构、评标专家库和供应商库 ·· 51
　一、招标代理机构 ·· 51
　　（一）招标代理机构及其招标代理制度 ·· 51
　　（二）招标采购代理规范 ·· 53
　　（三）招标代理机构发展的条件、挑战和机遇 ···································· 57
　　（四）关于对招标代理机构的监督管理 ·· 61
　二、评标委员会及其评标专家库制度 ·· 64
　　（一）评标委员会和评标制度 ·· 64
　　（二）评标专家库制度 ·· 67
　　（三）评标（审）专家的权利和义务 ·· 69
　　（四）对评标委员会成员的监督管理 ·· 72
　三、供应商库的建设和管理 ·· 75
　　（一）建立企业供应商库的必要性 ·· 75
　　（二）建立企业供应商库的途径 ·· 76
　　（三）企业供应商库的管理 ·· 78
　本章练习题 ·· 79

第 4 章　制订招标方案 ·· 80
　一、招标采购过程的项目管理 ·· 80
　　（一）招标方案是招标采购项目管理的综合计划 ································ 80
　　（二）招标方案的特点和作用 ·· 82
　　（三）高铁项目招标方案的制订 ·· 83
　二、制订招标方案的步骤 ·· 84
　　（一）调查研究、明确项目目标和任务 ·· 84
　　（二）目标分解，明确完成任务的步骤 ·· 85
　　（三）责任落实、健全综合保障措施 ·· 87
　　（四）项目管理工具在招标方案中的应用 ·· 89
　三、依法审批、核准项目中招标内容的管理 ·· 91
　四、招标方案示例 ·· 93
　　（一）招标采购项目招标采购方案示例 ·· 93
　　（二）项目成本控制、质量控制和进度控制建议示范 ························ 97
　本章练习题 ·· 101

第5章 编制招标文本 ... 102
一、招标文本及其法律属性 ... 102
（一）大龄剩女相亲的故事 ... 102
（二）招标文本的内涵 ... 103
（三）招标文本的法律属性 ... 104
（四）承包商（供应商、服务商）资质管理 ... 104
二、招标文本编制的内容 ... 106
（一）关于招标公告的内容 ... 106
（二）关于资格预审文件的内容 ... 108
（三）招标文件中资格条件的其他要求 ... 109
（四）招标文件的主要内容 ... 112
（五）编制招标文件应注意的问题 ... 114
（六）关于投标保证金 ... 121
三、招标文本的监督管理 ... 124
（一）编制招标文件的审核程序 ... 124
（二）编制招标文件不能违法 ... 124
（三）关于编制招标文件的负面清单的经验 ... 125
（四）对编制招标文本的监督 ... 127
四、编制 PPP 项目招标文件（摘要）示范 ... 130
（一）项目简介 ... 130
（二）该类项目编制招标文件的要点 ... 131
（三）招标文件中对控制项目风险的统筹安排 ... 134
本章练习题 ... 135

第6章 执行招标程序（招标） ... 136
一、招标投标程序的特点 ... 136
（一）铁路招标的潜规则 ... 136
（二）招标投标制度的时间性 ... 137
（三）招标投标制度的保密性 ... 138
二、招标程序的管理 ... 139
（一）招标程序概述 ... 139
（二）暂估价和两阶段招标的法律适用 ... 145
（三）关于终止招标 ... 147
（四）招标阶段招标程序控制点管理 ... 148
三、招标程序中的监督管理 ... 149
（一）招标阶段的法律责任 ... 149
（二）该阶段国家工作人员非法干涉的表现形式 ... 152
（三）关于招标无效 ... 153
（四）前置程序无效的影响和无效处置 ... 153

本章练习题 ... 154

第 7 章 执行招标程序（投标） ... 155

一、投标程序的管理 ... 155
（一）投标程序概述 ... 155
（二）投标游戏规则 ... 156
（三）投标程序中的案例解析 ... 159

二、投标程序中的监督管理 ... 161
（一）投标环节的法律规定 ... 161
（二）投标环节违法行为的认定 ... 162
（三）投标环节违法行为的法律责任 ... 170
（四）关于投标无效 ... 173

三、围标、串标走过场等现象深层次的思考 ... 173

本章练习题 ... 177

第 8 章 执行招标程序（开标、评标、中标） ... 178

一、开标程序的管理 ... 178
（一）组织机构代码证的审查问题 ... 178
（二）开标的法律规定 ... 178
（三）投标文件密封检查的缘由、现状及建议 ... 182
（四）唱标的故事 ... 184

二、评标程序的管理 ... 185
（一）评标程序概述 ... 185
（二）评标的故事 ... 192

三、评标的技术在评标中的应用 ... 193
（一）资金时间价值原理 ... 194
（二）评标办法 ... 195
（三）综合评估法折算分值的方法 ... 201

四、中标程序的管理 ... 204
（一）中标程序概述 ... 204
（二）开标、评标、中标程序控制点管理 ... 207
（三）全生命周期复杂评标计算案例 ... 208
（四）关于投标低于成本的讨论 ... 210

五、开标、评标、中标的监督管理 ... 210
（一）开标、评标、中标环节的禁止性规定 ... 210
（二）开标、评标、中标环节的违法行为和监督 ... 212
（三）开标、评标、中标环节的法律责任 ... 213
（四）关于评标无效 ... 213
（五）关于中标无效 ... 214

本章练习题 215

第9章　招标结果和投诉管理 216

一、招标结果管理 216
（一）定标阶段的游戏规则 216
（二）电缆招标合同变化的启示 219

二、招标结果的监督管理 221
（一）签订本约合同过程中的法律责任 221
（二）"黑白招标合同"惹纠纷 223

三、招标投诉管理 225
（一）关于招标投标投诉的法律规定 225
（二）投诉案例的处理和思考 230

　　本章练习题 233

第10章　完成中标项目 234

一、合同与合同法基础 234
（一）合同的基本概念 234
（二）《合同法》基础知识 237
（三）招标采购合同的特点 239

二、完成中标项目 240
（一）合同管理 240
（二）工程合同的索赔 244
（三）索赔案例和启示 246

三、关于总承包合同中的分包 248
（一）总承包项目分包的概念和作用 248
（二）总承包项目选择分包的因素 249
（三）经过招标的总包项目分包是否还要招标 249

四、关于非法转包和违法分包 250
（一）关于非法转包和违法分包 250
（二）层层转包的内幕触目惊心 254
（三）招标采购项目完成后的项目评价 256

　　本章练习题 257

第11章　公开采购方式和电子交易信息系统 258

一、政府采购规范的采购方式 258
（一）关于非招标采购方式 258
（二）竞争性磋商采购办法 263

二、《联合国贸易法委员会公共采购示范法》规范的采购方式 272
（一）《联合国贸易法委员会公共采购示范法》设计多种采购方法的缘由 272
（二）限制类采购方式 273

· IX ·

  （三）电子逆向拍卖和框架协议程序 276
 三、议标采购方式的思考 278
  （一）分橙子故事的启示 278
  （二）议标采购制度 278
  （三）议标采购制度的渊源 279
 四、电子交易信息系统 282
  （一）无收银员超市的启示 282
  （二）电子商务和平台经济 283
  （三）电子信息系统的创新和展望 284
 本章练习题 287
附录 A 固定资产分类与代码（房屋、构筑物部分）（GB/T 14885—2010） 288
附录 B 《招标投标法实施条例》关于招标程序法定时间和异议投诉法定时间的规定 293
附录 C 招标采购资料档案管理基本知识 294
各章习题答案 308
参考文献 310

在工商领域的企业生产经营活动中物资管理是企业管理的重要内容之一。为了降低成本、保证质量，企业在原材料、零部件、设备、工具、办公用品等采购以及在技术引进技术改造项目中的采购活动中，经常采用招投标方式进行。招投标活动不仅已成为企业重要的采购方式，也成为企业管理的重要手段。

第1章

企业招标与采购管理概论

一、采购及其采购方式

（一）采购的基本概念

1. 采购的定义

采购又称购买、采买或采办，是指采购人或采购实体基于生产、转售、消费等目的，购买商品或劳务的行为。采购是市场经济条件下社会产品交换的一种必然过程，是社会消费的前置环节。

采购除了以购买的方式占有货物或服务外，还可以通过租赁、借贷、交换等途径取得标的物之使用权，达到满足需求的目的。

租赁的表现形式是一方用支付租金的方式取得他人货物的使用权；

借贷是指一方凭借自己的信用和彼此间的友好关系获得他人货物的使用权；

交换是指双方采用以物易物的方式取得货物的所有权和使用权。

依据《中华人民共和国政府采购法》（以下简称《政府采购法》）的规范，政府采购除了购买、租赁等方式外，还有委托和雇佣的形式。

委托是《政府采购法》规定的一种方法，指政府依据法律规定将应当由政府行使的部分职权或事项委托给具有专业能力的组织实施的一种采购行为，如立法调研、法规宣传等。

雇佣是政府为了满足自身办公需要，购买的劳务活动，如办公楼的清洁卫生、保安等采购活动。

《易·系辞下》曰："日中为市，致天下之民，聚天下之生，交易而退，各得其所"，交易就是泛指买卖。商品买卖的展开与拓展，买卖双方总是要借助于一定的外部形式，即交易方式。交易方式直接影响交易过程和交易结果，交易方式随着社会分工细化逐步发展，商品交易方式的发展推动商品流通规模的扩大。从采购人作为交易主体的视角考量，商品交易方式就是采购方式，或者说是商品买卖中双方采用的各种具体的做法。

2. 交易方式的发展

采购交易方式的发展随着科技的迅速进步与新兴部门的涌现而不断发展。交易规模扩大，市场竞争加剧，使得具有各种功能的采购交易方式呈现多样化并催生了新的产业，进一步推动了市场规模的发展。具体表现在采购人在采购中集交易过程、运输、仓储等业务于一身的传统方式催生了仓储、运输成为独立的物流企业；采购人双方间进行商业交易的结算转为银行业务；采购人有限的商务信息和需求催生了收集、整理和提供市场信息的物流信息业及与之相适应的咨询业；供应商单打独斗的吆喝推销催生了专门制作广告，进行策划和宣传的广告业。商品交易的风险由当事人部分转移到保险业。甚至交易双方不介入商品的所有权转让，完全交由经纪人、代理人。显然，采购方式的发展，促进了市场的繁荣，直接影响了市场的发展和交易的结果。

3．采购方式的分类

市场常见交易方式参见表 1-1。

表 1-1　市场交易方式划分表

	类　别	方　式
1	采购标的物的主体	招标、拍卖、询价、磋商、比选、订单等
2	采购标的物的数量	批发交易与零售交易、集中采购、分散采购、混合采购
3	采购标的物的时间	现货交易、期货交易与远期合同交易、寄售交易
4	采购标的物的支付	现金交易与信用交易
5	采购标的物的媒介	信托交易与自主交易、经纪、展销会交易、无纸交易
6	采购标的物的性质	互购交易、补偿交易、加工交易、折扣交易、租赁交易
7	采购标的物的管理	项目采购、经营采购

鉴于本书关注的重点，我们仅对表 1-1 中的采购标的物的主体、数量及管理等项内容展开研究。特别需要指出的是本书讨论的经营采购指工业企业的经营采购，它和商业企业的采购有相似之处，但在管理方面还有很大不同。

4．一般采购方式的定义

（1）依据标的物主体划分的采购方式。

① 招标：招标对应投标。指通过竞争方式选择交易对象及其方案的一种采购方式。既有购买行为（如工程、货物和服务的采购），也有出售或出让行为（如特许经营权、土地使用权、科研成果和技术专利等的出售或出让）。招标有买有卖是区别拍卖的一个重要特征。

② 拍卖：拍卖对应竞买。指以公开竞价的方式，将特定的物品或财产权利转让给最高应价者的买卖方式。

③ 询价：询价泛指买主向供应商询问价格，不一定发生交易行为。但在采购活动中指买方向卖方询问商品价格并实施采购的一种方式。在政府采购中适用于规格型号统一、货源充足、价格稳定的货物采购。在公共采购中，通常要求询价对象的数量为三个及以上。

④ 磋商：磋商泛指反复商量。在政府采购活动中特指采购人通过竞争性谈判确定采购需求，供应商最终报价后，依据法定程序由第三方评审小组依据谈判文件制定的标准评分，最高分中标的一种采购方式。

⑤ 比选：比选泛指比较选择。在采购活动中，指采购人公开发出采购信息，邀请多个供应商或承包人就采购的工程、货物或服务提供报价和方案，按照事先公布的规则进行比较从中选择交易对象的采购方式。与招标相比，比选的规范程度较低，需要在实践中继续探索和完善。

⑥ 订单：订单是指采购人主动向供应商或承包商发出订货凭据从而达成交易的采购方式。订单采购是企业常用的一种方式，有利于供需双方关系的稳定，从而保证供应链利益的最大化。

（2）依据标的物数量划分的采购方式。

① 批发：批发针对集中采购。指销售方成批出售商品等销售办法；批发商品利润点低，但资金周转快。

② 零售：零售针对分散采购。指销售方单件次出售商品的销售办法。零售商品利润相对高，但资金周转慢。

③ 集中采购：依据中国招标投标协会颁布的《招标采购代理规范》第 2.1.8 款规定，集中采购分为批次集中招标采购、集中资格预审资格招标采购和协议集中招标采购三种方式。

在政府采购中，集中采购有特定的含义，是政府采购的主要方法。

④ 分散采购：在政府采购中，分散采购是集中采购的一个补充。适用于零星、紧急、特殊项目的采购。

（3）依据标的物管理划分的采购方式。

① 项目采购：项目采购也称采购项目，是指从系统外部获得"标的"的整个采办过程，可分为工程采购、货物采购和咨询服务采购。项目采购大都属于依法必须招标的范畴。

Ⓐ 工程采购项目：工程采购属于有形采购，工程采购项目是指通过招标或其他商定的方式选择合格的承包商承担工程项目的建设任务的过程。如修建高速公路、大型水电站、灌溉工程、污水处理工程等。

Ⓑ 货物采购项目：货物采购属于有形采购，货物采购项目是指购买项目所需要的投入物的过程，如机械、设备、仪器、仪表、办公设备、建筑材料（钢材、水泥、木材）、农用生产资料等，并包括与之相关的服务，如运输、保险、调试、培训、初期维修等。

Ⓒ 服务采购项目：服务采购大多属于无形采购，服务采购项目是指聘请咨询公司或单个咨询专家提供各种执行性服务、技术援助或培训服务的过程。其中的工程建设项目服务采购大致可分为四类：项目投资前期的咨询服务；工程设计、招标代理等阶段性服务；项目管理、施工监理等执行性服务；技术援助和培训等辅助性服务。

② 经营采购，经营采购指企业经营活动中需要购置的原材料、设备、产品配套件、零件以及其他服务项目。除了机电产品国际招标目录内的货物外，上述采购大都不属于法律规定的依法必须招标的范畴。企业为了降低采购成本，将腐败的漏洞降到最小，通过企业制度规定了招标采购的标准，适用《中华人民共和国招标投标法》（以下简称《招标法》）。但是考虑到法规管制的重点，对企业自愿招标采购的部分，《招标法》区别规定分类管理。

（二）法律或规则规范的采购方式

在公共采购领域或涉及社会公共利益、国家利益的采购活动中，为保护国家和社会公共利益和当事人合法权益，国家需要颁布法律对采购行为进行规范，包括采购原则、方式、程序等。我国对公共采购进行规范的法律主要是《招标法》和《政府采购法》；上述法律参照了《联合国贸易法委员会公共采购示范法》的一些规定。实践中，企业也可参照该文件规定的采购方法进行采购。

1. 《招标法》规范的采购方式

由于采购方式关系到采购交易的结果，因此，在国民经济建设中，一些关系到国家公共利益、公众利益的特定的商品，国家通过法律对交易采购方式进行规范。

在 2000 年 1 月 1 日实施的《招标法》中，规定招标采购方式依据公开程度分为公开招标和邀请招标。

公开招标，是指招标人以招标公告的方式邀请不特定的法人或者其他组织投标；

邀请招标，是指招标人以投标邀请书的方式邀请特定的法人或者其他组织投标。

招标采购的最大优势是通过采用公开、公平、公正的方式，以诚实信用为基石，经过充分的竞争，采购人选定交易对象及其方案的一种采购方式。可以用于购买，也可以出售标的，如土地使用权的招标就属于使用权的出售行为；毋庸置疑，招标采购也需要成本、其刚性的程序可能在某些采购活动中造成采购效率低下等弊病。

2. 《政府采购法》规范的采购方式

在 2003 年 1 月 1 日实施的《中华人民共和国政府采购法》中，规定的采购方式除了公开、邀请招标采购方式规范的同时还增加了竞争性谈判、询价、单一来源谈判和其他方式。《政府采购法》规定的非招标方式对采购人的法律意思表示做了进一步的限制，如采购文件是由采购小组编制而不是类似招标投标活动中由招标人编制招标文件，因此在企业的非强制招标采购活动中，不能套用政府采购规定的采购程序，应当由企业以满足生产需要为目的，自行选择采购方式，法律仅对特定商品的交易方式进行管制，除此之外采购方式的选择属于企业经营自主权的范畴，由企业自行决定。

3. 《联合国贸易法委员会公共采购示范法》规范的采购方式

为了发展中国家人民的利益，推进国际贸易法的逐渐协调和统一，2014 年 2 月联合国贸易法委员会颁布了《联合国贸易法委员会公共采购示范法》（以下简称《示范法》）。这是联合国的一部文件，也是世界各国采购法改革方面的重要国际基准；其中载有着眼于采购过程实现竞争、透明度、公平、节省和效率的程序。在该文件中针对不同采购需求和条件规定了 10 种采购方式。

① 公开招标；
② 限制性招标；
③ 询价；
④ 不通过谈判征求建议书；
⑤ 两阶段招标；
⑥ 通过对话征求建议书；
⑦ 通过顺序谈判征求建议书；
⑧ 竞争性谈判；
⑨ 电子逆向拍卖；
⑩ 单一来源采购。

上述采购方式适用于公共采购。企业采购时也可借鉴。相关内容在本书第 11 章有详细说明。

二、企业经营采购及其管理

鉴于我国绝大多数项目采购属于依法必须招标的项目，有关项目采购管理的内容，本书将其列入招标采购管理的有关章节；本节主要讨论工业企业经营采购的管理内容。

（一）企业经营采购的特点

1. 企业采购管理的重点是"合理"

项目招标采购的目标是实现项目生命周期利益的最大化。项目采购一般属于依法必须招标的项目，因此企业"项目招标采购"在满足需求的基础上，管理的重点是"合规"。

企业经营采购的目标是在满足需求的基础上，保证供应链目标的一致性，管理的重点是"合理"。

企业依据生产计划对相关设备、原材料、配套部件等生产资料的采购属于经营采购。除了目录内进口机电产品外，在我国企业经营采购大都不属于依法必须招标的范畴。经营采购的目标是满足企业供应链目标的一致性。

企业经营采购区别项目采购的特点主要有以下方面：

① 经营采购的采购方式包括招标和各种非招标方式采购，其中非法定招标采购或其他方式是主要方式。

② 采购的工具包括采购方式、评价方式、评价因素、合同类型等与具体的采购环节相关的方法、程序或格式等。经营采购工具具有多样性和规范性的特点。

③ 采购管理的内容范围包括紧密的供应商库和库存管理以及外包、租赁管理等。

④ 采购管理的目标是供应链目标的一致性。

2. 经营采购和效益管理、品牌管理的关系

企业作为一个为实现营利为目标的组织，其管理主要体现在效益管理和品牌管理，其中，效益管理是企业属性本能的表现；品牌管理是实现企业效益的图腾。企业的效益管理和品牌管理都和采购有紧密的关系，如图1-1所示。

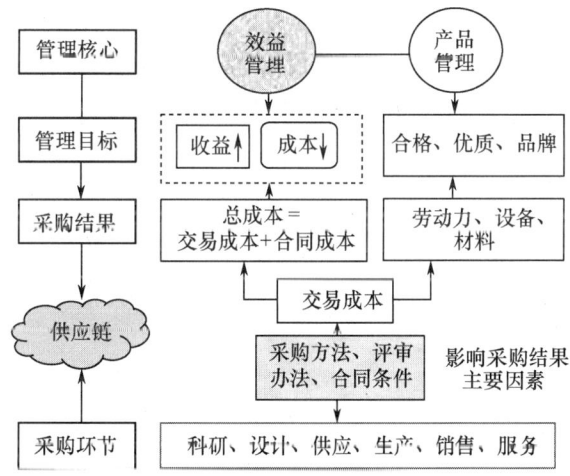

图1-1 采购和企业效益管理、产品管理的关系示意图

企业经营性采购发生在科研、设计、供应、销售、服务等环节；采购方式、评审办法和合同条件直接影响采购结果并对企业效益和产品品牌产生直接和间接影响。企业效益管理主要是正确处理成本和效益的关系，其中，交易成本是总成本的组成部分，交易成本和采购方式有关，如10万元物资通过招标节约5000元，但组织招标的费用是1万元，招标方式就值得商榷；对于产品主要原材料、重要配套件的采购，供采双方应保持相对稳定，否则会对产品质量管理带来很大压力。企业产品管理主要是人、财、物的采购，但优秀人才不能通过招标方式选聘，一般应当通过招募、推荐或遴选等方式引进优秀人才。

采购手段依据目的、环节的不同在采购方式、评审办法、合同条件等方面有显著的差异和广泛的内涵。在这个意义上说，招标采购专业人员的能力和水平对创造企业经济效益和实现品牌战略至关重要。

3. 供应链视角下的企业采购

在企业采购中，著名的经济学家克里斯多夫说："市场上只有供应链而没有企业，真正的竞争不是企业与企业之间的竞争，而是供应链与供应链之间的竞争。"

依据国家标准《物流术语》(GB/T 10354—2006)定义:"供应链是生产及流通过程中,将涉及产品或服务提供给最终用户活动的上游与下游企业形成的网链结构。"

依据美国 GPM 职业资格核心教程《供应管理环境》教材的定义:"供应链管理是对跨越组织边界的无缝的、增值的流程进行设计和管理,从而满足最终用户的真实需求。对人员和技术资源的发展和整合是供应链整合成功的关键。"即整合是供应链管理的灵魂。

供应链管理的实质在一个大系统中考虑物流、资金流、信息流协调配合的企业结构模式。它包含处于供应链中的节点企业,从原材料开始,经过链中各种企业的加工、组装、分销等过程,最终到达最终用户。它不仅是一条连接供应商库到用户的物料链、信息链、资金链,而且是一条增值链,物料在各个环节采购、加工、运输、包装等过程都是一个增值的过程。

以核心企业为中心的供应链管理以物流为依托。其中采购是物流的首要环节,采购合同的一致性、规范性是物流管理的基础。采购合同对采购商品的交货时间、运输以及卸货地点和方式的约定应当考虑供应链的最大利益。

通常在企业采购中获得较低价格并不难,但是如果不能同时注重系统的整体价值,更低的价格可能会意味着质量更糟糕,交付时间难以保证;低质量、低价格的供应商可能是高库存成本的源头。因此,企业供应链采购价值增值的关键是要从整体、全局的视角来审视各类采购决策。

在不同的采购项目中,企业在采购管理中的重点也不相同,如表 1-2 所示。

表 1-2 企业采购特点策略和管理重点一览表

采购类型	定义	采购策略	管理重点
战略采购	重要的持续经常性采购;如重要原材料	通过和少数关键供应商结成战略性合作协议的方式来保障采购的安全性和高品质	降低采购成本和风险
关键采购	数量较大的一次性采购,或不经常采购;如重要生产设备	符合竞争条件的采取招标方式;加强资格审查;单一来源采购注意谈判技巧	降低采购风险
杠杆采购	经常性相对重要常规采购;如生产辅料、工具	采购人应努力扩大供应范围,采用招标的方式来实现采购的优化	降低采购成本
低影响采购	一次性或采购频率较低的产品或服务;如某项工艺特许工作服务	标准化和自动化的采购流程,简化采购过程、降低采购成本,侧重于控制采购管理费用	降低管理成本

从表 1-2 可以看出,企业针对战略采购,其管理的重点是降低采购成本和风险;对于关键采购,其管理的重点是降低采购风险;对于杠杆类常规采购,其管理的重点是降低采购成本;对于低影响物资的采购,其管理的重点是降低企业管理成本。显然,采购方式的选择对于降低企业成本、管理成本和采购风险都有直接的影响。鉴于此,企业对采购方式的管制不能一刀切,应当精细化管理。

4．企业的战略采购和 MRO 采购

同公共采购相比,企业采购的战略采购和 MRO 采购有其独特的视角思维和方式。

(1)企业战略采购。

企业战略采购是指企业在明确内部需求的前提下,对供应商进行科学的分析判断,对市场进行详实的调查研究,以"最低总成本"为原则,通过商务谈判或招标方式确定一定时期内的战略采购承包商、供应商、服务商(以下简称为战略采购商),签订框架协议,按照协议采购所需工程、物资和服务。战略采购的基本属性是"长期合作"。招标采购的基本属性是"竞争博弈"。显然,其采购方式应当服从采购目标。实践中,对于符合招标条件的此类项目企业可以通过制度规定选用招标方式采购,但通常通过谈判确定合作伙伴是常见的采购方式。但是借口"战略采购"规避招标采购的问题在一些企业中也时有发生,因此对于该类采购企业应当设立"清单"制度,

明确本企业战略采购的名单、采购方式和审批程序。其中满足招标条件的采购可以通过招标采购。不言而喻，该类招标属于企业自愿招标项目，在管制程序上和法律规定的强制招标有所不同。

（2）企业 MRO 采购。

MRO，是 Maintenance, Repair and Operating 的缩写，指维修与作业耗材。也可解释为非生产性物资。MRO 采购正日益得到企业的重视，MRO 采购对整体采购成本控制与节省的影响不可忽视。最近美国的一项对 MRO 采购的调查报告显示：MRO 采购占企业总体采购成本的比率平均为 26%，高的甚至可达 63%。施行 MRO 采购成本节省计划的企业平均可降低 MRO 成本 6%，高的可达 25%。

针对 MRO 采购，企业可以采用采购专用消费卡；统合供应协议；进行电子采购等等采购工具提高工作效率并降低成本；与此同时，MRO 采购人员还对公司所采购的维修物件，零配件，行政耗材，服务等进行分析；检查并优化内部客户用来定购 MRO 产品的操作流程；对供应商进行监督与管理。这些举措有助于将 MRO 采购的流程尽可能优化，并将供应商数量降到最低。从长远来看，供应商的严格选择和日后积极地维护供应商关系，最终可以使企业得到长期回报，主要体现在流程效率的提高，库存的降低，客户服务水准的提高以及成本的降低。

（二）企业采购的管理

1. 基于质量的采购管理

采购质量包括采购交易过程的质量和采购标的物在供应链中的质量。但归根结底是供应链中采购标的物的质量。有学者提出质量的 8 个因素指标，构成最终用户的质量概念。即性能、特点、可靠性、符合性、耐用性、服务能力、美观和认知质量。

实践中我们发现，在采购方和供应商之间产生的质量问题有半数或更多的是由于采购文件对采购"标的"的描述不清晰造成的。因此，编制高质量的采购文件是基于质量的采购管理的关键。一般来说，在签订采购合同前，采购人员应当对供应商实行认证制度；在签订合同后，采购人员还应当同供应商保持沟通；在合同履行完毕后对供应商质量业绩持续评估。

在评估过程中对采购过程的交易质量包括采购文件的规范准确、评审方法的科学客观，以及采购方式的选择是否合理进行总结。

2. 基于时间的采购管理

对于采购经理人来说，时间也是企业的一种竞争武器。实现连续的同步补货已成为很多行业采购者追求的目标。基于时间的采购管理包括采购时间的确定、交货时间的确定等方面。采购起始时间与企业库存管理有关；采购合同履约的时间准确性与物流管理有关。在基于时间采购管理中，采购起始时间受到库存状况或流水线需求的制约。但总体上说，确定采购时间是采购人的主动行为并体现了采购人的管理意图。需要确定的因素主要有需求时购买、提前购买、投机购买、批量购买、生命周期产品供应、寄售等。采购起始时间不同，采购管理的目的和效果不同。如寄售制度，供应商的产品寄存在采购人仓库，使用时产生交易行为并支付货款，这种方式已经被许多企业广泛采用。生命周期产品供应在汽车行业广泛采用，如某汽车品牌的零部件供应商只要该汽车还在生产，供货合同就一直有效。在上述两类采购策略中采购人和供应商体现了伙伴关系。这种伙伴关系的经常性采购除了初次选择可以用招标的方式外，其余采购合同的延续一般都是通过谈判决定的。

3. 基于资金的采购管理

基于资金的采购管理是企业采购环节产生效益的集中体现。表现在降低采购成本和资金支付两个方面。在采购成本管理方面包括采购交易成本的降低和采购标的物物美价廉。

（1）降低采购交易成本。针对不同采购标的，在法律框架下选择合适的采购方式是降低采购成本的主要途径。其次，降低采购标的物成本也可通过多种途径实现。如对符合竞争条件的物资采购通过公开招标等方式采购；企业采购成本包括以下内容：

① 搜寻成本。调查、了解市场所发生的成本。
② 信息成本。取得交易对象信息与和交易对象进行信息交换所需的成本。
③ 决策成本。进行相关决策与签订契约所需的内部成本。
④ 缔约成本。当事人之间进行谈判并建立契约关系所发生的成本。
⑤ 履约成本。契约实施过程中，当事人彼此实现权利和履行义务所发生的成本。
⑥ 监督成本。监督交易对象是否依照契约内容进行交易的成本。
⑦ 救济成本。合同当事人依法请求恢复自己原有合同利益或获得赔偿所支付的成本。

（2）减低企业财务成本。

企业采购策略的不同、采购合同关于支付时间和金额的约定都会直接影响采购成本。如采用寄售的方式可以减轻企业的资金占用；如合同对预付款、保证金等恰当的支付约定可以降低企业的融资成本，适当延期货款的支付可以适当减少企业的财务成本等。

（3）企业采购部门降低采购成本的杠杆作用。

在采购环节的资金就是企业的净利润，它对企业的整体营利有重要的杠杆作用。如某产品成本中 70%～80%来自物料的成本，如果采购成本占销售额的 60%，劳动力成本占 12%。管理成本占 18%，税前利润占 10%，采购成本减低 10%相当总成本的 6%（60%×10%）；要做到这一点，劳动力成本需要减少 50%（6%÷12%）；管理成本需要降低 33%（6%÷18%）；为了需要同样的效益，销售需要增加 60%（6%÷10%）。

可见，6%采购成本的降低，拉动了 60%的利润（杠杆作用）。也正因为如此，企业在确定采购方式中一定要进行精细化管理。针对不同的原材料、设备和物资使用性价比最合适的采购方式。

4．关于企业采购的集中采购

中国招标投标协会制定的行业推荐性技术规范《招标采购代理规范》ZBTB/T01—2016 于 2016 年 5 月 1 日实施，在企业的集中采购分则中对企业集中采购的方式进行了规范。

（1）"2.18.2.1　批次集中招标采购

集中采购的组织模式之一。将某个或者多个项目的同类或者多类标的物，按批次打捆实施招标采购，每个批次下可以划分多个标段/标包，每个标段/标包应确定唯一的中标人。"

解读：批次集中采购是对集团内多个项目的同类或符合集中批量的多类标的物打捆招标，通过批量招标采购获取最优惠的合同条件。该类招标批量大对供应商有吸引力。属于名副其实的集中采购。考虑到供应商的供货能力，如果需要多个中标人共同完成采购任务，首先划分可以承受的标段，招标后每个标段只能有唯一中标人，防止确定多个中标人，签订合同随意性较大的弊端。

（2）"2.18.2.2　集中资格预审招标采购

集中采购的组织模式之一。不针对项目，而是针对重复采购的特定标的物，将多次公开招标的资格预审一次性完成，形成有明确有效期的合格申请人名单，在有效期内每次招标时，向名单内所有申请人发出投标邀请。"

解读：所谓集中采购"供应商"就是通过资格预审确定供应商库的企业名单，以保证采购质量和效率，该办法是供应商库管理的方式之一。但是应当防止行业垄断和排斥行业外潜在投标人。本规范针将这种办法归纳为集中采购的方式之一。

（3）"2.18.2.3 协议集中招标采购

集中采购的组织模式之一。对于通用性强、一定时期内采购频次高的标的物，招标人集合一定时期内的采购需求，按照确定供应商、确定份额、确定单价的方式进行招标，形成某一特定份额的唯一中标人。协议集中采购应当明确每一标段/标包的份额分配比例，合理预估采购数量，并宜明确设定采购数量上限或者上限比例。"

解读： 这种方式就是改进版的框架协议招标。框架协议招标中标人可以不止一个，即只确定单价、规格型号，不确定数量。实践中如果缺乏有效监督，在实际签订供货合同时，合同签订方随意性很大，约束管理可能流于形式。发达国家在公共采购中使用框架协议招标采购有其特定的市场环境、道德背景和法律制度作支撑。比如在欧洲，有采购人和供应商较高的道德水准作支撑；在美国，有完善的配套法律作支撑；在韩国，有严密的价格监控机制作支撑。而在我国上述配套条件尚需完善。这种集中采购制度之所以受到广大采购人的欢迎，是因为协议供货并未真正触及各地各部门采购人的采购权。同时，招标与采购存在着时间差，采供双方都存在合同价格风险。本规范总结实践经验对框架协议招标进行适当限制，归纳为集中采购方式之一。采购人在选用该方式中应通过制度保证采购不同岗位的权利制衡，防止职务犯罪保证采购质量。

（三）企业采购管理体制

在工商领域的企业生产经营活动中物资管理是企业管理的重要内容之一。为了降低成本、保证质量，企业在原材料、零部件、设备、工具、办公用品等采购，以及在技术引进、技术改造项目的采购活动中，经常采用招投标方式进行。招投标活动不仅已成为企业重要的采购方式，也成为企业管理的重要手段。

1. 横向制约纵向监督的采购管理体制

国有企业，特别是大型央企集团在企业内部设立集团招标采购中心（招标办公室）负责企业的采购管理，同时对企业组织实施的工程建设项目的招投标活动统一管理。为规范采购行为，降低采购成本，企业应当建立横向制约、纵向监督的采购管理机构，如图1-2所示。

企业对招标采购管理机构应当按照管理、执行（使用）、监督三分离的思路设置。

（1）管理部门：对属于企业管理的招标采购综合管理，包括制度规定、采购方式、招标采购程序管理、招标文件审核、中标通知书备案、合同管理、受理企业项目的质疑投诉会同监督部门处理等。

（2）执行和使用部门：执行部门对具体项目的采购组织实施。包括编制招标采购文件、主持招标采购程序、完成采购任务交付使用部门；使用部门签订合同、履行合同等。

（3）监督部门：对招标采购活动全过程有效监督，对相关违法违规人员实施行政监察或行政处分等，依据企业内部规章制度的分工授权对企业内部的招标投标活动进行集中管理。

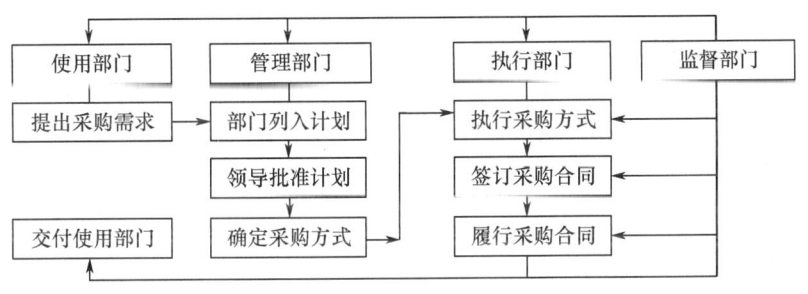

图1-2 企业采购管理体制示意图

2. 激励和处罚相结合的管理机制

（1）激励机制：采购人员通常需要承受较大的工作压力，这使得他们非常重视认同，对是否被信任尤其敏感。作为知识型员工，采购人员会比较希望得到同事的尊重，也希望在工作当中得到成长以实现自我价值。

采购人员会比较看重组织对自己的承诺。不公平的现象会严重影响采购员们的积极性，有不公平感的采购人员更容易作出损害组织利益的行为。

经济偏好是人的基本需求偏好。采购人员经常经手大额的资金与物资，对组织给予的经济激励会比较敏感。

（2）严肃惩罚制度：对于经教育无效，违反采购管理制度的采购人员分别作出调离采购岗位或建议企业纪检监察部门依法调查处理。

（3）执行阳光采购制度：招标采购、非招标采购的全部文件、程序和决策结果除了应当保密的项目之外应当在企业网站公开。实践证明"公开"是最有效的防腐剂。

3. 科学有效监督的制度保障

缺乏监督可能掩盖了招标采购发生的腐败。目前企业一般通过严格的制度招标防止腐败，以为只要尽可能采购公开招标方式就可以挽救一批企业干部。这种认识值得商榷。

招标作为一种采购方式同其他采购方式一样，如果缺乏有效监督同样会产生腐败，作为一种采购方式不应当赋予其难以承担的社会责任，招标采购在一定程度上对于腐败行为的遏制作用在于其"公开性"。如果认为只要招标就会促进企业廉政建设，有可能放松对这种采购方式的有效监督。同时也可能增加采购成本违背了招标采购的初衷目标。

在对招标投标活动的监督中，对开标现场的监督不应当是监督的重点，重点应当是对采购需求的合理性、预算的准确性以及合同履行的效能进行评价，上述工作应当通过企业制度予以保证。

企业内部的纪检、监察部门的监督工作有两方面。

一是事前教育，包括组织防腐教育、招标投标法律法规培训、典型案例现场教育等。

二是对招标投标活动后发现的违纪事件及时处理。充分重视相关人员的投诉报告提供的线索，对管辖范围内的监察对象顺藤摸瓜，降低投诉成本，提高采购效率。

如果企业分工授予监察部门对招标投标活动监督管理的职能，其相应人员应当同监察部门的其他部门单设，不能监管不分。监管不分可能导致权利约束关系失衡，而失去约束的权力危害极大。

企业监管部门对本单位招标投标监督管理的实质属于招标人自律范畴，显然企业招标监督部门对招投标违法行为没有行政处罚权，只能对本单位的违法人员进行责任处理或提交有关司法部门处理。

目前，通过电子交易平台公示招标或非招标采购文件和结果是最有效的监督方式之一。

三、企业项目采购中的管制和自由

企业项目采购大都属于依法必须招标的项目，因此，本节讨论的招标采购管理即指项目采购管理。

（一）正确处理投入和产出关系的经济活动

1. 正确处理投入产出的经济活动

首先，招标投标活动是一项经济活动。

众所周知，需求和供给是经济学研究的主题。在供给侧，有效的投入和产出是投资人最关心的问题。联接投入和产出的行为是交易。从采购人的角度考量，就是所谓采购。在工程建设项目的采购中，2000年1月1日实施的《招标法》要求依法必须招标的工程建设项目应当招标采购。不言而喻，国家和省市重点工程建设项目关系到国家或地区生产力布局或产业结构调整，一些重大项目的建设决策既涉及宏观经济也涉及微观经济领域。项目本身即具有兼顾社会效益和经济效益的属性。如进藏铁路项目的决策属于宏观经济决策，但线路中的桥梁、隧道建设都是微观经济研究的领域；在项目建设过程中采购环节极为重要。在宏观经济领域，除了体制、机制的原因外，采购者的宏观视野和宏观决策能力影响项目结果，如高铁项目和汽车项目的引进项目结果就大相径庭；在微观经济领域，采购工具影响采购结果。所谓采购工具指采购方式、评价方式、评价因素、合同类型等与具体的采购环节相关的方法、程序或格式等。但无论宏观或微观经济活动的经济属性其实质都是正确处理投入和产出的关系问题；在学科建设中属于市场经济学范畴。属于私权利在经济学中的表现形式；与其相对应，公权力在经济学对应的范畴是公共经济学。

招标采购活动的经济属性在公共采购和企业采购等领域都有不同特点并互为补充。实践中，招标投标活动的经济属性表现为招标人对招标采购项目收益率的关注并体现企业的社会责任。

2. 经济人法则

经济人假设是西方经济学的基础性假设。该假设认为采购人在经济活动中一般表现为以下4种形式，经济学界称之为"经济人法则"。

花自己的钱，给自己办事（节约、效果最佳）。

花自己的钱，给别人办事（节约第一、效果第二）。

花别人的钱，给自己办事（效果第一、节约第二）。

花别人的钱，给别人办事（节约、效果最差）。

面对国有企业占主导地位中国社会的现状，国家必须通过法律，企业应当通过制度，努力将后面三种情形向第一种情形靠拢。制度设计关键是假设，从"好人"假设出发，必定设计出坏制度，导致坏结果，从"坏人"假设出发，能设计出好制度，得到好结果。因此，在国家工程建设领域，政府有关部门全面推行项目法人负责制、招标投标制、工程监理制、合同管理制等一系列制度，通过制度和程序对采购人的权利进行适当的规制，建立强制招标投标制度就是其中之一。

3. 电视机质量调查的真相和处理

依据"经济人法则"的管理思路，企业通过财务制度的调整解决了采购管理的难题。下面的故事是一个成功的案例。

某国企使用企业行政经费为野外工作的班组配备了电视机。工会部门反映，物资部门采购的电视机质量太差，多则半年少则半个月电视机就损坏了。为此，企业行政部门、工会、纪检部门组成联合调查组到实地调查电视机采购的质量事故。大家到现场一看，不用开会问题就一目了然。电视机属于"公家"的，所以在工地随便摆放在露天，遇到刮风下雨，工人们自己去躲雨，电视机任凭风吹雨淋。所以这不是电视机质量问题而是管理问题。发现问题后随之也形成解决问题的思路，企业领导决定从管理入手，把购买电视机的经费科目从行政经费调整到工会福利经费并通过正式文件通告大家，使职工认识到，购买的电视机中钱里有自己的一份，作为福利基金如果年底有结余，节约归己。这样，购买的电视机的行为就从花别人的钱给自己办事变成花自己的钱给自己办事。之后，遇到恶劣天气，职工们像对自己家的电视机一样，先保护好电视机，自己再躲雨。电视机质量事故的问题就这样得到圆满解决。

（二）正确处理公平和效率的管理活动

1. 通过竞争缔结的合同是管理的结果

采购管理是企业管理的重要组成部分。企业采购和政府采购有共性，特别是国有企业。但是，企业采购是为了满足企业生产经营活动或实现企业战略目标；公共采购是为了满足公共机构日常使用需要或为社会公众提供公共服务需要；显然对两种不同目标的采购管理也应当不同。

如果说招标采购活动主要具有法律、经济、技术和管理属性。作者以为，在管理学中法律是管理的工具、技术是管理的标准、通过竞争缔结的经济合同是管理的结果。

招标采购的管理属性要求招标人注重招标采购"标的"的效用目标。

2. 招标采购管理活动的特征

招标采购管理的实质是多个不同的组织围绕采购流程发生信息交换，产生权利义务关系的一个结构化的过程。在依法必须招标的采购中，招标采购活动的组织管理呈现出全方位的管理特征。

首先，作为管理主体，在招标采购管理中表现为招标人管理和程序管理交叉的组织特征。依据有关法律规定，招标采购活动依法由招标人负责。但是，招标人行使权利不能违反法律的相关规定；如编制招标文件是招标人的权利，但编制招标文件不能违法。

其次，相对于管理对象，招标采购管理表现为系统内和系统外交叉管理的组织特征。系统内包括合同相对人，系统外包括评标委员会、公共资源交易平台、监督部门等。各系统之间的管理相对复杂。公权越权和私权滥用的现象可能并存。

再次，相对于管理方式，招标采购管理表现为项目管理和运作管理交叉的组织特征。两种管理体系中招标采购有着不同的采购目标、方法和工具。在招标实践中如果对两类采购方式不加区分即不能正确处理招标采购公平和效率的关系。

最后，相对于管理性质，招标采购管理表现为公共管理和工商管理交叉的组织特征。公共管理学主要是用管理学、经济学和法学等视角来研究公共管理问题。在市场秩序公平的条件下，企业利益与社会公共利益应当是一致的，但是如果没有有效的监督，企业利益的最优化和社会利益的最大化也可能发生冲突，如绿色采购可能造成企业采购成本的增加。

3. 某油田关于原油脱水处理破乳剂的故事[①]

原油从地下开采出后，都是油水混合液，根据不同的原油物性，分子结构有油包水型，有水包油型。在原油开采出后输送到联合站需要复杂的工艺进行脱水处理，在达到含水分低于3%的合格要求后再行外输。在进行原油脱水处理过程中需要使用大量的化学破乳剂，过去需要根据原油物性进行严格的实验室筛选配伍，谁家的较为适合采购谁家的。随着市场的开放，每家化工厂都能生产万能型的产品，因此，在招标采购中，各厂家比价格，比理化指标，价格越招越低，理化指标一家比一家过硬，但使用后的结果是化学胚乳剂用量越来越多，脱水效果越来越差，而抽样检测各项理化指标都合格。

采购部门经过深入调查研究，发现破乳剂的筛选配伍都不是技术难题，每个化工厂都能生产出与适合所需处理原油物性的产品，主要问题是所供产品干剂降低，弄虚作假，偷工减料，犹如做一锅正常的粥需要3千克米，而他提供给你的只用一千克或二千克，再次进行抽样检验时，因有内鬼配合，每次抽样检验都合格。使传统招标工作陷入一个死循环的怪圈。

[①] 案例提供：中石油集团公司华北油田原招标办主任宋保恒。

为了走出这个怪圈，采购部门改变传统招标模式，招标文件的技术条件不再设置选药剂配伍、脱水处理技术参数，如温度，压力，排量，处理量，加药间隔时间，加药量，日、月、年处理量，价格，配送，结算等具体参数和要求，招标文件技术条件统一设置为：产品符合国家××标准，供货数量以联合站为单元，如某联合站年脱水处理量为 50 万立方，价格一定，不作为竞争因素，只把期间一定的原油处理量和相应的用药量作为竞争因素，谁报的破乳剂用量最少谁中标，如中标量为 10 吨，多用不多付，少用不少付，若处理量发生变化，结算时依据实际处理量进行结算。经过几轮招标后，破乳剂用量降低 30%~45%，收到明显的效果。

案例启示：

（1）招标不单是技术问题，更是管理问题，在招标中，既要注重技术，又要重视管理，做到技术和管理并重。

（2）在招标中，不但要重视投标人管理，更要重视招标人的配套管理，如果把所有管理责任都交给投标人，招标工作做得再好也不会有好的执行结果。

（3）管理的真谛是把复杂的问题变简单，而不是把简单的问题复杂化。

（4）招标结果的执行，与管理体制、管理模式以及运营机制密切相关，如果没有相应的管理体制，管理模式以及运营机制做保证，招标水平再高也不会有好的执行结果。

（三）确定需求的技术选择和推荐中标人的技术活动

1. 招标采购活动的技术属性

招标采购的技术性首先表现在采购技术选择和应用，体现了招标人（代理机构）的采购能力和水平。招标采购人员应当区别项目采购和经营采购的区别，选择适当的采购方式，在选择招标方式采购中，通过对潜在投标人资格条件的设置、招标标段、评标方法、合同形式等多方面的组合实现项目意图，招标采购技术性的另一个方面表现在评标委员会对标的物本身技术条件的理解和选择上，评标专家应当公正、科学、择优选择符合招标文件要求的合格的中标候选人，为招标人最终确定合同相对人提供法定选择空间。两者相互制约分工合作最终实现招标人项目意图，完成采购任务。

招标采购的技术属性要求招标人重点关注招标采购活动是否满足其全部技术条件。

2. 招标采购技术活动的特殊性和复杂性

招标采购活动的领域广泛，招标标的之类别不计其数。招标采购活动技术的特殊性表现在除招标采购之标的是采购生产技术外，其技术属性一般不体现采购商品（工程、货物、服务）的生产技术，而是体现对商品的选择和评价技术。按照招标采购采购活动的时间顺序，我们将招标采购前期掌握选择技术的专家称为选择团队，将后期掌握评价技术的团队称为评价团队。选择团队的技术专家不一定是采购商品的设计、制造、使用、维修和服务某一方面的专家（如产品设计师），但必须对采购商品的主要性能参数指标有基本的了解或者使用经验，能够根据项目和招标人的使用意图科学准确地设定采购技术标准，包括重要技术指标的确定以及权值权重的设计，选择团队应当是一个技术"通才"和技术"专才"相结合的团队；同理，评价团队也应当是一个综合的团队，特别是应当具有掌握经济和法律知识的专家，做到成员之间知识互补。但是当前制度设计中考虑更多的是评标的公正性（而不是结果的最优化），通过随机抽取的专家团队一般很难满足上述要求。

招标采购技术的复杂性表现在标的品种、规格、型号的复杂性和技术团队知识的有限性的矛盾，比如，对低于成本的判定就是一个比较复杂的问题。鉴于招标采购的技术属性，招标人利用设定评标技术条件限制和排斥特定投标人就可能披上合法的外衣。下面就是世行招标采购中的一个真实案例。

3. 底盘高度超差的车辆采购故事[①]

利用招标项目的技术属性在编制招标文件中，通过设定特定技术指标排斥限制或选定某投标人是招标投标活动中常见的违法行为之一，为了说明问题，作者选择了一个具有技术参数明显错误的世行采购案例。

某世行采购项目，借款人利用技术参数限制特定投标人，招标文件约定采购 120 辆四轮驱动的卡车，技术规格要求为：马力 75；转速 2400；净载重量 1 吨；转弯半径 21 米；底盘高度 30 厘米；油箱 70 升。（借款人）招标人收到 6 份投标书，报价为单价。报价见表 1-3。

表 1-3 某世行采购项目投标报价和评标结果

投 标 人	折算成美元的 CIP 报价	拒 绝 原 因
No.1	$10000	马力不够
No.2	$11000	转弯半径过大（22m）缺乏载重悬架
No.3	$11500	底盘高度过高（33cm）
No.4	$12500	油箱太小
No.5	$13000	合格
No.6	$13000	合格

借款人认为 No.1、No.2、No.3、No.4 技术指标不合格予以否决。要求 No.5 标降价到 No 标的报价，但被拒绝了；No.6 标也拒绝但同意降到 No.4 标的报价，最后 No.6 标中标。

在招标投标活动中，借款人要求供应商二次报价，违反了公平原则，其次，如果说考虑到载重汽车的越野性能，对汽车底盘高度提出要求是必要的，但本案超过标准 3cm 作为一般技术偏差有利于提升载重汽车的越野性，No.3 报价也合适，据此否决其投标显然不妥。至于油箱容积更不应当是评价载重汽车的关键指标。借款人决定 No.6 中标，招标人每辆车多付 1000 美元显然是荒唐的。该评标报告提交世行审查后，没有被世行接受，要求重新招标。

招标采购的技术属性要求招标人重点关注招标采购活动是否满足其全部技术条件。

（四）具有公权和私权两重法律关系的法律活动

1. 关于公法和私法

1995 年，王家福先生在给中央领导同志讲法制课时就明确指出"对于任何法规，若不究明其属于公法或属于私法，就不可能了解其内容和意义，就不可能正确的理解和适用"。

实践中如果这一区别被混淆，甚至无视公法与私法的本质差异，作为社会调整器的法律将会失灵，社会关系和社会秩序将会处于混乱之中。公法与私法的划分主要有以下不同意义。

（1）从利益保护的重心来看，公法以维护公共利益即"公益"为主要目的，私法则以保护个人或私人利益即"私益"为依归。

（2）从调整的社会关系即对象来看，公法调整的是国家与公民之间、政府与社会之间的各种关系，主要体现为政治关系、行政关系及诉讼关系等。私法调整私人之间的民商事关系即平等主体之间的财产关系和人身关系。

（3）公法以权力为轴心，严守"权力法定"的定律，法无授权不可为；私法则以权利为核心，

[①] 本案例选自清华大学建设管理系工程管理研究所副所长邓晓梅博士《招投标管理》讲义 P48。

适用"权利推定"的逻辑，法无禁止即可为。法律对权力具有两方面的作用，一是授予作用，二是限制或制约作用。私法确认和保护的是私法主体享有的私权利即民商事权利。财产权、人身权以及由这两类私权派生的众多具体权利构成最低限度的基本人权。

（4）公法奉行"国家或政府干预"的理念，私法遵循"意思自治""私法自治"的原则。

（5）法以国家政治为作用空间，私法以市民社会为功能范域。

中国政法大学国土资源研究室主任、民商法博导李显冬教授认为，"市场决定资源配置体现了公法的私法化；而私法的公法化则表现为制度即公共集体行为对市场个体活动的规制。"

2. 具有公法和私法两重法律关系的法律活动

依据经济学家的观点，在规范经济秩序中有两只手，一是市场这只无形的手，二是国家这只有形的手。从法学家的观点看，市场这只手在法律上表现为民法，民法就是私法；国家这只手在法律经济规制中表现为经济法，经济法主要属于公法。《招标法》第二条规定："在中华人民共和国境内进行招标投标活动，适用本法。"江平教授指出：招投标制度的核心还是"契约自由与市场管制"的关系问题，亦即公法与私法的关系问题。"在这种法律关系中，公法的内涵主要是通过程序控制，重在维护和保障交易秩序。私法的内涵重在对当事人权利内容的深入和细化。"故此一方面，公权以社会利益为本位，站在社会本位的高度追求对国家、经济和社会的平衡协调。另一方面，对招标投标活动规范的目的就是通过一种特殊的缔约形式签订一个民事合同。因此，所谓的招标投标法无非就是国家用来规范招标投标活动、调整在招标投标过程中产生的各种社会关系的法律规范的总称。

从公法的视角审视，《招标法》属于经济法中的一部特别法；从私法的视角审视，它属于民商法中的一部特别法。

公法的核心内容是"依法行政、越权无效"；

私法的核心内容是"契约自由、意思自治"。

招标采购的法律属性要求招标人关注本次招标采购是否合法合规；要求监督管理部门要审视自己的监督行为不能越过法律授权的边界。

四、企业招标采购管理

（一）招标人对招标采购项目的组织管理

1. 鲁布革水电站的经验

1982年在云南省罗平县与贵州省兴义市交界的黄泥河鲁布革水电站项目建设中，我国采用世界银行贷款通过招标方式对水电站引水隧道招标采购，项目标底14958万元，日本大成株式会社以8643万元投标价中标，比标底节约了42.22%；施工期间，大成公司派出20~30人，施工方由水电部14局424人在日方工程师领导下组织项目管理。该项目在实行招标采购制度的同时，建立了项目法人负责制、工程监理制、合同管理制等一系列科学管理制度，并采用先进设备和工程技术，工程效率为单月平均进度222.5米，最高373.7米，创世界纪录。劳动生产率4.57万元/人·年，相当于当时同业2~3倍，工程提前5个月完工。这个项目的成功不仅为国家节约了6000余万的资金，而且为我国建立并推行项目法人负责制、招标投标制、工程监理制和合同管理制等制度提供了有益的经验，对提高我国的工程建设项目管理水平有重要的指导意义。

2. 招标人负责组织招标投标活动

招标投标制度是工程建设项目法人负责制等一系列制度的组成部分，其中，项目法人负责制是核心，列宁说过："借口集体领导而无人负责，是最危险的祸害"，"这种祸害无论如何要不顾一切地尽量迅速地予以根除"。国家发改委等7部委颁发的《工程建设项目施工招标投标办法》（国家发改委2003年30号令）第五条规定："工程施工招标投标活动，依法由招标人负责。任何单位和个人不得以任何方式非法干涉工程施工招标投标活动。"[①]《工程建设项目货物招标投标办法》（国家发改委2005年27号令）第五条规定："工程建设项目货物招标投标活动，依法由招标人负责。"《工程建设项目勘察设计招标投标办法》（国家发改委2003年2号令）第五条规定："勘察设计招标工作由招标人负责。"

依据权利、义务责任统一的法治原理，《招标法》在制度框架内从民法角度赋予招标人和其责任相适应的权利。所谓权利，是指法律赋予权利主体作为或不作为的许可或认定；是一种权能和利益。《招标法》赋予招标人的权利主要是：

（1）自主选择招标代理机构作为咨询代理（《招标法》第十二条）。

（2）启动招标程序发布资格预审公告或招标公告提出邀约邀请包括是否允许联合体投标（《招标法》第十六条）。

（3）招标人可以对潜在投标人进行资格审查，国家对投标人资格条件有规定的除外（《招标法》第十八条）。

（4）编制招标文件细化邀约邀请，包括是否进行总承包、何时开标、选择什么样的评标标准和方法等（《招标法》第十九条）。

（5）可以组织投标人踏勘项目现场（《招标法》第二十一条）。

（6）招标人可以设置标的（《招标法》第二十二条）。

（7）主持开标会议（《招标法》第三十五条）。

（8）依法组建评标委员会（《招标法》第三十七条）。

（9）依据评标委员会评标报告和推荐的中标候选人确定中标人（《招标法》第四十条）。

（10）发中标通知书作出承诺并签订书面合同（《招标法》第四十五条、第四十六条）。

在赋予招标人上述权利的同时，法律也规定了招标人相应的义务，体现了公权力的限制。

所谓义务指法律规定的对法律关系主体必须作出一定行为或不得作出一定行为的约束。与权利相对应。《招标法》规定招标人主要有20项义务：

（1）在国家规定的依法必须招标的范围内招标人必须进行招标（《招标法》第三条）。

（2）不能以任何方式规避招标（《招标法》第四条）。

（3）招标投标活动当事人（招标人）应当接受依法实施的监督（《招标法》第七条）。

（4）招标项目需要审批核准的，招标人应当履行必要的项目审批义务（《招标法》第九条）。

（5）招标人在启动招标程序前应当落实资金或资金来源（《招标法》第九条）。

（6）自行招标需要备案的，招标人应当备案（《招标法》第十二条）。

（7）招标公告应当通过国家指定的报刊、信息网络或者其他媒介发布内容符合法律规定（《招标法》第十六条）。

招标人通过发布公告宣布招标项目启动是招标人的一项权利，但是公告按照法律规定的内容在指定媒体发布是招标人的一项义务。

[①] 本书正文中，凡引用行政法规文本原文，一律采用引号内仿宋体的方式标示。——编辑注

（8）招标人不得采取歧视性态度或者排斥、限制投标人（《招标法》第十八条）。

（9）招标人编制招标文件应符合法定要求（《招标法》第十九条）。

招标人依据项目特点和需要编制招标文件，细化邀约邀请是招标人的重要权利，但是招标文件的编制一定要符合法律规定的要求，表现为招标人的义务。

（10）招标文件不得以特殊的倾向性排斥潜在的投标人（《招标法》第二十条）。

（11）招标人对潜在投标人情况应当保密（《招标法》第二十二条）。

（12）应当确定合理的"编制投标文件的时间"，依法必须招标的项目不得少于20日（《招标法》第二十四条）。

（13）招标人不得强制要求投标人组成联合体，限制投标人竞争（《招标法》第三十一条）。

（14）招标人不得与投标人串通投标（《招标法》第三十二条）。

（15）招标人必须尊重投标人的"投标权"（《招标法》第三十六条）。

（16）招标人必须负责评标过程的保密（《招标法》第三十八条）。

（17）招标人应当依法组建评标委员会并在评标委员会推荐的中标候选人中确定中标人（《招标法》第四十条）。

招标人根据评标委员会提出的书面评标报告和推荐的中标候选人确定中标人组建评标委员会是招标人的一项权利，但"依法"则是招标人的义务，包括招标人代表参加评标委员会、组成成员结构、聘请来源和方式合法等。

（18）招标人不得在确定招标人之前自行与投标人谈判（《招标法》第四十三条）。

（19）招标人应当依法在规定时间内与中标人签订合同（《招标法》第四十六条）。

（20）招标人应当向主管部门报告结果（《招标法》第四十七条）。

在《招标法》中，有些法条明确表述招标人的权利或义务，如第十二条表述招标人选择代理机构的权利，第二十条表述招标人保密的义务。有些法条，前款表示权利，后款表述义务，如第十六条，招标人通过发布公告启动招标程序表述招标人的权利，但依照法律规定的内容在指定媒体发布则表述了招标人的义务。有些法条一句话内既有权利也有义务，如第三十七条，"评标由招标人依法组建的评标委员会负责"，"组建"是权利，"依法"是义务。

凡是属于"义务"的条款一般都有"应当"或"不得"、"必须"等表述。分别表示义务强制性的程度，但有些法条如第十九条"招标人应当根据招标项目的特点和需要编制招标文件"是招标人的邀约邀请，应视为招标人的权利，而且是一项很重要的权利，当然，编制招标文件必须符合法规要求，在这个意义上，招标人的这项工作属于义务。

《招标法》中规定招标人的10项权利和招标人的20条义务有机地综合为一体，构成了"法定的"招标人全面的义务与权利的统一。《条例》对上述权利和义务做了进一步分解，有关条款在本书其他章节解读。

3. 采购计算机的故事

某省财政部门使用国有资金为基层部门采购一批计算机，采购金额高达2亿元，招标文件的技术条件规定采购型号为≥17英寸一体式计算机。第一次发布公告后只有一家报名。采购人没有修改招标文件就第二次发布公告，仍然只有一家报名。调查发现，国内生产17英寸一体式计算机的企业只有一家。国内同行业质疑采购人量身定做规避招标，采购人反驳说，招标文件没有规定只能是17英寸，也可以是20寸，但是，社会舆论一致认为，两种计算机怎么能在一个起跑线上竞争呢？此事件引起国内媒体的关注和讨论。专家认为，资格条件和技术标准的设定应当满足竞争的基本需要，否则就是排斥潜在投标人或规避招标。但采购人认为用有限的资金尽可能够多头些技术指标高些的计算机本身无过错，按照程序规定完成后可以直接采购。

该案例说明，由于招标投标活动的经济技术属性，招标人在行使法律赋予的权利时，如在编制招标文件时，如果招标人"有想法"，类似上述模糊的技术参数是否符合国家和公众利益的最大化有时很难认定，关键在于招标人的公正。换句话说，招标人的公正是招标采购活动是否能取得预期目标的基础。

（二）政府有关部门对招标采购项目的行政管理

1. 法律赋予行政主管部门对招标投标活动行政管理的权力

所谓行政管理是运用国家权力对社会事务的一种管理活动。也可以泛指一切企业、事业单位的行政事务管理工作。行政管理系统是一类组织系统。由于历史原因，我国有些政府部门既是工程建设项目的主管部门又是监督部门。

由于招标采购标的的公共性，招标采购项目需要行政管理，这种管理是指政府有关部门依照《招标法》及其《条例》的授权在招标投标活动中建立并维持正常、公平招标投标市场秩序，但不干预正常的市场交易行为。

在招标投标活动中，法律赋予政府有关部门对招标投标活动的行政管理的职能主要是：

（1）指定发布招标公告的媒介（《招标法》第十六条）。

（2）组建综合评标专家库（《招标法》第三十七条第三款、《条例》第四十五条第二款）。

（3）组织有关部门编制标准文本（《条例》第十五条）。

（4）对于法定需要审批核准项目，依法审批、核准招标内容（《招标法》第九条、《条例》第七条）。

（5）对于法定需要备案项目接受自行招标备案（《招标法》第十二条第三款）。

（6）接受依法必须进行招标项目招标情况报告（《招标法》第四十七条）。

（7）对招标代理机构进行资格管理（《招标法》第十四条《条例》第十一条）。

通常认为，立法分配正义，行政推行正义，司法矫正正义，这是对权力机关、行政机关、司法机关三者在权力制衡原则下的职能配置、义务承担和责任承受关系的具体表述。换句话说，权责紧密相连，用权必受监督，尤其是行政权力。抽象的行政权力通过具体的行政行为来实施，行政权力缺乏监督必然导致腐败，行政行为缺乏监督必然失去公正，这是长期实践中得出的经验论断。但是鉴于中国国情，我国政府行政部门也可以立法，通过部门规章、规范性文件对部门内招标投标活动进行管制。这种制度设计有两面性，其负面影响表现为，有些政府有关部门在招标投标活动中可以身兼三职：竞赛规则的制定者，场上的裁判员又兼运动员。例如，四川省郑道访案件就是一个证明：他是原交通厅副厅长（竞赛规则的制定者），又是工程建设公司的董事长（运动员），同时还是评标委员会的主任（裁判员）。这种身兼三职的后果从制度上建立了滋生腐败的温床，是非常危险的。

2. "上帝招标"和董仲舒《举贤良对策》的深思

作者在互联网看到了一个讽刺目前招标现状的帖子，略加修饰转载如下：

天堂门坏了，上帝招标重修。

I国人说：3000元弄好，理由是材料费1000元，人工费1000元，我自己赚1000元。

G国人说：要6000元，材料费2000元，人工2000元，自己赚2000元。

最后C国人淡定地说：这个需要9000元。3000元给你，3000元给我，剩下3000元给那个I国人干。

上帝拍案：C国人中标！

后来地狱的门也坏了，招标人吸取了上帝招标的教训，制定控制价3000元。

G国人看了一眼走了，I国人报价3000元。C国人给了评标的5个小鬼每人100元，报价3000元，C国人中标。

G国人、I国人都纳闷。

履行合同中，C国人花了500元购买材料，500元支付人工费，工程修了一半宣布停工。拖了半年，上帝责令限期完工，地狱只好追加投资3000元，工程完工！

再后来，天堂连接地狱的电梯坏了，也要重修，经过前面两次教训后，上帝公示控制定价3000元而且要一次性修好。

G国人看了一下走了；I国人报价3000元。C国人也报价3000元但补充说明完工后有茅台酒等重谢，C国人再次中标。

拿到钱后C国人开工。500元购买材料费，500元付人工费；完工后上帝叫小鬼验收。验收员（事先收了C国人红包500元）说图纸问题造成质量不合格要重建。由于是发包人的原因，上帝被迫追加资金9000元要求承包者重建！天庭大哗。

再后来，人间的大门也坏了，投胎的上不来，经过前几次的教训之后，上帝严格定价3000元，监理、审计现场跟踪！并且免费保修1亿年。

G国人吓跑了，I国人报价3000元，C国人报价免费修好并保修2亿年，但要5万年的管理权，上帝同意了。

于是C国人修好后在门口设了个收费站，投胎每人每次500元，双向收费上不封顶，不给钱的下辈子一律不准投胎。

上述案例言简意赅，深刻揭露了招标投标领域"萝卜卖出人参价"原因，违法分包的现状，招标控制价的博弈，招标、评标环节的腐败，低价中标设计变更的手段，履约中内外勾结以及特许经营的黑幕等多种违法现象。

现在，招标投标法律法规全面而细致，甚至到县一级都有具体规定，但是问题还是如此之多，问题出在哪里？中国招标行业的老前辈武汉大学的余杭教授指出："在中国几百个文件管不住一个市场，在世界上也少见。"以史为鉴可以知兴替，作者以为，董仲舒两千年前在给汉武帝的《举贤良对策》也许会给我们某种启示。

两千多年前，汉承秦制，采用黄老无为之治的策略，与民休息。如是，人心未变，制度宽纵，心灵败坏的人们就全副投入于权、钱这两个物质性利益的疯狂竞争中。汉初社会确实充满活力，但也充满诈欺、暴力，秩序相当混乱。财富被源源不断地创造出来，但这样的财富实际上在侵蚀秩序：官商勾结，政治腐败；富裕的商人惶恐不安，底层民众怨声载道。面对这种乱象，年轻的汉武帝雄心勃勃，策命贤良文学，求问致太平之道。经过多年深思熟虑的董仲舒在给汉武帝的《举贤良对策》中就曾重点分析了当时为什么会"法出而奸生、令下而诈起"，即政府防止犯罪的法令越多，人们犯罪的数量也越多；政府打击犯法的措施越多，人们犯法的手段也越高明。董子提出"复古更化"的建议，用现在的话就是综合治理。即法律制度和道德规范、市场秩序共同作用，立法才能达到预期的效果。

董仲舒《举贤良对策》的故事应当引起政府立法和执法部门的深思。针对招标投标市场出现的问题，政府部门应当依法行政，科学管理。市场能够解决的问题，政府不应干预，在必要的监督中，应加大对违法行为的查处。倡导道德规范的正能量，维护公平的市场秩序。

（三）行政监督部门对招标采购项目的行政监督

所谓监督，通俗地讲就是执法、纠正、处分；或者说监督就是对管理中异化行为的纠正和管制。法律需要自律给予落实和完善，自律需要法律约束监督。

《招标法》及其条例所规范的监督行为包含了服务、管理和督查三个层次，其中，管理是基础，服务是管理的道德延伸，督查是对管理中异化行为的纠正和管制。监督的本质是政府服务的一种行为，应当同时达到对守法行为的保护和违法行为惩罚两种效果，但是如果不能依法行政，除了不能达到监督目的外，更重要的是它将对政府的公信力产生灾难性的影响和破坏。监督与管理内涵的异同祥见本章附录。

1. 招标投标活动的监督体制

众所周知，招标投标活动的监督体制包括当事人监督、社会监督、行政监督、行政监察、审计监督、司法监督等，如图1-1所示。

在招标投标活动中，依据法律授权，国家发改委等有关部门对招标投标活动实施行政监督；各级纪检监察部门对该项活动中的监察对象实施监察；审计部门依照审计法对工程建设项目的收支进行审计监督。从某种意义上讲，行政监督主要对"事"监督；行政监察对"人"实施监察；审计部门对"钱"进行审计。招标投标活动及其监督受当事人和全社会监督。经起诉案件由司法部门审理。从而构成招标投标活动全面的监督管理体系。

如果说，行政管理相当运动队的领队管理，行政监督就是运动场的裁判。

在监督体制中，行政监督是一种主动监督行为，同司法监督相比，成本较低、效率较高，所以《招标法》及其《条例》主要对行政监督做了规定。《招标法》第七条规定："招标投标活动及其当事人应当接受依法实施的监督。有关行政监督部门依法对招标投标活动实施监督，依法查处招标投标活动中的违法行为。对招标投标活动的行政监督及有关部门的具体职权划分，由国务院规定。"

2000年3月4日经国务院同意，中央机构编制委员会办公室印发国办发〔2000〕34号文件，确立了以发展改革部门指导协调、各部门分工负责的行政监督管理体制。《条例》将34号文件确立的监督管理体制上升为法律制度。这对于规范招投标活动，保持执法的稳定性和连续性有重要意义。但是，由于我国目前正处在不断改革的发展时期，经济管理部门随着改革的发展可能调整，监督管理的职责随着市场的不断成熟，分工也可能发生变化，这些都需要立法部门予以关注。

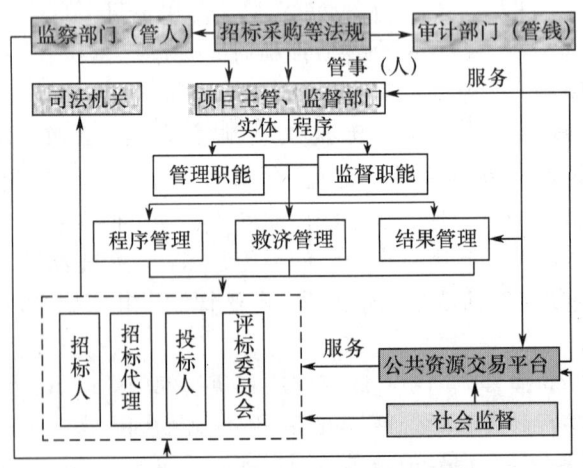

图1-3 我国招标投标活动的监督体制示意图

在经济管制类法律的司法活动中，我国主要通过行政部门执法。一般颁布一部法律即需要明确一个行政监督部门，但是《招标法》却是个例外。由于招标投标活动涉及的部门、领域极其广泛，所以形成目前"九龙治水"的监督格局，虽然，《条例》对目前监管存在的问题做了尽可能详细的针对性规定，但是，兼有公法和私法性质的招标投标活动出现的问题法律规范难以穷尽。

部门协调有时不能保证妥协的意见能否保证国家和公众利益的最大化。为此，超越部门利益，将招标投标活动的管理和监督分离的统一的行政监督部门的执法可能有利于对招标投标活动的监督管理。为此，全国已有部分省市成立了招标投标监督管理局，在建立与招标投标活动相适应的监督管理体制中作出了有益的探索和尝试。为鼓励地方行政监督部门改革的发展，法律在确立地方监督体制的同时明确规定"县级以上人民政府对其所属部门有关招标投标的监督职责分工另有规定的，从其规定"。这为招投标监督管理制度的创新提供了必要的法律依据，为招投标市场进一步发育预留了政策空间。

在目前招标投标活动的行政监督管理工作中，有两大问题需要在法律层次予以规范。

针对当前行政监督存在的问题，《条例》做了以下补充规定。

（1）财政部门对适用《招标法》规范的项目资金和政策目标的管理。

依据《预算法》及其《预算法实施条例》的有关规定，财政部门对由《招标法》规范的工程项目预算执行情况负责；依据《政府采购法》第九条的规定，政府采购应当有助于实现国家的经济和社会目标。因此本条第三款规定，财政部门依法对实行招标投标的政府采购工程建设项目的预算执行情况和政府采购政策执行情况实施监督。保证了相关法律的衔接。

（2）监察机关和行政监督部门执法的分工

中编办34号文件对行政监察机关的职责范围都没有作出规定。在《招标法》颁布实施以来的活动中，包括监察部门的很多人以为，采用招标方式采购是防止腐败的利器，只要招标采购程序合法，结果就一定公平，就可以防止腐败。于是很多地方的纪检监察部门和行政监督部门一起参与对招标投标程序的监督，主要是通过旁站方式对开标进行监督，甚至担任监标员等参与招标程序中。实践证明，这类监督不仅容易产生"瞎指挥"的问题，还可能在增加监督成本的同时很容易被个别人利用，成为其非法牟利或推卸责任的保护伞。

因此，《条例》第四款规定，监察机关依法对与招标投标活动有关的监察对象实施监察。所谓"依法"就是依照《行政监察法》和《行政监察实施条例》关于监察对象、检查权限、检查程序的规定执法；所谓监察对象指《行政监察法》第十五条、第十六条规定的对象，包括了组织机构和个人，主要是各级政府各部门及其公务员、各级政府任命的其他人员、下级政府的领导人员。在招标投标活动的行政监督中，纪检监察部门不应当越权行政，参与具体的程序监督，"种了别人的田却荒了自己的地"，反而会有削弱对监察对象正常监督之嫌。

2. 招投标活动中监督职能和方式

A. 在招标投标活动中，法律赋予政府有关部门对招标投标活动监督的职能有：

（1）受理投诉（《招标法》第六十五条）。

（2）对评标进行监督（《条例》第四十六条第四款）。

（3）对招投标过程中泄露保密资料、泄露标底、串通招标、虚假投标、歧视排斥投标等违法活动进行监督执法和监督检查（《招标法》第七条）。

（4）依据《招标法》第四十九条至第八十四条对违法当事人处罚；

（5）依据《条例》第六十三条至第八十二条对违法当事人处罚。

B. 在招标投标活动中，法律赋予政府有关部门法定的监督方式有：

（1）受理并处理投诉是有关行政部门对招标投标违法行为进行监督的重要职能，《条例》和有关部门规章对投诉受理程序、处理和监督措施有明确规定。

（2）《条例》第六章法律责任中第七十九条规定："国家建立招标投标信用制度。有关行政监督部门应当依法公告对招标人、招标代理机构、投标人、评标委员会成员等当事人违法行为的行政处理决定。"即法律明确"透明化"是法定的监督手段。

（3）在我国的建设项目管理中，对于规模较大、关系国计民生或对经济和社会发展有重要影响的建设项目，作为重大建设项目进行重点管理和监督，国家专门建立了重大建设项目稽察特派员制度。按照《国家重大建设项目稽察办法》规定，发展改革部门可以组织国家重大建设项目稽察特派员，采取经常性稽察和专项性稽察方式对重大建设项目建设过程中的招标投标活动依照法定程序和方式定期进行监督检查。

C．招标投标其他监督方式：

由于我国对招标投标活动的监督程序、方式没有立法，实践中，常用的监督手段如下。

现场监督：是指政府有关部门工作人员在开标、评标的现场行使监督权，及时发现并制止有关违法行为。现场监督也可以通过网上监督来实现，即政府有关部门利用网络技术对招标投标活动实施监督管理。如商务部就是通过"中国国际招标网"对机电产品国际招标投标活动实施过程监督的，机电产品国际招标的主要程序都需要在"中国国际招标网"上进行。

人们把机电产品国际招标项目的监督形象地称为"上车检票，下车验票"。这种方式把涉及公共利益的民事合同的意思自治与必要的行政监督之间的关系比喻得恰到好处。既规范了招标程序的合法、公正，又为相对人提供了公开、公平的交易市场，为政府有关部门依法监督招标投标活动创造了经验。

监督检查：是行政机关行使行政监督权最常见的方式。在招标投标活动中，各级政府行政机关对招标投标活动实施行政监督时，一般采用专项检查、重点抽查、调查等方式，依法授权可以调取和查阅有关文件、调查和核实招标投标活动是否存在违法行为。

如有关项目审批行政部门对应当审核项目中的招标范围、招标方式、招标组织形式，核准属于行政管理的范畴，是对市场秩序的规范。审批部门对审批事项落实的检查属于监督行为。

有关行政监督部门接受招标人招标投标情况的书面报告属于行政管理程序的组成部分，接收后备案留存；行政监督部门认为需要或处理投诉时，对照该书面报告进行检查属于监督行为。

法律对招标投标活动监督的内容有明确的规定，但对监督程序、方式的规定过于原则宽泛。如对上述招标内容审批、核准执行情况的检查，是依据投诉发现问题进行检查，还是依据项目规模决定检查，还是依据项目数量抽查，都没有规定，随意性很大。有些地方监督方式的权利"无限"，想什么时候监督就监督，想管什么就管什么；监督的方式除了旁站就是检查，执法本身又缺乏监督。在很多地方，招投标活动这种本来在法律监督下的市场交易行为在实际运行中加入了过多的政府行为，设租、寻租行为时有发生，权力滥用和不作为并存。所谓设租具体表现为行政干预、虚假招标、规避招标、排斥潜在投标人、串通投标等；所谓寻租表现为串通投标、围标、贿标等。设租、寻租的过程不仅反映了市场行为的扭曲，还反映了政府行为的失灵和扭曲，"看得见的脚"踩住了"看不见的手"，如果任其发展，将严重破坏经济的发展政治体制的稳定及市场化改革的进程。

因此，有关部门应当考虑对招标投标活动的监督程序、方式进行立法规范。

国内外的实践证明：落实项目法人负责制，将透明化原则作为监督的主要手段，建立严格的项目结果问责制度和全社会健全的信用制度，是防止商业贿赂和腐败的有力武器。电子招标投标方式的推行，利用互联网由政府监督部门和社会公众共同对招标投标活动进行监督是落实透明化原则的有效途径。

3．刘志华案件的启示

国家工作人员非法干涉招标投标活动是导致建设工程市场腐败猖獗最重要的原因之一。

原北京市副市长中国奥运会筹建办公室主任刘志华于2006年被衡水市人民法院以受贿罪判处死刑缓期2年执行。主要犯罪事实是伙同情妇王建瑞为他人牟取资产置换、土地开发、职务晋升、银行贷款，接受有关单位贿赂696.59万元。

王建瑞在刘志华的帮助下承揽了奥运会国家网球中心、曲棍球中心、射箭赛场等项目。

刘的同学对其评价：政府权力真大、政府官员真牛、政治舞台真悬。

刘志华经营了一个情妇团队，为其他情妇在工程建设项目中通过招标投标活动非法承揽工程，但是在法院认定的犯罪事实中，通过插手工程建设项目的罪行难以认定，合法的程序掩盖了非法的罪行。

刘志华问题的败露源于情妇的性爱光盘。刘志华案例是国家工作人员非法干涉招标投标活动违法犯罪案例的一个缩影。

4．招标投标活动中腐败行为的特点

（1）招标投标活动的经济属性是滋生腐败的诱因。

鉴于采购活动的经济属性和经济人的本性，与其他采购方式一样，招标投标活动中也会滋生商业贿赂和腐败。无数案例证明，合法的程序之下同样可能掩盖不公平的结果，招投标制度之所以可以减少腐败的漏洞也仅在于其体现了公开、公平和公正的程序。但是，法治是一个系统工程，没有其他法治因素的有效配合，任何仅依赖《招标法》一部法律的颁行，就想根治商业腐败的努力都是不切实际的。

随着我国城镇化的进一步发展，建筑行业高速膨胀。由于建筑业利润高、赚钱多，使建筑业竞争变得尤为激烈，竞争机制被严重扭曲。给相关人员"设租寻租"带来了巨大的利润空间，在巨额经济利益的驱使下，一批又一批官员铤而走险，而且编织成一张巨大的、坚固的利益链，冲破招标程序的管制获取非法利益，使工程建设领域成为腐败的重灾区。工程建设领域的腐败行为并没有因为实行招标投标制度得到根本改变，反而为腐败分子披上合法的外衣，以往贪污受贿数万元可称为大案，而现在犯罪金额在几百万元甚至上千万元的屡屡出现。这不能不引起我们的深思。在目前的道德环境和市场条件下，招标采购中防止商业贿赂和腐败的形势更加严峻，正体现了经济体制改革的深化必须与政治体制改革同步进行的正确论断。

（2）招标投标活动的技术属性使腐败更加隐蔽。

招标采购标的的规模大、技术含量高，招标流程复杂，招标投标本身已经发展为一门跨学科、复合型专业，涉及法学、经济学、管理学、工学等多个学科，职务犯罪的"技术含量"比较高。如浙江省宁波市鄞州区文化体育局原局长包坚军案件，包坚军2003年兼任区文化艺术中心筹建工作领导小组组长。审核招标文件时，包两次应行贿人的要求将其公司的优势写进招标文件，作为评高分的标准。评标当天，他又作为评委，不仅给行贿公司打了高分，还给其他评委一些倾向性意见，最终导致行贿人公司中标。这种职务犯罪的手段可能表现在招标方案、资格审查文件、招标文件、合同条款、评标委员会组成、验收报告等各个方面，如果不具备招标投标的专业知识，不熟悉招标投标中的重点环节和流程，纪检监察部门单单从程序性文件和报告中，是很难从招标投标过程中蛛丝马迹来发现职务犯罪行为的。招标投标活动的专业性、关联性等技术属性使腐败形式和手段更加隐蔽，而且会加大预防商业贿赂和腐败的难度。

（3）招标投标活动的管理属性使腐败的危害更大。

招标投标活动的管理属性与直接采购相比有两个固有特点，一是当事人增多，二是周期长环节多。

在招标采购中，除了合同相对人之外还增加了招标机构、评标委员会（成员）、资源交易中心、招标监管部门等。这些当事人的成员也都有可能成为商业贿赂的对象和腐败者，招标采购活

动参与者众多而且各有不同分工，而每个环节及每名参与者都有机会参与犯罪。一些犯罪分子在权力部门内结成有领导、有分工的违法犯罪团体，有组织地滥用权力。贪污贿赂犯罪中的行贿人和受贿人都是犯罪分子，但双方都是犯罪行为的受益者，都有掩盖和隐藏罪行的强烈动机和手段。这些因素使得这种犯罪行为具有很强的隐蔽性对国家和社会公众利益危害更大。被媒体广泛关注的广州政府采购窝案中，包括广州市政府采购中心原主任、副主任、审核部副部长、广州市财政局原主任科员、天河区采购办原主任、白云区教育局信息化采购办原主任、天河区交通局交管科原科长等人在内的采购人、采购代理机构和采购行政监督管理机构的代表均卷入其中，非常具有典型性。

同一般的腐败现象相比，对于一个大型工程建设项目，其招标项目周期长、环节多，如果不出工程质量事故，这种效益的降低是难以计算和察觉的。犯罪的后果是整个项目资金使用效益的降低，给国家和社会造成的危害极大，甚至难以弥补。

针对招标投标活动腐败现象的特点，政府有关部门在综合治理的战略布局下在招标投标的监督管理方面应当在监督体制、监督方式等方面不断创新，以有效遏制腐败的蔓延和发展，维护国家和当事人的合法权益。

（四）相关法律责任的解读

1. "国家工作人员"的范围

在招标投标活动中，国家工作人员非法干涉是造成招标投标围标、串标、弄虚作家等一系列违法行为的重要根源。《招标法》第七条赋予有关行政监督部门监督执法的权力。这种权力如果没有同时规定义务和责任是将可能导致腐败和权力滥用。

（1）刑法中的"国家工作人员"

《刑法》第九十三条规定："本法所称国家工作人员，是指国家机关中从事公务的人员。国有公司、企业、事业单位、人民团体中从事公务的人员和国家机关、国有公司、企业、事业单位委派到非国有公司、企业、事业单位、社会团体从事公务的人员，以及其他依照法律从事公务的人员，以国家工作人员论。"

上述法条包括了4类国家工作人员的职务岗位的"身份"要件和行使公权力的"公务"行为要件。其中"公务"指国家公务不包括集体公务。

① 国家机关工作人员，此类国家工作人员必须具备两个条件：一是在国家机关工作，二是其工作性质属于从事公务。凡不是在国家机关工作或虽在国家机关工作，但其工作性质不属于从事公务，都不属于国家工作人员之列。

② 国有公司、企业、事业单位、人民团体中从事公务的人员。上述单位的财产全部或相当部分属于国有，上述人员对国家、对全部财产具有控制支配力，属于公务活动。

③ 国有公司、企业、事业单位委派到非国有公司、企业、事业单位、社会团体从事公务的人员。该类人员认定的核心是"委派"，委派应当符合合法性原则，即在其职权范围内；符合有效性原则，即不是私人聘用，是行使公权力的需要；符合特定性原则，即工作性质不是劳务，而是领导、监督、管理等工作且人员的人事管理隶属于原单位。

④ 其他依照法律从事公务的人员。指除了②、③两类人员外其他依照法律被选举或任命的从事国家事务管理的人员，具体包括政党机关、政协机关从事公务的人员，由法律、法规授权行使职权的组织中从事公务的人员，以及其他依照法律从事公务的人员。

②、③、④类例举人员作为《刑法》第九十三条第二款，视为国家工作人员。

从上述立法定义中可以看出，我国刑法上"国家工作人员"的范围十分宽泛，并且采用了开放式定义的做法。其如此立法的目的是为了加大对实践中滥用公权力进行权力设租的行为的打击力度、杜绝层出不穷的贪污贿赂犯罪和渎职犯罪。

（2）《条例》适用主体的"国家工作人员"。

条例第六条禁止国家工作人员以任何方式非法干涉招标投标活动，其适用的法律主体同样是"国家工作人员"，但是，此处的国家工作人员与刑法中的国家工作人员的范围有很大的差异。适用本条文所规定的行政责任的国家工作人员，包括机关工作人员、机关下属单位的其他工作人员；包括行政监督部门，也包括非行政监督部门人员。但是，不包括《刑法》第九十三条第二款中规定的视为国家工作人员的范围。仅在行为人有本条所规定的违法行为并达到触犯刑事责任的程度时，方适用刑法上"国家工作人员"的定义范围来认定犯罪。

2. 非法干涉招标投标活动的法律责任

应当指出，在招标投标活动中，非法干涉招标投标活动的还不限于国家工作人员，如招标人限制或排斥潜在投标人等。但《招标法》针对参与招标的人员，包括招标人、投标人、评标委员会的行为都有约束规范，仅在第六十三条针对"对招标投标活动依法负有行政监督职责的国家机关工作人员"作出了原则性的规定。

（1）法律规定的禁止性条文。

《招标法》第四条的规定："任何单位和个人不得将依法必须进行招标的项目化整为零或者以其他任何方式规避招标。"

《招标法》第六条规定："依法必须进行招标的项目，任何单位和个人不得违法限制或者排斥本地区、本系统以外的法人或者其他组织参加投标，不得以任何方式非法干涉招标投标活动。"

上述法条的主体包括国家工作人员，但不限于国家工作人员。

国家工作人员非法干涉招标投标活动的行为表现将在本书相关章节中分别介绍。

（2）监督要点。

① 依法必须招标的项目是否存在各种规避招标的行为。

② 依照《行政监察条例》，监察部门依法对监察对象实施监察，包括招标人是否主动接受行政监督、有关部门是否依法行政监督。

（3）违法行为。

A. 针对招标人（包括其中的国家工作人员）的违法行为有：

① 必须进行招标的项目而不招标。

② 将必须进行招标的项目化整为零或者以其他任何方式规避招标。

B. 针对行政监督和其他管理人员的违法行为有：

① 对招标投标活动依法负有行政监督职责的国家机关工作人员徇私舞弊、滥用职权或者玩忽职守的。

② 有关行政监督部门不依法履行职责，对违反招标投标法和本《条例》规定的行为不依法查处，或者不按照规定处理投诉，不依法公告对招标投标当事人违法行为的行政处理决定的。

③ 国家工作人员利用职务便利，以直接或者间接、明示或者暗示等任何方式非法干涉招标投标活动，有下列情形之一的：

- 要求对依法必须进行招标的项目不招标，或要求对依法应当公开招标的项目不公开招标；
- 要求评标委员会成员或者招标人以其指定的投标人作为中标候选人或者中标人，或以其他方式非法干涉评标活动，影响中标结果；
- 以其他方式非法干涉招标投标活动。

（4）法律责任。

《招标法》第四十九条、第五十一条、第六十二条和第六十三条；以及《条例》第八十条、第八十一条有明确规定。

第四十九条："必须进行招标的项目而不招标的，将必须进行招标的项目化整为零或者以其他任何方式规避招标的，责令限期改正，可以处项目合同金额5‰以上10‰以下的罚款；对全部或者部分使用国有资金的项目，可以暂停项目执行或者暂停资金拨付；对单位直接负责的主管人员和其他直接责任人员依法给予处分。"

第五十一条："招标人以不合理的条件限制或者排斥潜在投标人的，对潜在投标人实行歧视待遇的，强制要求投标人组成联合体共同投标的，或者限制投标人之间竞争的，责令改正，可以处一万元以上五万元以下的罚款。"

第六十二条："任何单位违反本法规定，限制或者排斥本地区、本系统以外的法人或者其他组织参加投标的，为招标人指定招标代理机构的，强制招标人委托招标代理机构办理招标事宜的，或者以其他方式干涉招标投标活动的，责令改正；对单位直接负责的主管人员和其他直接责任人员依法给予警告、记过、记大过的处分，情节较重的，依法给予降级、撤职、开除的处分。

个人利用职权进行前款违法行为的，依照前款规定追究责任。"

《条例》第八十条对上述违法行为的法律责任做了如下的补充：

《条例》第八十条规定："项目审批、核准部门不依法审批、核准项目招标范围、招标方式、招标组织形式的，对单位直接负责的主管人员和其他直接责任人员依法给予处分。

有关行政监督部门不依法履行职责，对违反招标投标法和本《条例》规定的行为不依法查处，或者不按照规定处理投诉、不依法公告对招标投标当事人违法行为的行政处理决定的，对直接负责人的主管人员和其他直接责任人员依法给予处分。

项目审批、核准部门和有关行政监督部门的工作人员徇私舞弊、滥用职权、玩忽职守，构成犯罪的，依法追究刑事责任。"

《招标法》第六十三条规定："对招标投标活动依法负有行政监督职责的国家机关工作人员徇私舞弊、滥用职权或者玩忽职守，构成犯罪的，依法追究刑事责任；不构成犯罪的，依法给予行政处分。"

《条例》第八十一条对上述行为做了补充：

"国家工作人员利用职务便利，以直接或者间接、明示或者暗示等任何方式非法干涉招标投标活动，有下列情形之一的，依法给予记过或者记大过处分；情节较重的，依法给予降级或者撤职处分；情节严重的，依法给予开除处分；构成犯罪的，依法追究刑事责任：

（一）要求对依法必须进行招标的项目不招标，或者要求对依法应当公开招标的项目不公开招标；

（二）要求评标委员会成员或者招标人以其指定的投标人作为中标候选人或者中标人，或者以其他方式非法干涉评标活动，影响中标结果；

（三）以其他方式非法干涉招标投标活动。"

上述条款中，涉及刑法的责任详见本节第三款。

《招标法》第六十二条、第六十三条，《条例》第八十条、第八十一条规定的执法主体是监察、纪检或司法部门，即对于招标投标活动中涉嫌违纪违法的监察对象（包括行政监督部门各级工作人员、招标投标相关人员）实行监察。

得不到有效监督的制度，工作人员不仅会威胁社会公正，而且会大面积地腐蚀社会道德。一个底层人，只要得到一点权力，便会无所不用其极地运用到极致，这一点在招标投标活动当事人中得到充分体现。

因此，纪检监察部门对行政监察对象的有效监督对于规范招投标市场有重要意义。

3. 关于招标投标活动的刑事责任

《招标法》第五章中规定了招投标违法行为所应承担的刑事责任，为方便读者，现将其中涉及刑事责任的6种条款一并解读如下：

（1）第五十条规定的"招标代理机构违反本法规定，泄露应当保密的与招标投标活动有关的情况和资料的，或者与招标人、投标人串通损害国家利益、社会公共利益或者他人合法权益的"。

（2）第五十二条规定的"依法必须进行招标的项目的招标人向他人透露已获取招标文件的潜在投标人的名称、数量或者可能影响公平竞争的有关招标投标的其他情况的，或者泄露标底的"。

（3）第五十三条规定的"投标人相互串通投标或者与招标人串通投标的，投标人以向招标人或者评标委员会成员行贿的手段谋取中标的"。

（4）第五十四条规定的"投标人以他人名义投标或者以其他方式弄虚作假，骗取中标的"。

（5）第五十六条规定的"评标委员会成员收受投标人的财物或者其他好处的，评标委员会成员或者参加评标的有关工作人员向他人透露对投标文件的评审和比较、中标候选人的推选以及与评标有关的其他情况的"。

（6）第六十三条规定的"对招标投标活动依法负有行政监督职责的国家机关工作人员徇私舞弊、滥用职权或者玩忽职守"。

上述几种行为构成犯罪的，应当依法标法追究刑事责任。但实践中，相关案例并不多。主要有两方面原因。

一是《招标法》审议通过的时间为1999年，而《刑法》在此之前已于1997年修订通过，两部法律在招投标违法行为应承担的刑事责任上存在着不尽协调之处。根据《刑法》规定的罪刑法定原则，只有《刑法》中明文规定的犯罪行为，才能依法追究行为人的刑事责任并定罪处刑。《刑法》中没有明文规定为犯罪行为的，不得定罪处刑。《招标法》第五章中虽然规定了6种行为构成犯罪的，依法追究刑事责任，但行为人有上述6种行为之一的，是否构成犯罪，以及能否追究行为人的刑事责任，还必须取决于《刑法》中的相关规定。由于《刑法》修订在前，《招标法》审议通过在后，这就造成了《招标法》中所规定的部分刑事责任条款只有三条与《刑法》相对应，分别是《刑法》第二百一十九条规定的"侵犯商业秘密罪"（对应《招标法》的第五十条、第五十二条）；第二百二十三条规定的"串通投标罪"（对应于《招标法》第五十三条）；第三百九十七条规定的"滥用职权罪、玩忽职守罪"（对应于《招标法》第六十三条）。《招标法》规定的其他刑事责任条款实际上是通过商业贿赂犯罪来追究行为人的刑事责任。然而由于《刑法》中有关商业贿赂犯罪规定得不够严谨，导致在较长的一段时间内，《招标法》第五十六条中关于评标委员会成员的刑事责任的规定成为一纸空文。

二是《招标法》中对可能承担刑事责任的违法行为的规定较为原则和简单，如对"串通投标"、"以他人名义投标"等违法行为缺乏具体认定标准，导致实际工作中很难进行查处。虽然各部门、各地方针对以上情况采取了一些措施，制定了一些部门规章、地方性规定等规范性文件，但由于缺乏上位法依据或者受立法效力层次的限制，效果并不明显。

4. 《刑法》及司法解释中关于招标投标活动刑事责任的规定

我国现行《刑法》于1979年审议通过，截至目前已进行过8次修正。1997年修订的《刑法》有三条直接与《招标法》第五章中的规定相对应，具体规定如下。

第二百一十九条规定的"侵犯商业秘密罪":"有下列侵犯商业秘密行为之一,给商业秘密的权利人造成重大损失的,处3年以下有期徒刑或者拘役,并处或者单处罚金;造成特别严重后果的,处3年以上7年以下有期徒刑,并处罚金:

(一)以盗窃、利诱、胁迫或者其他不正当手段获取权利人的商业秘密的;

(二)披露、使用或者允许他人使用以前项手段获取的权利人的商业秘密的;

(三)违反约定或者违反权利人有关保守商业秘密的要求,披露、使用或者允许他人使用其所掌握的商业秘密的。明知或者应知前款所列行为,获取、使用或者披露他人的商业秘密的,以侵犯商业秘密论。

本条所称商业秘密,是指不为公众所知悉,能为权利人带来经济利益,具有实用性并经权利人采取保密措施的技术信息和经营信息。本条所称权利人,是指商业秘密的所有人和经商业秘密所有人许可的商业秘密使用人。"

第二百二十三条规定的"串通投标罪":"投标人相互串通投标报价,损害招标人或者其他投标人利益,情节严重的,处3年以下有期徒刑或者拘役,并处或者单处罚金。投标人与招标人串通投标,损害国家、集体、公民的合法利益的,依照前款的规定处罚。"

第三百九十七条规定的"滥用职权罪、玩忽职守罪":"国家机关工作人员滥用职权或者玩忽职守,致使公共财产、国家和人民利益遭受重大损失的,处3年以下有期徒刑或者拘役;情节特别严重的,处3年以上7年以下有期徒刑。本法另有规定的,依照规定。国家机关工作人员徇私舞弊,犯前款罪的,处5年以下有期徒刑或者拘役;情节特别严重的,处5年以上10年以下有期徒刑。本法另有规定的,依照规定。"

工程招投标违法行为中,比较突出的是"串通投标"行为和商业贿赂行为。

A. 关于"串通投标罪"刑事责任的规定。

《招标法》中对何为"串通投标"行为并未作出具体、明确的规定,《条例》实施后,对"串通投标"行为作出明确规定。在《条例》实施前,"串通投标罪"的案例比较少。因"串通投标罪"受到刑事处罚的事件中比较有影响的是浙江温州瓯海区全国最大市政工程串标案,所有涉案人员均被温州市瓯海区人民法院分别以串通投标罪被判处缓刑1年至有期徒刑2年的不等刑罚。无锡市在2006年初有首例串标案宣判,江苏省无锡市崇安区人民法院经审理后判处无锡市金银拆房有限公司等10多家单位及个人犯有串通投标罪。但这些被判处"串通投标罪"、受到刑事处罚的"串通投标"行为在所有"串通投标"行为中所占的比例非常低。

为了规范招标投标市场秩序,根据最高人民检察院、公安部于2010年5月7日发布的《关于公安机关管辖的刑事案件立案追诉标准的规定(二)》第七十六条的规定,投标人相互串通投标报价,或者投标人与招标人串通投标,涉嫌下列情形之一的,应予立案追诉:(一)损害招标人、投标人或者国家、集体、公民的合法利益,造成直接经济损失数额在五十万元以上的;(二)违法所得数额在十万元以上的;(三)中标项目金额在二百万元以上的;(四)采取威胁、欺骗或者贿赂等非法手段的;(五)虽未达到上述数额标准,但两年内因串通投标,受过行政处罚二次以上,又串通投标的;(六)其他情节严重的情形。根据该规定,依法必须进行招标的项目中的串通投标行为,都已达到刑事立案追诉的标准。该规定为依法立案追究串通投标违法行为人的刑事责任提供了明确的处理依据。

《条例》颁布实施之后,将会为串通投标行为的认定提供更为明确的法律依据;有利于依法追究串通投标违法行为人的行政责任和刑事责任,可以更加有力地打击和遏制工程招投标领域的串通投标违法行为。

B. 关于商业贿赂犯罪的刑事责任的规定。

在实践中，主要是通过《刑法》中有关商业贿赂犯罪的条文来追究违法行为人的刑事责任。工程招投标领域另一个比较突出的违法行为就是商业贿赂行为，商业贿赂犯罪涉及《刑法》所规定的以下几种罪名：

① 非国家工作人员受贿罪（《刑法》第一百六十三条）。非国家工作人员受贿罪中的受贿主体是"公司、企业或者其他单位的工作人员"。

② 对非国家工作人员行贿罪（《刑法》第一百六十四条）。对非国家工作人员行贿罪的行贿对象是"公司、企业或者其他单位的工作人员"（犯罪主体可为单位）。

③ 受贿罪（《刑法》第三百八十五条）。受贿罪中的受贿主体是"国家工作人员"。

④ 单位受贿罪（《刑法》第三百八十七条）。单位受贿罪的受贿主体是"国家机关、国有公司、企业、事业单位、人民团体"（犯罪主体为单位）。

⑤ 行贿罪（《刑法》第三百八十九条）。行贿罪的行贿对象是"国家工作人员"（犯罪主体为自然人）。

⑥ 对单位行贿罪（《刑法》第三百九十一条）。对单位行贿罪的行贿对象为"国家机关、国有公司、企业、事业单位、人民团体"（犯罪主体可为单位）。

⑦ 介绍贿赂罪（《刑法》第三百九十二条）。介绍贿赂罪则是指向"国家工作人员"介绍贿赂（犯罪主体为自然人）。

⑧ 单位行贿罪（《刑法》第三百九十三条）。单位行贿罪的行贿对象为"国家工作人员"（犯罪主体为单位）。

为应对法律实践出现的新问题，2006年6月29日审议通过的《刑法》修正案（六）》中对第一百六十三条、第一百六十四条规定做了修正。修正后的第一百六十三条规定："公司、企业或者其他单位的工作人员利用职务上的便利，索取他人财物或者非法收受他人财物，为他人谋取利益，数额较大的，处5年以下有期徒刑或者拘役；数额巨大的，处5年以上有期徒刑，可以并处没收财产。公司、企业或者其他单位的工作人员在经济往来中，利用职务上的便利，违反国家规定，收受各种名义的回扣、手续费，归个人所有的，依照前款的规定处罚。国有公司、企业或者其他国有单位中从事公务的人员和国有公司、企业或者其他国有单位委派到非国有公司、企业以及其他单位从事公务的人员有前两款行为的，依照本法第三百八十五条、第三百八十六条的规定定罪处罚。"与修正之前的条文相比，在受贿主体上增加了"其他单位的工作人员"，不再仅仅限于"公司、企业的工作人员"，修正后第一百六十三条的罪名也相应改为"非国家工作人员受贿罪"。

修正后的《刑法》第一百六十四条规定："为谋取不正当利益，给予公司、企业或者其他单位的工作人员以财物，数额较大的，处3年以下有期徒刑或者拘役；数额巨大的，处3年以上10年以下有期徒刑，并处罚金。"与修正之前的条文相比，行贿对象上也相应增加了"其他单位的工作人员"，修正后第一百六十四条的罪名也相应改为"对非国家工作人员行贿罪"。至此，评标委员会成员等公司、企业之外的其他单位的工作人员均被纳入商业贿赂犯罪的犯罪主体中。

为依法惩治商业贿赂犯罪活动，最高人民法院、最高人民检察院于2008年11月20日联合发布了《关于办理商业贿赂刑事案件适用法律若干问题的意见》（以下简称《意见》），该《意见》对《刑法》规定中有关用语做了更加具体化、明确化的规定：《刑法》第一百六十三条、第一百六十三条中的"其他单位"既包括事业单位、社会团体、村民委员会、居民委员会、村民小组等常设性的组织，也包括为组织体育赛事、文艺演出或者其他正当活动而成立的组委会、筹委会、工程承包队等非常设性的组织，"公司、企业或者其他单位的工作人员"包括国有公司、企业以及其他国有单位中的非国家工作人员。《意见》中还特别针对招标投标领域的商业贿赂问题明确规定："依法组建的评标委员会、竞争性谈判采购中谈判小组、询价采购中询价小组的组成人员，在招标、政府采购等事项的评标或者采购活动中，索取他人财物或者非法收受他人财物，为他人谋取利益，数额较大的，依照《刑法》第一百六十三条的规定，以非国家工作人员受贿罪处罚。依法组建的评标委员会、竞争性谈判采购中谈判小组、询价采购中询价小组中国家机关或者其他国有单位的代表有前款行为的，依照《刑法》第三百八十五条的规定，以受贿罪定罪处罚。"至此，评标委员会组成人员被明确纳入"非国家工作人员受贿罪"、"受贿罪"的犯罪主体中。司法实践中追究评标委员会组成人员的刑事责任就有了《刑法》及司法解释上的明确依据，依据上述规定追究评标委员会组成人员刑事责任的情况有所增多。

需要特别注意的是，根据《关于公安机关管辖的刑事案件立案追诉标准的规定（二）》中的规定，商业贿赂犯罪立案追诉的数额标准非常低，该规定第十条规定："[非国家工作人员受贿案（刑法第一百六十三条）]公司、企业或者其他单位的工作人员利用职务上的便利，索取他人财物或者非法收受他人财物，为他人谋取利益，或者在经济往来中，利用职务上的便利，违反国家规定，收受各种名义的回扣、手续费，归个人所有，数额在5000元以上的，应予立案追诉。"第十一条规定："[对非国家工作人员行贿案（刑法第一百六十四条）]为谋取不正当利益，给予公司、企业或者其他单位的工作人员以财物，个人行贿数额在1万元以上的，单位行贿数额在20万元以上的，应予立案追诉。"对个人来说，无论是作为非国家工作人员受贿，还是对非国家工作人员行贿，其立案追诉刑事责任的数额标准都是非常低的，工程招投标领域的相关从业人员应对这些新规定给予足够的关注与重视。

至此，我国工程招投标领域的刑事责任规定已经相对完善，基本上将工程招投标领域的各个主体以及各个主体所从事的各种严重违法行为都纳入到刑法规制范围内。随着国家加强对商业贿赂行为及工程建设领域突出问题的专项治理工作，国家将会更加注重运用刑事法律来追究招投标违法行为人的刑事责任，工程招投标领域的相关从业人员应对这些新的规定和新的趋势给予足够的关注与重视。

5. 重庆綦江县彩虹桥垮塌的教训

1999年1月4日18时50分，重庆市綦江县彩虹桥发生整体垮塌，造成40人死亡，14人受伤，直接经济损失631万元。

该项目建设过程中，綦江县个别领导行政干预过多，对工程建设的许多问题擅自决断，严重违反基本建设程序。未办理立项及计划审批手续，未办理规划、国土手续，未进行设计审查，未进行施工招投标，未办理建筑施工许可手续，未进行工程竣工验收。致使工程设计、施工都存在严重问题，酿成重大后果。

1999年3月、4月，重庆市第一中级人民法院对"綦江虹桥垮塌案"10余责任人作出一审宣判，同年12月，重庆市高院作出终审判决。原綦江县委书记张开科因受贿、玩忽职守罪被判处无期徒刑；原綦江县委副书记林世元因受贿罪、玩忽职守罪被判处死缓；其他有关12名责任人也分别处以10年及以下有期徒刑，有关责任单位被处以罚款。

2001年3月12日世人瞩目的綦江新彩虹桥落成并在桥头建立了半圆弧的金属雕塑碑文：

"利与弊，相反而相成，利兴则弊除。然假兴利之名以行弊者，弊尤大焉。此虹桥塌沉之痛训也。

綦江县城，隔东西城区。虹桥之建，欲以便两城区之往来。一九九六年二月十五日通行，一九九九年一月四日垮塌。死祸者四十，伤者十余人。盖主事者徇私渎职，施工者贪利粗制，案震全国。有关责任者受党纪国法追究。县委、县政府决定建设新虹桥。落成之日，立碑其侧，以戒今惕后。

铭曰：新建豪张，旧痛回肠。主政贪妄，属众遭殃。腐之为患，国祸民伤。从公慎纪，勿怠勿荒。勒石警示，永志莫忘。"

本章附录

关于管理和监督的区分示意图

	管 理	监 督
定义	指管理主体，有效组织并利用各个要素（人、财、物、信息和时空），借助管理手段，完成该组织目标的过程 管理人员类似运动队的领队	指监督主体借助监督手段对监督客体的相关内容查看并督促，保证客体内容依照法定或预定轨道达到既定目标的过程 监督人员类似运动比赛的裁判
基本要素	管理主体、管理客体、组织目的和组织环境或条件四要素	监督主体、监督客体、监督内容三要素
手段	① 强制（战争、政权、暴力、抢夺） ② 交换（双方自愿） ③ 惩罚（物质、非物质；法律、行政、经济等方式） ④ 激励 ⑤ 沟通说服	监督手段主要是两方面 ① 强制（行政管制、司法管制） ② 惩罚（物质、非物质；法律、行政、经济等方式）
环节	管理的过程包括6个环节 ① 管理规则的确定（组织运行规则，如章程、制度） ② 管理资源的配置（组织人员、职责、设备、工具、空间资源等） ③ 管理目标的设立与分解（如计划） ④ 组织与实施、过程控制（检查、监督与协调） ⑤ 管理效果评价 ⑥ 总结与处理（奖惩）	监督过程包括3个环节 ① 监督目标的设立（依据法规授权或制度规定） ② 监督规则的确定（依据法规、制度或章程） ③ 组织与实施（查看、督促）
基本职能	管理的基本职能一般包括 ① 计划 ② 组织 ③ 人员管理 ④ 指导与领导 ⑤ 控制	监督的基本职能依据监督主体、客体和内容的不同和依据法律规定或制度要求分别确定。 如招标投标活动有关行政机关依照法规授权对招标投标活动进行程序和实体监督； 会计依据法规要求，在会计核算的同时对特定主体经济活动的真实性、合法性、合理性进行审查

本章练习题

一、判断题（正确√；错误×）

1. 招标投标法具有公法和私法的两重法律关系。　　　　　　　　　　　　　　　　（　　）
2. 所谓公开招标，是指招标人以投标邀请书的方式邀请特定的法人或者其他组织投标。（　　）
3. 企业招标采购的货物都属于法律规定的强制招标的范围。　　　　　　　　　　　（　　）
4. 自主选择招标代理机构作为咨询代理是招标人的权利。　　　　　　　　　　　　（　　）
5. 按照管理学的观点，所谓管理是通过计划、组织、控制、激励和领导等环节来协调人力、物力和财力资源，以期更好地达成组织目标的过程。（　　）

二、单选题

下列关于招标人的规定属于招标人的权利的说法正确的是（　　）。

A．在国家规定的依法必须招标的范围内招标人必须进行招标

B．依法组建评标委员会

C．不能以任何方式规避招标

D．招标投标活动当事人（招标人）应当接受依法实施的监督

三、论述题

简述在招标投标活动的监督工作中，董仲舒《举贤良对策》给我们的启示。

招投标制度的核心还是"契约自由与市场管制"的关系问题，亦即公法与私法的关系问题。在这种法律关系中，公法的内涵主要是通过程序控制，重在维护和保障交易秩序。私法的内涵重在对当事人权利内容的深入和细化。

中国政法大学终身教授　江平

第 2 章
关于招标采购活动的法律适用

一、关于强制招标范围的管制

（一）国企自行招标采购关键设备能否确定第二名中标

某国有企业内部规定，企业采购金额达到 10 万元以上的必须采用招标方式。2012 年该企业经营部门同某客户签订一份重要加工订单，经工艺部门审查企业需要购买一台数控加工中心，企业设备管理部门提出采购计划预算 300 万元人民币。经企业主管副总批准，采购部门通过公开招标方式采购，有 5 家国内投标人参与投标，评标委员会提交的评标报告显示，第一名甲企业综合分数 90 分报价 295 万元。第二名乙企业综合分数 89.5 分报价 270 万元；第三名丙企业综合分数 86 分报价 300 万元。企业采购部门认为依照招标投标法规应当第一名中标。设备部门提出不同意见，该厂已经有第二名乙企业的同类设备 3 台，从设备管理的角度考虑建议购买乙企业产品。财务部门认为乙企业价格便宜 25 万元，在都能满足使用的条件下，为什么必须买贵的呢？最后招标人召开党政联席会议，研究决定第二名乙企业为中标人。公示后中标候选人甲立即向招标人的主管部门某市国资委投诉。

国资委纪检部门依据国家发改委等七部委 27 号令《工程建议项目货物招标投标办法》第六十一条："不属于工程建设项目，但属于固定资产投资的货物招标投标活动，参照本办法执行。"的规定，认为该招标项目不属于依法必须招标的项目，中标人可以在中标候选人中自主确定，而不一定是排名第一的应当中标。因此，对于投标人甲的投诉不予受理。

作者认为，招标人及其上级主管部门的处理是正确的。

显然，在招标采购活动中厘清法律对招标采购范围的管制是招标采购管理和监督的首要问题。在招标采购活动中公权对其管制首先表现在对强制招标的范围、招标方式和招标组织形式的管制。上述管制在项目审批、核准或备案阶段由项目主管部门依法确定。

（二）《招标投标法》强制招标范围的规定

1. 法律关于强制招标范围的规定

《招标法》第三条规定："在中华人民共和国境内进行下列工程建设项目包括项目的勘察、设计、施工、监理以与工程有关的重要设备、材料等的采购，必须进行招标：
（一）大型基础设施、公用事业等关系社会公共利益、公众安全的项目；
（二）全部或者部分使用国有资金投资或者国家融资的项目；
（三）使用国际组织或者外国政府贷款、援助资金的项目。

前款所列项目的具体范围和规模标准，由国务院发展计划部门会同国务院有关部门制订，报国务院批准。法律或者国务院对必须进行招标的其他项目的范围有规定的，依照其规定。"

依据上述法规，2000 年 5 月 5 日，经国务院批准，原国家计委颁布了《工程建设项目招标范围和规模标准规定》（2000 年 3 号令）对依法必须招标的范围和规模做了具体规定。

强制招标制度是《招标法》的核心内容之一，也是最能体现立法目的条款之一。

2. 条例对工程建设项目的定义

鉴于《招标投标法》中"工程建设项目"和《政府采购法》中的"工程"概念不统一，2012 年 2 月 1 日实施的《招标投标法实施条例》（以下简称条例）对"工程建设项目"的定义做了规定。

（1）条例对工程的定义沿用《政府采购法》的规定。

《政府采购法》第二条第六款规定 "本法所称工程，是指建设工程，包括建筑物和构筑物的新建、改建、扩建、装修、拆除、修缮等。"《条例》第二条沿用《政府采购法》关于工程的定义。但缩小了"工程"包括的范围。即在《政府采购法》表述的"包括建筑物、构筑物新建、改建、扩建"和"装修、拆除、修缮"之间加上"及其相关的"限制性定语。这里的"其"的主体是指"新建、改建、建扩"而不是指"构筑物、建筑物"；政府采购法实施条例沿用了同样的规定，并在地方规定的目录内对和新、改、扩无关的工程单独列入管理目录内。使建筑物新建、改建、扩建无关的装修、拆除、修缮等工程项目纳入政府采购法规范的范畴，如学校教室、宿舍的粉刷等。招标采购中此类项目可视为非强制招标的服务类项目中，如，国企车间屋顶防漏施工的维修，即使项目资金超过法律规定，也属于招标采购中非强制招标的采购。虽然建设工程的定义包括土木工程、建筑工程、管道工程、安装工程和装饰工程，但是和该类工程无关的施工依照条例的规定不应当纳入强制招标的范围。

（2）关于工程建设项目的内涵和外延。

在"工程"概念统一的基础上，《条例》第二条第二款规定"工程建设项目""是指工程以及与工程建设有关的货物、服务。"即作为"建设项目"还包括了有关的设备、材料和勘察、设计、监理等服务等内容。

《条例》关于有关货物的范围界定为"是指构成工程不可分割的组成部分，且为实现工程基本功能所必需的设备、材料等"，这里"不可分割"表示和工程项目的关系紧密程度；"实现其基本功能"表示其对工程设计功能的满足程度。两个要件缺一不可，而且判断紧密程度的时应当以实现项目设计目标为条件。如水电站项目中，发电机组虽然和大坝工程是相对独立的且可以分割，但由于该项目设计有发电功能，因此，水电机组也是该工程建设项目不可分割的组成部分。由于"不可分割"和"基本功能"在实际工作中的模糊性，国家有些部门对"重要的设备和材料"的范围通过清单制度予以明确，但多数部门没有规定。实践中，我们一般将设计图纸中包含的达到《招标法》规模标准的设备、材料视为"不可分割"和"基本功能"部分。

（3）服务项目仅指勘察、设计和监理。

该条关于服务的范围界定为"所称与工程建设有关的服务，是指为完成工程所需的勘察、设计、监理等服务"。建设工程项目中的评估、融资、项目管理、工程造价、招标代理等与工程有关的服务由于目前配套制度尚未完善，没有列入本条例"与工程建设有关的服务"范围，有待通过逐步调整《工程建设项目招标范围和规模标准规定》和部门规章立法予以解决。法规没有明确规定的项目不能作为强制招标的范围。

关于房屋、构筑物范围的国家标准详见本书附录 A

3. 《招标法》规定招标范围、规模的缘由

（1）汉武帝《沉命法》的启示。

我国古代立法有一个著名的案例。汉武帝时期，针对社会治安的混乱现象制定了一部《沉命法》，规定凡是有盗贼而没有被发现或发现没有被抓获者，从太守到小吏都要杀头。该法一出台，天下表面太平了。但实际上盗贼照常活动，只是大小官员不敢报告，一报告自己脑袋就没有了。这部法出台的后果是有盗贼谁都不报告了。

这个案例说明：法律密如凝脂，当其超过合理边界，法律的管制作用反而将失去立法本意。公法的边界有最大利益的限制，超过了边界，法律可能就成为一纸空文。

鉴于招标投标活动的经济性、技术性和依法必须招标活动的法律属性，法律强制性规定须立足于对涉及公共利益、国家利益有关的经济活动进行必要的管制。《招标法》作为公法，其管制的范围和规模首先应当和市场发育的成熟度相适应，在市场化不够成熟时，规模和范围可以稍多一些，反之应当少一些；其次，要考虑采购成本和效率，范围和规模的经济性；最后，考虑管制对象对社会和国家的影响度，管制的规模和范围并非是越大越好。

（2）确定强制招标范围和规模的考量。

我国在起草《招标法》时，为了使该法与西方国家的政府采购法或公共采购法逐步接轨，曾考虑将传统意义上的政府采购纳入《招标法》的调整范围内，同时将工程建设领域的招标投标按照西方国家的模式从采购主体、采购对象和采购资金三方面进行重构。但是，1999年，国务院第15次常务会议在审议《招标法（草案）》时认为，当前工程建设领域的问题较多，影响较大，迫切需要实行规范化的招标投标制度。因此，应明确将工程建设项目的采购招标纳入法律的调整范围。传统意义上的政府采购，由于尚处于推行招标投标制度的试点阶段，不宜过早地纳入法律的调整范围，这实际上将传统政府采购与公共采购进行了区分，并将传统政府采购从《招标法》的调整范围内剔除出来，也就为后来起草《政府采购法》埋下了伏笔。

《招标法》依法必须招标的范围既考虑从项目性质上划分，又考虑从资金来源上划分。这主要是《招标法》作为公法应当涵盖的内容要求所决定的，如果仅从项目内容上划分，不属于第一款项目类别，但使用国有资金的项目不能完全涵盖，如国有投资建设的机床制造厂项目；反之，仅从资金来源上划分，第一款类别中由个人投资的项目关系到公共利益将失去控制，如民营资本投资建设的发电厂项目。因此必须从两方面加以要求和规范，通过法律行为保护社会公共利益。

在资金规模的划分上，施工估算价200万元、货物采购估算价100万元，服务估算价50万元的尺度主要考虑采购成本和这些项目对社会公共利益的影响度。随着经济建设的发展和市场秩序的完善，上述范围、规模标准还会调整。

2017年2月9日国务院总理李克强主持国务院常务会议，会议指出要缩小必须招标的工程建设项目的管制范围。

鉴于确定范围规模的复杂性，制定强制招标范围和规模的权力主体就必须高度集中。《条例》第三条规定，"依法必须进行招标的工程建设项目的具体范围和规模标准，由国务院发展改革部门会同国务院有关部门制订，报国务院批准后公布施行。"《立法法》第十条规定："被授权机关不得将所授权力转授给其他机关。"因此，该条款没有授权省级人民政府可以根据实际情况规定本行政区域内必须进行招标的工程建设项目具体范围和规模标准。目前，各级政府层层扩大招标规模范围，以至将10万元的项目也列入地方强制招标范围，而不考虑采购成本，这同法律的立法宗旨相违背，应予清理和纠正。

（三）《招标法》招标投标活动的区别规定和分类管理

《招标法》第二条规定："在中华人民共和国境内进行招标投标活动，适用本法。"该法对招标投标活动分为三个层次：

一是招标投标活动（自愿招标投标活动）；

二是依法必须进行招标的项目；

三是国有资金控股或者占主导地位的依法必须主要招标的项目。

《招标法》在法条设计中主要有12条，《条例》有20条针对"依法必须进行招标的项目"，有3条针对国有资金控股或者占主导地位的依法必须招标的项目的强制性条款。所谓强制性条款就是采用"不得"、"必须"等法条用语，强制性规定不允许当事人有个人意思表示，但法律也照顾了非强制招标项目的不同情况，做了区别规定，分类管理。

1.《招标法》针对"依法必须招标的项目"的规定条款

（1）针对依法必须招标项目招标人义务的条款。

第四条："任何单位和个人不得将依法必须进行招标的项目化整为零或者以其他任何方式规避招标。"

第十二条："……依法必须进行招标的项目，招标人自行办理招标事宜的，应当向有关行政监督部门备案。"

第二十四条："招标人应当确定投标人编制投标文件所需要的合理时间；但是，依法必须进行招标的项目，自招标文件开始发出之日起至投标人提交投标文件截止之日止，最短不得少于20日。"

第四十七条："依法必须进行招标的项目，招标人应当自确定中标人之日起15日内，向有关行政监督部门提交招标投标情况的书面报告。"

（2）针对依法必须招标项目相关人权利义务并列的条款。

第六条："依法必须进行招标的项目，其招标投标活动不受地区或者部门的限制。任何单位和个人不得违法限制或者排斥本地区、本系统以外的法人或者其他组织参加投标，不得以任何方式非法干涉招标投标活动。"

（招标人的权利、任何单位和个人的义务。）

第十六条："招标人采用公开招标方式的，应当发布招标公告。依法必须进行招标的项目的招标公告，应当通过国家指定的报刊、信息网络或者其他媒介发布。招标公告应当载明招标人的名称和地址、招标项目的性质、数量、实施地点和时间以及获取招标文件的办法等事项。"

（发布公告是招标人的权利、公告内容和程序合法是招标人的义务。）

第三十七条："评标由招标人依法组建的评标委员会负责。依法必须进行招标的项目，其评标委员会由招标人的代表和有关技术、经济等方面的专家组成，成员人数为5人以上单数，其中技术、经济等方面的专家不得少于成员总数的三分之二。……"

（组建评标委员会是权利，依法是义务。）

第四十二条："评标委员会经评审，认为所有投标都不符合招标文件要求的，可以否决所有投标。依法必须进行招标的项目的所有投标被否决的，招标人应当依照本法重新招标。"

（否决所有投标是评标委员会的权利，之后重新招标是招标人的义务。）

（3）针对依法必须招标项目相关人责任的条款。

第五十二条："依法必须进行招标的项目的招标人向他人透露已获取招标文件的潜在投标人的名称、数量或者可能影响公平竞争的有关招标投标的其他情况的，或者泄露标底的，给予警告，……"

关于泄密法律责任的处理仅针对依法必须招标的项目。

第五十四条："投标人以他人名义投标或者以其他方式弄虚作假，骗取中标的，中标无效，给招标人造成损失的，依法承担赔偿责任；构成犯罪的，依法追究刑事责任。

依法必须进行招标的项目的投标人有前款所列行为尚未构成犯罪的……"

本条第一款的法律责任针对所有招标项目，一是中标无效，二是侵权责任，三是刑事责任。否则违反诚实信用的原则；第二款的规定是行政处罚，针对依法必须招标的项目。

第五十五条："依法必须进行招标的项目，招标人违反本法规定，与投标人就投标价格、投标方案等实质性内容进行谈判的，给予警告，对单位直接负责的主管人员和其他直接责任人员依法给予处分。"

第五十七条："招标人在评标委员会依法推荐的中标候选人以外确定中标人的，依法必须进行招标的项目在所有投标被评标委员会否决后自行确定中标人……"

第五十五条、第五十七条属于行政责任条款，所以仅针对依法必须招标的项目。

2. 《条例》针对"依法必须招标的项目"的条款

（1）针对依法必须招标项目相关人权利的条款。

第三条："依法必须进行招标的工程建设项目的具体范围和规模标准，由国务院发展改革部门会同国务院有关部门制订，报国务院批准后公布施行。"

第三十三条："投标人参加依法必须进行招标的项目的投标，不受地区或者部门的限制，任何单位和个人不得非法干涉。"

（2）针对依法必须招标项目相关人义务的条款。

第七条："按照国家有关规定需要履行项目审批、核准手续的依法必须进行招标的项目，其招标范围、招标方式、招标组织形式应当报项目审批、核准部门审批、核准。……"

第十五条："……依法必须进行招标的项目的资格预审公告和招标公告，应当在国务院发展改革部门依法指定的媒介发布。……编制依法必须进行招标的项目的资格预审文件和招标文件，应当使用国务院发展改革部门会同有关行政监督部门制定的标准文本。"

第十七条："……依法必须进行招标的项目提交资格预审申请文件的时间，自资格预审文件停止发售之日起不得少于5日。"

第二十三条："……依法必须进行招标的项目的招标人应当在修改资格预审文件或者招标文件后重新招标。"

第二十四条："……依法必须进行招标的项目的招标人不得利用划分标段规避招标。"

第二十六条："……依法必须进行招标的项目的境内投标单位，以现金或者支票形式提交的投标保证金应当从其基本账户转出。……"

第二十九条："……以暂估价形式包括在总承包范围内的工程、货物、服务属于依法必须进行招标的项目范围且达到国家规定规模标准的，应当依法进行招标。……"

第四十六条："除招标投标法第三十七条第三款规定的特殊招标项目外，依法必须进行招标的项目，其评标委员会的专家成员应当从评标专家库内相关专业的专家名单中以随机抽取方式确定……

依法必须进行招标的项目的招标人非因招标投标法和本《条例》规定的事由，不得更换依法确定的评标委员会成员……"

第五十四条："依法必须进行招标的项目，招标人应当自收到评标报告之日起3日内公示中标候选人，公示期不得少于3日。"

即对于发布资格预审公告（公告）、使用标准文本、资格预审提交时间、文件修改后重新招标、专家确定、公示等环节的强制规定仅针对"依法必须进行招标的项目"。

（3）针对依法必须招标项目相关人责任的条款。

第三十二条："招标人有下列行为之一的，属于以不合理条件限制、排斥潜在投标人或者投标人：……

（三）依法必须进行招标的项目以特定行政区域或者特定行业的业绩、奖项作为加分条件或者中标条件；……

（六）依法必须进行招标的项目非法限定潜在投标人或者投标人的所有制形式或者组织形式；"

第六十三条："依法必须进行招标的项目的招标人不按照规定发布资格预审公告或者招标公告，构成规避招标的，依照招标投标法第四十九条的规定处罚。"

第六十八条："投标人以他人名义投标或者以其他方式弄虚作假骗取中标的，中标无效；构成犯罪的，依法追究刑事责任；尚不构成犯罪的，依照招标投标法第五十四条的规定处罚。依法必须进行招标的项目的投标人未中标的，对单位的罚款金额按照招标项目合同金额依照招标投标法规定的比例计算。"

第七十条："依法必须进行招标的项目的招标人不按照规定组建评标委员会，或者确定、更换评标委员会成员违反招标投标法和本《条例》规定的，由有关行政监督部门责令改正，可以处10万元以下的罚款，对单位直接负责的主管人员和其他直接责任人员依法给予处分；违法确定或者更换的评标委员会成员作出的评审结论无效，依法重新进行评审。"

第七十一条："评标委员会成员有下列行为之一的，由有关行政监督部门责令改正；情节严重的，禁止其在一定期限内参加依法必须进行招标的项目的评标；情节特别严重的，取消其担任评标委员会成员的资格：……"

第七十三条："依法必须进行招标的项目的招标人有下列情形之一的，由有关行政监督部门责令改正，可以处中标项目金额10‰以下的罚款；给他人造成损失的，依法承担赔偿责任；对单位直接负责的主管人员和其他直接责任人员依法给予处分：……"

第七十四条："中标人无正当理由不与招标人订立合同，在签订合同时向招标人提出附加条件，或者不按照招标文件要求提交履约保证金的，取消其中标资格，投标保证金不予退还。对依法必须进行招标的项目的中标人，由有关行政监督部门责令改正，可以处中标项目金额10‰以下的罚款……"

第八十一条："国家工作人员利用职务便利，以直接或者间接、明示或者暗示等任何方式非法干涉招标投标活动，有下列情形之一的，依法给予记过或者记大过处分；情节严重的，依法给予降级或者撤职处分；情节特别严重的，依法给予开除处分；构成犯罪的，依法追究刑事责任：

（一）要求对依法必须进行招标的项目不招标，或者要求对依法应当公开招标的项目不公开招标；……"

第八十二条："依法必须进行招标的项目的招标投标活动违反招标投标法和本《条例》的规定，对中标结果造成实质性影响，且不能采取补救措施予以纠正的，招标、投标、中标无效，应当依法重新招标或者评标。"

3.《条例》针对"国有资金占控股或者主导地位的依法必须招标的项目"的条款

第八条："国有资金占控股或者主导地位的依法必须进行招标的项目，应当公开招标；但有下列情形之一的，可以邀请招标：

（一）技术复杂、有特殊要求或者受自然环境限制，只有少量潜在投标人可供选择；

（二）采用公开招标方式的费用占项目合同金额的比例过大。"

第十八条："……国有资金占控股或者主导地位的依法必须进行招标的项目，招标人应当组建资格审查委员会审查资格预审申请文件。资格审查委员会及其成员应当遵守招标投标法和本《条例》有关评标委员会及其成员的规定。"

第五十五条："国有资金占控股或者主导地位的依法必须进行招标的项目，招标人应当确定排名第一的中标候选人为中标人。"

可以看出，上述三条全部属于义务性条款。法律重点对"依法必须招标的项目"进行管理和规范，在《条例》中进一步对使用国有资金的"依法必须招标项目"重点管理，该类项目的重点管理表现在选用招标形式，组织资格预审和确定中标人三个环节。对于其他招标投标活动在不违法的前提下由市场规范。即对于除此之外的招标投标活动，上述条款可参照执行。对于企业正常生产经营活动原材料、个别设备等物资采购不属于标法规定强制招标的范围。国家发改委等七部委27号令（货物招标）第六十一条规定："不属于工程建设项目，但属于固定资产投资的货物招标投标活动，参照本办法执行。"如参照《招标法》第二十四条："招标人应当确定投标人编制投标文件所需要的合理时间"，即不需要至少不得少于20日，只要合理的时间即可。只有对于"依法必须进行招标的项目，自招标文件开始发出之日起至投标人提交投标文件截止之日止，最短不得少于20日"。这样，企业在正常生产活动中既可以通过招标采购这种方式保证采购标的的质量和工期、交货期，又可节约资金，同时避免了由于强制招标程序繁杂、时间过长的弊端。

应当指出的是，上述法律责任条款中的针对性是指由于不履行上述行为权利，当然也没有相应法律责任，而不是说法律允许投标人可以弄虚作假、骗取中标等，相反，自愿招标项目应当遵守平等、自愿、公平、诚实等民事活动原则，以及《招标法》的其他强制性规定，违背这些原则和规定便会产生不公平。

此外，《招标法》第三条第三款规定："法律或者国务院对必须进行招标的其他项目的范围有规定的，依照其规定。"目前，有关规定主要有：卫生部关于医疗药品招标采购，国土资源部关于土地经营权转让招标，科技部关于科研项目招标，国资委、财政部关于企业国有产权转让的招标，原建设部关于物业、特许经营招标，交通部关于经营性公路建设项目投资人招标，客运班线经营权招标等。

依据商务部令2014年第1号《机电产品国际招标投标实施办法（试行）》第六条规定，下列机电产品属于依法必须招标的范围：

"通过招标方式采购原产地为中国关境外的机电产品，属于下列情形的必须进行国际招标：

（一）关系社会公共利益、公众安全的基础设施、公用事业等项目中进行国际采购的机电产品；

（二）全部或者部分使用国有资金投资项目中进行国际采购的机电产品；

（三）全部或者部分使用国家融资项目中进行国际采购的机电产品；

（四）使用国外贷款、援助资金项目中进行国际采购的机电产品；

（五）政府采购项目中进行国际采购的机电产品；

（六）其他依照法律、行政法规的规定需要国际招标采购的机电产品。

已经明确采购产品的原产地在中国关境内的，可以不进行国际招标。必须通过国际招标方式采购的，任何单位和个人不得将前款项目化整为零或者以国内招标等其他任何方式规避国际招标。"

商务部制定、调整并公布本条第一项所列项目包含主要产品的国际招标范围。属于"法律或者国务院对必须进行招标的其他项目"，也属于依法必须进行招标的范围。

《条例》在服务项目中以列举的方式规定："所称与工程建设有关的服务，是指为完成工程所需的勘察、设计、监理等服务"。其中的"等"字为法律或者国务院基于维护国家利益和公众利益，制订特定的强制招标范围留下空间，而不是由任何单位和个人推断。法律和国务院目前没有明确规定的，如安全评价、环境评价、广告经营权等不属于依法必须进行招标的范围。因为法律作为强制性范围必须有明确的规定。

（四）依法必须招标可以不招标的规定

出于对国家和公众利益最大化的考虑，《条例》第九条对《招标法》第三条和《条例》第三条规定中必须进行招标的项目范围的6项之外的条款进行细化。并对《招标法》第六十六条规定可以不进行招标的补充。应当强制招标可以不招标的规定符合目前我国经济体制改革的现状，在整体上符合国家和社会公众的最大利益。

1. 需要采用不可替代的专利或者专有技术

（1）依据《专利法》，专利是指对发明创造包括发明、实用新型和外观设计经申请并通过审查后所授予的一种权利。

（2）专有技术是指先进、实用但未申请专利权保护的产品生产技术秘密，包括产品设计图纸、生产工艺流程、配方、数据公式，以及产品质量控制和管理等方面的技术知识、经验等。

（3）不可替代的专利或专有技术指其他类似专利、专有技术无法替代具有独占性。

（4）可以不招标的缘由：该类采购标的物不可替代的特点和招标采购竞争属性有不可调和的矛盾，即失去招标采购的前提条件，不招标是无奈的选择。

2. 采购人依法能够自行建设、生产或者提供

（1）采购人的概念。

本条适用的主体是采购人的法人本身，不包括其投资人、母公司或其子公司、股东。

（2）可以不招标的条件。

采购具有自行建设生产的资格和能力，但是依据利益冲突原则应当回避的除外，如采购人同时具有工程设计、施工、监理资质，招标人决定采取施工总承包建设办公大楼时，设计、施工、监理只有一项可以不招标。如果采取工程总承包方式，设计、施工可以不招标，但监理单位还必须招标。因为如果监理不招标，自己监理自己违反了利益冲突原则，监理可能视同虚设。

（3）可以不招标的缘由。

采购人具备自行建设的条件时，如果强制要求招标，则会带来两难的结果：采购人如果不参加投标，则违背了企业追求利润最大化的目标；如果采购人自己参加投标，则违反了利益冲突原则。招标程序变成了走过场，本着实事求是的原则，符合上述条件时，可以不招标。

3. 已通过招标方式选定的特许经营项目投资人依法能够自行建设、生产或者提供

（1）特许经营项目投资人。

所谓特许经营项目是指政府将公共基础设施和公用事业的特许经营权出让给投资人并签订特许经营协议，由其组建项目公司负责投资、建设、经营的项目。为该类项目投资的法人或其他组织称之为特许经营项目投资人。由于该类项目投资额一般较大，投资人可以是一个独立的法人，但往往可能是由若干独立法人组成的财团。该财团可以是法人，也可以是协作性的经营联合体即不具备独立法人资格的合伙，属于《民法通则》规定的"其他组织"。投资人和采购人不同，投资人从项目资金来源属性考量，只要出资就是投资人，投资人不一定参与项目管理，但项目利益同其有关；采购人从采购主体考量，直接对项目负责，承担项目法人责任。

（2）可以不招标的条件。

① 主体资格：中标人不是合同签订人是特许经营项目招标的一个特点，投资人中标后，项目实施一般由投资人组建一个项目公司，由项目公司法人同政府有关部门签订合同。因此，是投资人而不是项目法人具备相应资质条件，该项目可以不招标，如果投资人由若干独立法人组成财团联合投资，依据其内部章程或协议，其成员之一具备资质都可无需招标提供产品和服务。这是与采购人作为该类项目主体不同的地方。

② 资质条件：投资人依法能够自行建设、生产或者提供。所谓"依法"能够提供，包括法律规定应当具备的市场准入条件、依照利益冲突原则制定的规则以及提供标的主体具备相应的资质条件和能力。

（3）可以不招标的缘由。

特许经营项目已经通过招标竞争确定了项目中标人，并通过合同对其权利义务做了规定，因此上述法律主体只要具有建设、生产或提供服务的可以不招标直接采购，由于自身利益的约束不会因为不招标而损害社会公共利益。

4. 需要向原中标人采购工程、货物或者服务，否则将影响施工或者功能配套要求

（1）本条适用范围条件。

该项目原属于经过招标程序中标的项目，包括工程、货物和服务。如果追加项目符合两个要件之一：一是影响施工；二是影响功能配套，追加项目可以不招标。其中，影响施工的追加合同是在原合同履行中新增项目，影响功能配套的合同可能是在原合同履行中新增项目，也可能是原合同已经结束的新增项目。经23号令修正的30号令（施工）对此具体明确为"在建工程追加的附属小型工程或者主体加层工程"。

（2）追加项目的约束性条件。

追加项目是指在项目合同履行中产生的新增或变更的需求，这些需求原项目招标时不存在，或者因技术、经济等客观原因不可能或不宜包括在原项目中一并招标采购，由于招标采购项目的复杂性，本条没有规定追加的数量限制。

（3）可以不招标的缘由。

该类项目不招标的原因是为了降低交易成本。虽然招标通常可以通过竞争来增加采购人的收益。但实施招标程序本身是有成本的。考虑到原工程的采购结果已经是竞争的产物，是当时可能范围内的最优选择，此时不再进行可以降低重新招标而额外产生的交易成本。追加项目不招标体现了国家最大利益。因此，在符合两个要件的条件下"可以不进行招标"。

5. 国家规定的其他特殊情形

本项规定是为了适应形态纷繁且处于不断变化发展中的社会。与判例法相比，成文法具有僵硬性与滞后性，立法者的有限理性总是不能穷尽所有客观情形，因此在此处设置了兜底性条款。但为了避免执法中的裁量权滥用，"其他特殊情形"需要"国家规定"，包括全国人民代表大会及其常委会制定的法律，国务院制定的行政法规、规定等规定，而不包括地方政府的规定。

上述几种情形的共性是：具有不具备竞争的条件或者虽可以竞争，但竞争已不具备提高资金使用效益的功能的特点，此时招标通过竞争方式彰显的优势不再存在，可以不进行招标。

为了防止采购人滥用第一款的规定规避招标，实施《条例》在第二款即规定"招标人为适用前款规定弄虚作假的，属于《招标法》第四条规定的规避招标，即"任何单位和个人不得将依法

必须进行招标的项目化整为零或者以其他任何方式规避招标"。一些项目招标人采用弄虚作假、隐瞒事实，伪造和混淆项目主体、项目性质和资金来源，拆解分割项目，提供其他可以不进行招标的虚假情况等方式达到规避招标，此时应承担相应的法律责任。

6. 法律规定可以不招标的其他项目

（1）《招标法》第六十六条规定："涉及国家安全、国家秘密、抢险救灾或者属于利用扶贫资金实行以工代赈、需要使用农民工等特殊情况，不适宜进行招标的项目，按照国家有关规定可以不进行招标。"

解读：涉密项目的保密规定和招标投标公开性的矛盾；抢险救灾时间的紧迫性和招标投标程序规定存在着不可调和的矛盾；利用扶贫资金实行以工代赈、需要使用农民工的项目其特定的扶持对象和招标投标中标人的不确定性存在着不可调和的矛盾。因此，上述项目达到应当招标的规模要求也可以不招标。

（2）机电产品国际招标有关规定可以不招标的项目。

"第七条 有下列情形之一的，可以不进行国际招标：

（一）国（境）外赠送或无偿援助的机电产品；

（二）采购供生产企业及科研机构研究开发用的样品样机；

（三）单项合同估算价在国务院规定的必须进行招标的标准以下的；

（四）采购旧机电产品；

（五）采购供生产配套、维修用零件、部件；

（六）采购供生产企业生产需要的专用模具；

（七）根据法律、行政法规的规定，其他不适宜进行国际招标采购的机电产品。

招标人不得为适用前款规定弄虚作假规避招标。"

二、法律对招标方式和招标组织形式的管制

（一）法律对招标方式的管制

由于采用邀请招标方式招标的公开性不足并可能影响招标结果的公正性，法律对邀请招标的方式进行了适当的限制。《招标法》第十一条规定"国务院发展计划部门确定的国家重点项目和省、自治区、直辖市人民政府确定的地方重点项目不适宜公开招标的，经国务院发展计划部门或者省、自治区、直辖市人民政府批准，可以进行邀请招标。"

《条例》第八条对《招标法》第十一条法定公开招标项目的补充：

"国有资金占控股或者主导地位的依法必须招标的项目，应当公开招标；但有下列情形之一的，可以邀请招标：

（一）技术复杂、有特殊要求或者受自然环境限制，只有少量潜在投标人可供选择；

（二）采用公开招标方式的费用占项目合同金额的比例过大。

有前款第二项所列情形，属于本《条例》第七条规定的项目，由项目审批、核准项目时作出认定；其他项目由招标人申请有关行政监督部门作出认定。"

《招标法》规定了国家和省重点项目应当公开招标，《条例》补充国有资金占控股或主导地位依法必须招标的项目应当公开招标。因为这两类项目和国家利益和公众利益紧密相关，所以法律对该两类项目的招标方式予以管制。因为公开招标方式可以能够在最大范围内选择投标商，以

尽可能激烈的竞争确定最优的合同当事人,从而符合国家和公众最大利益,同时也可以在一定程度上减少招标活动中的贿赂和腐败行为。

应当公开招标项目的例外条款有:

(1) 投标人数量有限。

该条规定的人数有限有两类原因,一是项目本身的技术属性决定,二是项目的技术属性可能也不复杂但考虑到自然条件的限制,可以采用邀请招标的方式。

(2) 费用过高。

本条第二项是费用和合同金额的比例过大,不是招标采购成本和合同金额的比例,费用没有考虑时间等综合成本。不同的交易往往涉及不同种类的交易成本。常见的交易成本已在本书第1章第2节做了阐述。

鉴于招标采购成本的复杂性,为方便操作,《条例》采用招标直接发生的费用作为衡量参数。目前只有2014年5月4日工业和信息化部公布的《通信工程建设项目招标投标管理办法》(工业和信息化部令第27号)对该费用的具体比例做了规定。该部门规章第六条第三款规定:"采用公开招标方式的费用占项目合同金额的比例超过1.5%,且采用邀请招标方式的费用明显低于公开招标方式的费用的,方可被认定为有本条第一款第二项所列情形。"

选用邀请招标的方式在维持适当竞争性的同时保证了招标采购的经济性,因为招标采购的本质是一项经济活动。

应当公开招标因符合该条第二款规定可以邀请招标的情形认定的主体有两类。

一是符合本条第一款规定的需要审批核准的项目是否可以邀请招标认定的主体是由项目审批核准部门;二是其他备案项目中可以采用邀请招标的认定主体是有关监督部门。

本条没有对本条二款第一项项目认定的方式作出规定,是事前认定还是事后认定,以及认定的程序,应当由部门规章予以规定。

应当指出,邀请招标不能解决时间紧迫的问题。

其他依法招标项目、一般招标投标活动项目(如企业原材料采购等)招标采购的招标方式由招标人自行决定,这无疑就属于私法自治范畴了,体现了法律重点管理的原则。依据公共权力成本最小原则,只有科学且严格限定政府管制的范围,才能在控制公共成本支出的同时,极大调动各方面的积极治理因素,以最终促进将目前的过分依赖公权规制,而逐步地向尽可能的私法自治转化。

(二) 法律对招标组织形式的管制

考虑到组织招标投标活动的专业性、技术性和公正性,法律鼓励招标人采取委托代理的方式组织招标,因此法律对招标人自行招标做了适当的限制。

自行招标和委托招标都是法律许可的招标组织方式,但是由于委托招标是有专业机构代理,其资质均经过有关机关审核,相对自行招标来讲,业务进行更为规范,更易于实现立法意图。但是基于降低成本、提高效率的考虑,本着实事求是的原则,有条件地准许自行招标也是必要的。这不但体现出公法干预私法的有限性,在无损于公法干预意图实现的前提下,应当尽可能给予私主体更多的选择权,以充分发挥其积极性和创造性,私主体作为理性人,其对自己行为的选择和判断是对其最为有利的选择,这也是意思自治原则的真谛所在。

但是有时私法主体的选择可能影响公法干预意图的实现,因此也应加以规范,堵住可能发生的法律漏洞。因此为了保证自行招标的质量,防止自行招标人不具备招标能力擅自招标,或随意变更招标程序和评标标准,造成招标工作的混乱,监督其对投标人提供平等竞争的机公允,切实保障投标人的合法权益。《招标法》第十二条第三款规定:"依法必须进行招标的项目,招标人自行办理招标事宜的，应当向有关行政监督部门备案。"2000年7月1日，国家计委据此颁布了《工程建设项目自行招标试行办法》（5号令）。依据23号令的修正，修改后的《工程建设项目自行招标试行办法》2005年5号令关于对自行招标的管制范围是"经国家发展改革委员会审批、核准（含经国家发展改革委初审后报国务院审批）依法必须招标的工程建设项目"。除此之外的项目招标，如果没有其他法律规定，招标人可以自行确定招标组织形式。

在办理自行招标备案提交的资料中，具有编制招标文件和组织评标能力是一项重要内容。根据《招标法》第十二条第二款的规定，"招标人具有编制招标文件和组织评标能力的，可以自行办理招标事宜"。为落实这一规定，《条例》在规定中细化了自行招标能力相关具体规定。

1. 编制招标文件的能力

招标文件是整个招标活动中对招标人和投标人都具有约束力的最重要的文件，其中包括招标项目的主要技术条款和价格要求、评标标准及合同主要条款等重大实质性信息，专业性强、内容复杂，对编制者的专业水平、招标经验及对投标商信息的掌握程度要求较高，能否编制出完整、严谨的招标文件，直接影响招标的质量，也是招标成败的关键。

2. 组织评标活动的能力

有效组织评标是保证评标工作严格按照招标文件要求和评标标准进行，维护招标的公正、公平性，避免纠纷，保障招标工作圆满完成的重要环节。因此，招标人自行招标的，须有能够有效地组织评标的能力以及对突发异常事件的应变处理能力。

招标是一项涉及技术、经济、法律和政策的综合性专业管理工作，因此招标人自行招标时应当具有技术、经济等方面的专业人员。为更规范、有效地自行办理招标事宜，招标人所具备的技术、经济等方面的专业人员应当与招标项目规模和复杂程度相适应。

三、关于PPP项目采购的法律适用

（一）PPP项目的概念和内容

1. PPP项目的概念和内容

PPP（Public Private Partnership，即政府、私人、合作）直译为"公私合作伙伴关系"，讲的是公共部门（当然公共部门公共权力具体的执行者是政府）和私人部门、非政府的民营经济、私营经济这些市场主体在一起按伙伴关系来合作；中国现在官方的文件用语，是意译为"政府和社会资本合作"。

依据世界银行的分类，PPP项目包括特许经营项目、政府购买服务以及其他融资类项目。其中，政府购买的服务项目有些是特许经营项目如涉及社会公共利益的水务项目；有些不属于政府的特许经营管制完全市场化，如山西省洁净煤技术项目，特许经营项目和一般政府购买服务项目的最大不同点是前者受到严格的公权管制。如图2-1所示。

从广义上来说，PPP指的是企业参与提供传统上由政府独自提供的公共产品或服务的合作关系。从世界银行对PPP的分类来看，主要包括外包类、特许经营类和私有化类。其中：D（design）设计，B（build）建造，O（operate）运行，O（own）拥有，T（transfer）移交，P（purchase）购买，L（lease）租赁，U（upgrade）更新，MM（major maintenance）重要维护。如DBMM为设计建设重要维护项目；O&M为运行和维护项目；DBO为设计建造和运行项目；PUOT、（LUOT）

分别为租赁（购买）、更新、运营、移交项目。

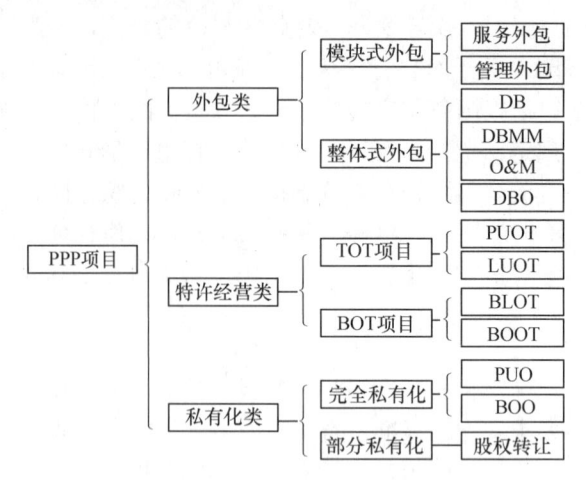

```
                          ┌─ 模块式外包 ┬─ 服务外包
                ┌─ 外包类 ┤              └─ 管理外包
                │         │              ┌─ DB
                │         └─ 整体式外包 ┤─ DBMM
                │                        ├─ O&M
                │                        └─ DBO
                │                        ┌─ PUOT
PPP项目 ────────┤         ┌─ TOT项目 ───┤
                │         │              └─ LUOT
                ├─ 特许经营类            ┌─ BLOT
                │         └─ BOT项目 ───┤
                │                        └─ BOOT
                │         ┌─ 完全私有化 ┬─ PUO
                └─ 私有化类              └─ BOO
                          └─ 部分私有化 ── 股权转让
```

图 2-1　世界银行关于 PPP 项目的分类示意

从图 2-3 可以看出特许经营是 PPP 项目的形式之一，且一般采用 BOT 或 TOT 形式。

BOT、TOT 是实现基础设施和公用事业特许经营的主要方式。

① BOT 是 Build-Operate-Transfer 的缩写，即"建设—运营—移交"模式，是政府授予投资者建设、经营和维护公共基础设施项目的特许权，投资者在特许经营协议约定的特许期内，通过项目运营提供公共产品或服务，并收回投资，获取收益。特许期满后，政府无偿收回项目。

② TOT 是英文 Transfer-Operate-Transfer 的缩写，即"转让—运营—移交"模式，是一种适用于已建特许经营项目的融资模式。

③ BT 是英文 Build-Transfer 的缩写，即建设—移交模式，是承包商垫资建设，项目完成后政府回购的一种方式。

为防止发生地方财政债务危机，同时发挥 PPP 项目中社会资本产生运行机制的优越性，财政部没有将 BT 等单纯融资类项目视为 PPP 项目。

我国的 PPP 项目主要指特许经营项目和政府购买服务两大类。

特许经营项目主要包括传统基础设施项目，如公路、铁路、港口、机场、城市轨道交通、供水、供暖、燃气和污水垃圾处理等项目；政府购买公共服务的项目主要包括环境保护、大气污染治理、教育培训、公共医疗卫生、养老服务、住房保障、行政事业单位房产运行维护等项目。

上述项目的分类有些比较明确，但有些则交织在一起难以区分。如些基础设施如城市污水处理项目也是政府提供的服务项目；一些购买服务的项目如养老院的建设也属于基本建设项目。鉴于国务院部委分工职责，在 PPP 项目中也应遵循其规则，凡属需要发改委批准、核准、备案基本建设的项目应当履行批准或核准、备案程序；涉及财政管理的应当执行财政部的有关规定。

2. 特朗普和沃尔曼冰场的 PPP 故事

1986 年 5 月 22 日早上，特朗普在当天的《纽约时报》看到纽约市政府决定重建中央公园沃尔曼溜冰场的消息。市政府表示如果一切顺利，溜冰场两年内可以开放。特朗普觉得这不可思议。该溜冰场重建已经投入上百万美元，但结果越来越看不出完工的迹象。于是，特朗普决定给当时的纽约市长艾德科赫写一封信。

在信中，特朗普说道："近年来，我目睹了纽约市未能兑现承诺，未能按时完工并开放沃尔曼溜冰场，其实，建设溜冰场并不麻烦，4 个月时间绰绰有余。据我所知，工程已经耗资 6 年时间，而且似乎还得再花两年时间，这对渴望在沃尔曼溜冰场滑冰的人们来说是不能接受的。所有的纽约人和我都已经厌倦了沃尔曼冰场的消极怠工，这项简单的工程建设项目中表现出的效率低下，恰恰也反映了政府工作的失职。"特朗普直截了当地表示："我希望直接接受此项工程，自己出钱来建一个全新的沃尔曼溜冰场，而且保证能在今年冬天的 11 月竣工。同时我也希望能够以合理的价格租下溜冰场，在竣工后进行经营。"

10 天之后，特朗普与政府达成协议并得到财政预算委员会认可。合同约定，溜冰场项目建设资金由特朗普承担，项目金额不超过 300 万美元，工期 4 个月。如果项目按期竣工并验收合格。政府补偿其建设成本。如果实际工程资金低于预算，政府按照实际费用支付，如超过预算，特朗普自行承担超出的费用。

之后，特朗普咨询该领域著名加拿大多伦多思姆科公司决定了技术方案；聘用有经验的 HRH 公司承建。在特朗普的监督下，该项目如期完工并节约了 75 万美元，经市政府批准特朗普用节约的资金增加了运动员休息室和餐厅。

项目建成后，依据合同约定，特朗普向市政府租用了溜冰场，并聘请溜冰场项目著名的经营团队负责经营，该项目每年都给特朗普带来上百万美元的收益，该溜冰场也成为美国最好的溜冰场之一。

这个故事给我们以下启迪：

一是该项目属于我国目前针对纯公共项目设计大力推行的政府和社会资本合作项目的一种形式，称之为 BTL 方式即建设 B（build）、移交 T（transfer）、租赁 L（lease）和运行 O（operate）方式，早年在韩国得到大力推广。

二是从该项目我们可以窥视到美国关于政府和社会资本合作的核心程序，即该类需要政府回购的项目一定要经过所谓的物有所值的评价并得到政府预算委员会的批准。政府关心的是该类项目最终能否顺利完成，对采购方式并不刻意规范，这是其基本经济制度决定的。

三是从这个故事我们看到，该项目并不是解决政府融资问题，而是政府通过和社会资本合作解决公共服务项目建设和运行服务质量低下的问题。这也是我国目前大力推行 PPP 项目的重要缘由。

（二）特许经营项目采购的法律适用

1．特许经营项目招标采购规则

特许经营项目招标的性质具有多重性，从融资角度考量属于服务类招标，从采购项目建设考虑，又属于工程建设项目招标。但归根结底，特许经营项目的实质是在公权管制下的主要以融资为特征的民事活动或者说是一个程序性的咨询性采购。

2015 年国家发改委、财政部等部委颁布了《基础设施和公用事业特许经营管理办法》（国家发改委〔2015〕第 25 号令），其中的第十五条规定了该类项目的采购办法。

"第十五条 实施机构根据经审定的特许经营项目实施方案，应当通过招标、竞争性谈判等竞争方式选择特许经营者。特许经营项目建设运营标准和监管要求明确、有关领域市场竞争比较充分的，应当通过招标方式选择特许经营者。"

《招标采购代理规范》5.4.2 条对采取招标方式采购的条件做了规定：

"依法必须招标的基础设施和公用事业特许经营招标项目，至少满足以下必要条件方可招标：

（1）特许经营项目实施方案中载明选择招标方式作为特许经营者采购方式且该实施方案已经过审定；

（2）招标人为项目实施机构，且项目实施机构已被本级人民政府授权负责特许经营项目有关实施工作；

（3）政府补贴资金来源已落实(如有)；

（4）有招标所需的技术资料。"

2. 传统基础设施领域的 PPP 项目招标采购规则

国家发展改革委于 2016 年 10 月 24 日印发了《传统基础设施领域实施政府和社会资本合作项目工作导则》（以下简称《传统基础设施 PPP 工作导则》），要求有关部门积极采取有力措施，加大工作力度，切实做好各项工作。根据《传统基础设施 PPP 工作导则》，按照国务院确定的部门职责分工，本导则适用于在能源、交通运输、水利、环境保护、农业、林业以及重大市政工程等传统基础设施领域采用 PPP 模式的项目。

《传统基础设施 PPP 工作导则》规定，依法通过公开招标、邀请招标、两阶段招标、竞争性谈判等方式，公平择优选择具有相应投资能力、管理经验、专业水平、融资实力以及信用状况良好的社会资本方作为合作伙伴。其中，拟由社会资本方自行承担工程项目勘察、设计、施工、监理以及与工程建设有关的重要设备、材料等采购的，必须按照《招标法》的规定，通过招标方式选择社会资本方。即在 PPP 项目采购第一个层面选择社会合作方的，有符合上述条件可以在第二个层面不招标情形的，选择社会资本合作方必须招标采购（包括公开或邀请招标）。在遴选社会资本方资格要求及评标标准设定等方面，要客观、公正、详细、透明，禁止排斥、限制或歧视民间资本和外商投资。鼓励社会资本方成立联合体投标。鼓励设立混合所有制项目公司。社会资本方遴选结果要及时公告或公示，并明确申诉渠道和方式。各地要积极创造条件，采用多种方式保障 PPP 项目建设用地。如果项目建设用地涉及土地招拍挂，鼓励相关工作与社会资本方招标、评标等工作同时开展。

该类项目的第二层面，即社会合作方采购工程、货物和服务的项目，符合《条例》第九条第三项的能够自行建设、生产、提供的可以不再招标。

实践中，凡列入发改委 PPP 项目库目录的且无须财政补贴的传统基础设施项目一般执行发改委颁布的相关政策规定，其对招标采购的管制较为严格。

（三）政府购买服务的 PPP 项目采购的法律适用

1. PPP 项目招标采购的管理规则

财政部针对 PPP 项目也颁发了一系列部门规章和规范性文件。其中涉及 PPP 项目的采购方法，将其纳入采购法规的管制范畴。

依据财政部《政府和社会资本合作项目政府采购管理办法》（以下简称《PPP 办法》）（财库〔2014〕215 号）第二条：

"本办法所称 PPP 项目采购，是指政府为达成权利义务平衡、物有所值的 PPP 项目合同，遵循公开、公平、公正和诚实信用原则，按照相关法规要求完成 PPP 项目识别和准备等前期工作后，依法选择社会资本合作者的过程。PPP 项目实施机构（采购人）在项目实施过程中选择合作社会资本（供应商），适用本办法。"

PPP 项目实施过程中选择合作社会资本适用政府采购法是基于以下原因：

一是 PPP 是政府从公共服务的"生产者"转为"提供者"而进行的特殊采购活动。我国《政府采购法》第二条第七款规定"本法所称服务，是指除货物和工程以外的其他政府采购对象"，对政府采购服务做了兜底式定义。从法律定义上看，PPP 属于服务项目政府采购范畴。同时，世界主要国际组织和国家在选择 PPP 合作方时都遵循政府采购规则，并把服务和工程特许经营权的授予也视为政府采购公共服务的一种方式，将其纳入政府采购监管。因此，将 PPP 项目选择合作者的过程纳入政府采购管理，可以进一步促进我国政府采购制度与国际规则对接，也符合世界贸易组织《政府采购协定》（GPA）对政府采购的定义——为了政府目的以任何合同方式开展的采购活动。

二是我国《政府采购法》规定了公开招标、邀请招标、竞争性谈判、询价、单一来源5种采购方式，并授权监管部门认定新的采购方式。这些法定采购方式（包括竞争性磋商方式），能够比较好地适用于PPP项目采购中公开竞争、选择性竞争和有限竞争的情况，并充分实现"物有所值"的价值目标，使PPP项目采购更具可操作性。

三是政府采购法律制度规定了优先采购节能环保产品，支持中小企业等宏观调控和政策功能目标。将PPP项目选择合作者的过程纳入政府采购管理，将更加有利于PPP项目发挥公共性和公益性作用。

《PPP办法》第四条规定了PPP项目的采购方法："PPP项目采购方式包括公开招标、邀请招标、竞争性谈判、竞争性磋商和单一来源采购。项目实施机构应当根据PPP项目的采购需求特点，依法选择适当的采购方式。公开招标主要适用于采购需求中核心边界条件和技术经济参数明确、完整、符合国家法律法规及政府采购政策，且采购过程中不作更改的项目。"对公开招标的条件做了必要的限制。

上述规定表明PPP项目在适用政府采购法律时，在采购社会资本合作方的第一层面中采购方式更加多样化，其中竞争性磋商是财政部总结社会实践为PPP项目量身定做的一种采购方式。采用公开招标采购的条件有严格限制。

2016年10月12日财政部颁发了《关于在公共服务领域深入推进政府和社会资本合作工作的通知》（财金[2016]90号），该文件第九条规定：

"九、简政放权释放市场主体潜力。各级财政部门要联合有关部门，加强项目前期立项程序与PPP模式操作流程的优化与衔接，进一步减少行政审批环节。对于涉及工程建设、设备采购或服务外包的PPP项目，已经依据政府采购法选定社会资本合作方的，合作方依法能够自行建设、生产或者提供服务的，按照《招标投标法实施条例》第九条规定，合作方可以不再进行招标。"

注意：采购人、投资人、合作方主体资格的不同。采购人、投资人可以是法人或其他组织，但投资人不一定做为"采购人"执行项目，合作方的合作形式包括资金或其他非资金方式。

上述规定表明，在适用政府采购法规中PPP项目采购的第二个层面和招标投标法规相同，符合条例第九条第三项的可以不招标采购。

政府购买服务的项目执行财政部的相关规定，项目中的政府资金主要是各级财政预算内资金的参与。其对招标采购的管制较为宽泛。

实践中有一大批传统基础设施PPP项目也列入财政部PPP项目库。项目立项由发改委审批，之后按照财政部规定的程序执行。且大多采用工程总承包的方式进行，即设计、施工甚至服务链条更长由总承包方负责。

2. 在PPP项目中法律适用的冲突和处理

对于不涉及基础设施和公用事业特许经营的服务类项目，依法应当按照财政部215号文的规定进行，也较少存在投资人选择方式的制度适用多种可能性导致的冲突和困境。但是，对于涉及基础设施和公用事业特许经营项目，有专家[1]列举了在该类项目中可能面对的8项法律冲突情形。在目前的法律框架内，作者归纳后提出以下处理建议。

（1）关于该类项目的服务中是否需要执行政府采购政策对进口货物、工程和服务进行进口审

---

[1] 黄瑞中国政法大学企业法务研究中心《PPP（BOT）项目投资人选择方式的制度演进、冲突及完善》。

批的程序。作者认为,《政府采购法》第十条规定了落实社会政策目标的除外条款。该类项目的服务符合《政府采购法》第十条第一项规定,"需要采购的货物、工程或者服务在中国境内无法获取或者无法以合理的商业条件获取的"规定。该类项目属于第十条的除外规定无需进行进口审批。

（2）鉴于《招标投标法》和《政府采购法》在适用条件、程序、评审方法和专家管理以及评标结果确定和信息公开等差异,该类项目如果采用招标方式适用哪部法律;包括质疑投诉和监督执法部门的确定都可能产生歧义。

依据《国务院办公厅转发财政部发展改革委人民银行关于在公共服务领域推广政府和社会资本合作模式指导意见的通知》（国办发〔2015〕42号）（简称"42号文"）的规定,以及财政部《关于坚决制止地方以政府购买服务名义违法违规融资的通知》财预〔2017〕87号的规定,除了"党中央、国务院统一部署的棚户区改造、易地扶贫搬迁工作中涉及的政府购买服务事项,按照相关规定执行。"外,凡属工程建设项目均不能作为政府购买服务项目从而纳入财政部门管理,其采购应当按照招标投标法和政府采购法的相关规定执行。招标采购一律执行招标投标法规定的相关程序,财政部门和法律授权的政府有关部门履行监督管理权利。如果实施机构既是招标等竞争性选择投资人的行政监督机构,又是招标采购的直接当事人,应当通过部际协调会建立回避或者行政监督职能委托转移制度。

（3）2015年5月4日住建部颁布了《市政基础设施和公用事业特许经营管理办法》126令修正版。该规章第七条规定了特许经营者的资格条件,第八条规定了选择特许经营者的程序。上述条文关于招标的规定与招标投标法及其实施条例所规范的程序不完全一致,和住建部门联合制定的25号令规定程序也有所不同。这样市政和公用事业行业的PPP项目的法律适用就产生重叠和歧义,作者认为按照通常新法优于旧法的原则,应当执行25号令的相关规定。

（4）为防止导致或者虚假招标或者破除投资人特许经营项目竞争方案的冲突结果。应面对现实进一步拓展制度的包容性。如特许经营项目对于很多具有施工和货物供应能力的企业集团,其主要吸引力在于可以获得工程建设项目的承包实施,但是,现实中其具有投资能力的往往是集团公司或者其投资公司,并非具备工程承包资格和能力的集团成员企业,按照《招标投标法实施条例》第九条第三项的规定,关于可以不招标的规定中仅限于通过招标方式且采购主体是投资人本身,而非可以扩展到投资人的关联企业。为此财政部（财金〔2016〕90号）文对《招标投标法》第九条第三项做了解释,已经依据政府采购法选定社会资本合作方的,合作方依法能够自行建设、生产或者提供服务的,可适用《招标投标法》第九条第三项不再招标。

财政部的这一规定为有效扩大选择社会资本合作方打开一扇门,解决了采购方式前置条件的限制。关于关联企业投资人的法律关系可以通过以下办法临时处置,首先投资公司和具有施工能力的关联企业组成联合体。如采用招标采购方式且为发改委PPP项目库的项目时,要求关联企业投入部分资金成为投资人,投资人符合《招标投标法》第九条第三项的主体资格可以不再强制招标;依采购法规定且属于财政部项目库的项目,选择社会资本合作方时可视为合作方（包括技术合作）并援引《招标投标法》第九条第三项可以不再强制招标。因为在这种情况下,即使招标也是走过场否则就同PPP项目融资的目标相悖。

（四）EPC项目的招标采购规则

1. 工程总承包的设计或施工分包可以直接确定

无论PPP项目还是非PPP项目,国家鼓励通过工程总承包的方式进行建设。

2014年住建部颁布的《住房城乡建设部关于推进建筑业发展和改革的若干意见》（建市〔2014〕92号）文件，其中"（十九）加大工程总承包推行力度。倡导工程建设项目采用工程总承包模式，鼓励有实力的工程设计和施工企业开展工程总承包业务。推动建立适合工程总承包发展的招标投标和工程建设管理机制，调整现行招标投标、施工许可、现场执法检查、竣工验收备案等环节管理制度，为推行工程总承包创造政策环境。工程总承包合同中涵盖的设计、施工业务可以不再通过公开招标方式确定分包单位"。

2016年住建部颁布的《住房城乡建设部关于进一步推进工程总承包发展的若干意见》（建市〔2016〕93号）文件，其中"（九）工程总承包项目的分包。工程总承包企业可以在其资质证书许可的工程项目范围内自行实施设计和施工，也可以根据合同约定或者经建设单位同意，直接将工程项目的设计或者施工业务择优分包给具有相应资质的企业。仅具有设计资质的企业承接工程总承包项目时，应当将工程总承包项目中的施工业务依法分包给具有相应施工资质的企业。仅具有施工资质的企业承接工程总承包项目时，应当将工程总承包项目中的设计业务依法分包给具有相应设计资质的企业"。

上述政策的出台对积极推进PPP项目的落实有非常积极的意义。实践中纳入《招标法》规范的特许经营项目经过竞争取得中标资格，设计或施工的分包可以直接发包。即在项目融资管理和项目建设管理中，国家通过对采购方式的调整，实质上对PPP项目的社会资本方、项目建设方进行利益输出，以推进既定政策目标的实现。

2．某酒店装饰装修招标纠纷对推行工程总承包必要性的启迪

某市2016年投资2亿元新建一家四星级酒店，依据招标方案规定，设计、施工通过分别招标并建成。之后单独进行酒店建筑装饰装修的设计和施工一体化招标。招标文件规定投标人的资质要求：

一、单位资质条件

1．投标人具备独立法人资格，具备有效的营业执照。

2．投标人同时具备建设行政主管部门核发的以下资质，且年检合格：

A．装修装饰工程专业承包壹级资质及建筑装饰专项工程设计甲级资质，或建筑装饰装修工程设计与施工一级资质。

B．建筑幕墙工程专业承包一级资质及建筑幕墙工程设计专项甲级资质，或建筑幕墙工程设计与施工一级资质。

C．机电设备安装工程专业承包一级资质或建筑机电安装工程专业承包一级资质（省外企业已取消年检的，需提供建设行政主管部门出具的证明文件）。

3．具备安全生产许可证并在有效期内。

二、项目设计负责人资质条件

具有国家一级注册建造师或高级工程师或高级室内设计师。同时规定："中标单位须负责该项目的设计工作并完成图纸审查。"

招标公司在答疑时要求设计成果文件应经具有注册执业资格的技术负责人签字。

2015年7月17，住房城乡建设部在《关于取消建筑智能化等4个工程设计与施工资质有关事项的通知》中，决定取消建筑智能化、消防设施、建筑装饰装修、建筑幕墙4个工程设计与施工资质，招标文件的资质设置错误地选用了国家已经取消的资质，同时条件设置相互矛盾，引发了长达半年的纠纷。其错误表现如下。

一是虽然该通知明确已获取一体化资源的证书在有效期内继续有效。但在该通知下发后，将已经取消的一体化证书仍设定为主要资质条件则不妥。

二是在项目经理资质设置的矛盾，体现在：①将执业资格、职称和职业水平混淆。②且室内装饰设计师已于 2015 年 7 月 15 日由国务院命令取消。③住建部关于建筑装饰专项设计主要技术人员配备表所列对注册专业没有要求，但招标文件要求注册专业人员在设计文件签字。

三是评委在评标中混淆了质量管理要求和资质管理要求的区别。

依据：《建设工程质量管理条例》"第十九条：勘察、设计单位必须按照工程建设强制性标准进行勘察、设计，并对其勘察、设计的质量负责。注册建筑师、注册结构工程师等注册执业人员应当在设计文件上签字，对设计文件负责。"

依据《建设工程勘察设计资质管理规定》的相关规定，取得相应资质的企业可以从事相应级别的建筑装饰工程。装修设计图纸的签字人是具有国家颁发的企业资质的法人或委托人作为单位法人签字，单位承担相应责任而不是和房屋设计一样，需要单位和执业人员共同负责。在装修过程中，如果涉及对墙体梁柱等可能影响房屋结构的施工设计应当取得原房屋注册设计结构工程师的批准。如无此类施工则无须批准。

该案例评审结果多次反复，表面看是资质条件设置不当引起的，从深层次看。该项目招标方案的合理性就值得商榷，如果当初酒店工程设计、施工（包括装饰）进行工程总承包招标。装饰工程的设计施工分包，装饰设计的图纸由分包方完成后由其法定代表人或委托的技术负责人签字交由工程总包设计负责人批准，既不会出现上述设计文件签字人的资格问题也没有图纸的质量管理问题。

本章练习题

一、判断题（正确√；错误×）

1．关于自行招标需要备案的规定针对依法必须招标的项目。（　）

2．自招标文件开始发出之日起至投标人提交投标文件截止之日止，最短不少于 20 日的规定仅针对国有资金占控股或主导地位的依法必须招标的项目。（　）

3．国有资金占控股或主导地位的依法必须招标的项目应当确定排名第一的中标候选人为招标人。（　）

4．因时间紧迫经批准可以邀请招标。（　）

5．PPP 项目主要是解决政府融资问题。（　）

二、单选题

关于依法必须招标的基础设施和公用事业特许经营招标项目至少满足以下必要条件方可招标的说法错误的是（　）。

A．特许经营项目实施方案中载明选择招标方式作为特许经营者采购方式且该实施方案已经过审定

B．招标人为项目实施企业

C．政府补贴资金来源已落实（如有）

D．有招标所需的技术资料

三、论述题

简述《沉命法》对招标投标活动管制的启示。

公共选择理论研究认为，当生产力或经济效率不能成为一个服务行业的生存与发展的决定因素的时候，这一行业的发展必然是靠设租、寻租等途径来谋求发展。所以，当前政府公共招投标活动备受诟病，与招标中介代理行业的畸形发展有着较直接的关系。

第3章

招标代理机构、评标专家库和供应商库

在招标投标活动中，招标人和投标人是该项活动的主体。但是，在具有中国特色的招标制度中招标代理机构、评标委员会以及招标投标交易场所也是《招标法》及其《条例》赋予特定法律地位，并在招标投标活动中发挥重要作用的特定人。在企业招标采购中，评标专家库、供应商库的建设和管理都是企业采购管理的重要内容。

一、招标代理机构

（一）招标代理机构及其招标代理制度

1. 宝钢采购的故事

2003年宝钢股份公司（业主）液化装置招标。在2002年5月启动前，业主已经同该领域三大国外生产供应商就工艺方案、供货范围，以及设计分工进行了前期技术交流。业主的想法是：目前这三大国外供应商的设备比国内设备的技术水平高，但价格也高，因此，他们希望国内企业也能参与竞争，如果外国企业价格比国内企业价格高得不多（20%的幅度），就采购外国设备；如果价格太高（超过20%）就选择国内设备。但如何实现上述采购意图，业主缺乏经验，于是业主委托招标代理公司进行代理招标。

招标代理公司在编制招标文件时，通过调研发现国内外企业能力的主要差别反映在业绩水平，国外企业都具备300吨/天液化产品的能力，而国内企业只具备200吨/天液化产品的能力。基于此，招标代理公司在招标文件的编制中将投标资格业绩标准设定为：200吨/天液化产品，使国内企业能参与竞争，评标标准设定为：没有300吨/天液化产品的能力业绩，评标价在投标报价基础上增加20%。这样，国内外4家企业都来投标。经过开标评标，美国一家公司投标报价比国内某企业高20%，但国内某企业没有300吨/天液化产品的生产业绩，其投标报价折算为评标价增加了20%。这样两者报价折算的评标价相同，美国公司产品质量好，经评审的评标价最低成为中标人。合同签约价比预算低得多。外商说，这是他们历史上报出的最低价，招标取得圆满成功。

招标代理机构的最大优势就是经验的多次总结和重复使用。招标代理机构在为业主节约投资的同时，也为企业树立了良好的企业形象。

2. 招标代理机构和招标代理制度

招标代理机构是顺应我国经济体制改革开放的潮流逐步发展起来的具有中国特色的专业咨询机构，在推动招标投标制度的建立与发展中作出了积极的贡献。招标代理机构最基本的属性是提供专业化服务。

《招标法》及其《条例》对招标代理委托代理制度、机构设置的条件、资质管理、权利、义务和法律责任做了全面的规定，构成完整的招标代理制度。

（1）关于委托招标代理制度的规定。

招标组织形式分为自主招标和委托招标两种方式，法律鼓励招标人采用委托招标的方式招标，对自行招标做了适当限制。

《招标法》第十二条规定："招标人有权自行选择招标代理机构，委托其办理招标事宜。任何单位和个人不得以任何方式为招标人指定招标代理机构。

招标人具有编制招标文件和组织评标能力的，可以自行办理招标事宜。任何单位和个人不得强制其委托招标代理机构办理招标事宜。

依法必须进行招标的项目，招标人自行办理招标事宜的，应当向有关行政监督部门备案。"

《条例》第十四条："招标人应当与被委托的招标代理机构签订书面委托合同，合同约定的收费标准应当符合国家有关规定。"

《招标法》第十二条规定了招标人有权自行选择招标代理机构。委托其办理招标事宜。这无疑是法律对"契约自由和意思自治"的保护；《条例》第十四条补充规定，委托应当签订书面合同，保证招标人和招标代理机构都能在合同规定的范围内行使权利并履行义务，也方便行政监督部门对合同当事人予以监督。该条第二款对招标代理机构的收费做了规定。

（2）招标代理机构的主体概念、法律地位，以及机构成立的三大要件。

《招标法》第十三条规定："招标代理机构是依法设立、从事招标代理业务并提供相关服务的社会中介组织。"

"招标代理机构应当具备下列条件：

（一）有从事招标代理业务的营业场所和相应资金；

（二）有能够编制招标文件和组织评标的相应专业力量；

（三）有符合本法第三十七条第三款规定条件、可以作为评标委员会成员人选的技术、经济等方面的专家库。"

这里明确了招标代理机构的主体概念和法律地位，以及机构成立的三大要件。

在我国，所谓中介组织根据服务对象其组织性质可以是事业单位，也可以是企业，如各省成立的政府采购中心承担国家机关事业单位和社会团体的财政性资金采购，体现了"公法"涵盖的意义，属于非营利事业单位。但在招标领域，招标代理机构要求必须是企业。

（3）招标代理机构的资格认定制度。

《招标法》第十四条规定："从事工程建设项目招标代理业务的招标代理机构，其资格由国务院或者省、自治区、直辖市人民政府的建设行政主管部门认定。具体办法由国务院建设行政主管部门会同国务院有关部门制定。从事其他招标代理业务的招标代理机构，其资格认定的主管部门由国务院规定。

招标代理机构与行政机关和其他国家机关不得存在隶属关系或者其他利益关系。"

《条例》第十一条是对《招标法》第十四条的细化和补充：

"招标代理机构的资格依照法律和国务院的规定由有关部门认定。

国务院住房城乡建设、商务、发展改革、工业和信息化等部门，按照规定的职责分工对招标代理机构依法实施监督管理。"

该条第一款是对招标代理机构资格认定制度的概括性规定；第二款是对资格认定的分工的细化和补充。

依据本届政府简政放权、放管结合、优化服务改革的基本思路，国家对招标代理机构的审批将会逐步取消，因此，立法机关也将会对包括上述规定在内的相关条款进行修改。

（4）招标代理的权利和义务。

《招标法》第十五条规定："招标代理机构应当在招标人委托的范围内办理招标事宜，并遵守本法关于招标人的规定。"

《条例》第十三条对《招标法》第十五条代理机构的权利义务做了补充。

"招标代理机构在其资格许可和招标人委托的范围内开展招标代理业务，任何单位和个人不得非法干涉。

招标代理机构代理招标业务，应当遵守《招标法》及本《条例》关于招标人的规定。

招标代理机构不得在所代理的招标项目中投标或者代理投标，也不得为所代理的招标项目的投标人提供咨询。

招标代理机构不得涂改、出租、出借、转让资格证书。"

该条第一款是对招标代理机构合法权益的保护，第二款是对其权利义务的概括性规定。第三款是不等违反利益冲突的规定，第四款是不得违法的禁止性规定。

（5）招标代理机构的法律责任。

《招标法》第五十条规定："招标代理机构违反本法规定，泄露应当保密的与招标投标活动有关的情况和资料的，或者与招标人、投标人串通损害国家利益、社会公共利益或者他人合法权益的，处5万元以上25万元以下的罚款，对单位直接负责的主管人员和其他直接责任人员处单位罚款数额5%以上10%以下的罚款；有违法所得的，并处没收违法所得；情节严重的，暂停直至取消招标代理资格；构成犯罪的，依法追究刑事责任。给他人造成损失的，依法承担赔偿责任。

前款所列行为影响中标结果的，中标无效。"

其中涉及的刑事责任有：《刑法》第二百一十九条侵犯商业秘密罪、第二百二十三条串通投标罪。

《条例》第六十五条是对招标代理机构违法责任的补充：

"招标代理机构在所代理的招标项目中投标、代理投标或者向该项目投标人提供咨询的，接受委托编制标底的中介机构参加受托编制标底项目的投标或者为该项目的投标人编制投标文件、提供咨询的，依照招标投标法第五十条的规定追究法律责任。"

（二）招标采购代理规范

1. 行业推荐性技术标准的颁布

中国招标投标协会组织编制的《招标采购代理规范》（以下简称《规范》）于2016年1月1日正式发布，并于2016年5月1日实施。这是招标代理行业第一部行业技术标准。

公共选择理论研究认为，当生产力或经济效率不能成为一个服务行业生存与发展的决定因素的时候，这一行业的发展必然是靠设租、寻租等途径来谋求发展。因此，在完善法律制度的同时针对性地制定技术规范，帮助招标采购专业人员提高服务能力，引领招标代理机构健康发展就显得尤为迫切。

面临经济发展的新常态和目前招标代理机构服务能力水平的现状，《规范》指出，通过贯彻落实规范，"引领招标采购服务代理行业转型升级和持续健康发展"，针对性地对招标代理机构战略发展作出重要规定，主要表现在以下三个方面：

一是对招标师的业务能力和职业道德做了全面的规范，对招标师应当具备的法律知识、经济管理知识、专业技术知识作出具体的规定；

二是规范将制定招标方案作为招标代理的规定程序，对招标文件的编制能力提出具体要求；

三是规范将合同后续服务列为招标代理的规定程序，对后续服务的具体工作范围做了详尽规定，特别是对企业经营招标采购的服务方向做了引领式的解读。

这三项内容的第一项是代理机构迎接挑战的基础，第二、第三项是代理机构可以提供增值服务主要环节，引领代理机构从对用户的简单程序服务转向高端增值服务，实现代理机构凤凰涅槃式的转变。

规范在体例编制上采用通则、专业分则、特殊分则的办法，对共性和个性问题处理得当。相对于通则，施工招标分则的不同点主要是增加了关于工程量清单的规范；货物分则的三个部分分别是工程建设项目的货物（一般货物）、机电产品国际招标的货物和政府采购的货物招标，分别适用于三部法规。其中，一般货物招标相对于施工，采购需求应当并可以作出准确量化的表述；机电产品国际招标在此基础上，报价术语的运用和评标特殊性是区别一般货物招标的一个特点；在政府采购的货物招标中则应在相对公平的基础上实现社会政策目标；在服务类招标中，相当一部分服务类招标属于模糊采购；在特殊分则中，基础设施和公共事业特许经营招标合同需要政府批准；企业集中采购招标项目更多属于经营性招标。

2．代理规范中关于代理收费的规定

（1）招标代理属于有偿技术服务。

《招标法》颁布实施以来，招标代理服务一直执行政府指导价。随着市场的不断成熟和完善，国家物价部门于2015年发文取消了招标代理服务费属于政府指导价的规定。招标代理服务费由市场定价。

《价格法》第十七条规定："行业组织应当遵守价格法律、法规，加强价格自律，接受政府价格主管部门的工作指导。"依据本条规定，行业组织在进行行业内部价格管理协调工作时，应当鼓励价格竞争，禁止通过行业协议价格等形式实行价格垄断、低价倾销、牟取暴利，要兼顾国家、消费者和其他经营者的利益。行业组织进行行业内部价格管理协调工作，要接受政府价格主管部门的指导，积极主动配合政府价格主管部门做好本行业的价格管理工作。鉴于此，中国招标投标协会在其起草的《招标采购代理规范》中对招标代理服务费做了具有行业特点的相应规定。

（2）招标代理服务的范围。

《规范》第十二条对招标代理服务费涵盖的范围、计算规则，包括常规服务、增值或额外服务以及收取补偿规则做了规范。可以作为代理机构和招标人签订委托代理合同约定服务费的一个依据。

"12　招标代理服务费

12.1　招标代理服务费涵盖范围

12.1.1　招标代理服务费是指招标代理机构接受招标人委托，提供工程、货物、服务招标代理服务所收取的费用。

12.1.2　招标代理服务应当遵循公开、公正、平等、自愿、有偿的原则。招标代理服务费实行市场调节价。招标代理机构和招标人应当根据招标代理业务性质、委托招标代理业务范围、委托招标项目的技术复杂程度、招标代理服务成本投入、代理服务质量与专业深度、市场物价水平和服务供需状况等因素协商确定招标代理服务费。

12.1.3　招标代理机构应当与招标人依法签订招标代理委托合同，明确委托招标范围、招标代理服务内容、履约期限、收费标准、支付方式等事项，并严格按照本规范规定提供质量合格的服务。

12.1.4　招标代理服务费由招标代理常规服务费、招标代理增值服务费和招标代理额外服务费三部分组成。

（1）招标代理常规服务费是指招标代理机构从事法律法规规定的招标代理常规业务所收取的

费用，招标代理常规业务包括编制招标文件（资格预审文件），组织审查投标人资格，组织潜在投标人踏勘现场并答疑，组织开标、评标、定标，以及提供招标前期咨询、协调合同的签订等服务；

（2）招标代理增值服务费是指招标人和招标代理机构在签订招标代理委托合同时约定的且属于招标代理常规业务之外的其他增值服务所收取的费用，如工程量清单、标底或者最高投标限价编制费，本规范第9.1.3项所述的协助签订合同的服务费，本规范第9.7款所述的合同咨询以及其他专业服务的费用，以及招标代理机构应招标人要求提供的其他个性化服务费用等；

（3）招标代理额外服务费是指在招标代理委托合同签订之后，招标代理机构按招标人要求提供的，属于委托合同约定服务范围内容之外的其他额外服务所收取的费用。

各类招标代理服务费包括的工作范围以及计算规则详见附表12-1。

附表12-1 招标代理服务费包括的工作范围以及计算规则

招标代理服务费类别	包括的工作范围	计算规则
招标代理常规服务费	编制招标文件（资格预审文件）	综合费率计算方法或者分项费用计算方法
	组织审查投标人资格	
	组织潜在投标人踏勘现场并答疑	
	组织开标、评标、定标	
	提供招标前期咨询	
	协调合同的签订	
招标代理增值服务费	工程量清单编制	另行计费
	标底或最高投标限价编制	
	本规范第9.1.3项所述的协助签订合同	
	本规范第9.7款所述的合同咨询以及其他专业服务	
	其他个性化服务	
招标代理额外服务费	招标代理委托合同规定的委托范围或者服务内容之外的其他额外服务	另行计费

12.1.5 招标代理机构在完成招标代理服务工作中，依据有关政府部门针对项目本身的规定所需要缴纳的费用，原则上应当由招标人负责承担。

12.2 招标代理常规服务费计算规则

12.2.1 招标人委托招标代理机构提供本规范第12.1.4（1）目所述全过程招标代理常规服务的，招标代理服务费收费可采用综合费率计算方法或者分项费用计算方法，具体计算方法由招标人和招标代理机构双方协商确定。

预计中标金额较小或者招标代理工作比较复杂的招标项目可以采用分项费用计算方法，其他招标项目一般采用综合费率计算方法。

12.2.2 采用综合费率计算方法的招标代理服务费收费可参考《国家计委关于印发<招标代理服务收费管理暂行办法>的通知》（计价格〔2002〕1980号）中的差额定率累进计费方式计算。计算方法示例详见表12-2。

附表12-2 费率计算方法示例。

如某工程招标项目中标金额为8000万元人民币，合同双方约定按《国家计委关于印发<招标代理服务收费管理暂行办法>的通知》（计价格〔2002〕1980号）规定的费率取费，费率标准如下：

·55·

附表12-2　费率计算方法示例

中标金额（万元）	工程招标费率（%）	中标金额（万元）	工程招标费率（%）
≤100	1.0	1000~5000	0.35
100~500	0.7	5000~10000	0.2
500~1000	0.55		

则该工程招标代理常规服务收费额计算方式为：

100万元×1.0% = 1（万元）

(500-100)×0.7% = 2.8（万元）

(1000-500)×0.55% = 2.75（万元）

(5000-1000)×0.35% = 14（万元）

(8000-5000)×0.2% = 6（万元）

合计收费=1+2.8+2.75+14+6 = 26.55（万元）

12.2.3　采用分项费用计算方法的招标代理服务费收费相关计算规则如下：

（1）招标代理服务费=项目直接人工成本+项目其他成本+企业管理费+企业利润+税金

（2）项目直接人工成本=从事招标项目所有服务人员的工日费用 ×工作时间×人数

项目直接人工成本包括招标代理服务过程中发生的人员工资、奖金、津贴补助、加班费、个人缴纳的五险一金费用、个人所得税等。

各级招标代理从业人员的工日费用标准由招标代理机构自行确定，必要时由招标投标行业组织在适当时机和条件下发布指导价信息。

（3）项目其他成本包括招标代理服务人员差旅交通费、文件评审表、会议场租费、会议食宿费、资格审查和评标专家咨询费、专家差旅交通费、公告公示费等招标代理过程中发生的其他成本。项目其他成本由招标代理机构根据招标项目实际情况自行确定。

（4）企业管理费包括招标代理机构的企业管理人员办公费、固定资产使用费、工具用具使用费、劳动保险和职工福利费、劳动保护费、工会经费、职工教育经费、财产保险费、财务费、档案管理费、其他费用等。

企业管理费由招标代理机构自行确定。

（5）企业利润率由招标代理机构自行确定。

（6）税金费率按照国家及地方相关规定及企业税务情况确定。

12.2.4　招标人委托招标代理机构提供部分招标代理常规服务的，根据委托服务范围、内容和工作量等，招标人和招标代理机构可选择采用综合费率计算方法或者分项费用计算方法。

采用综合费率计算方法的，可参考本规范第12.2.2项约定的文件进行定价。单独提供编制招标文件服务的，可按收费参考价格的60%计收。在此种情况下,招标代理机构应负责编制招标文件（资格预审文件）、发布招标公告或资格预审公告、参加投标预备会、编制招标文件（资格预审文件）的澄清或者修改文件

12.2.5　出售资格预审文件和招标文件由招标代理机构收取编制成本费,具体定价原则应当遵循本规范第6.3.7项和第7.3.7项规定。

招标代理机构收取文件出售费用和招标代理服务费后，原则上不得再要求招标人无偿提供食宿、交通等或者收取其他费用,但双方另有约定的除外。

12.3　招标代理增值或者额外服务费计算规则

12.3.1　招标人委托招标代理机构编制工程量清单、标底或者最高投标限价的，按照委托招标项目所在的省、自治区、直辖市价格主管部门或者行业主管部门的相关规定计费。无相关计费规

定的，由招标人和招标代理机构双方协商确定。

12.3.2 招标人委托招标代理机构开展本规范第9.1.3项所述的协助签订合同服务，第9.7款所述的合同咨询及其他专业服务，或者提供其他个性化服务的，招标代理机构应当与招标人协商确定服务费用。

12.3.3 招标人委托招标代理机构提供招标代理额外服务的，招标代理机构应当与招标人就所增加的工作量，另行协商增加服务费用。

12.4 招标代理服务费收取以及补偿规则

12.4.1 招标代理服务费可以由招标人支付，也可由中标人支付，具体收取方式在招标代理委托合同中约定。招标代理服务费由中标人支付的，收费金额（或者收费的计算方法）、收取时间等需在招标文件中进行明示。

12.4.2 因招标代理机构过错造成其提供的招标成果文件（包括资格预审文件、招标文件等）或者其他招标代理服务达不到招标代理委托合同规定的工作深度、质量要求的，招标代理机构应当负责修改完善，招标人可以根据修改完善后的实际情况支付全部或者部分招标代理服务费；因此给招标人造成损失的，应当按招标代理委托合同的约定另行予以赔偿。

12.4.3 招标代理委托合同履行过程中，因招标人或者招标代理机构失误造成对方损失的,应按招标代理委托合同的约定予以赔偿。

12.4.4 非因招标代理机构过错造成重新招标或者终止招标的，招标代理机构应与招标人就增加的服务工作内容和工作量以及造成的损失，另行协商增加招标代理服务费用或者补偿招标代理机构实际遭受的损失。

12.5 价格监督机制

12.5.1 招标代理机构应按照本规范要求或招标人提出的其他技术、质量要求，如期保质地完成招标代理服务工作，不得出现以下扰乱正常市场秩序和价格机制的行为：

（1）通过故意减少服务内容、降低服务质量等手段压低服务费价格；

（2）以明显低于成本的报价甚至零报价或者变相赠送等手段进行恶性竞争；

（3）通过串通报价等不正当手段承揽代理业务；

（4）巧立名目强制收费等价格失信行为。

12.5.2 中国招标投标协会将配合价格主管部门和相关行政监督部门，对招标代理机构的相关服务定价行为实施行业自律监督，对招标代理机构的上述价格失信行为实施惩戒，记入行业信用档案并向社会公告。

（二）招标代理机构发展的条件、挑战和机遇

1. 招标代理发展的条件和机遇

招标代理机构的属性是专业化。但是由于众所周知的原因，就多数招标代理项目而言，代理的工作主要是程序服务，这种程序服务随着电子招标发展和公共资源交易平台的兴起，已经面临着严峻的挑战。之所以还可以生存，很大程度上赖于政策的保护。

（1）招标范围的管制制度。

《招标法》第二条明确指出："在中华人民共和国境内进行下列工程建设项目包括项目的勘察、设计、施工、监理以及与工程建设有关的重要设备、材料等的采购，必须进行招标：

（一）大型基础设施、公用事业等关系社会公共利益、公众安全的项目；

（二）全部或者部分使用国有资金投资或者国家融资的项目；

（三）使用国际组织或者外国政府贷款、援助资金的项目。

前款所列项目的具体范围和规模标准，由国务院发展计划部门会同国务院有关部门制订，报国务院批准。法律或者国务院对必须进行招标的其他项目的范围有规定的，依照其规定。"

依据法律授权，国家发改委于2000年4月4日颁布了《工程建设项目招标范围和规模标准规定》（3号令），指出关于依法必须招标的工程建设项目的规模标准分别是施工200万、货物100万、服务50万，以及3000万以上项目的全部；同时授权省级人民政府依据地方实际制定本辖区的规模范围，各市县纷纷效仿，层层加码。与此同时，《招标法》颁布之后的10多年间，我国正处于经济高速发展时期，工程建设项目大干快上。这样，强制招标的项目范围急速膨胀，为招标代理机构的发展提供了广阔的市场空间。

（2）招标的组织管制制度。

《招标法》第十二条："……依法必须进行招标的项目，招标人自行办理招标事宜的，应当向有关行政监督部门备案。"即在招标投标活动的组织工作中，委托招标是常态，自行招标是例外。法律之所以做上述规定缘于招标采购活动的上述复杂性，专业的事情专家去做；其次，作为行政监督管理部门通过有限的代理机构的资质管理，间接对市场主体的管理也较为方便。《招标法》的上述规定，在一定程度上限制了招标人自主招标的权利，维护了代理机构的市场领地。

（3）招标代理资质审批制度。

《招标法》第十四条规定："从事工程建设项目招标代理业务的招标代理机构，其资格由国务院或者省、自治区、直辖市人民政府的建设行政主管部门认定。具体办法由国务院建设行政主管部门会同国务院有关部门制定。从事其他招标代理业务的招标代理机构，其资格认定的主管部门由国务院规定。

招标代理机构与行政机关和其他国家机关不得存在隶属关系或者其他利益关系。"

在《招标法》颁布实施的初期，建立招标代理机构资格审批制度很有必要，防止不具备条件的代理机构把招标投标活动仅看作一个事物性程序代理，要求必须具备相应业绩和人员的资格条件，不可否认这个制度也在一定程度上保护了取得资质的代理机构及其垄断的市场地位。

（4）行政保护招标代理机构的收费。

国家发改委曾就招标代理服务费下发了有关招标代理服务费收费办法的相关文件，如，国家计委关于印发《招标代理服务收费管理暂行办法》的通知（计价格〔2002〕1980号）、国家发展改革委办公厅《关于招标代理服务收费有关问题的通知》（发改办价格〔2003〕857号），明确规定该项目收费属于政府指导价，为代理机构的发展提供了收益的政策保护。

（5）招标制度视为防止腐败的利器。

2016年中央领导同志在中央纪委六次全会上指出："要把招标作为优化市场资源配置。预防和遏制腐败的重要手段来抓。"之后各地纪检监察部门加强对招标投标活动指导和关注，包括参与组织对公共资源交易中心的整顿、参与对招标投标活动的现场监督等。

党的十八大后，纪检监察退出对招标投标活动的具体指导工作，但在巡视组对国企和学校、医院等有关事业单位巡视报告中多数都提到对招标投标工作的整改意见，为贯彻落实整改意见，有关单位不仅对依法必须招标的项目严格招标程序，对经营性采购也做了严格规定，即所谓矫枉过正。这样，招标代理机构的业务活动进一步红红火火。

2. 情况正在发生变化——挑战和机遇

（1）招标范围管制制度的调整。

国家发改委3号令关于强制招标范围规模的规定是依据2000年社会经济发展水平和物价水

平制定的，随着我国社会经济不断发展，市场经济的不断健全，3号令逐步出现强制招标范围过宽，标准限额过低的现象，加重了市场主体的负担，特别是建筑业企业负担过重，应当认真对待。因此兼顾经济发展和立法的稳定性，需要对3号令进行适当的修正。该修正办法已经列入2016年国务院法制办立法计划，依据报批稿，本次修改的内容主要有以下三个方面：

一是放宽范围，重点对国有资金依法必须招标的项目进行管制。

二是提高标准限额，原则上在原来的基数上扩大一倍。

三是全国统一规则，不能层层加码。

实践证明，管制过严不能达到招标法立法的初衷。但范围和规模的调整缩小了代理机构的市场空间。

（2）企业"自主"招标的专业化。

《招标法》规定了依法必须招标的备案制度，限制了招标人自主招标的权利。在《招标法》颁布初期，国企招标大都由社会招标代理公司代理。但是随着国企对招标投标活动内涵的认知，特别是鉴于我国国企现有多级子公司的管理体制，2005年之后各行业或部门开始在其下属二级、三级成立了集团内部的招标公司并通过各种渠道取得相应招标代理资质（主要是业绩的认可）。集团通过行政制度要求集团公司所有部门的采购在其标准或目录内的一律通过集团的招标代理机构招标采购。实践中，这类公司表现出极强的专业性，为集团项目采购特别是经营性采购作出积极贡献。企业集团通过本集团代理公司的管理间接对下属二级、三级企业的物资采购进行规范，实现了政府部门原来制度设计的初衷。不言而喻，企业自身代理机构的发展瓜分了社会招标代理机构原先独占的市场空间。

（3）代理资格审批制度逐步撤销。

招标代理资格审批制度是招标代理机构生存发展的护身符。招标代理机构的资质管理虽然在一定历史时期发挥过积极的作用，但是随着市场的不断成熟完善，该项制度在地方保护、行业封锁、权力延伸等消极作用已经越来越多地显现出来。对企业实行资质管理是计划经济的产物，其最大弊病是不可能产生品牌。而品牌是企业在市场竞争中的图腾，如西门子、松下、华为等品牌就是质量保证。其次招标代理资质管理部门分割严重（5个部门颁发招标代理资质），挂靠和虚假资质时有发生，代理质量日益程序化简单化，有些甚至成为招标人违法招标的"白手套"，在社会上产生负面影响。

2014年7月住房和城乡建设部发布的《关于推进建筑业发展和改革的若干意见》中关于推进行政审批制度改革就明确提出：坚持淡化工程建设企业资质、强化个人执业资格的改革方向，探索从主要依靠资质管理等行政手段实施市场准入，逐步转变为充分发挥社会信用、工程担保、保险等市场机制的作用，实现市场优胜劣汰。

为贯彻中央十八大提出的市场在资源配置中的决定性作用和更好发挥政府作用的精神。近年来，国家财政部、商务部、工信部相继取消了政府采购、机电产品国际招标、通信行业招标代理资质，其余相关资质在不远的将来也会最终取消。与此同时行业协会开始推行招标师职业水平和招标采购项目经理负责制度加强对个人责任的追究。资质时代的终结意味着中国招标投标咨询服务业品牌时代的到来。

（4）政府指导价的收费制度已经撤销

在《招标法》颁布实施初期，国家为了扶持招标代理机构的发展，规定招标代理机构收费属于政府指导价，防止市场的恶性竞争将招标投标活动简单程序化。简单程序化必将造成代理机构价格的竞争，低价竞争可能造成逆向淘汰的后果，把可以提供采购增值服务的代理公司边缘化，从而摧毁代理机构行业的发展。但是，随着多年来招标代理市场的培育和发展，招标代理机构专业化的市场格局已经初步形成，取消政府的政策保护有利于招标代理机构行业的公平竞争。因此，国家发改委分步骤取消了招标代理服务费政府指导价的规定改由市场价。该项政策的调整要求招标代理必须为用户提供可以增值的服务，否则将被市场淘汰。

（5）"大物移云"信息技术发展将推动招标代理机构转型升级。

所谓"大物移云"指大数据、物联网、移动通信和云计算等信息技术。如图3-1所示，"大物移云"技术在招标投标活动最重要的影响表现在：

公共资源交易平台电子招标采购的广泛使用，使招标程序成为固定熟练简单工作，凡是计算机能够完成的工作，原工作岗位的劳动力将边缘化；但是上帝关闭了一扇门也必将打开一扇窗。"大物移云"技术的发展也同时为招标代理机构提供增值服务提供了有力的工具。如通过大数据对采购需求、中标结果的合理性作出准确判断；通过诚信代码对潜在投标人的资格进行直观审查而无需复杂程序；通过大数据帮助企业采购部门制定合理的采购计划、对合同风险作出可靠的防范设计等；一些专有技术的应用还可能对现行执业资格提出挑战，如施工行业建立三维动态模型的BIM技术的应用，BIM工程软件的可视性极大地方便了评标的可靠性等。

不言而喻在这种技术革命的背景下，招标代理机构必须未雨绸缪，积极引进或培养相关技术人才，如数据挖掘工程师、分析师等，以适应这种变革的要求。"大物移云"技术将从技术层面推动招标代理机构的转型升级。

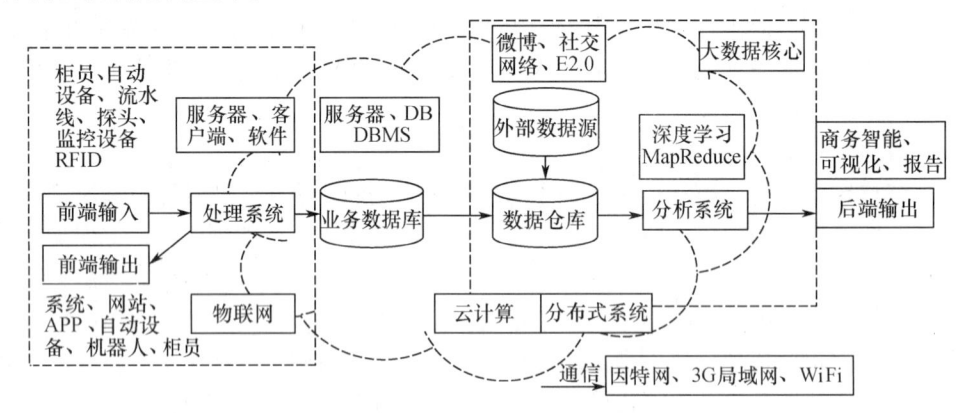

图3-1 "大物移云"技术框架图

（6）招标投标活动回归立法宗旨。

《招标法》第一条阐述了该法的立法宗旨："为了规范招标投标活动，保护国家利益、社会公共利益和招标投标活动当事人的合法权益，提高经济效益，保证项目质量，制定本法。"在实践中，招标投标活动的公开性有助于帮助招标人减少失误并将腐败的漏洞降低到最少，但是否是反腐败利器则值得商榷。

招标毕竟是一种采购方式，首先表现为是一个经济活动。其实质就是商品交易，我国著名企业家格力集团董事长董明珠说过，只要有交易就会有腐败。鉴于经济人法则的机理，招标投标活动缺乏有效、科学的监督，因此工程建设项目腐败现象时有发生；招标表现为管理活动，管理的人多、事杂、代理层次多，好的制度设计可以减轻信息不对称、目的不一致的程度，却无法改变委托代理关系是两个主体而非一个主体的根本特征。因此，只要存在委托代理关系，就存在寻租的可能，换句话说寻租是人类社会采用分工以提升生产效率时无法回避的风险；作为技术活动，如果招标人"有想法"，代理公司可以通过法律赋予招标人10项权利，从方案制定、文件编制、合同履行等方面贯彻招标人意图，使程序完全走过场从而掩盖腐败；作为法律监督活动，本身也属于代理行为，监督缺乏制约同样会产生管制腐败。因此，工程建设领域招标采购过程中出现大量腐败案件以及上述理论研究表明，对招标制度防止腐败的作用不能过高估计，从而不计成本和效率强化管制。公权对私权的管制不能越界。"公法出于维护秩序和国家利益以及社会公共利益的需要，多表现为强制性规范，而私法出于维护个人权利之自由，多表现为任意性规范。我们经常误将法的强制视为法律规范的全部，有意无意地认为私法领域也应当贯彻强制。似乎只要强制，就能实现立法者的预期目标，如有规避或者偏离，加大强制就成为必然选择，这种'线性思维'模式相当常见，我国立法中很多私法就掺杂了一些公法规范就是明证。"[①]实践证明，程序越复杂，恶意规避的成本就会更高，但这些成本往往是由招标人（通常是由国家）来承担，此种强制招标对腐败的遏制毕竟有限，更何况强制招标可能本来就不是反腐败的利器。

强制的真正的生命力和价值在于注重采购结果符合经济效益和效率要求。

基于此，招标投标活动中应当在法律框架下按照法律分类管理区别规定的原则，对于依法必须招标的项目加强科学监督，对企业经营性采购应当依据采购标的物的特点分别选择适当的采购方式。社会招标代理在上述政策组合拳的冲击下将遇到前所未有的困难，特别是招标代理资质审批制度取消后，该行业将会重新洗牌，一大批招标代理机构将退出市场，市场新的需求将拉动留在行业内招标代理机构加强自身能力的提高，充分利用自身的专业化能力为用户提供全新的增值服务，特别是在PPP项目中发挥作用。实现招标代理行业的"结构调整"和"升级换代"。目前两类代理机构红红火火，一是已经转型的综合服务类代理集团公司；二是融合在企业采购部门的代理机构。其余一大批中小型代理机构将在各地所谓"代理机构商城"抽取制度中苦苦挣扎、拾遗补缺并有可能逐步退出市场。

（四）关于对招标代理机构的监督管理

1. 委托——代理理论

委托——代理关系起源于社会经济的发展的专业化分工。代理行为的细化和发展标志着社会经济发展的程度，也是社会成熟和经济发展的必然现象。委托——代理理论是基于代理行为抽象的制度经济学契约理论的主要内容之一。在委托——代理关系下，行为主体指定或雇用另一些行为主体代表其行动，同时授予后者一定的权利，并支付相应的报酬。前者是委托人，后者是代理人。代理人凭借其经验、信息和专业技能为委托人服务。如外贸行业的报关公司、公共服务的婚庆公司、招标代理公司等。

在委托——代理关系下，通常存在着信息不对称、契约不完备、激励不相容等多方面的问题，而最大的问题是代理人和委托人目标的不一致。在公共采购中，存在着多重委托——代理关系。纳税人与政府、采购人与采购机构、采购机构与其员工、采购机构与承包商、总包商与分包商等。委托人与代理人目标的不一致性会降低采购的效益和效率，而解决委托——代理关系中的问题也通常从信息、契约和激励几个方面入手。

委托——代理理论在公共采购中主要有以下应用。

① 减少目标的不一致性。只要存在委托——代理关系，委托人和代理人的目标就存在不一致。但是在公共采购中，可以通过一定的激励、约束机制的设计，特别是应当努力通过订立完善的契约的方式减少这种不一致性。

② 委托人加强对代理人的监督。政府采购监管机构对采购人、采购人对采购机构、采购机

[①] 转引自梁慧星的《民法总论》，法律出版社2001年版。

构对承包商等，都应当加强监督，建立、完善绩效评估体系，减少和遏制短期行为和投机行为。

③ 公开性原则的把握。因为委托人对代理人的监督会增加委托人自身的成本，所以委托人通常会采用信息公开的办法，以使社会公众或媒体承担监督者的角色。通过公开可以减少信息不对称的程度，更多地了解代理人的信息，从而加强对代理人的激励和监督。但值得注意的是，这种公开同样是有成本的，因此，委托人也面临着选择最优公开尺度的问题。

2．保障招标代理机构的合法权益

对招标代理机构的监督管理从法律层面包括两个方面，在公法范畴，义务是主体。有关部门应当监督其落实相应的义务，遵守法律法规，招标代理机构享有的权利是为了保证其义务得到贯彻，如在招标人委托授权下编制招标文件不得限制或排斥潜在投标人，如果招标人涉嫌违法，招标代理机构不能在法律框架外助纣为虐，这是招标代理机构的道德底线，也是当前存在的严重问题；另一方面，在私法范畴，权利是主体，监督的重点是其保障其权利，履行义务的目的是为了保障权利。招标人可以自主选择招标代理机构，任何单位和个人不得干涉，同时任何单位也不得非法干涉招标代理机构在其资格许可和招标人委托的范围内开展招标代理业务。招标代理机构同招标人签订的合同属于民事合同。招标代理机构为招标人提供咨询服务，招标人依照合同约定赋予招标代理机构服务费受法律保护。目前这方面存在的主要问题有，有些地区和行业设置壁垒，非法阻止招标代理在本地区和行业的代理业务，在委托合同的付费方面违反价格法，任意压低价格，使招标程序成为过程游戏。上述问题的发生有大的背景原因，有位学者说的好，现在坏人做坏事并不可怕，可怕的是好人也不得不做坏事。但是在一个地区、一个部门管好自己还是能够做到的。

3．加强行业自律

目前国家和部分省市、自治区都成立了招标投标行业协会，协会70%的成员来自招标代理机构。国家和地方招标投标行业协会的重要职能就是倡议和引导会员通过行业自律，规范招标代理行为。众所周知，监督管理在管理层面可以分监督和自律两大范畴。两者缺一不可。自律的效果和自觉程度同监督的可靠性紧密相关。监督和自律的不同分工详见表3-1。

表3-1　行政监督和行业自律的不同要点

	行政监督	行业自律
作用机理	以法律政策为依据，对招标投标主体实施外部强制性约束	投标投标主体在内部制衡机制中产生的自我约束行为
作用层面	着重宏观、整体层面、对共性和突出的行为实施约束	将政府宏观监督落实到实体微观层面，对具体执业行为进行监督
作用形式	立法、执法、违法惩戒	制度引导、培训教育、告诫预防、沟通协调、监督检查、纠正控制、违规惩戒、全过程、多环节
作用效果	强制性、权威性、威慑性、执法成本高、效率低	以司法和行政监督为支撑，指导、协调、检查

4．国家将逐步取消对招标代理资格审批制度

招投标代理实行资格认定制度。资格认定属于行政许可范畴，具有浓厚的行政审批色彩。之前我国招标代理机构的资格有：工程招标代理机构×级资格、中华人民共和国国际招标机构×级资格、中央投资项目招标代理×级资格和通信建设项目招标代理资质，依据《条例》第十一条的规定，分别由国务院住房城乡建设部、商务部、发展改革委员会、工业和信息化部等部门按照规定的职责分工对招标代理机构依法实施监督管理。此外，财政部对政府采购招标代理资格监督管理。

截至目前，依据国务院简政放权的精神，在国务院取消和下放618项行政审批等事项的决定中已经取消了商务部、财政部、工信部的机电产品国际招标资格、政府采购代理资格和通信招标代理资格的审批。随着改革的深入，其他招标代理机构的审批管理业也将会逐步取消。

在发达国家很难想象作为采购的咨询企业需要政府给予准入认证，政府的管理应当符合市场发展的实际情况，管理的重点应当是对市场秩序的管理和维护。在取消和弱化对单位资格审批的同时应建立对个人资格认证制度，以规范市场。只有个人责任制度的建立才能从根本上扭转目前在招标采购领域存在的走过场等顽疾。显然这种认证不应当是国家认证而是由行业协会通过行业自律的方式建立社会化的评价制度予以规范。

5．严格违法公示和责任追究制度

（1）违法行为公示制度。

《条例》第七十九条规定，"国家建立招标投标信用制度。有关行政监督部门应当依法公告对招标人、招标代理机构、投标人、评标委员会成员等当事人违法行为的行政处理决定。"

在一些发达国家，政府对需要加强行政监督的领域通过强制性信息披露制度的手段通过社会监督实现社会目标。而信息披露的发布需要通过政府的公共服务平台权威发布，目前我国正在或已经建立了部门和行业的信用平台。现在需要加强各平台的沟通、统一服务标准、构成网络。使守法的行为受到社会的尊重、违法的行为得到全社会的惩处、违法的成本足以震慑和遏制违法行为使其降到最少。如有些地方交通部门试行将闯红灯和银行信用、保险业务等挂钩，这些经验招标投标行业应当借鉴。

（2）责任追究。

对招标代理机构违法行为的追究包括了民事、行政和刑事三方面：

① 在民事责任方面，招投标代理机构应当健全损害赔偿机制。对招标师违反利益冲突规则而给委托人造成损害，除非该损害是委托人故意造成的，招投标代理机构应当承担相应的民事损害赔偿责任，这是招投标代理机构承担起自律管理的集体责任的表现。

② 行政责任，招标代理机构违反《招标法》第五十条，以及《条例》第六十五条、第七十八条的依照有关规定予以处罚。

③ 承担刑事责任包括《刑法》第二百一十九条侵犯商业秘密罪、第二百二十三条串通投标罪。

6．招标代理公司老总锒铛入狱[①]

"目前，招标代理机构存在的问题很多，尤其是与业主或投标人之间串通搞虚假招投标的问题。"某区检察院副检察长卜某说。

郑某是南京某房地产公司副总经理。2003年，他受公司委托负责南京某经济适用房建设工程的前期工作。在招标过程中，经人介绍，郑某认识了有工程建设招标代理资质的南京某建设监理公司总经理马甲，并把这项业务交给了该公司。"在正式招标之前，马甲跟我打招呼，告诉我有一个施工队跟他做了好几个项目，做得不错，想用陪标的方式操作一下，让这个施工队在我们的项目中做一些工程。他还告诉我，这个施工队中标后会按中标价的3%给我们好处，他拿1%，给我2%，我同意了。"被检察机关立案侦查后，郑某在供述中这样描述了事情的开始。

得到郑某的许可后，马甲开始行动了。在招标中，他让这个施工队的负责人找来5家陪标单位。"这些陪标单位的报名手续、标书都是这位负责人办的，报名费和保证金也是这个施工队出的。甚至在报名前，马甲还通

[①] 正义网—检察日报 《招标代理机构成了腐败中介》2007年11月27日。

知这位负责人，指定他投第几标段的标。"一位办案检察官告诉记者。在马甲的一手操作下，这个施工队顺利地拿到了一个标段的工程，工程中标价为1000余万元。按照事前的承诺，施工队负责人分两次给了马甲30万元好处费，马甲把其中的18万元给了郑某。

"招标代理公司与业主或投标人之间相互串通的现象很普遍。"近日，记者在南京某区检察院采访时，南京某工程咨询公司负责工程审计和招投标代理业务的副总经理李乙很坦然地对记者说。在没做招投标代理业务之前，他觉得自己是一个很"阳光"的人。"而现在，我甚至都不知道自己姓什么了。"李乙认为，"造成这种现象的根本原因是，招投标市场极不规范，没有一个项目不违规违法。长期在这种环境中工作，很容易使自己迷失方向。"

二、评标委员会及其评标专家库制度

（一）评标委员会和评标制度

在依法必须招标的项目中，由于标的涉及国家和公共利益并鉴于其复杂的经济技术属性，《招标法》设计了具有中国特色的评标制度。

1. 评标委员会的组织构成

《招标法》第三十七条规定："评标由招标人依法组建的评标委员会负责。依法必须进行招标的项目，其评标委员会由招标人的代表和有关技术、经济等方面的专家组成，成员人数为五人以上单数，其中技术、经济等方面的专家不得少于成员总数的三分之二。

前款专家应当从事相关领域工作满8年并具有高级职称或者具有同等专业水平，由招标人从国务院有关部门或者省、自治区、直辖市人民政府有关部门提供的专家名册或者招标代理机构的专家库内的相关专业的专家名单中确定；一般招标项目可以采取随机抽取方式，特殊招标项目可以由招标人直接确定。与投标人有利害关系的人不得进入相关项目的评标委员会；已经进入的应当更换。

评标委员会成员的名单在中标结果确定前应当保密。"

该条第一款赋予招标人组建评标委员会的权利，但是依法组建是招标人必须遵守的义务；其次对评标委员会的成分、数量作出规定，即评标委员会由两种人组成：一是招标人代表，二是确定的专家，两种人的数量和比例分别是5人以上和不多于三分之一、不少于三分之二。有些地方把招标人代表排出在评标委员会之外是违法的，因为评标委员会的结构除了比例要求外，还有成分要求，这种制度设计充分考虑了招标人在项目中的法人责任。

有些地方性的法规规定，招标人及其代表不能参加评标委员会。其立法动机为：虽然招标人及其代表只占评标委员会构成的三分之一，但是该三分之一作为对项目最关心者，对每一名随机抽取的专家都是多数。依据多数决策理论，三分之一的同盟可能主导每一个专家的决策，致使评标走过场。这种现象在评标实践中也是经常发生的。然而基于评标程序公正的制度安排，随机抽取的外部专家不承担项目责任，而是由招标人承担项目法人责任，动摇了招标投标制度的基础——项目法人负责制，无人负责可能对国家和社会造成更大的不公正。另外，地方性法规不应当同上位法抵触。所以无论从法理还是实施效果的角度，这种做法都是不可取的。

第二款规定了专家的基本条件、来源和确定的两种方式：随机抽取或指定；同时规定确定专家不能违反利益冲突原则。

第三款规定了保密义务。其适用主体包括招标人、评标委员会和其他相关人员。

《条例》第四十六条对《招标法》第三十七条中专家成员的管理做了细化和补充。

《条例》第四十六条规定："除招标投标法第三十七条第三款规定的特殊招标项目外，依法必须进行招标的项目，其评标委员会的专家成员应当从评标专家库内相关专业的专家名单中以随机抽取方式确定。任何单位和个人不得以明示、暗示等任何方式指定或者变相指定参加评标委员会的专家成员。

依法必须进行招标的项目的招标人非因招标投标法和本《条例》规定的事由，不得更换依法确定的评标委员会成员。更换评标委员会的专家成员应当依照前款规定进行。

评标委员会成员与投标人有利害关系的，应当主动回避。

有关行政监督部门应当按照规定的职责分工，对评标委员会成员的确定方式、评标专家的抽取和评标活动进行监督。行政监督部门的工作人员不得担任本部门负责监督项目的评标委员会成员。"

本条第一款重申了随机抽取是确定评标委员会专家成员的主要方式，并补充规定不得非法干涉专家的确定，以保证评标的公正性；第二款依据确定专家属于法律授权的法理，明确已经确定专家不能随意更换，法律另有规定的除外；第三款规定专家的组成不能违背利益冲突原则；第四款补充了行政监督对评标监督的权力和义务。

《条例》第四十七条对特殊项目的指定专家做了补充规定："招标投标法第三十七条第三款所称特殊招标项目，是指技术复杂、专业性强或者国家有特殊要求，采取随机抽取方式确定的专家难以保证胜任评标工作的项目。"

依法指定评标专家是招标人的权利，所谓"特殊"表现为两类：一类是项目本身由于技术复杂、专业性强，可以由招标人直接指定；第二类是项目可能不一定技术复杂，亦即不是项目本身的原因，而是由于评标专家库相关专业的专家不能满足其评标要求，也可由招标人直接指定，但该条没有规定对特殊项目认定的主体以及时间要求，需要部门规章作出具体规定。

2. 中国特色的评标制度

招标程序设定评标环节及其规定的评标制度具有中国"特色"的，招标人承担项目法人责任，在编制招标文件中，由其依法制订选择标的之规则，但不能随心所欲地选择合同相对人，评标委员会由法律强制规定了其组建及评标程序，所以评标委员会的权利是法律赋予的。作为抽象的法律制度，评标委员会的评标活动在实践中呈现为一种法定代理行为。之所以构成代理关系是由于：

（1）评标委员会虽然作为临时机构，但只要法律授权即可以作为代理主体。

（2）评标的行为属于事实行为，之所以称之为事实行为，就是强调其法律后果是直接基于法律的规定而非当事人的直接意思。法律规定，招标人应当在评标委员会推荐的中标候选人中确定中标人；国有资金占控股或主导地位的依法必须招标的项目招标人应当确定排名第一的中标候选人为中标人。评标委员会根据要约邀请中招标人的意思表示的各种条件结合自己的专业知识作出的评标结果成为承诺意思的前提和基础。两者的结合构成招标采购合同承诺的意思表示，这种代理的法律性质在招标人授权直接确定中标人的情况中尤为明显，这也是《招标法》中的代理和民法中代理要件的特殊性表现。

（3）代理的法律后果由招标人承担即在中标候选人中确定合同相对方并签订合同。

（4）作为代理法律责任的承担是评标委员会成员个人责任的集成。

即代理的主体、行为、后果和责任基本符合法定代理的要件。评标结果由于法律的规定而限制了招标人作为意思表示的承诺内容，体现了公法对滥用私权的规制。

另一方面，作为具体的民事行为，评标委员会中的评标专家，除特殊项目经法定程序由招标人确定外，主要都是招标人通过随机抽取来确定的。随机抽取行为在传统民法中被认为是一种射幸活动，通过这种射幸行为，在招标人和评标专家之间形成了一种民事法律关系——射幸合同。

所谓射幸合同是民事合同中的一种，它属于双务合同的范畴，即缔约双方负有相互给付的义务。当然，与一般双务合同相比，这种相互给付有其特殊性：双方的给付并不一定是等价物，是否给付基于偶然事件的结果，当事各方可能获得巨额利益也可能一无所获。原用于抽奖、赌博等行为规范。

在招标投标活动中，我们用射幸行为概念来表述确定专家的方式，强调的是法律所体现的公开、公平、公正理念。确定专家一般随机抽取，是公法规制的要求，对于被抽取确定的专家而言，具有相当的偶然性，完全是射幸行为的结果。对某特定的专家而言，其本人是可能抽取也可能没有抽取到，但是一旦抽取确定，则形成民事合同关系，评标专家为招标人提供咨询服务，招标人支付专家评审费，体现了评标活动的私法性质的另一面。

我国《招标法》及其《条例》都规定，评标委员会成员应当按照法律法规和招标文件规定的评标标准和方法，客观、公正地对投标文件提出评审意见，招标文件没有规定的评标标准和方法不得作为评标的依据。这种招标人制订规则，评标委员会执行规则相互制约的制度设计试图在保证招标人在承担项目法人责任的的同时防止其以权谋私，也防止评标委员会滥用权利。

制度设计的基点只能以人性恶为假设，但在实践中这个度的适中性很难把握，实践中大量存在要么评标依招标人意图随大溜，程序形同虚设；要么评标结果使招标人难以接受，通过各种方法改变中标结果，如暗中唆使未中标人投诉、重新招标等，所以《条例》将实践中解决此类纠纷的各种临时应急措施予以定型化，这无疑是一种有益的尝试。

评标程序无非是法律设计用来限制招标人滥用"意思自治"的规则，其构成和法律效果均为法定，由于标的涉及国家和社会公共利益并鉴于其复杂的经济技术属性，通过评标委员会的工作包括质疑、评审，特别是推荐符合国家和社会公共利益并对招标人有法律约束力的中标候选人，这些制度设计都体现了公法规制的属性。

应当指出，评标制度法定代理的法律属性是评标实践的表现。在国际通行的招标采购制度中没有类似的评审制度。招标人定时需要咨询专家由招标人从其专家库中遴选，招标人尊重专家意见，但专家意见并没有法律约束力。我国的评标制度由于道德、市场和法律环境的限制有其特殊性，需要认真研究并进行调整。

3. 评标制度的缺陷和需要解决的问题

评标制度的本质是通过中立的技术专家依据法律和招标人制定的游戏规则代理招标人选择中标候选人及其方案，是对招标人权利的限制；其中程序规则是公权力的体现，评标行为则属于私权利。该制度设计的初衷是力图建立一种权利制衡结构。但是经过十多年的实践发现，这项制度在制度结构上存在三大矛盾，在制度管理上存在两大问题，需要认真解决。

在制度结构上的矛盾表现为：

（1）评审所需要时间和实际评审时间不对等的矛盾。我国的人力资源管理大多属于部门管理所有制，评标工作量不属于单位对专家本人工作量考核的范围，也与本部门利益无关。在评标中，由于时间的局限性很多专家把应当认真阅读的招投标文件当作字典翻一下，匆匆打分完事；因此尽管《条例》规定，三分之一专家认为需要延长评标时间时招标人应当延长，但是，实践中难以落实，因为专家作为本单位骨干，一般不可能长时间去评标。这种时间不对等的矛盾造成招标人对评审结果可靠性的质疑。

（2）评审对象和专家专业不对等的矛盾。即使评标时间能够满足，鉴于评审对象的生产和提供可能涉及多个专业、学科和领域。以一支简单的铅笔为例[①],笔杆要用到选材、切割、烘干等方面的知识;笔芯的原料涉及石墨及黏土混合的配方,在精炼过程中,还要用到氢氧化铵。然后,要添加增湿剂,比如经过磺酸盐处理的油脂,再烘烤数个小时。为了提高其强度和顺滑性,还要用一种滚热包含固体石蜡的混合物处理铅笔芯;铅笔杆上需要涂多层漆;标签是炭黑与树脂加热混合而形成的一张薄膜;金属箍是黄铜的,金属箍上的黑圈是黑镍;铅笔头顶的橡皮中起擦除作用的成分叫作"硫化油胶",是菜籽油与氯化硫进行化学反应制造出来的。而与一般人想象的相反,橡胶则仅仅起黏合的作用……油田工人、石墨及黏土开采工、化学工程师、制造轮船、火车、卡车的人,或者是操纵机器生产金属箍上的滚花的工人,或者是铅笔制造公司的总裁……有上百万人参与了铅笔的制造。关于铅笔制造的知识,很难说谁比谁多一些,只是大家知道的知识的类型不同而已。现代高等教育的专业知识划分过细,而社会产品的生产则会横跨多个学科和领域。这种专业和产品之间结构性的矛盾造成在一些评标中出现了假行家,假专家评标造成招标人对评标结果可信度的质疑。

(3)专家权利、责任不对等的矛盾。即使评标时间能够满足,评标专家符合要求,由于法律赋予招标专家重要的权利,但没有配置与权力匹配的责任,在实践中也可能致使个别评标专家评标时肆意妄为,有些项目的评标结果甚至草菅"人命",个别项目评标的随意性造成招标人对评标结果公正性的质疑。

在管理上存在的问题主要表现为,一是专家库的建设和运营管理脱节的,造成了专家库尴尬地成了专家通信录。鉴于专家单位所有制的属性,社会或专家库对专家的管理缺乏约束力和科学的管理,29号令的相关规定难以落实;二是评标专家库存专家的全面性与一线评标专家的集中性矛盾,催生了一批"影子专家"(指名字在专家库内,但从不参与评标的专家)和一批"评标专业户"(指专门以评标为主业的专家),影响了评标质量。

针对上述问题,条例加大了对评标委员会成员违法行为的处罚力度,增加了对招标人的法律救济措施,尽可能减少制度缺陷的负面影响。如增加了履约能力审查条款和确定中标人时发现中标候选人有违法行为经核实可以取消中标候选人资格等。但是对于这些制度性结构性矛盾的根本解决有赖于《招标法》的修订。在管理方面,目前主要通过加强对评标专家库的科学建设和管理来缓解这种矛盾造成的负面影响。存在的问题主要靠行业自律来解决。

(二)评标专家库制度

1. 评标专家库

《招标法》第二十七条第二款规定了评标专家的基本条件和确定专家的来源,《条例》第四十五条对其中的评标专家库做了补充规定。

《条例》第四十五条规定:"国家实行统一的评标专家专业分类标准和管理办法。具体标准和办法由国务院发展改革部门会同国务院有关部门制定。

省级人民政府和国务院有关部门应当组建综合评标专家库。"

该条第一款首次在法律层面补充规定了专家分类管理制度和责任部门,统一专家专业分类标准有利于专家资源共享,但专家分类必须考虑专业、职业和岗位的要求,行业、部门和企业应根据实际补充相应的专业类别,依据专家现在工作岗位的组合管理抽取专家。第二款细化补充了设立综合专家库的规定,之所以要求建立省部级综合专家库,关键是体现"综合",在国家层面如

[①] 本案例的内容节选、改编自伦纳德·里德的经济学名篇《铅笔的故事》(《I, Pencil》,经济教育基金会(the Foundation for Economic Education)出版的 Freeman 杂志,1958年12月号。

何建立和管理综合专家库还需要有关部门共同努力。

依据23号令的修正，《评标专家和评标专家库管理暂行办法》（29号令）规定，建设评标专家库的法定主体是：省级人民政府、省级以上人民政府有关部门和招标代理机构。

目前，评标专家和评标专家管理存在的最大问题是对专家的分类除了专业外，还必须考察专家的职业、岗位。笔者在讲学中了解到，在安徽省某次工程招标中，有个专家是小区居委会的社区干部，有位专家是下海卖肉的商贩。因为具备高级职称所以也是评标专家。该商贩和其他评委说，"我一天卖肉也赚不了700元（当地规则）还是评标合适"。作者建议，应当对《评标专家和评标专家库管理暂行办法》进行完善和修订。

2. 关于企业招审专家库

为了规范企业采购秩序，绝大多数企业都建立了企业自己的评审专家库。专家的资格参照国家有关规定，一般要求专家具有中级职称的相应技术资格。企业专家库可以承担企业招标采购项目的评标工作。但是，国家有要求的应当按照国家规定组建评标委员会。如《评标专家和评标专家库管理暂行办法》（29号令）第五条规定："政府投资项目的评标专家，必须从政府或政府有关部门组建的评标专家库中抽取。"因此，对于政府投资的企业项目，其评标专家应当符合上述规定。

3. PPP项目的评审专家库

针对PPP项目中的特许经营项目和政府购买服务，发改委和财政部分别颁发了该类项目关于相应项目的评审专家管理办法。

2016年12月22日，国家发展改革委办公厅印发《传统基础设施领域政府和社会资本合作（PPP）项目库管理办法（试行）》。该办法第三条规定："本办法所称PPP项目是指各行业部门、事业单位、各类企业主体等在投资项目在线审批监管平台中填报并拟采用PPP模式实施的项目。"

2016年12月30日，财政部颁布关于印发《财政部政府和社会资本合作（PPP）专家库管理办法》的通知。该办法第二条规定："本办法适用于PPP专家的遴选、入库及PPP专家库的组建、使用、管理活动。"

该办法第五条规定："基础专家库由国务院各部委推荐专家和PPP中心定向邀请专家两部分组成。基础专家库中专家可作为今后申请入库专家的推荐人和评委。"

4. 评标专家的条件

国家发改委颁发的（2003年29号令）对评标专家的权利、义务和管理作出全面规定。经23号令修订后，该规定共19条，其中规定入选评标专家库的专家，必须具备的条件（第7条）："（1）从事相关专业领域工作满8年并具有高级职称或同等专业水平；

（2）熟悉有关招标投标的法律法规；

（3）能够认真、公正、诚实、廉洁地履行职责；

（4）身体健康，能够承担评标工作；

（5）法律规章规定的其他条件。"

上述条件中，第一条是评标专家的专业资格条件；第二条是评标专家应当具备的法律知识基础，因为评标过程是法律意思表示；第三条是专家应当具备的道德标准；第四条是评标专家应当具备的身体条件；第五条是兜底条件。

国家发改委等七部委2001年颁布的《评标委员会和评标方法暂行规定》（12号令）第十一

条也规定了评标专家的条件,其表述与 29 号令不同。依据我国法律法规效力等级的规定,对于同一事项,同一机关先后颁布的规章若有不同规定,即新的规定同旧的规定不一致时,则适用于新的规定。29 号令于 2003 年颁布,比 12 号令晚两年。因此关于对评标专家条件的规定,以 29 号令第七条规定为准。

在推荐遴选评标专家时,《招标法》和 29 号令规定可以聘用同等专业水平的专家,厦门大学教授谢泳说过:"学历是证明一个人受过某一方面训练的最有力证据,学历是一个社会常态管理。但是一个正常的社会,必须在常态之外,给特殊人才留出空间。"因此,特殊人才也应当经过一定程序聘为评标专家库专家。

5. PPP 项目评审专家的条件

PPP 项目中发改委、财政部关于评审专家条件的规定详见表 3-2。

表 3-2　国家发改委和财政部关于 PPP 项目遴选评审专家的标准

国家发展改革委 PPP 专家库工作规则	财政部文件关于评审专家条件的规定财库〔2016〕198 号
(1) 大学本科(含本科)以上学历,具有 PPP 相关行业(专业)的高级专业技术职称或注册执业资格,按专家库专业划分在特定领域方向具有专长	(1) 具备良好的职业道德和敬业精神,能够科学严谨、客观公正、廉洁自律、遵纪守法地履行职责,积极、独立地开展相关工作
(2) 具有十年以上工作经验从事 PPP 相关领域工作满五年,具有较丰富的理论知识、实践经验和较强的综合分析判断能力,能胜任入库专家有关的各项工作	(2) 大学本科(含)以上学力,本科学历工作满 13 年,研究生学历工作满 10 年
(3) 年龄一般在 35 岁以上、65 岁以下,其他条件突出者可以考虑放宽;身体健康,能够保证有一定的时间和精力参与专家库有关工作	(3) 从事 PPP 领域相关工作满 5 年,具有高级专业技术职称或注册会计师、执业律师等相关资质或同等专业技术水平,熟悉 PPP 相关的法律、法规、规章及政策,具有较强的理论水平、实践经验和综合分析能力
(4) 具有良好的职业道德,无违法、违纪等不良记录	(4) 无违法违纪或不良从业记录
	(5) 原则上年龄在 65 周岁以下,身体健康,有时间和精力承担相应工作
	(6) 法律法规规定的其他条件

(三)评标(审)专家的权利和义务

1. 评标专家的小区谈话

"老王,最近手气怎么样?"

"不行,才被抽中了两回。你呢,老张?"

"我最近手气不错,上个月被抽中了 5 回,够给家里买肉吃的了。"

面对两位白发苍苍的老者,如果不是置身于某个招标采购项目的评标现场,笔者会以为这段对话是发生在居民小区里的彩票发售点。这恰恰从一个侧面反映出了活跃在招标采购评审工作第一线的专家队伍的现状:以有闲、缺钱的离退休人员为主,对专家费的迫切需求取代了职业道德和专业素养。

《招标法》《政府采购法》中虽然没有规范专家权利义务的条款,但有关部门规章对评审专家的资格、权利、义务、使用、管理及违规处罚等方面内容作出了十分详尽的规定,提升了法律的可操作性。

在专家资格方面,除了一般性的软条款,真正对专家库中的人员起决定性作用的硬指标是:从事相关领域工作满 8 年,具有本科(含本科)以上文化程度,高级专业技术职称或者具有同等专业水平,精通专业业务,熟悉产品情况。这一资格标准得到了各个政府部门的广泛承认,也反映了其科学性和可行性,同时决定了专家库中的专家队伍的合理性。但关键问题是,在实际操作中专家库中的专家与经常参加评审活动的专家是两个完全不同的概念。

为了方便讨论，作者把符合专家库中的专家分为极端的两类：第一类是年富力强的中青年专家；第二类是经验丰富的退休老专家。按照上述资格要求，符合标准的第一类专家往往是单位的业务骨干，承担着繁重的本职工作，其中还有相当比例的专家担任着领导职务。招标采购的评审工作对他们来说是额外的工作，甚至是负担，我们不妨称其为"兼职专家"。与此相对应的第二类专家是离退休后赋闲在家，愿意发挥余热的"专职专家"。下面结合作者多年组织及参加评审工作的实际经验，从业务素质、参加评审活动的热情、职业道德等方面对两类专家进行对比。

一是业务素质的比较：

兼职专家在实际工作中能够接触到产品和市场最新情况，业务水平处在上升阶段，尤其能够实际接触到国内外的最新技术发展状况，以及近期类似项目的执行情况。其特点是工作贴近实际、能力与时俱进。专职专家的优点是在以往的工作中积累了大量经验教训，年轻时艰苦的学习、工作条件塑造了他们严谨、细致的工作作风。两类专家在业务素质方面可以说各有所长、难分伯仲，在不同类型的采购标的物中能够发挥不同的作用。

二是参加评审活动的热情：

两类专家参加招标采购项目评审活动的热情有天壤之别，其症结在于机会成本（或时间成本）的区别。兼职专家很多时候是"空中飞人"，大多处在业务繁忙期和事业上升期，半天或一天的评审时间对于他们来说可能就意味着会错过一位重要的客户、一次必须参加的会议、一个十分难得的商机，或者对公司一项重要的管理活动，甚者会影响一大笔奖金或职务的得到或晋升。毫无疑问，如果将其折算成货币的话，远远超过招标采购的评标专家费。同时，按照经济学的边际效益递减原理，对于普遍收入不菲的兼职专家来说，仨瓜俩枣的专家费已经不能引起他们的太大兴趣。另外一个客观原因，由于兼职专家业务繁忙，提前一天至两天通知参加评审工作，往往使他们来不及调整工作安排。以上原因导致了兼职专家很少参加评标活动，成了专家库中的"影子专家"。

专职专家的情况正好相反，他们的机会成本接近于零，而且普遍收入不高，评审专家费对于其中大多数人来说是一笔相当可观的收入。这样，收入越低、空闲时间较多的人就逐渐发展为政府采购项目的"评标专业户"。

机会成本和边际效益的巨大差异使得在实际评标工作中兼职专家与专职专家的比例严重失衡，与建立专家库时的初衷相违。

三是职业道德方面的区别：

由于有一定经济实力和社会地位做保障，有最新的专业知识和市场状况做支撑，兼职专家在评标工作中往往比较自信，他们参与评标工作很多是出于兴趣或者研究的需要，采购人的脸色和几百元的专家费在评审工作中一般不会对他们产生太大影响。

而对于相当一部分专职专家来说，如何又好又快地拿到专家费才是他们参加评标活动的初衷和关键。于是，许多专职专家没有把主要精力放在对投标文件的客观评审上，而是为了避免评标工作出现返工、走弯路，在评审工作中唯采购人或代理机构（负责发放专家费的一方）之首是瞻，在评审工作中的一开始就打探采购人的想法，甚至在评标现场露骨地诱导采购人透露出倾向性意见，严重影响了评标工作的公平、公正。

现在大量活跃在招标采购评审工作一线的很多是专职的评标专业户，虽然招标采购的部门规章和有些地方行政法规规定评审专家原则上在一年之内不得连续三次参加评审工作，但在实际操作中很难执行。况且由于上述参与评审活动热情及职业道德方面的差异的存在，即便严格执行也不能彻底改变当前评标队伍的格局。

鉴于评标专家职业道德和专业素养对评标结果的公正有直接的影响，因此，有关部门应当加强对评标专家的使用、考核和管理。2012年2月1日生效的《条例》对评标专家库做了补充规定。

2. 评标是"公事"还是"私事"

在某次学习培训中，有学员向作者提问：老师，您说评标工作是"公事"，还是"私事"？他说，每次被专家库抽取参加评标时向领导请假，单位领导总不高兴。一半一天还可以，时间长了就不行。作者回答如下：

评标首先体现了公权力约束，因为涉及公共利益的采购，不能由招标人说了算（经济人法则），也不能由政府说了算（易造成无人负责），所以公权力体现为程序，作为抽象的评标制度，体现了"公权"性质。特别是国有资金依法必须招标的项目，法律规定应当确定排名第一的候选人为中标人，评审结论成为招标人的承诺的基础，构成合同体现了代理的法律意思表示，表现为法定代理；但是具体到每一次评标工作，应视为招标人和评标专家订立的射幸合同，所谓射幸合同即合同行为导致结果有不确定性，如博彩合同。在这个意义上评标体现为"私权"。即评标具有两重法律关系。评标作为一个社会公益活动，企业应当作为一种义务予以支持。当然，对于评标专家的个人利益，有关部门也应当给予关注，比如给专家缴纳突发疾病保险等。

3. 评标专家的权利义务

评标专家的权利在29号令第十三条中规定如下：

"（1）接受招标人或其招标代理机构聘请，担任评标委员会成员；

（2）依法对投标文件进行独立评审，提出评审意见，不受任何单位或者个人的干预；

（3）接受参加评标活动的劳务报酬；

（4）法律、行政法规规定的其他权利。"

评标专家的义务在29号令第十四条中规定如下：

"（1）有《招标法》第三十七条、《招标投标法实施《条例》》第四十六条和《评标委员会和评标方法暂行规定》第十二条规定情形之一的，应当主动提出回避；

（2）遵守评标工作纪律，不得私下接触投标人，不得收受投标人或者其他利害关系人的财物或者其他好处，不得透露对投标文件的评审和比较、中标候选人的推荐情况以及与评标有关的其他情况；

（3）公正地进行评标；

（4）配合有关行政监督部门的监督、检查；

（5）国家规定的其他义务。"

评标专家的主要的工作权利和义务可以归纳为三权、两责、五判定。

三权是：依照招标文件对投标文件的质疑权（真假）、评审权（好坏）、推荐权（名次）。

两责是：对自己的评审意见承担个人责任、保密的责任。其中，保密的范围包括对评标内容、定标前对评标结果、评委名单等内容的保密。

评标办法限制了评标专家自由裁量权，但无论评标方法和标准如何刚性，评标专家至少有如下5个判定的自由裁量权：

（1）对招标文件约定事项的重大偏差和细微偏差判定。如投标文件封皮没有盖公章能否否决其投标。

（2）开标后，经过初审少于三家是否继续评标的判定。如开标后经过符合性检查，只有两家合格的投标文件是否继续评标。

（3）投标报价低于成本的判定。低于成本的判断必须应经过澄清程序。

（4）对投标人澄清有效性的判定。如能否澄清、澄清答复是否有效。

（5）投标人响应程度和违法行为的判定。判定响应程度属于合格性评审，判定违法行为属于合法性认定。

应该指出的是，评标专家的权利还包括超过评标委员会人数三分之一的专家要求延长评标的时间，招标人应当延长；此外，领取合理报酬也是专家的权利之一。评标专家的义务还有遵守评标纪律、配合有关行政监督部门的监督、检查的义务。

4. 制造商的授权是否有效[①]

2007年2月5日，在某消防设备国际招标项目评标过程中，评委对其中两家投标人的制造商授权委托书是否有效产生分歧。该项目共有三家投标人，都是代理商。在评标过程中，评委甲发现投标人1、投标人2的制造商授权书都存在以下重大瑕疵：

（1）投标人1未按照招标文件第一册附有的制造商授权书格式提供相关文件，而是提供了某外国公司的产品保险说明书，以及中国某权威质量监督检验中心出具的产品检验报告。

（2）投标人2的制造商授权书，未经制造商法定代表人签字确认，而是由制造商的北京代表处首席代表签字并加盖北京代表处印章。

评委甲认为：机电产品国际招标文件第一册附有制造商授权书格式，投标人必须据此提供，否则投标无效。建议评标委员会认定投标人1、投标人2的投标书为无效标。

评委乙认为：虽然机电产品国际招标文件第一册附有制造商授权书格式，但评标标准中未将其作为废标条件。如果根据投标人1、投标人2提供的资料能够形成证据链，可以判断出该代理商具有产品代理资格，即使该代理商无法提供制造商授权书，也可以认定为合格代理商。

评委丙认为：投标人1提供的产品保险证书，保险人为外国制造商，被保险人为投标人1，可以从侧面证明其产品代理资格。另外，中国某权威质量监督检验中心出具的产品检验报告，委托单位是投标人1，受检单位是外国制造商，也可以据此判断出投标人1具有产品代理资格。

评委丁是一名法律工作者，从专业角度论证了外国企业驻华代表机构的特殊法律地位。2003年6月12日，最高人民法院给上海市高级人民法院《关于对外国企业派驻我国的代表处以代表处名义出具的担保是否有效及外国企业对该担保行为应承担何种民事责任的请示的复函》中明确答复了外国企业驻华办事机构的性质，即"外国企业派驻我国的代表处，不是该外国企业的分支机构或者职能部门，而是该外国企业的代表机构，对外代表该外国企业。代表处在我国境内的一切业务活动，应当由其所代表的外国企业承担法律责任"。根据这一司法解释，投标人2持有外国制造商北京代表处盖章、首席代表签字的制造商授权书，可以视为外国制造商以自己名义作出的，投标人2的制造商授权书有效。

经评标委员会评审，认定投标人2及投标人2的制造商授权书均有效。从该案件可以看出，鉴于招标投标活动的经济、技术和法律属性，评标专家的专业素质对正确评标的重要性。

（四）对评标委员会成员的监督管理

1. 法律规定

《招标法》第五十六条对评标委员会成员违法行为处罚规定："评标委员会成员收受投标人的财物或者其他好处的，评标委员会成员或者参加评标的有关工作人员向他人透露对投标文件的评审和比较、中标候选人的推荐以及与评标有关的其他情况的，给予警告，没收收受的财物，可以并处3000元以上5万元以下的罚款，对有所列违法行为的评标委员会成员取消担任评标委员会成员的资格，不得再参加任何依法必须进行招标的项目的评标；构成犯罪的，依法追究刑事责任。"

该条款对评标委员会成员接受贿赂、泄密等违法行为作出处罚规定，包括民事、行政和刑事

[①] 本案例作者：中石油天然气股份有限公司独山子石化分公司招标办公室张锋。

责任。

《条例》第七十一条对评标委员会成员的违法行为做了补充，包括不遵守专家义务以及评标过程的其他不公正行为。

"第七十一条　评标委员会成员有下列行为之一的，由有关行政监督部门责令改正；情节严重的，禁止其在一定期限内参加依法必须进行招标的项目的评标；情节特别严重的，取消其担任评标委员会成员的资格：

（一）应当回避而不回避；

（二）擅离职守；

（三）不按照招标文件规定的评标标准和方法评标；

（四）私下接触投标人；

（五）向招标人征询确定中标人的意向或者接受任何单位或者个人明示或者暗示提出的倾向或者排斥特定投标人的要求；

（六）对依法应当否决的投标不提出否决意见；

（七）暗示或者诱导投标人作出澄清、说明或者接受投标人主动提出的澄清、说明；

（八）其他不客观、不公正履行职务的行为。"

评标委员会成员违法的责任可分为以下不同层次：

① 一般违规、违法。评标委员会成员的违规、违法行为，一般可由有关行政监督部门责令改正。

② 情节严重。发现评标委员会成员确有违规、违法行为的，可以由有关行政监督部门禁止其在一定期限内参加依法必须进行招标的项目的评标。

③ 情节特别严重。发现评标委员会成员确有违规、违法行为且情节特别严重的，可以由有关行政监督部门取消其担任评标委员会成员的资格。

本条没有对"一定期限""情节严重""特别情节严重"行为作出解释，将由低阶规章或文件予以释明。

《条例》第七十二条对评标委员会成员接受贿赂违法行为的责任作出补充规定。本条的违法行为则指评标委员会成员在评标过程背后的违法行为。鉴于其违法性质的严重性，增加了刑事责任。

《条例》第七十二条："评标委员会成员收受投标人的财物或者其他好处的，没收收受的财物，处 3000 元以上 5 万元以下的罚款，取消担任评标委员会成员的资格，不得再参加依法必须进行招标的项目的评标；构成犯罪的，依法追究刑事责任。"

本条是对《招标法》第五十六条关于评标委员会成员违法责任的补充和完善。本条的违法行为则指评标委员会成员在评标过程背后的违法行为。鉴于其违法性质的严重性，增加了刑事责任。

（1）评标委员会成员违法收受贿赂。

这种违法行为表现为，评标委员会成员收受投标人的财物或者其他好处的行为。这里所讲的"其他好处"是指除了财物以外，能给评标委员会成员或其家属、亲友带来的物质或精神上的其他便利，如安排评标委员会成员及其家属旅游、安排评标委员会成员子女或亲友入学或工作等。

（2）评标委员会成员违法收受贿赂行为的法律责任。

① 没收收受的财物。这是对评标委员会成员的违法行为的行政处罚。评标委员会成员应当遵守法律和职业道德，公正地参与评标，若其收受投标人的财物或其他好处，即构成违法，其收受的财物即属于非法收入，按照本条规定，应当予以没收。

② 罚款。罚款是行政处罚中一种财产罚。评标委员会成员或其他参加评标了解评标情况的工作人员，有本条规定的违法行为时，有关行政监督机关可以对其进行罚款。本条规定的"可以

并处"罚款是一种供选择的行政处罚方式，有关行政机关应根据行为人违法行为的情节等情况决定是否采用。罚款的金额，法律也做了明确规定，即3000元以上5万元以下，具体处罚数额由行政执法机关根据行为人违法行为情节的轻重决定。

③ 取消担任评标委员会成员的资格。在中标人确定以前，只要评标委员会成员有本条规定的违法行为，有关行政监督机关就应取消其评标委员会成员的资格，禁止其继续参与评标。此项处罚仅限于评标委员会成员在中标人确定以前实施的行为，在中标人确定后，发现评标委员会成员有本条规定的违法行为时，应实施其他的处罚方式。

④ 不得再参加任何依法必须进行招标的项目的评标。此处所称的依法必须招标的项目，是指根据《招标法》第三条的规定必须进行招标的项目。根据本条规定，以后进行的任何依法必须进行招标的项目，有本条规定违法行为的评标委员会成员均不得被确定为新的评标委员会成员参加评标。

⑤ 构成犯罪的要依法追究刑事责任。本条涉及的犯罪，主要是指《刑法》第三百九十八条规定的泄露国家秘密罪、第二百一十九条规定的侵犯商业秘密罪、第二百一十三条非国家工作人员受贿罪和第二百一十四条对非国家工作人员行贿罪。

2. 合肥市评标专家受贿窝案的警示

在我国《刑法》2006年修订后及最高人民法院、最高人民检察院于2008年11月20日联合发布的《关于办理商业贿赂刑事案件适用法律若干问题的意见》中，已明确将评标委员会成员规定为"非国家工作人员受贿罪"和"受贿罪"的犯罪主体。评标委员会成员的违法行为不再只是承担行政责任或最多被取消担任评标委员会成员资格而已，司法实践中更是出现了评标委员会成员被追究刑事责任的案例，其中比较有影响的是安徽省合肥市评标专家受贿窝案。

2009年4月，安徽省合肥市纪委查处了在政府采购项目中担任招标评委的7位专家涉嫌收受同一电梯销售公司负责人贿赂的窝案，由于其行为均已涉嫌犯罪，此案后被移交给合肥市庐阳区人民检察院进行立案侦查。2009年8月19日，该7名评标专家受贿窝案在安徽省合肥市庐阳区人民法院陆续开审。经查，2007年9月至2008年底，安徽省合肥市招投标中心聘任的7名评标专家，在电梯采购项目评标中，为有关企业中标提供便利，先后收受钱物23.3万元人民币、一部"三星"手机和0.6万元的购物卡。2009年9月，合肥市庐阳区人民法院对7名评标专家相继作出一审判决，7人均因犯非国家工作人员受贿罪，分别被判处拘役6个月至2年6个月的有期徒刑，并宣告不同期限的缓刑。此案的行贿人安徽康力电梯工程有限公司负责人夏东海也被提起公诉，罪名是对非国家工作人员行贿罪，夏东海后被一审法院宣判有罪。

分析上述案例，可以得出以下结论：

（1）根据现行法律规定，评标委员会成员存在索取他人财物或者非法收受他人财物等违法行为时，不再仅仅只承担行政责任，还可能会因触犯非国家工作人员受贿罪而承担刑事责任。而且需要注意的是，非国家工作人员受贿罪的入罪条件很低，达到5000元以上即可立案追诉。

（2）不仅评标委员会成员收受贿赂要承担刑事责任，向评标委员会成员行贿也可能会因触犯向非国家工作人员行贿罪而承担刑事责任。同样，向非国家工作人员行贿罪的入罪条件也很低，达到1万元以上即可立案追诉。

实践中评标委员会成员因在评标过程中的违法违规行为受到行政处罚、被取消担任评标委员会成员资格的情况比较多，但随着《刑法修正案（六）》的审议通过以及工程建设领域突出问题专项治理工作的逐步推进，评标委员会成员因收受贿赂等违法行为被追究刑事责任的可能性和风险会越来越大，与此同时，国家也加大了对向评标委员会成员行贿的投标人等相关人员的刑事查处力度，这些都有利于打击和遏制评标委员会成员受贿，以及向评标委员会成员行贿等违法犯罪行为，为评标委员会成员遵守职业道德、客观公正地履行职务提供一个良好的客观条件和环境。

三、供应商库的建设和管理

在企业的采购管理中，企业供应商库建设和评标专家库建设一样都是具有同等地位的战略性基础建设。加强对企业供应商库的建设和管理是企业经营采购的一项重要任务。

WTO《政府采购协议》（2012版）将供应商库称之为常用清单。"第一条（j）常用清单，是指一种供应商清单。清单中的供应商已经被采购实体确认符合列入清单的条件，采购实体有意多次使用该清单"。

（一）建立企业供应商库的必要性

1. 供应商库建设管理是企业供应链管理的组成部分

供应商库建设是企业供应链管理的重要组成部分。供应链管理最显著特征是协同合作。目前，全球协同合作模式主要有以下三种：

（1）战略伙伴模式。

所谓战略伙伴合作指和企业产品的效益、品牌质量有重大战略利益的物资或设备材料供应商；该类企业一般都涉及单一特有的资源特性。对企业的生产销售或不可缺，双方合作投资巨大转型成本高昂，合作双方针对某种产品的合作具有长期、稳定的特点。

（2）重要伙伴模式。

该类伙伴处于中等水平的供应伙伴的合作。主要体现在业务部门为双方的合作有适度投资，双方对合作关系持续评估，并与市场上可以替代的同类供应商进行比较。该类合作的共同投资一般具有短期效益的合作项目。

（3）大众市场模式。

该模式以成本为建立合作伙伴的最重要的因素，采用这一模式的企业拥有多个供应商可以选择。双方合作深度有限。是否建立和维持主要取决于能否降低成本和提高物料的性价比。在双方合作过程中无需投入大量资金，转型成本较低。

为提高企业核心竞争力。国内外大公司日益重视与关键供应商建立长期战略合作关系，共同应对成本上涨、市场竞争、技术挑战，通过业务合作建立长期伙伴关系。

2. 供应商库建设是企业采购管理的基础

（1）提高招标工作效率降低采购成本。

通过建立供应商库，全面记录入库供应商、承包商、服务商的基本信息、资质业绩信息，包括注册资金、组织结构以及产品质量、价格、交货能力、服务水平、柔性能力和财务状况稳定性等内容。减轻了后续招标采购工作中资格审查的工作量，避免了重复劳动，提高招标工作效率。对供应商、承包商、服务商而言，在入库时将有关资格条件证明资料准备齐全，经过审核后减少了重复准备资格文件资料的工作，节省了投标费用，同时有更多的时间集中精力准备好投标文件，争得更多的采购商机，高效快捷地完成采购任务。

（2）有利于强化诚信意识。

严格对供应商、承包商、服务商基本信息的收集、审核、记录，使其作为日后参与招标采购活动的基础资料,能够促使相关主体在申请入库时认真准备资料,接受资格审核,取得准入资格。另一方面入库供应商、承包商、服务商参与投标和中标后履行合同的信息也将被采集到数据库中,记录其信誉、诚信记录和履约情况的评价信息,使失信行为与招标采购活动联动,真正形成闭环管理。从而促进企业时时处处警醒自我,严守商业信誉,诚实履行采购合同,满足采购需求。

(3) 有利于加强监督管理。

通过建立供应商库,监管部门就有了全程跟踪库内企业履约行为的有效手段,既便于对供应商、承包商、服务商参与招标活动的的遵纪守法情况、履行合同情况、投诉情况等诚信状况进行详细的登记备案,建立健全诚信档案管理制度;又便于了解企业违法违规、失信违约的行为,依法严肃查处,公开曝光,列入不良行为的记录,通过强化供应商库内企业管理推动招标活动健康发展。

(4) 有利于防范合同缔约和履约风险。

建立供应商库的实质是对合同相对人合同履约能力的审查,是防止合同风险的有力措施。无论是否采用招标或非招标方式,采购最终要同供应商签订合同,供应商库的建设为合同缔约和履约能力的鉴别设置了基本门槛,其动态管理有效地将合同缔约和履约风险降到最低。

(二)建立企业供应商库的途径

1. 供应商寻源和采办程序[①]

供应链生命周期中有两个不同的阶段,第一个阶段是寻源,鉴别出公司所需要的产品或服务来源的过程;第二个阶段是采办周期,包括寻源之后的整个采办过程,包括:认可需求、质量数量时间的要求和规范、供应商分析和方案评选、选择供应商、合同管理、评估供应商表现并反馈等。良好的供应商关系管理不仅能够帮助供应商适应行业内的动态变化,供应商也会积极满足公司需求,从而建立双赢的相互关系。

在 2006 年的欧洲领袖论坛上,英国石油(BP)的一位副总裁介绍 BP 的供应商管理,其中详细论述了供应链生命周期中的这两个阶段。企业通过战略寻源选择了合适的供应商,使供应商绩效提高,但绩效随后会逐渐下降。研究表明,如果没有后续的供应商管理,战略寻源 75% 的成果会在未来 18 个月消失殆尽。如图 3-2 所示。

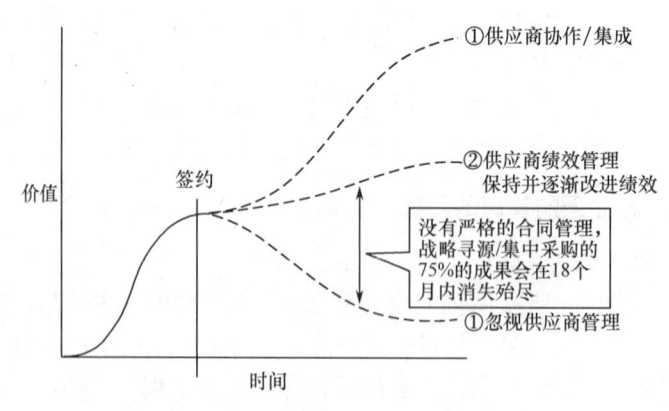

图 3-2 战略寻源的价值曲线

图 3-2 中,曲线①所示为忽视供应商管理的结果。由于忽视供应商管理,供应商绩效呈递减趋势。曲线②所示为加强供应商管理,将使其创造的价值仍保留在一个较高的水平。

[①] 本节引自中石油 2017 年《公开招标相关问题研究》相应章节。

2. 西门子公司的经验

西门子公司是全球电子电气工程领域的领先企业，创立于 1847 年，主要业务集中在工业、能源、医疗、基础设施与城市四大业务领域。西门子公司一直注重供应商关系管理。通过透明的供应商政策，进行有效的供应商生命周期管理。西门子公司考察潜在供应商时主要从财务能力、历史、技术背景、质量、生产流程、主要生产能力等方面进行评价。采购部门与其他部门共同合作，选择潜在供应商，被选中的供应商可能会参与设计，从设计源头上压缩采购成本。为了使选择供应商的过程尽可能公平透明，西门子还使用了一套网上竞价（E-Biding）系统。为了保持良好的供应商关系，现有的供应商在这套系统中有一定的优先权。在现有供应商的有效生命周期还没有结束之前，开始寻找合适的新供应商。有时也会故意放一两个新的供应商进场，打破原有的供应商竞争格局。新供应商更好的服务和更低的价格会迫使老供应商降低价格、提高服务。每年年底，西门子内部所有与供应商有过接触的部门还会对供应商进行价格、物流服务和产品质量三方面的总拥有成本进行评分。成本最高的供应商，可能就会失去大笔订单。在竞争面前，供应商自然会对自己的产品质量、产品价格、物流服务等，各方面严格审视，以期达到西门子的高标准严要求。

3. 大数据分析法与供应商管理

近年来，大数据潮流正在使社会各个领域发生结构性变化，大数据分析法驱动供应链管理发生了深刻的变革，供应链不断结合不同系统中的数据，通过分析数据决策，协调整条供应链的运作。

企业在采购环节选择大数据应用，不仅能够改进企业控制成本的流程，还能够促进企业提前制定策略应对风险。企业在采购环节对大数据分析法投资的规模取决于企业供应的复杂性。若供应方是稳定的，企业就应当有稳定的供应来源、健全的生产流程、稳定的技术支持。若需求与供应一方存在不稳定性，就会给企业管理供应链带来挑战。

若企业供应链以效率为重，则供应与需求的不稳定性会相对降低，通过使用大数据分析，预测供应链运作过程，提高效率，获得更高的利润。在风险规避型供应链中，供应方具有很高的不确定性，企业通过大数据分析预测不同的情境，降低供应崩溃或库存短缺的风险。

大数据分析法同样适用于供应商管理。一些企业曾经认为供应来源多样化能够促进成本竞争，确保供应稳定。而如今单一采购正在逐渐成为企业的普遍准则，这种采购通过与供应商建立长期密切的关系，促进买卖双方合作共赢。但是，过度的依赖也会带来风险，应对的最佳策略是采用少数不同供应商的组合，平衡企业的采购需求，降低了供应链崩溃给企业带来的风险。通过应用大数据分析，确定最优采购决策，实现供应商组合的优化。亚马逊就是这方面的典范，亚马逊运用分析法管理供应链上包括采购在内的每一个环节，实现产品从生产商到消费者的所有物流最优化。还运用供应链优化与管理方法管理库存、采购与物流等方面。

4. 合理选择适合的采购方式

为防止招标采购人员利用供应商库排斥潜在投标人或供应商参与公平竞争，WTO《政府采购协议》（2012 版）第十条、第十一条作出相应规定，可供企业在制定供应商库管理制度时参考。

"10. 采购实体应当允许供应商在任何时候提出纳入常用清单的申请，并且在合理的较短时间内将合格的供应商纳入清单。"

"11. 未列入常用清单的供应商在第 11 条第 2 款规定的期间内，要求参加基于常用清单和相关文件的采购，采购实体应当对该请求进行审议。采购实体不应当以其没有足够时间审议为由，拒绝考虑该供应商参加采购，除非在例外情况下由于采购的复杂性，该实体不能在允许提交投标的期间内完成对请求的审议。"

实践中我国企业常用的采购方法主要如下：

（1）对于企业发展具有战略意义的项目、企业集中采购项目，具备竞争条件的，应当采用公开招标的方式，选择信誉良好的企业进行合作，以保证项目质量、提高采购工作效率、实现战略供应商的培育和双方合作共赢。目前中国招标投标协会制定的行业推荐性技术规范《招标采购代理规范》"2.18.2.2 集中资格预审招标采购"就是通过资格预审确定供应商库的企业名单的规定，该条款为企业采购供应商提供了技术标准的依据，是企业采购供应商的方式之一。

（2）对于采购频率较高、通用性较强的常规物资、工程、服务，采取面向社会公开招标的方式，实现充分竞争、降低采购成本。引入库外中标人加入企业供应商库，也有利于增强库内企业提高竞争实力的积极性。

（3）对于供应商库内尚未涵盖的品种、专业，或者库内企业较少，不能形成有效竞争的项目，面向社会进行公开招标，杜绝出现以是否为资源库内成员为限制条件，限制库外承包商、供应商或服务商参与投标，以增强竞争力，降低采购成本，并实现资源库内企业的补充完善。

（4）对于有一定特殊性，如技术要求较为复杂的非标准化物资或者技术含量高、方案复杂的工程、服务项目，不宜采用社会公开招标的方式进行采购的，按照企业规定的审批权限进行审批后，可以采用库内邀请招标或者其他方式进行采购。

（三）企业供应商库的管理

1. 完善供应商库评价体系实现动态管理

全生命周期综合成本最低理念也是物资采购"十三五"规划中的重要内容，要求妥善把握和处理好采购质量、效率和价格之间的关系，在供应链各环节上提质增效，实现全生命周期综合成本最低。建议对入库企业建立完善的全生命周期评价体系，对其业绩情况、管理能力、价格竞争力、质量安全环保体系、交付能力、服务能力、技术和工艺方案、战略合作意愿、信息化和创新管理水平进行全面考核。及时掌握中标企业合同履约信息，对出现质量问题以及存在严重违约行为者加大处罚力度，对于确实符合退出标准的企业应严格执行有关制度，建立能进能出的动态管理体系。

在招标采购活动中。供应商库建设管理的重点主要是在公平的基础上，对合同相对人信用、能力和提高采购效率进行评价和管理。

2. 供应商库的信息共享

（1）实现供应商、承包商、服务商基本资质能力的信息共享。使供应商库内企业基本信息与电子招标平台相互关联，经过入库资格审核的企业，在后续参与招投标的过程中，评标专家可以直接查询其资质信息，无需重复提交相关资料，既可以减少评标工作中资质审核的工作量，也减轻了投标人准备资料的工作量，大幅提高招标工作效率，对于参与者众多的集中招标工作而言，意义尤为重大。

（2）实现履约绩效评价的信息共享。使合同管理系统与电子招标平台相互关联，对中标人在签订合同、制造监督、运输交付、安装调试、运行维护等各环节的评价情况在企业层面实施互联互通，并与后续参与招投标活动相关联，对于有不良履约记录的企业，一定程度上限制其参与企业招标投标活动，真正实现闭环管理。

（3）建立完善企业诚信档案，在企业层面实现信用信息共享。设立黑名单制度，对不良行为进行公开，使企业诚信档案与电子招标平台相互关联，实施严格的企业准入和禁入机制，提高企业违约成本，充分发挥激励守信和惩戒失信的作用，增强入库企业的自我约束力。在此基础上，逐步探索企业间的供应商管理数据库的诚信履约信息和业绩信息的互联互通，并与政府公共信用平台设置接口，既有利于行业协会进行信用评估体系建设，使信用评估更有数据支持和说服力，也有助于对供应商形成威慑，使供应商在履约中选择诚信。

3. 企业公开招标不能排斥库外潜在投标人

供应商库是企业资源库重要的组成部分，是企业战略采购的选择基础，是企业经营采购管理的前置环节，在合同的意义上讲，通过各种采购方式入库的供应商已经成为潜在合同相对方，即通过了合同主体的审查，采购人和入库供应商构成了预约合同关系。企业应当依据采购项目的不同，制定相应采购清单。在清单范围内的货物和服务允许采购部门直接邀请库内供应商参与投标或直接比选采购。但是由于市场信息不对称，在当今信息时代，新技术、新工艺、新材料以日异月新的速度爆喷式发展，在实施某项招标采购任务中有些库外的企业可能有更好的产品和服务可以成为企业的合作对象。因此，一方面，对库内供应商的准入和退出期限不宜过长；另一方面，在采用"公开招标"方式的采购活动中，应当允许库外供应商参加投标。设立资格预审环节的，允许其购买资格预审文件；资格后审的，允许其购买招标文件。这既是招标法的强制性规定，也有利于提高招标人项目质量、降低成本。

本章练习题

一、判断题
1. 招标代理机构最基本的属性是为招标人提供专业化服务。（   ）
2. 代理政府采购的机构必须具备财政部批准的资质条件。（   ）
3. 行政监督指着重宏观、整体层面、对共性和突出的行为实施约束。（   ）
4. 对招标代理机构违法行为的追究包括了民事、行政两个方面。（   ）
5. 招标法规关于评标专家资格条件的规定是专家必须在本领域工作 8 年以上同时具备高级职称。
（   ）

二、单选题
关于特殊项目可以指定专家的说法错误的是（   ）。
A. 是指技术复杂、专业性强或者国家有特殊要求的项目
B. 指定专家需要有关部门认定
C. 采取随机抽取方式确定的专家难以保证胜任评标工作的项目
D. 邀请招标的专家可以直接指定

三、论述题
简述特殊人才可以担任评标专家的意义。

所谓"项目"就是这样一个"过程",在一个生命周期内目标任务的启动、计划、执行、控制、收尾的系统推进和管理。在管理的内容方面包括了范围、时间、费用、质量、人力资源、沟通、风险和采购管理。招标采购项目内容属于工程建设项目采购管理的范畴,其性质属于服务类别,招标方案就是招标采购项目管理中的综合计划。

第4章
制订招标方案

招标投标活动的范围包括了制订招标方案,编制招标文件,执行招标程序,完成中标合同4个阶段,体现了项目管理的生命周期。

一、招标采购过程的项目管理

(一)招标方案是招标采购项目管理的综合计划

1. 招标采购项目管理

我国工程建设项目的建设程序如图4-1所示。

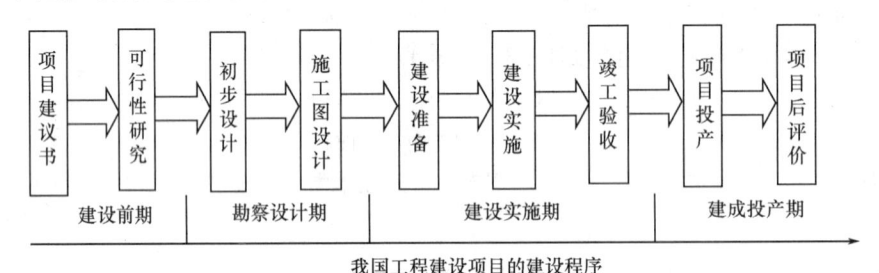

项目建议书 → 可行性研究 → 初步设计 → 施工图设计 → 建设准备 → 建设实施 → 竣工验收 → 项目投产 → 项目后评价

建设前期 | 勘察设计期 | 建设实施期 | 建成投产期

我国工程建设项目的建设程序

图4-1 我国工程建设项目建设程序示意图

招标采购活动贯穿该程序的全过程,涉及综合、范围、时间、费用、质量、人力资源、沟通、风险和采购管理9个领域,每项采购活动均经历了启动、计划、执行和控制、收尾4个过程。项目管理的过程如图4-2所示。

招标采购项目的"启动"程序在行业内习惯称之为招标准备。一般包括以下工作:
① 依法明确或建立招标采购项目法人(详见本书第5章);
② 制订招标采购总体工作计划;包括拟定本次采购政策目标、内容、范围和完成时间;
③ 依法确定招标组织形式。如果委托代理签订委托代理合同;
④ 落实并满足招标基本条件(详见本书第5章);
⑤ 编制招标方案。

由于招标采购项目管理的特殊性,依据项目管理程序,上述编制招标方案不属于项目管理的启动程序,属于计划程序,是项目的综合计划;其内容属于综合管理的范畴。

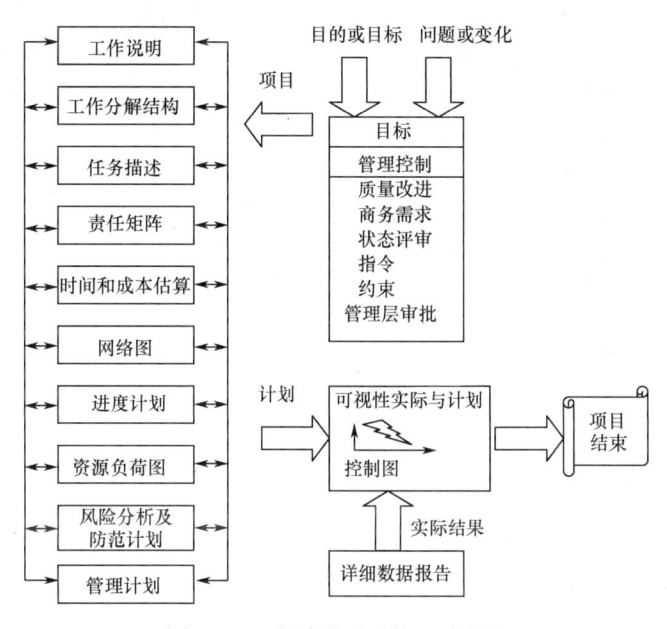

图 4-2　工程建设项目管理过程图

2. 招标方案是什么

所谓方案是内容最为复杂的一种行动和工作计划。由于某项工作任务涉及系统较多、工作因素比较复杂，不统筹考虑全面部署难以完成。一般方案的内容至少应当包括行动计划的"主要目标""实施步骤""政策措施"等三个方面。依据方案任务的不同，可以把"主要目标"称为"目标和任务"等，在"目标和任务"一项中，一般还要分总体目标任务和具体目标任务；把"政策措施"称为"实施办法"或"组织措施"等。"实施办法"一般还要分基本步骤或阶段和关键步骤，关键步骤里还有重点工作项目；"政策措施"的内容里一般还要分"政策保证""组织保证"和"具体措施"等。

招标方案在项目管理中属于项目启动后的第二个环节，即计划环节，它和招标准备阶段的工作计划除了管理阶段的不同之外，主要不同在于，招标工作计划提出本次招标采购的政策目标、内容、范围和完成时间要求；招标方案则是具体部署落实并完成上述任务目标的实现。因此，招标工作计划属于项目管理的启动范畴，招标方案属于项目管理的计划范畴。招标采购项目管理方案主要明确"做什么""谁负责""怎么做""完成任务的起止时间"等基本管理内容。制定招标采购项目管理方案，就是把招标采购目标转换成定义明确、要求清晰，且可操作的项目总体规划文件的过程。管理方案经过各方面专业人员针对项目的功能、规模、质量、价格、进度等需求目标进行研究和分析，使招标采购项目实施的组织、方法、手段等都更具系统性和可行性，避免随意和盲目，从而为招标采购项目制定和实施各方面具体的计划提供指导和依据。

招标方案是招标人为规范、有序实施工程、货物和服务招标工作，通过分析和掌握招标项目技术特点、经济特性、管理特征以及招标项目功能、规模、质量、价格、进度、服务等需求目标，依据有关法律政策、技术标准和规范，科学合理地设定、安排项目招标实施的条件、范围、目标、方式、计划、措施等方面的项目综合计划。依法必须招标项目的招标方案中的招标范围、招标方式和招标组织方式等应按规定经过有关项目审批部门核准或行政监督部门备案。

3. 招标方案的内容

依据《招标采购代理规范》的 5.5.3 节招标方案一般包括以下内容：

（1）招标项目概况；
（2）招标内容范围和标段/标包划分方案；
（3）招标方式；
（4）资格审查方式；
（5）对招标项目特点以及难点的分析；
（6）招标工作关键环节说明以及解决方案(投标人资格条件、评标办法、合同类型等)；
（7）项目质量、进度、价格目标；
（8）招标程序及时间计划；
（9）招标项目组人员构成及分工；
（10）工作责任分解计划；
（11）招标代理质量保障措施；
（12）招标代理进度保障措施；
（13）项目风险分析及应对措施；
（14）需要招标人提供的配合条件；
（15）其他事项。

招标方案相关内容通过工作分解结构、责任分配矩阵表、进度计划安排，以及成本和标底的编制方法等一系列说明性文件和作业文件作为支撑。

国家有关部门审批核准的依法必须招标项目的招标内容是：招标范围、招标方式和招标组织方式等。

招标方案的内容依据招标标的的不同其内容也不同，如在工程招标的方案中，工程承包管理模式主要指总承包或平行发包；在货物招标的方案中，管理模式指集中管理或分散管理。同时依据标的物的特点和采购项目的规模，招标方案的内容可根据实际情况作相应调整。

招标人制定招标方案的过程是对项目认识不断深化的过程，招标方案在项目不同阶段，方案的内容不断深化。其中，一些专项工作通过项目作业计划的方式把方案意图具体落实，这些计划成为招标采购项目管理和控制的依据。

在工程招标方案中的项目作业计划中内容主要有：工程项目特点、招标人需求、工程建设程序、工程总进度计划、招标相关工作顺序和时间安排和相关责任主体。

货物招标方案中的工作计划中的内容主要有：采购货物名称、数量、技术指标、时间节点、顺序安排和工程建设项目或生产需求的衔接配套和相关责任主体。

服务招标方案中工作计划的内容主要有：服务内容、目标要求、需求特点、时间安排和相关责任主体。

对于复杂项目的工作计划还有单行的补充文件予以说明如对进口机电产品招标的管理等。

对于小型招标采购项目；招标方案作为工作计划直接指导招标采购工作。

任何方案都具有动态性，在执行过程中为适应新的变化而调整，但这种调整与再造性调整有根本的区别，因情况变化进行的调整是基于原计划制定者的利益进行补充完善，而再造性调整是基于投标人的利益对方案进行修订。

（二）招标方案的特点和作用

1. 招标方案的特点和作用

招标方案除了具备一般服务方案应当具备的预见性、针对性、可行性、约束性的基本特点外，还具备以下特点。

① 层次性。根据招标采购项目的目标设定，招标采购管理方案涉及的控制范围可以分为三个层次：第一层次只针对招标采购活动进行规划；第二层次针对从项目筹备到交付使用期间进行规划；第三层次针对整个项目生命周期进行规划。所以层次性也可理解为招标采购项目管理的深度。

② 基础性。由于招标采购在上一层级项目实施中占有重要的地位，所以招标采购管理是项目管理重要的基础性任务。这不仅是因为采购费用往往占整体项目费用的很大部分，而且对项目决策有着重要影响的规划、设计也需要通过采购完成。如果采购到的标的不符合项目规划和设计的要求，会降低项目的质量，甚至导致项目的失败。因招标采购项目管理方案直接决定了实施采购的外部条件，制定出具有预见性、兼顾相关需求的招标采购项目管理方案，就成为保证采购要求和实现项目目标的重要基础。

③ 集成性。由于招标采购项目管理方案涉及采购范围、成本、质量、时间、环境、资源和风险等多方面管理的协调与综合，所以是一项具有全局性与系统性的规划成果。招标采购项目管理方案的集成性就是从全局出发，以项目整体利益最大化作为目标，形成以招标采购项目各项管理任务相互协调为主要内容的整体管理规划。

由于调整管理方案中任何一个目标或变更实施管理的活动可能会影响项目其他专项目标的实现，甚至改变其他管理活动的内容和要求。例如，在工程建设项目范围确定的前提下，工程质量、进度和投资构成三角形的三个边，任何一个边长的调整势必影响其他指标的变动。所以必须充分认识招标采购管理方案的这一特点，并通过开展综合管理全面把握项目。

2. 招标方案的作用

招标采购方案不仅是对招标活动进行总体规划的成果，也是招标采购项目实现风险预防的核心工作之一。招标方案制订的好坏，直接关系到招标的成败。招标方案的作用表现在以下几个方面。

（1）目标任务的分解书。

招标方案是落实招标人采购工作计划，实现其战略任务和目标的分项分解书。招标方案按招标项目管理总体目标构思分项目标的合理构架，这种分项或分解不是简单的数字拆分，而是依照相关政策法规和招标人的项目意图，构建有逻辑关系、相互协调的子目标或系统，通过各子项目的定位、分项目标系统的建立，构成覆盖总体目标任务的系统网络。

（2）技术措施的路线图。

凡事预则立，不预则废。招标采购任务的集成性、系统性要求招标人必须通过科学的项目计划，即招标方案指导采购项目管理实施的具体工作。围绕项目特点和目标形成计划、组织、控制、评价等基本职能，依据项目总体目标，运用划分标段、设置资格条件、设计评标办法、确定合同条款等技术措施实现项目意图，招标方案是实现招标人意图的技术路线图。

（3）组织协调的指挥棒。

确立采购项目实施组织方式，规划并构建招标项目管理分项目标的协调结构。这是实现招标项目总体管理目标的前提；招标采购方案应根据项目的特点、招标代理企业组织结构的现状、以往招标项目管理经验和现有人力资源情况，确定项目经理和服务团队，并依据其经验构建完整的协调机制、编制风险和危机处理预案，解决缔约过程和履约阶段出现的突发事件，将采购风险降到最少。招标采购方案是项目组织协调的指挥棒。

（三）高铁项目招标方案的制订[①]

该案例列入美国斯坦福大学经典教学案例。

[①] 本案例摘自《高铁风云录》，湖南文艺出版社.2015年出版。

引进对象：德国西门子、日本联合体、法国阿尔斯通、加拿大庞巴迪等集团。

引进策略：整个市场一个入口。

引进底线：必须实行关键技术全面转让；必须使用中国品牌；必须价格合理。

2004年6月17日原铁道部发布招标公告："在中华人民共和国境内合法注册的，具备铁路动车车组制造能力，并获得拥有成熟的时速200千米铁路动车组设计和制造技术的国外合作方技术支持的中国制造企业（含中外合资企业）"

铁道部决定国内引进的企业只能是南车集团四方厂和北车集团长春厂等国内企业，4家外国企业必须和两家中国企业转让技术才能进入中国市场。

当时，已经有合作意向的有：①庞巴迪和四方厂合作；②日本和南车集团四方厂；③德国西门子和法国阿尔斯通在两家中资企业长春车辆厂或唐山车辆厂选择其中之一组成的联合体为第三方，这样，外方和中方将各有一家企业出局。

我方最高限价要求：每列动车不能超过2.5亿人民币。技术转让费不能超过1.5亿欧元。

德国转让费报价：每列3.5亿人民币。转让费3.9亿欧元。

投标截止时：共有三个联合体符合公告的资格要求，即①南车集团四方厂和日本联合体；②北车集团长春厂和阿尔斯通联合体；③庞巴迪和南车集团四方厂组建的合资企业投标；西门子联合体出局。

中标结果：

南车集团四方厂和日本联合体承包3个包60列CRH2A；北车集团长春厂和阿尔斯通联合体承包3个包60列CRH5A；庞巴迪和南车集团四方厂组建的合资企业投标1个包20列CRH1A。

合同约定：7个包每包20列。第1列：他们干我们看；第2列、第3列：散件组装，我们干他们看；其余17列，我们自己干，不懂的地方咨询。

为了保证我方技术专家和技术工人真正掌握转让的技术，技术转让合同中规定了考核办法，对我方技术受让方进行转让评价，如考核的对象考试不合格，延缓支付技术转让费；换句话说，学生考核不合格不给老师发工资，这些条款的规定，保证了我方对引进技术的全面吸收和理解消化，并在此基础上发展我国的高铁技术。

2005年6月，铁道部在京津高铁项目中采用竞争性谈判方式实行第二次引进时速300千米高铁列车和配套技术，西门子报价2.5亿。转让费8000欧元。西门子唐山联合体中标。在本次技术引进中同预算相比我方节约90亿元人民币。

在两次招标采购的过程，中国市场一个入口。通过竞争博弈，学习日本、法国和德国的相关技术，用了8年时间学生和老师在世界同台争夺世界高铁市场。在某种意义上可以说，科学的采购方式引领了我国铁路装备飞跃发展进入世界同行的前列。

从2004年引进到2015年底，我国高铁运营里程达到1.9万千米，居世界第一，占世界高铁总里程的60%以上。高铁与其他铁路共同构成的快速客运网已基本覆盖我国50万以上人口城市。

故事的启示：招标方案的战略作用

国家重点项目无疑会对国家生产力布局和经济结构的调整产生重大影响，但如果采购指导思想有偏差或缺乏战略眼光，效果也不尽相同。如我国高铁项目和汽车项目的效果就不同。企业家最大的责任就是发现需求，形成新的社会分工。高铁本来是遥遥无期的梦想，铁道部通过聪明的手段，利用招标采购的方式从各国手中买回先进的技术，消化吸收自筹资金建高铁完成中国铁路跨越式发展。

二、制订招标方案的步骤

（一）调查研究、明确项目目标和任务

1. 招标采购项目调查研究

要做好采购项目的招标工作，首先要对采购项目概况深入调查研究。招标采购项目概况的调

研首先应当明确项目背景、目标、任务和范围。背景主要是说明项目是如何提出来的，以及项目所处的环境等。目标指完成项目的目的和指标，任务指项目工作的内容，范围是完成任务实现项目目标的工作界限。

项目概况的主要调研内容如下。

① 采购项目概况及主要问题与建议。

② 项目具体特征，如建设项目包括建设规模、结构类型、类别等。

③ 项目的利益相关者分析：对于代理招标采购项目而言，所采购的项目多是大型的工程、货物或服务，需要许多方面的个人或组织的积极参与，涉及多方的利益，由于各方关系较为复杂，有必要对项目的利益相关者进行深入的分析。

④ 采购需求分析和市场范围考察：采购需求分析主要确定需要采购的内容和时间表；市场范围考察主要确定采购来源是国内或国际、哪些行业或区域。

2. 分析项目特点和制约条件提出对策建议

针对项目特点，分析项目的商务和技术制约条件并提出应对建议。如在商务方面，可根据项目的金额条件、时间跨度、涉及深度在方案中确定合同的计价形式等。

在技术方面，针对项目的特点和制约条件提出对项目质量、进度、成本的控制措施。例如招标人项目在保持技术先进性的同时要求采购设备必须达到一定的国产化指标以享受国家免税政策，招标人在招标方案中就必须针对上述特点和要求在标段划分、设置资格条件、进口产品管理等方面提出相应措施建议。如本章附录案例所示。

3. 制定招标采购工作协调管理规划

① 组建管理机构和建立协调制度。如碰头会、沟通作业规则、接待管理制度等。

② 明确工作范围。包括项目的描述、需要采购的产品类别、项目相关信息，明晰招标范围、界限和交互检查程序。

（二）目标分解，明确完成任务的步骤

1. 招标采购合同包与标段的划分

依据项目总体目标和任务对项目进行目标分解（WBS）。

当需采购的货物及设备量大、技术要求高、供货商家多，如工程项目采购的规模大、专业广、技术复杂，采购服务类别多，则应根据采购项目的实际情况，按照时间及空间关系，采购的合同类型、供应商的专业划分及能力，市场供应条件等，合理地划分合同包，划分标段或构成合同组团。

招标方案标包划分应考虑的技术和商务条件有：

① 招标的工程、货物或服务的数量、技术规格、参数和要求；

② 所采购的工程、货物或服务在整个项目实施过程中的哪一阶段投入使用；

③ 每一项采购彼此间的联系；

④ 全部采购如何分别划分标段或标包，每个标段或标包应包括哪些类目；

⑤ 标包划分对投标竞争度的影响；

⑥ 标包划分是否可以方便评标和采购项目的实施；

⑦ 依据需求并考虑招标采购所需时间确定每个标包采购过程阶段时间表，并用横道图作出招标采购进度计划；

⑧ 对整个采购工作协调管理。

在进口机电产品货物招标标包的划分中，还应考虑标包的划分是否有国内外合作制造的内容，是否利于国内制造企业消化吸收等因素。

简单的招标采购合同可以不需要标段划分。

在工程建设项目招标方案中，由该合同包或标段的划分结果形成的采购工作计划亦被作为"项目管理组织计划"（合同网络图）。

2. 招标采购工作逻辑关系的平衡与程序确定

（1）招标采购工作先后关系的概念。

招标采购各工作的执行安排需遵守工作之间先后制约关系的限制，从而决定了工作的安排次序。任何工作的执行必须依赖于一定工作的完成，即它的执行必须在某些工作完成之后才能执行，这就是工作的先后依赖关系。工作先后依赖关系有两种：一种是工作之间本身存在的、无法改变的逻辑关系，如设计与生产关系。另一种是人为组织确定的，两项工作可先可后的组织关系。一般而言，工作先后关系的确定首先应分析确定工作本身存在的逻辑关系，在逻辑关系确定的基础上，再加以充分分析以确定各工作之间的组织关系。

（2）招标工作排序的主要内容。

① 项目招标工作列表：这是招标工作排序确定的基础。

② 项目的特性：项目的特性通常会影响到招标工作排序的确定，在招标工作排序的确定过程中更应明确项目的特性。

③ 工作逻辑关系的确定：这是招标工作排序确定的基础。由于工作逻辑关系是招标工作之间所存在的内在关系，通常是不可调整的，一般主要依赖于技术方面的限制，因此确定起来较为容易，通常由招标人员与技术人员之间交流就可完成。

④ 组织关系的确定：招标工作组织关系的确定一般比较难，它通常取决于招标人员的知识和经验。组织关系的确定对于招标项目的成功实施是至关重要的。

⑤ 外部制约关系的确定：外部工作通常会对招标工作存在一定的影响，因此在制定招标工作计划的过程中也需要考虑到外部工作对招标工作的一些制约及影响，这样才能充分把握招标采购的进展。

⑥ 招标实施过程中的限制和假设：为了制订完善的招标进度计划，必须考虑招标实施过程中可能受到的各种限制，同时还应考虑招标进度实施所依赖的假设条件。

3. 招标采购的进度计划制订

（1）制订招标进度计划的依据。

依据包括：①项目采购时间要求；②项目采购的特点；③项目采购的技术经济条件；④招标采购各项工作的时间估计；⑤限制和约束。

由于竞争的存在、委托人（客户）的要求或者其他的条件限制，导致某些招标采购工作必须在某些时刻完成，这就存在所谓的强制日期或时限。此外，招标过程中总会存在一些关键事件或者一些里程碑事件，这些都是招标进度中所必须考虑的限制因素。

（2）招标进度计划。

它是表达招标采购工作中各项工作的开展顺序、开始和完成时间以及相互衔接关系的计划。具体实施步骤：

① 根据招标采购工作内容的分解，找出管理工作的先后顺序；

② 估计出各工作的延续时间；

③ 平衡各工作管理因素的相互关系；
④ 确定招标采购工作的时间进度；
⑤ 应用相关工具（如可利用关键路径方法、横道图等）编制进度计划。

4. 拟定投标人的资格条件和审查办法

依据调研结果和对策建议，招标人应根据不同标包确定资格审查的方式、设置投标人的资格条件。招标人在市场调研的基础上，应根据项目特点和潜在投标人数的判断等因素确定资格审办法：资格预审或资格后审。

如有些项目招标时很难确切地拟定技术需求及技术规格，或招标时招标人想通过对拟采购货物、工程、服务的技术和商务条件等广泛地征求建议来完善招标需求（这在复杂的机电设备系统都是常见的）。这时，应当采用选择资格预审的办法，通过资格预审及其相应的澄清活动完善对招标文件相应条款的补充，或通过对潜在投标人进行调研谈判以确定有利于项目的各种技术规范或商务条件，并将此写入正式的招标文件再行招标。

对投标人的资格条件审查是避免合同风险的重要措施。资格条件包括商务条件和技术条件，资格审查条款设置必须科学、严密，对借用资质、挂靠资质的投标现象有较强的防范能力，如要求投标人按照行业标准资格预审文件的规定提供申请资料，以保证审查资料的真实性等。

5. 对拟编招标文件中合同条款的设定和资料准备

合同条款是招标文件的重要组成部分，也是预防和避免风险的重要手段。招标人应根据项目的具体特点，对符合使用标准招标文件的项目，首先选用标准招标文件中的合同条款，但是合同的计价方式、专用合同条款的设置招标人在方案中应当根据项目的具体情况预先确定。

属于合同的相关资料如条款、图纸、标准等应当保证完整和表述的一致性。

在有些货物招标采购中，根据不同设备复杂性的差异，应考虑选用不同的招标模式、合同格式和条款。在方案中，应特别注意就以下几个方面内容作出的严格规定：
① 设备检验、监理（造）、安装、测试、考核、验收和质量保证条款。
② 对备件、工具、技术服务及培训的要求。
③ 质量保证期限和售后服务等。对有关进口设备的采购，操作人员培训、技术支持等方面将直接关系到进口大型机电设备的平稳运行；设备验收是进口大型机电设备正常使用的首要条件；而质量保证期限及售后服务条款是维护和保养大型机电设备、保持设备稳定运行的必要手段等。

（三）责任落实、健全综合保障措施

1. 招标采购项目的组织方式与团队建设

招标人在接受招标任务后，应根据企业及项目特点，选择有经验的采购人员和恰当的组织方式，建立招标采购团队，在团队建设中应注意以下几个方面的工作：

（1）确定招标采购项目的组织方式，如矩阵组织。
（2）组建招标采购团队。招标采购团队是为了成功完成采购任务而组建的机构。招标采购团队具有如下的特征：
① 共同明确的采购目标。共同的目标是招标采购团队存在的基础，清晰明确的采购目标是有效开展工作的保障。
② 招标采购团队是由不同部门、不同专业的员工组成。
③ 角色适当分工。招标采购团队的成员必须有清晰的角色定位和分工。团队成员应清楚地

了解自己的定位与责任。

④ 信息沟通顺畅。招标采购团队成员针对出现的问题及时交流。

⑤ 团队成员能力互补。招标采购团队成员总体专业知识和技能全面，规模适中，经验、素质与技能互补性强。

（3）明确招标采购项目经理的责任和权力。应授予项目经理以下基本权限：

① 项目团队的组建权。项目团队的组建权包括两个方面：一是项目经理班子或管理班子的组建权，一是项目团队队员的选拔权。

② 财务决策权。拥有财权并使其个人的得失和项目的盈亏联系在一起的人，能够较周全地、负责地顾及自己的行为后果。因此，项目经理必须拥有与项目经理负责制相符合的财务决策权，否则项目就难以顺利展开。一般来讲，这一权力包括分配权和费用控制权。

③ 项目实施控制权。包括在项目采购各阶段中想采购管理团队成员下达指令的权利，审核各类文件并予以批准的权利。

2．根据招标采购项目工程的任务分解落实责任

根据招标采购工作的任务要求，采用招标采购项目的责任分配矩阵的方法，明确有关的有关部门或个人在招标工作中的关系、责任和地位。

3．编制招标采购项目的人力资源计划

① 招标工作分解 WBS。招标工作分解结构明确了招标采购实施各阶段工作所需资源的基本情况，是人力资源计划的重要依据。

② 招标工作进度计划。这是制定人力资源计划的基础，每项招标工作何时需要多少人通过招标工作的进度可以明显看出。

③ 历史信息。历史信息记录了先前类似招标工作使用资源的需要情况，这些资料一般是可以获得的。

④ 人力资源安排描述。什么人才是可能获得的，是招标工作计划所必须备的。

4．招标采购项目的费用管理

（1）招标项目费用的估计：招标工作费用估计指的是预估完成招标采购所需资源（人、材料、设备等）的费用的近似值。当招标采购在一定的约束条件下实施时，费用的估计是一项重要的工作，招标采购费用估计应该与招标工作质量的结果相联系。

（2）招标采购工作费用估计的主要依据：

① 工作分解结构 WBS。

② 资源需求计划。主要是人力资源计划安排结果。

③ 资源价格。为了计算招标采购各工作费用，必须知道各种资源的单位价格的信息。

④ 工作的延续时间。工作的延续时间将直接影响到招标采购工作经费的估算，因为它将直接影响分配给它的资源数量。

⑤ 历史信息。同类项目的历史资料是项目招标过程中可以参考的最有价值的资料，包括项目文件、可共用的项目费用估计数据库及项目工作组的相关知识等。

通过以上方法步骤，编制完成招标采购项目方案。招标采购方案的编制是一个不断对项目决策进行探讨的反复过程，在项目实施的过程中都必须进行审查、调整和更新。因而，招标采购项目方案的编制又是一个动态的过程。

（四）项目管理工具在招标方案中的应用

招标采购项目管理是一项复杂的管理活动，实践中有许多的管理方法和应用工具很多。限于篇幅主要介绍以下三种。

1. WBS 工具

主要应用于项目范围管理的工作分解结构（Work Breakdown Structure，WBS），在项目全范围内分解和定义各层次工作包的方法的责任分配矩阵；WBS 是现代项目管理的基石。图 4-3 是工业物流项目的工作分解结构图（WBS）。

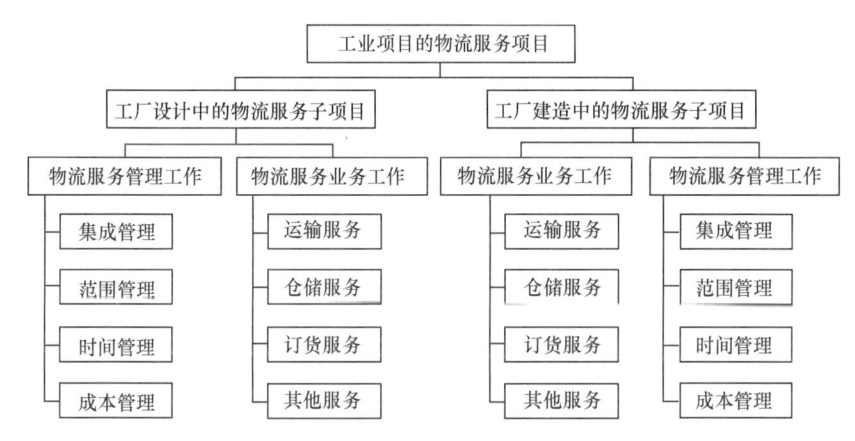

图 4-3 工业项目物流服务工作分解结构图（WBS）

2. 关于描述工作进度和逻辑关系的网络图

（1）某网络计划工作逻辑关系及持续时间表如下：

工作序号	紧前工作	紧后工作	持续时间	工作序号	紧前工作	紧后工作	持续时间
A	—	B；C；D	2	F	D	H	10
B	A	E	10	G	C；E	I	12
C	A	G	15	H	F	I	10
D	A	F	8	I	G；H	—	2
E	B	G	7				

（2）依照上表所列逻辑关系绘制网络图：

依据上述条件作图（双代号网络图），如图 4-4 所示。

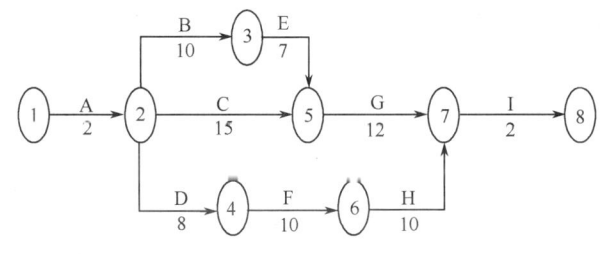

图 4-4 双代号网络图

3. 关于表示工作进度的横道图

2011 年招标师案例科目第 6 题是关于在计划进度中运用横道图的试题，为方便读者对这些工具的理解和使用，举例解读如下。

· 89 ·

某政府投资的污水处理厂扩建项目，经核准，由招标人自行组织招标。项目招标和建设管理工作由污水处理厂基建处具体负责。基建处有9名员工。方案设计结束后，项目建设的部分工作计划如表4-1所列。

根据厂领导要求，每项工作均应一次连续完成。

表4-1 某建设项目招标采购工作计划

工作代码	工作内容	最早开始时间	最迟完成时间	所需时间（周）	所需人员（人）
A	初步设计	方案设计结束	—	4	2
B	考察污水处理设备生产厂家	初步设计结束	施工图设计结束	2	5
C	施工图设计	初步设计结束	编制施工招标文件结束前1周	5	3
D	编制施工招标文件	方案设计结束	—	4	4
E	发布招标公告	—	—	1	1
F	发售施工招标文件等	—	投标截止	4	4
G	开标、评标	—	—	4	3
H	结果公示、发出中标通知书	—	—	1	2
I	签约	—	—	1	3

问题：

(1) 在不增加人员、不压缩每项工作所需时间的前提下，计算完成上述相关工作的最短时间，并在专用答题卡上完成所附横道图。

(2) 如将资格审查方式改为资格预审，全部资格预审工作共需用时7周，其中前2周需要3人，中间2周需要1人，最后3周需要2人，最早开始时间为方案设计结束，在其他工作安排不变、不增加人员的情况下，资格预审工作应在第几周开始？简要说明理由。

(3) 将资格审查方式改为资格预审后，哪项工作需要调整？

参考答案：

(1) 20周。横道图见表4-2所示。

(2) 第3周，横道图如表4-3所示。

条件：根据优化后的横道图，人力资源负荷情况为前4周需2人，第5~6周需8人，第7~9周需7人，第10周需4人。资格预审工作的开始时间和完成时间必须满足各阶段人力资源负荷不超过9人，且在开始发售招标文件及第10周前必须完成。

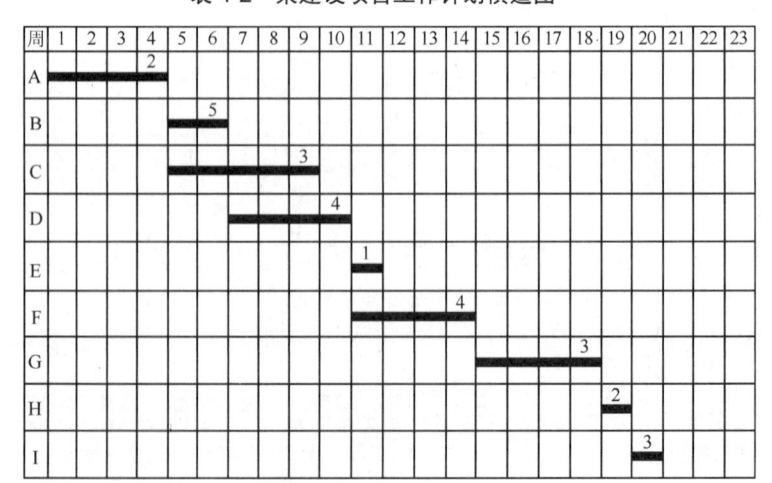

表4-2 某建设项目工作计划横道图

周	1	2	3	4	5	6	7	8	9	10	11	12	13	14	15	16	17	18	19	20	21	22	23
A	████ 2																						
B					██ 5																		
C					█████ 3																		
D							████ 4																
E											█ 1												
F											████ 4												
G															████ 3								
H																		█ 2					
I																			█ 3				

表 4-3 某建设项目进行资格预审程序的招标采购计划横道图

周	1	2	3	4	5	6	7	8	9	10	11	12	13	14	15	16	17	18	19	20	21	22	23
A	2	2	2	2																			
B					5	5																	
C					3	3	3	3	3														
D							4	4	4	4													
E											1												
F								4	4	4	4												
G															3	3	3	3					
H																			2				
I																				3			
M			3	3	1	1	2	2	2														

完成横道图的步骤是，首先确定单项工作的最早开始时间和最迟完成时间段，之后依据工作约束条件，最终确定该项工作在理论时间段的最终位置。在本题中，根据资格预审工作所需要的人员和其他已经占用人员不得超过 9 人的约束条件，资格预审工作必须在第 3 周开始才能满足上述要求（以图示方式亦可）。

（3）需要取消工作代码为 E 的工作（改为资格预审公告）。

三、依法审批、核准项目中招标内容的管理

1. 关于依法审批核准的投资项目

2004 年国务院颁布了《国务院关于投资体制改革的决定》（国发〔2004〕20 号）精神，由过去不分投资主体、不分资金来源、不分项目性质，一律按投资规模的大小分别由各级政府及有关部门进行"审批"，调整为：对政府投资项目继续实行审批制，对重大项目和限制类项目从维护社会公共利益角度实行核准制，其他项目无论规模大小，均改为备案制。由于投资的多渠道、多元化，工程建设项目实行谁投资谁受益的原则，主要由市场调节。国家对工程建设项目的管理主要集中到关系到国计民生的重大项目和领域，通过两只手而不是一只手对国民经济进行管理。因此，招标采购作为工程建设项目重要的一个环节，政府有关部门对招标投标活动的行政管理首先表现在对招标范围、招标组织形式、招标方式等的审批或核准。

政府（企业）投资项目审批、备案、核准程序详见表 4-4。

表 4-4 政府（企业）投资项目审批、备案、核准程序表

	政府投资项目办理审批程序	企业投资项目办理核准程序	企业投资项目办理备案程序
适用条件	审批制：对于政府直接投资和资本金注入的政府投资项目。对项目建议书、可研报告、初步设计和概算进行审批	核准制：对于不使用政府直接投资和资本金注入的企业投资项目，属于《政府核准的投资项目目录》内的，对项目申请报告进行核准	备案制：对于不使用政府直接投资和资本金注入的企业投资项目，也不属于《政府核准的投资项目目录》内的，实行备案制
程序一	项目单位首先向发改委等项目审批部门报送项目建议书，依据项目建议书批复文件分别向城乡规划、国土资源和环保部门申请办理规划选址、用地审批和环评审批	项目部门分别向城乡规划、国土资源和环保部门申请办理规划选址、用地预审和环评审批手续	项目单位必须首先向发改委等备案管理部门办理备案手续

续表

	政府投资项目办理审批程序	企业投资项目办理核准程序	企业投资项目办理备案程序
程序二	项目单位根据项目论证情况向发改委等项目审批部门报送可研报告，并附规划选址、用地审批和环评审批文件	项目单位向发改委等项目核准部门报送项目申请报告，并附规划选址、用地预审和环评审批文件	
程序三	项目单位依据可研报告批复文件向城乡规划部门办理规划许可手续，向国土资源部门申办正式用地手续	项目单位根据核准文件向城乡规划部门办理规划许可手续，向国土资源部门申办正式用地手续	备案后，分别向城乡规划部门办理规划许可手续，向国土资源部门申办正式用地手续
备注	对于申请政府投资补助及贷款贴息的项目，审批"资金申请报告"		

从上表可以看出，对政府（企业）投资项目进行行政管理的有关部门包括项目的审核批准部门、城乡规划部门、国土资源部门、环境保护部门等。

为了规范政府对企业投资项目的核准和备案行为，加快转变政府的投资管理职能，落实企业投资自主权，2016年11月30日国务院总理李克强签发了《企业投资项目核准和备案管理条例》自2017年2月1日起施行。该条例第三条、第二十二条、第二十三条规定了条例关于投资项目核准和备案的管理范围。

"第三条　对关系国家安全、涉及全国重大生产力布局、战略性资源开发和重大公共利益等项目，实行核准管理。具体项目范围以及核准机关、核准权限依照政府核准的投资项目目录执行。政府核准的投资项目目录由国务院投资主管部门会同国务院有关部门提出，报国务院批准后实施，并适时调整。国务院另有规定的，依照其规定。

对前款规定以外的项目，实行备案管理。除国务院另有规定的，实行备案管理的项目按照属地原则备案，备案机关及其权限由省、自治区、直辖市和计划单列市人民政府规定。"

"第二十二条　事业单位、社会团体等非企业组织在中国境内投资建设的固定资产投资项目适用本条例，但通过预算安排的固定资产投资项目除外。

第二十三条　国防科技工业企业在中国境内投资建设的固定资产投资项目核准和备案管理办法，由国务院国防科技工业管理部门根据本条例的原则另行制定。"

目前国家已经建立了《全国投资项目在线审批监督平台》，有关项目的审批核准和备案程序可在该平台进行。

2．依法审批，核准项目中关于招标内容的法律规定

《招标法》第八条规定，"招标项目按照国家有关规定需要履行项目审批手续的，应当先履行审批手续，取得批准。招标人应当有进行招标项目的相应资金或者资金来源已经落实，并应当在招标文件中如实载明。"

《条例》对上述条款做了细化和补充。

《条例》第七条规定："按照国家有关规定需要履行项目审批、核准手续的依法必须进行招标的项目，其招标范围、招标方式、招标组织形式应当报项目审批、核准部门审批、核准。项目审批、核准部门应当及时将审批、核准确定的招标范围、招标方式、招标组织形式通报有关行政监督部门。"

《条例》第八条规定："属于本《条例》第七条规定的项目，由项目审批、核准部门在审批、核准项目时作出认定；其他项目由招标人申请有关行政监督部门作出认定。"

依据23号令的修正，国家发改委《工程建设项目申报材料增加招标内容和核准招标事项暂行规定》（2001年9号令）第二条规定："依法必须招标且按照国家有关规定需要履行项目审批、核准手续的各类工程建设项目，应当在报送项目可行性研究报告或者资金申请报告、项目申请报告中增加有关招标的内容。"其他项目的报送内容和程序不适用9号令的规定。

9号令第六条同时规定，经项目审批、核准部门同意，因特殊情况可以先行招标，之后在上述报送文件中说明，项目审批、核准部门认定有违规行为应要求其纠正。

有关部门关于招标基本情况表参见表4-5。

一般来说，制订招标方案属于招标人的私权利。但是需要审批或核准的依法必须招标的项目，招标方案中的招标范围、招标组织形式、招标方式等属于国家应当管制的范围。除此之外由招标人自行决定、科学管理。公权力应当保护私权利的落实，不得非法干预招标人的合法权益。

表4-5 招标基本情况表

类别	招标范围 全部招标	招标范围 部分招标	招标组织形式 自行招标	招标组织形式 委托招标	招标方式 公开招标	招标方式 邀请招标	不采用招标方式	招标估算金额（万元）	备注
勘察	√		√			√		…	
设计		√	√			√		…	
建筑工程	√			√	√			…	
安装工程	√			√	√			…	
监理	√			√	√			…	
主要设备	√			√	√			…	
重要材料	√			√	√			…	
其他							√		

电梯、清理、计量成套设备、轧胚机、浸出、蒸发成套设备、脱磷、脱酸、脱色、脱臭工艺成套设备、灌装、包装成套设备采用国际招标，其他项目均采用国内招标。

某植物油厂有限公司
××××年××月××日

一般来说制订招标方案属于招标人的私权利。但是需要审批或核准的依法必须招标的项目，招标方案中的招标范围、招标组织形式，招标方式等属于国家应当管制的范围。除此之外，由招标人自行决定、科学管理。公权力应当保护私权利的落实，不得非法干预招标人的合法权益。

四、招标方案示例

（一）招标采购项目招标采购方案示例

为加深读者对招标方案的理解，作者经方案撰写人同意，将某招标方案[①]转载如下，其中作者对方案中程序部分依照《条例》的规定做了个别修正。

一、招标实施机构

招标人：（略）

招标机构：（略）

二、项目概况（明确项目约束条件，如产品进口和国产化要求、确定招标范围内容等）

（一）项目概况（范围和内容）

（二）通信、供电专业设备及综合监控、AFC、PIS各系统特点（略）

（三）通信、供电专业设备及综合监控、AFC、PIS国内公开招标方案(略)

三、招标方式、方法（略）

四、招标基本流程（略）

[①] 该招标方案系中招国发项目管理公司总经理康克龙博士2005年主持编制并组织实施，项目取得圆满成功。

五、招标计划安排表（见表4-6）

表4-6　某招标代理在某市地铁设备采购项目中制订的招标计划安排表

序号	方案和计划	预计天数	主办单位	协办单位	备注和说明
1. 招标策划阶段					
1.1	成立招标工组	1	代理公司		
1.2	商讨招标、采购委托代理协议	1~3	招标人	代理公司	协商委托代理协议的各条款，明确双方责任和义务
1.3	签订招标、采购委托代理协议	1	招标人	代理公司	
1.4	议定业务流程和工作方案	1	招标人	代理公司	招标公司与招标人联合考察拟投标厂商
1.5	制订实施方案和进度计划	1	代理公司	招标人	
1.6	审批实施方案和进度计划	1	招标人	代理公司	
2. 招标准备阶段					
2.1	发布招标预告	5	代理公司		根据业主的需要，提前通报潜在投标人做好投标准备工作
2.2	企业考察	视国内外厂家而定	代理公司	招标人	考察拟投标企业和招标项目涉及的我国有关设备生产行业概况
2.3	编写招标文件技术部分	10	招标人	代理公司	招标人起草招标文件的技术部分及所需的行业标准，招标机构提供相关文件的规范文本格式和编写相关文件的政策要求
2.4	编写招标文件商务部分	5	代理公司	招标人	
2.5	编制评标细则	1~2	代理公司	招标人	
2.6	招标文件汇编	1	代理公司	招标人	将招标文件的技术和商务部分汇编、修改、排版，成为完整的文件
2.7	招标文件送审	2	招标人 代理公司		将完整的招标文件送双方公司领导审核，将定稿报×机电办及相关主管部门审查
3. 开标前阶段					
3.1	发布招标公告	5	代理公司		拟发布公告的媒体：中国采招网、《中国招标》周刊、经济导报等
3.2	发售招标文件	5	代理公司		招标文件的购买方应是符合投标人资质的企业
3.3	标前答疑 处理异议并答复(如有)	1日 3日内	代理公司	招标人	以开会或接收文字质疑方式收集拟投标人的问题，以书面方式予以说明和解答。如有异议，异议期间招标暂停
3.4	投标人编写投标文件	根据项目情况定最少不低于20天	投标厂商		如招标人对招标文件的修改，修改内容不影响投标文件的编制，经同投标人沟通，按时开标。如影响投标截止延长至法定时间
4. 开标阶段					
4.1	开标会的准备和组织评标委员会	与其他工作同步，不单算时间	代理公司		选定、布置好开标会场，检查开标需用所有设备是否正常，表格是否齐备，来宾接待工作是否就绪。根据招标项目特点，审定和聘任评标委员会成员、组长，需要时将评委名单送主管部门审核备案

续表

4. 开标阶段					
序号	方案和计划	预计天数	主办单位	协办单位	备注和说明
4.2	开标	1	代理公司		在规定场所按时开标，按程序致开标词，如需要，请招标人单位领导讲话。开标、唱标，通报询标时间、地点和其他有关事宜。如需宣传，事先邀请主管领导和有关媒体届时到场并做好招待工作。 如有异议，当场答复并暂停开标。答复后进入评标阶段
5. 评标、询标、定标阶段					
5.1	安排评标工作	每包1天	代理公司		① 备好所需的场地、设备、工具 ② 宣布评标程序、分工、纪律等 ③ 安排好评委和来宾的食宿
5.2	审查投标文件	每包1~3天	评标委员会		① 分发并登记投标文件副本 ② 提供评标办法和各类表格 ③ 评委会成员审阅投标文件
5.3	澄清（询标）	每包1~2天	评标委员会		评委请投标人出面针对投标文件的质疑作出说明并解答，询标会由评标委员会负责人主持
5.4	评分	每包1天	评标委员会		评委会成员在对投标文件的审查、质疑和比较的基础上，给各投标人打分填表
5.5	排序	视实际情况而定	代理公司		汇总评标记录，议定出投标人综合成绩的排序
5.6	编制评标报告	1	评标委员会	代理公司	评标委员会编制评标报告，报送招标机构主管领导审阅并经招标人确认，需要国家主管部门审批、备案的，按规定呈报
5.7	中标公示（如有异议，答复处理）	3	代理公司		将中标结果上网公示，规定期限内无异议，确定中标人。如出现异议及时处理，处理期间暂停发放中标通知书
5.8	履约能力审查（如有）	3	代理公司	招标人	若招标人认为有符合法定进行履约能力审查的情形，代理机构召集原评标委员会重新评标
6. 中标阶段					
6.1	确定中标人	1	招标人	代理公司	由招标人确定中标人；如有审批规定，则由主管部门审批中标人
6.2	中标通知书 中标结果通知	1	代理公司	招标人	向中标方发出《中标通知书》，附签约时间、地点及交纳履约保证金，中标服务费等事项。 向落标方发出《中标结果通知书》 退还所有投标人的投标保证金及同期银行利息
6.3	签约仪式	30日内	招标人	代理公司	准备签约文件，布置签约场地，组织签约仪式
6.4	工作总结	1	代理公司		认真检查此次招标工作的每一环节，总结经验，纠正错误
6.5	文件管理	1	代理公司		所有需归档的招标文件编号归档 不需归档的按规定方式销毁 向招标人移交一套完整的招标文件以利招标人有效控制履约进程

六、 该项目分包和招标批次计划（略）附招标任务进度横道图、网络图（略）

七、 风险和问题（见表 4-7）

表 4-7 本次招标风险、问题和对策表

风险和问题	可采取的解决方法
项目审批时间过长，影响项目按期实施	由于××项目庞杂并涉及多领域的协调，很容易因审批会签时间过长影响工期。建议提前向政府主管部门汇报，使有关领导尽早熟悉情况，最好使其参与进来，并按其指导速办前期工作，少走弯路，提高效率。招标公司将积极协调，力争最大限度减少审批时间
投标人少而流标	由于××设备的特点，某些产品的制造商可能较少，导致投标人少于三家而流标。可参考如下办法解决： ① 降低准入标准。招标文件放宽对投标人从业资质的限制，吸引尽可能多的投标人竞标。 ② 进行良好沟通。对标前考察中条件不错的企业，鼓励他们投标。 ③ 报批以竞争性谈判或询价采购方式解决。 ④ 考虑联合体投标。扩大竞争范围，达到则优录取的目的
因责任不清导致合同执行出现问题	招标文件的各条款必须含义精确。涉及专业问题，可请其他相似设备的正规厂家的行家对有关合同各条款进行审核。 招标文件中也应规定如投标人不能事先提出质疑而在中标后对合同产生异议而不签约履约，扣罚履约保证金，取消中标资格，由第二名接替的限制性条款
因价格过低导致合同执行出现问题	招标文件和合同的价格体系不够明细，出现不同的理解和计算方法，或由于中标单位的报价有意偏低而招标人不同意届时增加预算使中标人不愿做赔本生意而停工。具体对策： ① 制订门类详细的价格条款。编写标书时聘请有丰富的一线工作经验的专家报价并广泛询价、比价（包括设备、耗材、专用工具、检测仪器的到厂价，运保费、服务费、安装调试费，以及招标人纳入合适科目的急需备用金等）。 ② 对投标人的报价应有理性认识。 ③ 事先在合同中写明因价格异议违约的惩罚条款
因技术能力导致合同执行出现问题	中标人因生产条件、设备状况、员工水平所限，无法达到标书与合同的要求，不得不停工。 具体对策： ① 加强对投标人资质的审查。有些国内企业通过公关赎买资质，实际从业水平和能力较差；这需要实地考察并兼听其同行的评论。 ② 加强对投标人的业绩要求和考察手段。如有些企业，硬件虽好但技术力量薄弱。对此，招标人要重视对投标人业绩的综合考察评审。 ③ 事先在合同中写明因技术不能达标而违约的惩罚条款
否决投标	开标和评标中出现否决投标的常见问题： ① 投标文件不能响应招标文件的必要条款。 招标文件中对投标文件、附件、表格的组成和签署，以及保证金、包封、标识等都有明确规定。任何疏漏和违规都会导致否决投标。 出现低级错误导致废标的主要原因是投标人工作不认真细致。可能避免的方法是标前答疑时着重强调招标文件的要点和必须响应之处，强调出现硬伤必遭淘汰的后果，以期引起投标人的足够重视。 ② 投标人资质、报价和技术能力问题： 资质问题。由于××项目对投标人的条件要求较高，可能导致不少企业无法达标。为避免因此否决投标，在出售标书时应先说明资质要求，投标人认可后再售标书。 报价问题。报价错误的后果一般在招标文件中都有明确规定。是否一定导致否决投标，要根据招标人的要求制定相关条款。 技术问题。技术废标在招标文件中有明确规定。投标文件中的技术标准和参数与招标文件的这些规定出现重大偏离只能否决投标。 减免技术错误的方法是答疑时招标人向投标人强调说明技术标准，使投标人做到心中有数。 招标机构对各种原因导致废标的情况都将记录在案，并写入评标报告

八、对采购设备质量、进度、成本的控制建议（见本节第二段）

九、其他

（1）代理人员组织机构配备（略）

（2）完成代理任务的技术保障措施（略）

（3）对国产化政策的理解及具体实施方案（略）

（4）ISO9001：2000质量认证体系相关内控程序（略）

（5）拟采用的招标文件及合同范本（略）

（6）相关法律法规（略）

（二）项目成本控制、质量控制和进度控制建议示范

（××项目招标采购方案摘编）

质量、成本、工期是由进口或国内采购合同定义的三大目标，合同控制则是其他控制的保证。通过合同控制可以使质量控制、进度控制和成本控制协调一致，形成一个有序的项目管理过程。

1．成本控制

在设备采购代理中，我公司通过下列途径降低设备和服务费用的支出，有效控制项目成本，提高节资率：

A．利用授标前澄清的灵活性降低设备和服务支出

在××工程中，存在大量技术复杂、需求特殊的招标，投标人无法一次性地在投标文件中满足项目的实施条件。而现行法规规定，在确定中标人之前，招标人不得与投标人就有关投标实质性内容进行谈判。但如果在定标后与中标人进行合同谈判，满足项目实施条件的谈判有时又很艰苦。在这种情况下，灵活运用授标前的澄清，是维护项目利益、招投标各方利益和体现公平公正的一种选择。这时，招标人可安排授标前的澄清，通过与投标人的商讨，要求投标人最大限度地满足项目评标标准和实施条件，并将此作为是否授标的条件。实践证明，这种办法既符合招标法规的本质精神，又较好地解决了招标人评价标准的最优实现，维护了招标人合法合理的选择权和裁量权。价格方面，在不就有关投标实质性内容进行谈判的前提下，通过授标前的澄清，招标人可以在设备漏项、备品配件、培训、设备检验和考察以及售后服务等方面取得投标人免费或者优惠的报价，从而进一步降低设备和服务费用。

B．免税方案

充分利用有关部门关于××设备国产化的优惠规定，通过合理的招标方案和合同条件，实现进口设备享受免税政策。

除了在招标阶段，通过合理的招标方案，在保证设备性能高起点、高标准、高水平的前提下，努力实现国产化率70%的目标，在进口代理方面，也可通过以下方式进一步保障国产化率目标的实现：

（1）鼓励国外供货商安排合同设备在中国境内的独资或合资企业的生产、与国内企业合作制造、国内分交等，提高国产化率，同时要求设备的国内制造部分，以人民币报价，以使有关部门根据原产地原则，确认有利的国产化程度。

（2）国外供货商培训、设计联络、检验、安装、调试、试运行、售后服务等技术服务应与进口设备分开报价（尽量要求以人民币报价），以降低进口设备的总报价。

（3）国内供货商所需进口零部件，应根据有关部门规定，协同业主办理免征关税和进口环节增值税免税手续，进一步降低进口零部件总价款。

（4）采用C.K.D.或S.K.D.方式进口，利用技贸结合和合作生产的方法，高质量地购入部分机电设备，以确保工程质量的可靠性。

（5）在签订进口合同后，招标公司将及时办理相关的进口备案手续，协助业主迅速、及时办理国产化认证和免税手续，力争在进口设备到港前办妥相关免税手续，避免因向海关交纳保证金而导致的项目的资金占用和利息支出。

C. 汇率风险控制

由于××设备的进口合同的支付时间一般跨度较大，可能会遇到汇率变化带来的风险。为此，招标公司提出以下解决方案。

(1) 合同币种的选择：对于进口设备报价允许使用的币种为人民币、美元、欧元或日元或上述外币的组合。如果本项目部分资金来自境外融资，那么合同可以采用与融资币种相对应的币种，以减少汇兑成本和损失。在当前人民币相对美元升值压力较大的情况下，应尽量以美元签约；因人民币和美元汇率挂钩，如果报价使用的是欧元和日元，其汇率可按开标当日中国银行公布的中间价为基准折算成美元，合同以美元签订，相对固定成本，避免因其他币种外汇汇率波动导致的成本增加。如果签订合同时，欧元或日元汇率对我公司有利，合同可以采用欧元或日元签订。

(2) 其他汇率风险规避措施：在业主资金许可的情况下，招标公司可采用购买远期外汇、远期结汇或择期购汇的方式规避汇率风险；也可采用与合同卖方签订有利的合同货币汇率调整条款或汇率分险共担协议的方式，减少汇率风险对业主方的影响。

购汇方案：如业主对外支付资金来源为人民币，那么就须通过采购代理机构将人民币按照某日（一般为实际对外支付日）汇率兑换成合同货币，完成进口合同的对外支付。因此，在对外签定了进口合同即确定了合同总价后，业主需要根据合同的要求、支付金额、支付方式、权衡在经济和风险承担上的利弊得失，选择有利的换汇金额和时机。

设备进口合同外汇支付一般分 4 个大的阶段进行，假定比例为：预付款（10%）、设备价款（70%）、验收款（10%）、质量保证期满后付款（10%尾款）；假定合同货币采用美元。

D. 降低财务费用

(1) 降低业主的银行利息支出。

如果本项目建设使用贷款资金，当贷款未发生时，即业主未申请支出该笔贷款时，不计利息，一旦支出即开始计息。当招标公司作为采购代理方在银行开证时，需要在开证行开立保证金账号，银行为了保证支付信用，需要提供保证金和保函。一旦如此，势必需要业主使用贷款资金从而发生利息。由于本项目建设资金巨大，利息也非常可观。为此，招标公司提出如下解决方案：业主、我司与业主贷款银行签署三方协议，利用业主贷款授信额度，在业主贷款银行开设开证账户，由于使用了贷款授信额度，不需要保证金和保函。在实际对外支付时，贷款行才会把贷款资金划拨至我公司的专用开证账户，与业主形成借贷。这种做法既保证了对外开证信用，又最大限度减少了业主贷款利息。

(2) 争取银行开证手续费、换汇返点等财务费用的优惠。

由于目前银行同业间竞争日趋激烈，银行间在开证、付款、换汇等银行中间业务费率方面存在一定的差异。在签订合同后，招标公司将选择几家有实力的银行，进行相关费率比较和洽商，以争取较低的开证费用、付款费用和较优惠的换汇返点，从而降低业主的财务费用。由于本项目建设资金巨大，业主贷款行可能不止一家，即使为了能够免保开证而选择在贷款行开立开证账户，招标公司也可以在不同的贷款行间进行比较、洽商和选择。

(3) 降低货物的运保费用。

由于××设备合同价款和运量较大，运输保险费用也很可观，招标公司将根据设备的不同类型和制造商地域差别，制定相应的货物运输、保险方案，包括海洋运输、保险方案和国内运输、保险方案，同时，注意选择费率优惠的保险公司、运输公司和代理报关公司，节省运保、报关等相关费用，降低设备和工程造价。

2. 质量控制

质量控制是项目管理的重要组成部分，在××项目这样的复杂系统中，质量控制尤其重要。通过质量控制，可以保证按合同规定的质量完成工程，只有"质量"完成，才能谈及"工期"和"造价"的有效调控。使工程顺利通过验收、交付使用，达到预定的功能要求。在本项目招标和采购代理中，质量控制路线为设备技术标准规范→制造商资格审查→安装公司资格审查→设备制造、安装招标→严格具体的合同条款→设备制造质量控制和协调→设备安装质量控制和协调→质量担保。通过这条完整的设备质量控制路线，能很好地保证工程项目的质量目标。作为买方，对于关键重要部分设备实施监理（造）不仅有利于质量控制，同时也关联到"工期"和"造价"控制，这点也是招标公司要和业主方（买方）密切关注点。

A．制定详细的技术标准、规范及严格的合同条款

招标公司应通过技术支持，配合业主及设计单位，根据以往类似项目的经验，通过技术交流、考察和调研等，确定有利于项目的各种技术规范，在力争达到国产化率要求的同时，保持技术的先进性和实用性。并根据不同设备复杂性的差异，选用不同的招标模式、合同格式和条款。在洽商和签署合同时，应特别注意就以下几方面内容作出严格规定，包括设备检验、监理（造）、安装、测试、考核、验收和质量保证条款；对备件、工具、技术服务及培训的要求；以及质量保证期限和售后服务等。因为有关进口设备的安装、调试，备品备件的供应情况，操作人员培训、技术支持等方面将直接关系到进口大型机电设备的平稳运行；设备验收是进口大型机电设备正常使用的首要条件；而质量保证期限及售后服务条款是维护和保养大型机电设备、保持设备稳定运行的必要手段。

由于上述条款在招标文件中已有明确规定，且中标商在其投标文件中已响应招标文件要求，并提交了相关的具体方案，在洽商、签署进口合同时，主要是将上述几方面细化；同时，在××工程的招标中，复杂标排名第一的中标候选人往往在投标文件中无法全部满足评价标准和实施条件，这时，招标人可安排授标前的澄清，通过与投标人的商讨，在不对投标内容做实质性谈判的前提下，要求投标人最大限度地满足项目评标标准和实施条件，并将此作为是否授标的条件。实践证明，这种办法既符合招标法规的本质精神，又较好地解决了招标人评价标准的最优实现，维护了招标人合法合理的选择权和裁量权。

B．严格进行投标资格预审或后审

作为重点项目的××工程，除××、××等少量设备系统因国产化定点及可供选择的具备资格的投标单位数量有限，经批准后可采取邀请招标外，其余均应选择公开招标的方式。考虑到××工程各类投标人众多，一般应在招标公告中规定对潜在投标人进行资格审查，并通过发售资格预审文件的方式，对潜在投标人的履约能力进行初步审核，用综合比选的方式确定合适数量的投标人参加正式投标。在××工程的招标实践中，这种通过资格预审的公开招标，还能解决许多操作中的难题。如××工程的许多标段，招标时很难确切地拟定技术需求及技术规格，或招标时招标人想通过对拟采购货物、工程、服务的技术和商务条件等广泛地征求建议来完善招标需求，这在复杂的机电设备系统都是常见的，国外一般通过议标等其他方式解决，而我国《招标法》又未予采用。这时，采用有资格预审的公开招标方式，就能就上述一系列问题通过资格预审及其相应的澄清活动，对潜在投标人进行调研谈判以确定有利于项目的各种技术规范或商务条件，并将此写入正式的招标文件再行招标。当然，对部分潜在投标人较少且招标需求明确的标段，也可采取随招标公告一次发售招标文件，并通过资格后审的方式对潜在中标人进行确认。

C．通过合同实施控制、协调，实现质量的动态控制

××工程建设涉及众多领域，包括路网规划、勘测设计、土建安装、机电运营设备等系统，工程规模巨大，系统复杂，建设周期较长。招标公司参与的仅是其中的一环。因此，合同实施的动态控制和协调十分重要。我公司将在技术和项目管理专家组支持下，配合业主和设计单位进行设备接口设计、设计联络、主要设备制造过程的中间检验，设备出厂检验、验收和设备供货管理；我公司还将配合工程监理，参与安装管理、设备内部接口处理、处理与其他系统接口协调、协同供货商技术人员进行系统调试验收，并参加全线综合联调及试运行。

3．进度控制

由于××项目一般工期较紧，招标公司将通过多种途径保证供货商按预定进度计划提供设备和相关服务，防止交货期延误。

A．减免税和报关的时限管理

进口报关的基本程序是：申报、审核单证、查验货物、办理征税和结关放行。其核心问题就是通关单据和手续是否齐备，正确无误。针对上述问题，招标公司采取了以下实现管理措施。

（1）确保单证齐全。进口货物所需报关单据包括合同（副本即可）、正本装箱单、正本发票、正本提货单、正本委托报关协议书、进口报关单及海关监管条件所涉及的各类证件。在进口合同中，招标公司对供货商提交货运文件的清单、数量、文件形式、提交方式和时限将严格具体的规定，并以此作为付款条件之一；如为信用证付款方式，首先要协助开证行办理相关的付汇手续，以获得全套正本单据。就招标公司应准备的文件而言，委托报关协议书的委托人处要有公司签章，并一定是正本，传真件、复印件报关无效，防止因疏忽而导致滞报；接到全套进口单据后，要确认出口商提供的正本发票、正本装箱单、提单、合同中的内容如：货物名称、唛头、件数、毛重、尺码是否单单一致。正本发票和正本装箱单上要有签章。同时应确认货物的商品编码，查阅海关税则，确认进口税率、确认货物需要什么监管条件，如需报检，则应在报关前向有关机构报验，并备齐报验所需单据：报验申请单、箱单、发票、合同、进口报关单。

（2）在签订进口合同后，招标公司将及时办理相关的进口备案手续，协助业主迅速、及时办理国产化认证和免税手续，力争在进口设备到港前办妥相关免税手续，避免滞报或因向海关交纳保证金而导致的资金占用和利息支出。

B．及时合理的运输、保险安排

（1）进口货物采用 CIF/CIP 价格条件交货，由卖方租船订仓投保，建议由招标公司推荐或指定保险公司。

进口货物将采用 CIF/CIP 价格条件交货，海运方式采用 CIF 价格条件，由卖方负责按通常条件租船订仓，并办理从装运港到目的港的海运货物保险，支付保险费。考虑到供货商在当地租船定仓的便利性，这样可以避免 FOB 等价格条件下由买方租船订仓和办理保险而引起的不便和时间延误。CIP 则适用于包括多式联运在内的各种运输方式，保险亦为多种运输险，其他条件和 CIF 相同。

保险方面，选两家常做国际货运保险的总部在北京的保险公司。优选一家，做进口设备海陆运全程保险。此法好处：业主明了保险政策，择优录取，一家全保，理赔方便。而且国内保险公司可能还为其保险的海运货物提供免费的国内内陆运输保险服务，从而为项目节省资金。

进口货物的国内运输：选择有经验的货运代理公司安排海陆联运。

代理公司的选择：

向业主提供多家货运公司的报价；

由业主选择运输公司和付费方式（预付或到付）；

如选择到付而货运公司不接受，我公司将协助业主洽商；

业主确认后，招标公司与海运代理签署海运协议；

合同规定向货运代理支付运费之前付款前 7 个工作日内，业主将全部运费转入招标公司银行账号。

招标公司在合同规定时间内向运输代理支付运费。

此法优势为：业主掌控货运行情，选择运输公司并且后付钱。

（2）国内货物采用项目现场交货价格条件。

C．系统各组成部分在时间上的协调

由各个合同所确定的设备制造、交付和相关技术服务不仅要与项目计划的时间要求一致，而且它们之间在时间上要协调，即各种活动形成一个有序的、有计划的实施过程。例如设计联络与详细设计，设备制造与运输，设备交付与安装，设备验收与运行等之间应合理搭配。而合同所定义的设备货物和服务之间应有明确的界面和合理的搭接。要解决这种协调的一个有效手段就是引进项目管理，在甘特图或网络图上标出相关合同所定义的里程碑时间和它们的逻辑关系，以便于计划、协调和控制。

D．严格执行合同

在合同条款中通过延期交货罚款来控制供货商的交货进度，延期交货超过一定时限可能导致业主拒绝收货。

4．通过各种控制手段，控制风险，防止违约

A．带限制性条款的远期信用证

首先，国外供货商向招标公司提供相当于合同金额 10%的银行履约保函作为合同生效条件；其次，××设备进口的付款方式为不可撤销的 180 天以内的远期跟单信用证，中方商检机构出具的商检证书。单证齐全，议付 80%设备款，其余 20%尾款应在设备安装调试合格后，凭合同议定文件支付其中一半；剩余合同总额的 10%，在设备质保期到期后凭议定文件支付。

这种信用证做法的好处是，货到中国港口后，信用证一般未到期，中方有充裕的时间进行商检和索赔。一旦发现问题，中方不提供商检单，银行就会因信用证有不符点而拒绝议付。这时，外商为了拿到钱，会积极主动配合中方解决设备质量问题。

B．双方银行保函互套方案（略）

本章练习题

一、判断题

1．所谓方案是内容最为复杂的一种行动和工作计划。   （ ）
2．招标方案属于项目管理的启动范畴。   （ ）
3．招标工作计划属于项目管理的计划范畴。   （ ）
4．招标采购项目管理方案主要明确"做什么"、"谁负责"、"怎么做"、"完成任务的起止时间"等基本管理内容。   （ ）
5．所有招标项目再招标方案中制定的招标范围、招标方式、招标组织形式的确定都应当经有关部门审批核准或备案。   （ ）

二、单选题

关于招标方案的内容错误的是（　　）。

A．招标项目概况
B．招标内容范围和标段/标包划分方案
C．招标组织方式
D．资格审查方式

三、论述题

简述招标方案的作用。

在管理学科中，变化管理（chenge management）是指通过组织过程将个体、团队和组织从当下状态改变为某种所期冀的未来状态的方法；危机管理是指组织行为为应对各种危机情景所进行的规划决策、动态调整、化界困境的管理活动过程。编制招标文件及其过程体现了变化管理和危机管理的两重性，从法律属性上看，意思表示的规制就是变化管理；对招标风险的应对就是危机管理。

第 5 章

编制招标文本

一、招标文本及其法律属性

（一）大龄剩女相亲的故事

在北京等大城市有那么一批优秀的女生，高学历、高收入、高智商，身材长相无可挑剔，本人也想有个归宿，但总是难以如愿。

盛小姐，某名牌大学博士研究生、现在某外企工作，身高 1.72 米、眉清目秀，年龄已经 36 岁但就是没有如意郎君。在家长和众多亲朋的强大压力和热心帮助下，相亲成为盛小姐业余生活的主要活动，但始终也没解决这个老大难问题。

① 父母帮介绍的，老说没感觉。
② 邂逅风流倜傥的，担心碰上流氓。
③ 有钱的，嫌人家没有文化。
④ 传统保守的，嫌人家不懂风情。
⑤ 演艺界的，嫌他们油嘴滑舌。
⑥ 市井的，嫌人家俗气。
⑦ 喜欢年轻帅气、高素质、懂浪漫感情专一的，可人家看不上她。
⑧ 没办法，还是独守空房。

造成这种困境的原因是盛小姐在"采购"配偶的重要活动中，没有编制一个明确的"招标文件"，或者说没有一个科学全面的要约邀请。没有综合指标，每遇到一个投标人就换一个评价方法。要约人无法依据招标文件提出要约，评标委员会无法依据招标文件的规定评标，因此"采购"配偶的合同无法完成。如果我们在招标采购中也像这位大龄剩女相亲那样，没有一个采购依据，凭着感觉走，那么采购的结果可想而知。因此，在招标投标活动中，首要的任务是编制一份合格的招标文件，或者说要约邀请是保证采购项目成功的基础。

在招标投标活动中，所谓招标采购文件主要是指，招标公告（投标邀请书）、招标文件或资格预审公告、资格预审文件、中标通知书、招投标情况书面报告等。其中，编制招标文件和公告在招标投标活动管理中属于招标程序的内容，但是，从项目管理的角度出发，对于需要制定招标方案的项目，编制招标文件属于项目管理的执行环节的工作；对于不做招标方案，直接编制招标文件可视做项目管理的计划工作。

（二）招标文本的内涵

1. 招标文本的内涵

依据《条例》第十五条第四款的规定，招标文本是资格预审文件和招标文件的总称。编制资格预审文件的着眼点主要是设计对潜在投标人或投标人履约能力审查的条件和方法；编制招标文件的着眼点是告诉潜在投标人本次招标的标的及其范围和游戏规则。

众所周知，《招标法》作为程序法所对应的实体法是《合同法》。

《合同法》第十三条规定："当事人订立合同，采取要约、承诺方式"，在一些特定的交易活动中，在当事人"要约"的环节之前，还有一个"要约邀请"。在招标投标活动中，发出招标公告、编制出售招标文件是交易活动中的"要约邀请"。招标公告和招标文件属于"要约邀请书"。一般讲，招标文件不是合同的组成部分，但是，要约邀请的科学、规范，关系到合同当事人（即投标人）的准确要约。

在招标投标活动中全面、准确地提出要约的质量和水平，从而关系到合同当事人双方的合法权益。而在市场经济中保护当事人的权利、保护公民法人的合法权益是所有"私法"的立法宗旨。

在招标投标活动中，编制资格预审文件是选择交易对象的准入要求；编制招标文件是表述交易活动中"买什么"的意思表示。投标文件则是对招标人的"要约"，招标人通过招标投标活动发出的中标通知书作出"承诺"决定了"买谁的"，并签订正式合同完成交易。这时，作为要约的投标文件（一般不包括施工组织设计）则构成全部合同的组成部分。

2. 招标文本的作用和质量标准

（1）招标文本是招投标活动的章程。

招标文本作为招标投标活动的纲领性文件，具有以下作用：

一是招标人表达招标采购愿望的申明；

二是招标人描述拟采购标的物商务和技术条件的说明；

三是招标人依法制定的招投标活动的游戏规则（包括程序、内容和办法）；

四是招标人和中标人签订书面合同的基础和依据。

（2）招标文本的质量应当满足四项基本要求。

一是招标文本内容完整条款清晰；

二是符合法律法规并充分贯彻招标人项目意图；

三是能科学准确评选出最佳中标人；

四是项目合同能够顺利执行并最大幅度地减少工程实施和结算阶段的纠纷。

上述质量标准中，第四条是前三条质量的试金石，关系到招标人的核心利益。

如某钢结构项目招标文件约定采用总价合同并约定"图纸范围内工程量为承包人承担的风险范围"，但没有对工程量和工程价款的风险范围作出约定，执行中钢材料上涨50%，如不调整合同无法执行，或引起纠纷，所以，招标文件应当约定"工程价款风险范围及风险费用计算方法"。实践中，一般对于工程"量"的风险范围约定为10%，超过该范围，双方可约定一个重新计价标准，保护了招标人的合法利益；同理，对相应"价"也应约定一个风险范围，一般约定材料超过5%、机械使用费超过10%，应当重新约定价格，从而保护了中标人的合法权益，只有公平才能顺利完成项目避免不必要的纠纷。所以，所谓对市场承担风险不是无限的，应当控制在一定范围内，否则就会不公平。

（三）招标文本的法律属性

1. 资格预审构成合同关系

在招标实践中，针对潜在投标人过多、项目评标时间过长、社会成本过高，采用资格预审的方式（在出售招标文件之前资格审查）组织招标。经 23 号令修正的《工程建设项目货物招标投标办法》（27 号令）第十六条规定，"资格预审一般适用于潜在投标人较多或者大型技术复杂货物的招标"《工程建设项目施工招标投标办法》（30 号令）对此没有另行规定。在某种意义上说，资格预审的设计制度把招标程序分为两个阶段。

第一个阶段是选择"合格的潜在投标人"，重点是审查潜在投标人的履约能力；第二个阶段是选择"最优的投标要约"，重点是对其要约即投标文件进行评审。对于该类项目的资格预审制度，业内学者张志军认为，这种审查程序构成了特殊的合同关系。

但是，这种预约合同法律效力与第二阶段从招标公告到中标通知书形成的预约合同效力不同。资格审查阶段形成的预约合同是采用"必须磋商说"的预约合同。只要达成潜在投标人履约能力合格、可以投标的共识即可。该合同对是否签订本约合同没有约束力。换句话说，合格的潜在投标人可以去投标，也可以不去投标。对于招标人，潜在投标人可能中标，也可能不中标。然而，属于"必须缔约说"的第二阶段的预约合同对签订本约合同有约束力，招标人和中标人必须依法签订书面合同，即本约合同。

2. 资格预审文件和招标文件属于要约邀请

招标文件属于要约邀请，行业内无异议。但是对资格预审文件的法律属性认定有不同意见。有学者认为，资格申请文件没有价格，不能属于要约，由此推断资格预审文件也不是要约邀请。作者认为，从资格预审制度设计考量，招标是选择交易对象及其方案的采购方式，资格预审主要"选交易对象"的合格性，在此基础上，通过招标选择最优方案，属于同一性质过程的两个阶段，即希望合格潜在投标人发出对采购项目的要约。因此，资格审查文件从实质上看，属于招标文件的一部分。资格预审公告和资格预审文件都是对本约合同第一阶段的要约邀请，同理，资格审查申请书同样属于要约，该要约的特殊性在于由于其约定属无名准入合同，因此，资格申请书没有价格也可视为要约。而资格审查合格通知书则属于承诺从而构成了预约合同。

该类经过资格预审的招标项目，由两个法律效力不同的预约合同和一个本约合同构成其合同关系。这种合同在一些特定行业还可能属于不同性质的合同。如在土地使用权转让的招标过程中，经过资格预审程序发出资格审查合格通知书，表示磋商型的预约合同成立并生效；经过招标程序发出中标通知书表示缔约型的预约合同成立并生效，且该两项预约合同属于民事合同。相对于本合同，发出中标通知书表示本合同成立但未生效；经过国土行政部门审核并作为合同一方签订书面合同，本合同才生效且合同性质属于行政合同。

（四）承包商（供应商、服务商）资质管理[①]

1. 资质的概念

1973 年，美国哈佛大学教授麦克莱兰德在其发表的题为《测量资质而非智力》的论文中，首次提出了资质（competence）一词。这个词在国内有四种翻译法：胜任力，胜任特征，素质，资质。我们现在所提的企业资质一般包括资格和能力两重含义，是由国家、行业或企业相关部门按

---

① 引自中石油中国石油集团安全环保技术研究院，《公开招标相关问题研究》相应章节 2016 年 12 月。

照一定的标准，对合同向对方的管理水平、人员素质、财务状况、资源配置、业务能力等进行审查，以确认其承担任务的范围并颁发相应的资格证书，资质因此也就成为其进入特定领域的准入证。

2. 资质管理的作用

从管理部门划分，资质条件包括国家相关法规规定的资质标准、行业部门制定的技术标准和企业依据自身条件确定的资质要求三大类。从管理效力划分可分为强制认证和非强制认证两大类。

资质管理一方面是政府规范市场的手段，同时资质过多又严重束缚市场的公平竞争，增加了交易成本。

（1）资质体现其主体在某一领域和行业中的专有能力，在合同关系中体现履约能力。资质条件一般由以下方面构成：①主体实力，我国的企业资质一般通过净资产体现或设备条件等；②主体能力，主要通过业绩体现。在货物招标中生产厂的业绩体现制造能力、供应商的业绩体现服务能力；③主体信用，发达国家通过信用记录体现，我国正在建立信用体系；④主体负责人及其团队能力。通过政府行政手段设置必要资质制度在我国市场成熟度有待提高、信用状况不尽人意的环境下对防范合同风险有积极的意义。特别是在通过招标采购工程建设项目和企业物资设备等活动中是确定潜在投标人能否购买招标文件、投标后能否中标的前置条件。

（2）资质管理和供应商库有密切的联系，资质条件是供应商能否入库的门槛条件之一，因此，招标采购管理人员应当密切关注国家对相关资质管理的变化、关注招标采购项目实际需要的能力。资质管理是最容易排斥潜在投标人的环节之一，在加强监督的前提下，招标人应当熟悉采购项目对合同履约能力的实际要求。

3. 美国对履约能力实行保险制度的启示

美国总体上对于境外承包商在国内承包工程没有任何限制。由于美国各个州有独立的立法和管辖权，通常的情况下，外国公司进入美国，较方便的形式是在一个州注册一家或多家子公司，这家公司的一切待遇就等于当地公司。由于美国没有对建筑公司实行分级资质管理，一般是依靠保险公司对不同档次的建筑公司所提供的保险金额不同进行市场调节。而保险公司出具的保额是根据该公司在当地的工程经历确定的，这就使外国公司难以取得保险，导致在美经营困难。

由于美国是一个联邦制国家，对从业承包商的资质管理，全国并无统一规定，而是依据各州法律由各州自行管理。早在 1929 年起，加州就专门设立了"承包商州资质委员会，承包商州资质委员会的职责包括：分类、考核和颁发承包商资质证书和通过制订有关承包商资质的法律规章减少无证承包和不合格工程等。

随着我国信用制度的建设和逐步完善，在一些不属于强制招标的采购项目中，鉴于对其供应产品的质量在合同开始履行时难以评价，可以试行对供货产品的保险制度，达不到合同标准保险公司负责理赔。实行保险制度比国家资质管理制度更有利于保证产品质量、防范合同风险。更不存在挂靠资质等弊病。不言而喻，在该项制度试行期间，由于经验不足保险费加入产品价格会增加交易成本，但对于一些难于识别质量的重要产品采用保险制度替代资质管理制度还是有积极意义的。

4. 聚脲防水采购的教训[①]

高铁的防水工程非常重要。桥梁是高铁路线上主要承重结构，全国高速铁路桥梁长度占全线比例超过 50%。在高铁桥梁的混凝土桥面上设置防水层，以阻隔水渗入桥面板结构内，其性能优劣直接影响高铁线路的使用寿命。

在 2012 年沪昆线杭长段物资招标项目开标后，CF01、CF02 包物资为桥面防水材料聚脲，北京××防水工程

---

① http://www.coatings.hc360.com.2014 年 12 月 16 日 16:32 来源：《财经》作者：贺涛 T|T。

有限公司以最低价中标：CF01 包的平均单价为 18.94 元/千克，CF02 包的平均单价为 18.4 元/千克。匪夷所思的是，当时投标聚脲的公道报价是每千克 33～35 元，中标价将近低了一半。

但数条高速铁路在开通运营后，检修人员发现，桥面聚脲防水层出现"病害"，有的防水层黄变、龟裂、破损、剥离，有的桥面甚至大面积破损，整块掀起，这对高速列车的安全运行造成威胁。

在高铁桥梁的聚脲防水层出现病害问题后，原铁道部组织专家进行会诊，发现材料质量在缩水。改变配方是聚脲生产厂家自毁长城的开端。在德国，同类产品的耐久性可达到 20 年以上，国内改配方的结果是，产品能正常使用 5 年就不错。

修补工作异常困难，由于高铁已经开通运营，只能利用夜间的"天窗"时间进行施工。工务部门不得不持续检查和处理已剥离的聚脲防水层。返修造成的费用是招标节约费用的上百倍。

一位北京的防水材料公司总经理分析称，中国的监管思路是政府主导，而国外是市场主导。欧美靠公司的信用来保证产品质量，发生质量问题，造成工程损失要赔偿，并通过第三方担保对质量进行保障，如质量保险等。目前，中国尚缺乏这样的担保体系。

专家点评：对于某些在合同履约交货时难以对质量进行评价的采购，仅考察企业资质条件是不够的，如果实行产品保险制度，这类问题会得到有效治理。

二、招标文本编制的内容

依据《条例》第十五条五款的规定，对于标准资格预审文件、标准招标文件统一称之为标准文本。

（一）关于招标公告的内容

1. 法律法规对公告内容的规定

（1）《招标法》第十六条规定："招标人采用公开招标方式的，应当发布招标公告。依法必须进行招标的项目的招标公告，应当通过国家指定的报刊、信息网络或者其他媒介发布。

招标公告应当载明招标人的名称和地址、招标项目的性质、数量、实施地点和时间以及获取招标文件的办法等事项。"

上述规定明确了招标公告的内容为 4 个方面，7 个因素。

（2）有关部门规章中关于招标公告的规定汇总，见表 5-1。

表 5-1　部分规章中关于招标公告的规定

工程施工 30 号令	工程货物 27 号令	政府采购货物服务 18 号令
招标公告或者投标邀请书应当至少载明下列内容：	招标公告或者投标邀请书应当载明下列内容：	公开招标公告应当包括以下主要内容：
（一）招标人的名称和地址；	（一）招标人的名称和地址；	（一）招标采购单位的名称、地址和联系方法；
（二）招标项目的内容、规模、资金来源；	（二）招标货物的名称、数量、技术规格、资金来源；	（二）招标项目的名称、数量或者招标项目的性质；
（三）招标项目的实施地点和工期；	（三）交货的地点和时间；	
（四）获取招标文件或者资格预审文件的地点和时间；	（四）获取招标文件或者资格预审文件的地点和时间；	（四）获取招标文件的时间、地点、方式及招标文件售价
（五）对招标文件或者资格预审文件收取的费用；	（五）对招标文件或者资格预审文件收取的费用；	
	（六）提交资格预审申请书或者投标文件的地点和截止日期；	（五）投标截止时间、开标时间及地点；
（六）对投标人的资质等级的要求	（七）对投标人的资格要求	（三）投标人的资格要求

注意：依据《条例》第三十七条的规定，招标公告或资格预审公告还应当载明"是否接收联合体投标"，如果采用电子招标方式，公告的内容还必须载明访问该电子招标交易平台的网址和方法。

表 5-1 中，30 号令第（一）、第（二）、第（三）条依照法律要求对招标人、招标项目、项目实施的三个方面 6 个要素做了规定；其余条款则是如何获取招标文件的办法的规定。同时该规章第（二）条和法律相比，增加了资金来源的要求，表明发布招标公告不仅要符合法律关于公告内容的要求，还应当符合发布公告程序的要求：资金或资金来源落实。

2. 资格预审公告或招标公告的内容

资格预审公告与招标公告的内容异同见表 5-2。

表 5-2 资格预审公告与招标公告的内容异同表

	资格预审公告	招标公告
1	招标条件	招标条件
2	项目概况与招标范围	项目概况
3	申请人资格要求	资格条件
4	资格预审方法	购买招标文件的时间、地点、费用
5	资格预审文件的获取	投标（递交）截止时间、地点
6	资格预审申请文件的递交	开标时间、地点
7	发布公告的媒介	发布公告媒介
8	联系方式	联系方式

从上表看出，两个公告的条款基本相同，差异是资格预审公告要求注明预审方法，招标公告要求注明开标的时间地点。如果进行资格预审时发布资格预审公告后不再发布招标公告，直接向通过资格预审合格的潜在投标人发邀请招标书。该邀请书作为一个通知与采用邀请招标方式发的邀请通知书的异同见表 5-3。

表 5-3 两种招标邀请书内容异同对照

	邀请招标方式的投标邀请书	通过资格预审后的招标邀请书
1	项目名称	项目名称
2	被邀请人名单（和公告的区别）	被邀请人名单
3	招标条件	
4	项目概况与招标范围	
5	投标人资格要求	
6	招标文件的获取	招标文件的获取
7	投标文件的递交和确认	投标文件的递交和确认
8	联系方式	联系方式
9	（无需说明媒介）	
10	要求邀请人确认是否投标	

（二）关于资格预审文件的内容

1. 标准资格预审文件的内容

《招标法》第十八条赋予招标人可以对潜在投标人的权利，但没有规定资格审查的方式和程序，《条例》补充了资格预审的方式和程序，但也没有对资格预审文件的内容作出强制性规定。2007年版的《标准施工招标资格预审文件》（以下简称《标准资格预审文件》）作为国家发改委等九部委2008年56号令《〈标准施工招标资格预审文件〉和〈标准施工招标文件〉暂行规定》的附件属于部门规章，首次在法规层次对资格预审文件的内容做了规定。

《标准资格预审文件》共有5章，各章内容如下：

第一章　资格预审公告
第二章　申请人须知
第三章　资格审查办法（合格制）
第三章　资格审查办法（有限数量制）
第四章　资格预审申请文件格式
第五章　项目建设概况

依据56号文件的规定，该文件第二章申请人须知的正文、第三章资格申请办法的正文属于必须全文引用不能修改，为强制性规范；但该两部分的前附表可以根据项目实际情况在表空白处填写，可视为"通用条款"对应的"专用条款"，其余部分都是示范性质的内容。

2. 资格预审文件中申请人的资格条件

《标准资格预审文件》中关于"投标人须知"的1.4条款规定了投标人施工标段的资格条件：即从"资质条件、财务要求、业绩要求、信誉要求、项目经理要求和其他要求。"共6个方面组成对潜在投标人和投标人履约能力审查的评价体系。此外除了联合体的规则外，申请人还须要遵守以下规定：

"1.4.3　申请人不得存在下列情形之一：
（1）为招标人不具有独立法资格的附属机构（单位）；
（2）为本标段前期准备提供设计或咨询服务的，但设计施工总承包的除外；
（3）为本标段的监理人；
（4）为本标段的代建人；
（5）为本标段提供招标代理服务的；
（6）与本标段的监理人或代建人或招标代理机构同为一个法定代表人的；
（7）与本标段的监理人或代建人或招标代理机构相互控股或参股的；
（8）与本标段的监理人或代建人或招标代理机构相互任职或工作的；
（9）被责令停业的；
（10）被暂停或取消投标资格的；
（11）财产被接管或冻结的；
（12）在最近三年内有骗取中标或严重违约或重大工程质量问题的。"

上述条款第（1）款属于法人主体不合格的情形；第（2）~（8）款属于违反利益冲突原则构成主体不合格的情形；第（9）~（10）款属于非正常状态可能影响履约的情形；第（12）款属于信用不合格可能造成履约不合格的情形。

工程施工和货物招标资格特点及评审体系的汇总见表5-4。

表 5-4 工程和货物招标资格审查的特点和评审因素汇总表

工程施工投标资格		货物投标资格	
施工组织形式选择	施工总承包	货物采购认证制度	重要工业产品的生产许可证制度
	专业承包		强制性认证制度
	劳务分包		特殊行业的规定
投标人资格能力要素和标准	1. 投标人资格	投标人资格能力要素和标准	1. 投标人资格
	2. 投标人类似项目业绩和能力（履约能力和剩余能力）		2. 类似项目业绩（生产能力和服务能力）
	3. 投标人可投入技术和管理人员		3. 关键岗位的技术和管理人员（如需要）
	4. 投标人财务状况		4. 财务状况
	5. 投标人可投入设备能力		5. 设备满足状况（如需要）
	6. 其他技术管理要求		6. 联合体资格（如需要）
	7. 投标人信誉		7. 履行信誉及其他其他：质量、安全、环境管理认证
	8. 投标人受限制情形		8. 投标人限制情形

（三）招标文件中资格条件的其他要求

1. 关于联合体资格认定

所谓联合体投标，指的是特定的潜在投标单位为了承揽不适于自己单独承包的工程项目而与其他单位联合，以一个投标人的身份去投标的行为。我国《招标法》第三十一条规定，"两个以上法人或者其他组织可以组成一个联合体，以一个投标人的身份共同投标。"联合体投标的现象可以概括为"协议分工、一个身份、共同签约、连带责任"。联合体资质条件合格与否的基准是分工协议。《招标法》第三十一条第二款规定"联合体各方均应当具备承担招标项目的相应能力"，其"相应能力"指分工专业任务的能力，不是所有联合体都必须具备所有专业的能力，同理法律规定的"同一专业的单位组成的联合体，按照资质等级较低的单位确定资质等级"，这里"同一专业"也指协议分工的专业。因此，接受在联合体投标的招标文件中，要求投标文件必须附有法律效力的协议分工文件。

依据 23 号令的修订，30 号令（施工）、27 号令（货物）均规定："联合体中标的，应当指定牵头人或代表，授权其代表所有联合体成员与招标人签订合同，负责整个合同实施阶段的协调工作。但是，需要向招标人提交由所有联合体成员法定代表人签署的授权委托书。"

联合体作为一个临时性的组织，不具有法人资格，只能是临时性法人合伙，其签订的合同属于民法通则规定的协作性联营合同。鉴于联合体共同投标一般适用于大型建设项目和结构复杂的建设项目，所以，联合体虽然不是一个法人组织，但是对外投标应以所有组成联合体各方的共同的名义进行，不能以其中一个主体或者两个主体（多个主体的情况下）的名义进行。

依据民法有关规定，联合体内部之间的权利、义务、责任的承担等问题需要依据联合体各方订立的合同为依据来进行调整。基于此种特殊性，《条例》第二十七条第一款规定招标人应当在相关的招标公告、资格预审公告或投标邀请书中载明是否接受联合体投标，这项规定属于《条例》对招标人补充设置的义务。这些都体现了招投标作为一种民事活动，充分贯彻"契约自由和意思自治"的特点。

《条例》第三十七条第二款规定，如果招标人接收联合体投标并采用资格预审方式时，资格预审的一项内容即是对联合体的组成进行审查，所以联合体应当在提交资格预审申请文件之前组成。如果资格预审之后，联合体成员发生增减变化势必会对协议分工造成影响和变化，对未来合同履约的资质和能力造成影响，故其投标行为无效。

《条例》第三十七条第三款规定联合体成员在同一项目中不得以自己的名义再参加投标，同时，也不得与其他成员再次组成联合体参加投标活动，其依据的是合伙中"竞业禁止"的原则，所谓"竞业禁止"是指鉴于合伙人入股同行企业必然会给其他合伙人造成影响或损失；为维护合伙人的权益，作为行业惯例对其此种行为要予以禁止的行规。否则，违法投标人如此行为可以享有两次投标的机会，对其他投标人显然不公平。因此其投标行为无效。

上述无效同样导致其后环节乃至合同无效的后果和责任。

2. 投标人行业准入的资质、资格

在工程建设领域，依据采购标的之不同，国家有关部门依照施工、货物和服务三大类别领域，通过对企业资质、资格和个人职业资格管理相结合的方式进行行业准入管理。国家对企业实行资格或资质管理是在计划经济体制下沿用的一种方式，在一定范围内，这种管理还是必要的。如对某些涉及生命安全的产品实行强制性认证制度等。现在的问题是，政府管得太多、太宽、刚性太大，表现在：

（1）行政审批工程企业资质的等级和总量规模与市场需求无法匹配适应，且难以动态调整。政府审批部门无法全面正确鉴别企业的真实能力以及资质申请上报材料的真实性。

（2）行政审批工程企业资质等级刚性很大，有准入没有退出，无法及时正确反映企业生产要素能力及其经营状态的随时动态变化。许多国有企业取得最高资质等级后，受内部激励机制等限制往往缺乏发展的动力和压力，实际生产要素能力也逐步退化，因而只能依赖出让资质牌子或转包工程生存，而有能力没有资质的队伍只能寻求这些企业挂靠投标或转包工程，这是此类行为的客观原因。

根据《建筑企业资质等级标准》，建筑业企业资质分为施工总承包、专业承包和劳务分包三个序列。施工总承包企业资质等级标准包括12个标准、专业承包企业资质等级标准包括36个标准、以及劳务分包企业资质标准，详见表5-5。

表5-5　施工总承包、专业承包、劳务分包类别等级范围汇总表

资质序列	资质类别	资质等级	承包工程范围
施工总承包企业	分为房屋、公路、铁路、港口与航道、水利水电、电力、矿山、冶炼、化工石油、市政公用、通信、机电安装12个资质类别	特级、一级、二级、三级，4个（或3个）资质等级	可以承接施工总承包工程，可以对承接的施工总承包工程内各专业工程全部自行施工，也可将专业工程或劳务作业依法分包
专业承包企业	资质类别有36个	一般分为一级、二级、三级；3个资质等级	可以承接施工总承包企业分包的专业工程和项目业主依法发包的专业工程。专业承包企业可以对所承接的专业工程全部自行施工，也可将劳务作业依法分包给具有相应资质的劳务分包企业
劳务分包企业	资质类别有1个	不分资质等级	可以承接施工总承包企业或专业承包企业分包的劳务作业

2016年10月14日，住建部颁发了《关于简化建筑业企业资质标准部分指标的通知》建市〔2016〕226号，该通知指出："为进一步推进简政放权、放管结合、优化服务改革，经研究，决定简化《建筑业企业资质标准》（建市〔2014〕159号）中部分指标。现将有关事项通知如下：

一、除各类别最低等级资质外，取消关于注册建造师、中级以上职称人员、持有岗位证书的现场管理人员、技术工人的指标考核。

二、取消通信工程施工总承包三级资质标准中关于注册建造师的指标考核。

三、调整建筑工程施工总承包一级及以下资质的建筑面积考核指标，具体内容详见附件。

四、对申请建筑工程、市政公用工程施工总承包特级、一级资质的企业，未进入全国建筑市场监管与诚信信息发布平台的企业业绩，不作为有效业绩认定。省级住房城乡建设主管部门要加强本地区工程项目数据库建设，完善数据补录办法，使真实有效的企业业绩及时进入全国建筑市场监管与诚信信息发布平台。

各级住房城乡建设主管部门要进一步加强事中事后监管，加强对施工现场主要管理人员在岗履职的监督检查，重点加强对项目经理是否持注册建造师证书上岗、在岗执业履职等行为的监督检查。对有违法违规行为的企业，依法给予罚款、停业整顿、降低资质等级、吊销资质证书等行政处罚；对有违法违规行为的注册建造师，依法给予罚款、暂停执业、吊销注册执业资格证书等行政处罚；要将企业和个人不良行为记入信用档案并向社会公布，切实规范建筑市场秩序，保障工程质量安全。

本通知自2016年11月1日起实施。"

该规定从根本上遏制了长期以来挂证潜规则，解决了人证分离对建设工程造成的潜在风险。

3．世行、亚行招标资格审查关于业绩的新规定

世行、亚行等国际金融组织标准招标文件规定：招标方在审查投标人的资格时，不审查投标人的资格证书，对投标人的注册资金没有要求。世行、亚行等国际金融组织的标准招标文件只要求审查投标人的合格性（是否有利益冲突、是否仍然被列入在禁止投标的黑名单中）、履约情况（未决诉讼占资产的比例）、财务状况（年完成投资、流动资金和净资产）和经验（一般经验（即作为承包商的成立年限）、专业经验和在专业活动中的关键活动达到的生产率）。投标人的关键人员和设备只在评标时审查，在资格预审时不审查。详见世行、亚行的土建工程标准招标文件（Standard Bidding Document，SBD）和标准资格预审文件（Standard Prequalification Document，SPD）。

世行、亚行土建工程标准招标文件和标准资格预审文件对投标人的专业经验的要求一般是要求投标人在过去3年或5年内完成过几个（一般为两个或三个）合同，在性质、规模和复杂性方面与所招标投标的合同类似。对规模方面的类似性定义为：投标人在过去3年或5年内完成过的合同的规模至少达到或超过招标投标的合同的估算金额的80%以上。

世行最近发出的土建工程标准招标文件（2012年3月版）和标准资格预审文件（2011年9月版）对投标人满足专业经验的资格要求是，如果投标人在过去几年内完成的类似合同的数量和金额的乘积等于或大于招标文件或资格预审文件要求的类似合同的数量和金额的乘积，也算满足了招标文件对专业经验的要求（详见世行网站www.worldbank.org）。

世行的这一新规定实际上降低了对投标人专业经验的要求。例如：招标文件要求投标人在过去3年内必须完成过与招标合同类似的两个合同，每个合同大于或等于1000万元，即满足要求，或者投标人在过去3年内完成过与招标合同类似的一个大于或等于2000万元的合同也可以满足要求。

（四）招标文件的主要内容

1. 法律法规关于编制招标文本的规定

《招标法》第十八条规定："招标人可以根据招标项目本身的要求对潜在投标人进行审查；但国家有规定的从其规定。"《条例》第十五条补充规定，公开招标的项目，应当依照法律法规发布招标公告、编制招标文件。进行资格预审的编制资格预审文件、资格预审文件。

《招标法》第十九条规定："招标人应当根据招标项目的特点和需要编制招标文件。招标文件应当包括招标项目的技术要求、对投标人资格审查的标准、投标报价要求和评标标准等所有实质性要求和条件以及拟签订合同的主要条款。

国家对招标项目的技术、标准有规定的，招标人应当按照其规定在招标文件中提出相应要求。

招标项目需要划分标段、确定工期的，招标人应当合理划分标段、确定工期，并在招标文件中载明。"

《条例》第十五条第三款："编制依法必须进行招标的项目的资格预审文件和招标文件，应当使用国务院发展改革部门会同有关行政监督部门制定的标准文本。"

《条例》第二十五条规定："招标人应当在招标文件中载明投标有效期。投标有效期从提交投标文件的截止之日起算。"

同时，对招标人编制的招标文件的内容违反法律、行政法规的强制性规定，违反公开、公平、公正和诚实信用原则，影响潜在投标人投标的行为，《条例》第二十三条明确规定，依法必须招标的项目招标文本应当修改后重新招标。相关部门规章进一步要求，招标人在分析招标失败的原因并于采取相应措施后依法重新招标。

2. 招标文件的内容

为了考察招标师对招标文件内容的理解和编制技能的要求，2009年全国招标师职业水平考试，《招标采购专业实务》科目试题中案例分析第3题如下：

"招标代理机构应在招标文件的哪些组成内容中体现招标人尽可能缩短工期的要求，并如何具体设置要求。"

正确答案是："招标代理机构应在招标文件的投标人须知、评标办法和合同内容中体现招标人尽可能缩短工期的要求。

具体设置要求：

（1）在投标人须知中说明计划工期在项目中的重要性，对工期要求警示投标人注意。

（2）在评标办法中设置工期提前的评标优惠办法，对工期评价的权值、权重适当倾斜，工期超出计划工期的不予评标。

（3）在合同商务条款中设置履约奖罚条款。"

该题表明，"招标人须知""评标办法"和"合同条款"是在招标文件中重要的组成部分，其中合同条款尤为关键，它是招投标活动行为目标的法律基础。所谓标准文件的"标准"就体现在上述三部分的正文或通用条款不能修改必须完全引用。当然，对于不同项目上述三部分还必须有"专用"条款，除了专用合同之外，投标人须知前附表、评标办法前附表可视为其相应部分的"专用"条款。

综合上述，招标文件一般由如下的6部分组成：①招标公告（资格预审公告）或投标邀请书；②投标人须知；③评标办法；④合同条款；⑤技术条件；⑥文件格式。

上述内容中，公告和邀请是招标人的要约邀请，是投标人要约的程序依据。投标人须知、评标办法和合同条款这三部分构成了本项目招标的具体的游戏规则；技术条件主要是对采购标的之具体表述；文件格式是招标刚性程序属性的必然要求。依照招标项目不同，招标文件中的技术条件和文件格式也有所不同，如施工招标文件中的技术条件分为工程量清单、技术条款、设计图纸等构成招标文件四卷八章。

3. 关于标准文件体系

合同是招标文件的重要组成部分，关系到项目的成败和当事人的核心利益。因此，国际咨询工程师联合会（FIDIC）对关系到合同文件编制的工作非常重视，不断推出各种类别的 FIDIC 合同版本，俗称彩色工程供世界各国工程界选用。如红皮书（CONC）是国际工程施工的标准文件，灰皮书（EPC/T）是总承包合同文件等。

（1）招标标准文本体系。借鉴国际经验，参照 FIDIC 合同结合我国实际，我国招标标准文本的体系如图 5-1 所示。

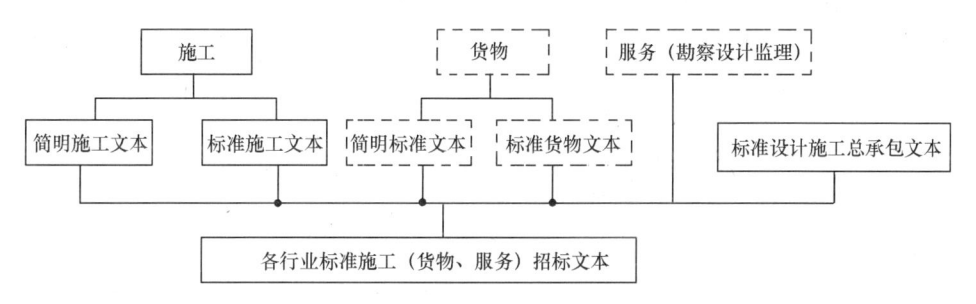

图 5-1 我国招标标准文本的体系

目前，已完成的标准文本主要是施工和设计施工总承包招标文件，以及部分行业的标准招标文件，其余如货物和服务类标准文本正在编制或计划编制中。上述工作是我国工程建设行业向这些国际公认的行业规则靠拢、接轨的一个重要步骤，也是市场经济发展的必然。

（2）《标准施工招标文件》（以下简称《标准文件》）不同章节的强制性、推荐性和示范性。

《标准文件》四卷八章，依据强制力的不同可分为三种情况；如在《住房建筑和市政工程标准施工招标文件》中，三种情况如下。

一是应不加修改地直接引用的内容。内容由三部分构成：

① 《标准文件》中规定为"不加修改地直接引用"的内容；

② 行业文件补充增加的内容，如"投标人须知"前附表的补充条款、专用合同条款等中除设置的填写空格以外的其他内容；

③ 行业标准文件体例衔接方面的处理。如第七章"一般要求"不可少，专用条款2.3有引用。

二是提倡不加修改地加以引用的内容。如"工程量清单"说明除填写空格以外的内容，这是08计价规范与《标准文件》紧密衔接的成果，不提倡修改；"技术标准和要求"的内容是行业标准文件整个体系不可或缺的组成部分，其中的大部分内容甚至有合同条款的作用，如进一步细化的条款、内容较细的计日工。

三是示范性参考内容。如评标办法的附件和附表、合同附件格式、投标文件格式等。

（3）《标准文件》的通用合同。

《标准文件》的通用合同是参照 FIDIC 合同编制的，分为 6 部分共 24 条。

第一部分：基本游戏规则（一般约定）

《标准文件》第一条"一般约定"构成合同的第一部分。这部分对合同当事人涉及的一般约定建立一个统一的平台，如词语定义、文字、法律、合同文件顺序等。

第二部分：合同相关人的合法权利

这部分主要是对相关"人"的约定。涉及《标准文件》通用合同第二条发包人义务、第三条监理人、第四条承包人构成合同的第二部分。合同相关人是指发包人、（雇主）承包人、监理人三方，其中，当事人是发包方和承包方。约定的内容是发包人的义务、监理人的权利和职责以及承包人的义务和职责。

第三部分：建设工程施工的基本条件

这部分主要是对项目建设相关的"物"的约定，或者说是工程"硬件"条件。

基本条件包括：材料和工程设备、施工设备和临时设施、交通运输、测量放线、施工安全、治安保卫和环境保护，即《标准文件》通用条数第五、六、七、八、九共5条。与FIDIC通用合同条款相比，《标准文件》的通用合同条款有中国特色。

第四部分：工程管理核心的基本制度

这部分是对工程管理过程中进度、质量、投资等核心内容的约定，或者说是工程"软件"条件。包括了进度计划、暂停施工、工程质量、试验和检验、变更、价格调整、计量和支付，即《标准文件》通用条款第十至第十七共8条。其中第十、第十一条是进度约定，第十二、第十三条是质量约定，其余是关于资金支付的约定。

在项目管理中，监理工程师的主要职责就是"三控、两管理"。所谓"三控"就是进度、质量、资金的控制，"两管理"是合同管理和信息管理。

第五部分：项目竣工验收

这部分是对工程项目成果验收的有关约定。《标准文件》通用条款第十八、第十九条，即项目验收、缺陷责任与保修责任构成合同的第五部分。项目完工验收阶段管理是当事人容易发生纠纷的重点环节，也是检验项目策划、设计、工程管理包括招标结果是否成功的试金石。

第六部分：其他附属条款

所谓附属条款就是在主合同之外的另外约定。如保险、仲裁等内容应当按照相应法律、法规规范。《标准文件》的最后参照FIDIC合同条款由第二十条保险、第二十一条不可抗力、第二十二条违约、第二十三条索赔、第二十四条争议的解决构成其他条款。

（五）编制招标文件应注意的问题

1. 狗熊招标的故事

传说森林中的动物听说采用招标方式采购能发挥很大作用，狗熊有块地想出租，决定也用招标方式试一试。招标文件约定对其所有的100亩土地通过招标方式确定承租人，评标标准是按收成比例的多少确定中标人。为公平起见，邀请森林中豺狼虎豹熊各一只当评委，大熊担任评标委员会主任。经过招标投标程序，在众多投标人中，狐狸是排名第一的中标候选人，其要约按照庄稼收成的50%上交租金，其余归承租人。依据评标报告狗熊确定狐狸中标并发了中标通知书，在签订书面合同时，狐狸提出一个非实质性澄清："收成仅指农作物在地面以上的部分"，狗熊没有思考就同意了。秋收时狗熊来收租子，到地里一看，地里种的不是当地普遍种植的高粱而是土豆，按照合同地面下的土豆归狐狸，土豆秧子双方分成。狗熊才知道上了狐狸的当。狗熊认为，招标是个好办法，只是自己没有经验，决定明年对招标文件进行修改再次招标。第2年结果经过激烈竞争，还是狐狸中标，约定庄稼收成的60%上交租金。招标文件约定，"收成仅指农作物地面以下的部分"。这年秋天，狗熊高高兴兴来收租，可到了地里一看，地里改种了水稻，狗熊气得差点晕过去。第3年，评委狼向狗熊建议应当建立资格审查制度，拒绝没有诚信的动物投标，狗熊没有接受这个意见决定完善招标文件提高中标收成比例，一举补偿两年的损失。招标文件规定，地面上面收成70%，地面下收成的70%归招标人，结果还是狐狸中标，但狐狸的投标文件有一个偏差，将地面上收成70%改为上地庄稼最上面70%归招标人，其余归承包人。评委认为水稻穗就在最上面，和招标文件没有实质性差别，同意了狐狸的偏差澄清作为中标通知书的组成部分。第3年，踌躇满志的狗熊带领全家族高高兴兴来收租，地里全是玉米，果实累累是个大丰收。狗熊要求狐狸按照70%的玉米上交租子，狐狸不慌不慢拿出书面合同解释道，咱们约定庄稼最上面的70%归你，地面下70%归你，玉米棒不是庄稼的最上面而是中间，依据合同约定应当归我。狗熊听罢大吼一声晕倒在地。醒来后它不解地问大家说，"招标是怎么回事呢？"

狗熊招标的故事很可笑，但是掩卷深思，这里有很多地方值得我们认真思考。一般来讲，招标文件对标的之约定没有问题，但是由于招标文件相关约定的漏洞给招标人造成的损失比比皆是，如没有约定提交图纸的时间、数量造成工作范围变更造成的损失；没有约定竣工验收的程序和细节造成工期违约的损失，等等。编制招标文件是一项技术性、专业性非常强的工作，它直接关系到项目的成败，也是招标代理机构最重要的能力标志。

在编制招标文件中，关于资格条件设置、标段划分、技术条件、评标办法、合同计价形式的确定以及标底、最高控制价的设定等都是实现招标人项目意图的重要手段。

确定资格条件主要选择合同"相对人"；确定技术条件及评标办法主要选择合同"标的物"，标段划分的实质是划分合同；确定合同计价形式的实质是确定风险责任的合理分配，两者都是保证合同履行或不可缺的重要手段。作为编制招标文件的技术措施，招标人可以设置标底或最高控制价，但不能设置最低限价以限制竞争。

2. 编制招标文件的主要技术手段

（1）准确合理确定采购需求。

确定技术条件或采购需求是编制招标文件的基础条件。招标采购是基于经济学的期望选择。采购需求的目标因素一般如表5-6所示。

表5-6 采购需求目标因素表

	功能需求	价格需求	数量需求	其他需求
1	使用条件	预算约束	计量单位	审美需求
2	使用要求	市场价格水平	约定时间的服务	发展需求
3	技术标准			…
4	可靠性			…

确定采购需求一般由使用部门依据上述需求的加权目标提出指导性意见即所谓项目意图。专业采购部门依据招标人项目意图将其具体化或者说再加工。这是由于信息不对称的市场条件决定的。在一般货物工程采购中，货物采购需求依据设计院提供的设备清单，工程采购根据图纸提供的设备清单采购货物和原材料，并依据项目需要划分标包，在该类货物采购项目中关键指标即带#号指标的确定应当科学合理；在工程施工目标因素的确定中应注意国家对涉及施工过程人、财、物通过市场准入条件和质量管理进行规范，在价格分析中注意直接费、间接费、利润和规费的全面和准确性，在工程设备材料的采购中应注意需要法定招标的范围；在国际招标中的价格分析应考虑不同价格术语中的双方权利义务的边界。

对于PPP项目、复杂的服务类项目，确定需求是一件复杂的专业性很强的工作，有些通过两阶段招标，有些需要竞争性磋商等确定需求。政府采购项目允许征求专家或供应商的意见。

（2）科学合理设置资格条件。

招标投标活动是缔约合同的过程，其目的是签订一个合同。在资格预审文件和招标文件中合理科学确定潜在投标人和投标人的资格条件是关系到合同能否顺利履约的首要问题。资格条件是一个系统，在施工项目"资质条件、财务要求、业绩要求、信誉要求、项目经理要求和其他要求"构成的评价体系中，资质条件是准入门槛，财务要求反映投标人经济实力，业绩要求体现了投标人的履约能力，包括已完工和正在承接的业绩，前者表示企业的整体能力，后者体现其剩余能力；在货物招标中，其业绩分为生产企业业绩和供应商业绩。前者体现制造能力，后者体现服务能力；

信誉要求是投标人诚信的证明，施工项目中项目经理是完成合同最重要的关键条件。资格条件设计的科学性表现为衡量投标人履约能力的准确和全面性；合理性表现为对履约能力的满足和经济性。这个环节也是招标人最可能排斥潜在投标人的环节之一，在某种意义上讲，招标文本制订资格审查的条件主要是对合同相对人的选择门槛。

（3）划分标段的故事。

所谓标段也有部门称作标包，是指招标人在充分考虑合同规模、技术标准规格分类要求、潜在投标人状况，以及合同履行期限等因素的基础上，将一项工程、服务，或者一个批次的货物拆分为若干个合同单位。标段划分既要满足招标项目技术经济和管理的客观需要，又要遵守《招标法》等相关法律法规规定。

故事一：

20世纪90年代，某新建焦化厂设备招标时，由于缺乏经验，招标人把各车间设备清单中的阀门按照车间需求顺序整理了招标一览表并作为招标文件的技术条件，招标人出售招标文件后，共有10个投标人投标。开标后唱标，最高700万元，最低200万元，在投标函附录中没有一家单位全部满足招标人规格型号的要求，现场一片哗然。投标人对招标文件划分标段纷纷提出质疑，某供应商说，阀门生产厂是按照压力等级分为高压阀门厂、低压阀门厂，你们的招标文件中要求的阀门按照压力等级有高压阀门、低压阀门，按照阀门类别有闸阀、蝶阀、止回阀等34个品种规格，国内没有一个企业能满足你们的全部需要，而且，即使是同一品种规格的阀门可能由于阀芯材质的不同（如铸铁和不锈钢的），阀芯价格差异就很大，不在一个平台如何评标。当时《招标法》还没有出台，为公平起见，经研究招标人宣布开标暂停，请投标人代表按照高压阀门、低压阀门和规格型号重新设计了投标表格，将各投标人已报价重新填入新表，在大家监督下，重新唱标核对无误，招标才得以顺利进行。最后按照高压和低压两个标段确定了中标人。

故事二：

某公司代理某县3000米市政公路新建项目，由于当地领导纷纷插手，代理公司被迫将该项目划为6个标段：路基两个、路面两个、管道和便道两个；公司领导审核招标文件时要求代理项目经理和潜在投标人沟通，征求潜在施工方意见，遭到潜在投标人一致反对，主要是责任难以分清，施工相互纠结，施工机械管理困难，另外这样划分工程金额太小投标兴趣不大。这样，公司领导和当地有关领导沟通，希望顾全大局，作为一个标段招标，有利于项目顺利完成，得到招标人理解。

这两个案例说明，标段划分一定要科学合理。所谓科学合理一是能够评标，二是方便采购或施工。

在招标投标活动中，划分标段就是划分合同，合同范围的准确合理是项目合同管理的基础。合理划分标段的实质就是通过范围管理保证合同的顺利履行。

在实践中，行业内专家总结了划分标段应当考虑的因素，详见表5-7。

表5-7 标段划分原则和因素汇总表

类　别	标段划分原则
工程	（1）满足现场管理和工程进度需求的条件下，以能独立发挥作用的永久工程为标段划分单元； （2）专业相同、考核业绩相同的项目，可以划分为一个标段
货物采购	技术指标及要求相同的或同属一个经销商经营货物，可以划分在同一个包，同时可以对一些金额较小货物可以适当合并分包
影响因素	说　明
法律法规	《招标法》和《工程建设项目招标范围和规模标准规定》对招标项目的范围、规模等做了规定。招标人不得通过细分标段、化整为零的方式规避招标
工程承包管理模式	总承包方式一般是较大标段工程；多个平行承包模式是将一个工程建设项目分成若干个可以独立、平行施工的标段，分别发包给若干个承包人承担

续表

	影响因素	说　　明
	工程管理力量	如果招标人拟建的项目管理机构比较精简或管理力量不足，则不宜划分过多的标段
	竞争格局	标段规模过大，将减少投标人数量，会影响投标竞争的效果
技术层面	工程技术关联性	工程技术、工艺流程关联性密切的部位，不适宜划分为两个以上的标段
	工程计量的关联性	工程量计量方面关联性密切的部位，不适合划分为不同的标段
	工作界面的关联性	划分标段必须考虑各标段区域及其分界线的场地容量和施工界面能否容纳两个承包人的机械和设施的布置及其同时施工，或更适合于哪个承包人进场施工
	工期与规模	工程总工期和进度松紧也影响标段的划分

（4）准确设置技术条件。

案例概梗：某招标代理机构受某招标人委托，就某精密机械车床项目开展国内公开招标。公告发布后，共有15家厂商前来购买了招标文件。招标人以某进口品牌精密机械车床技术指标为基础编写技术标书，招标文件中标记有"*"的主要技术指标（废标条件）达25条，部分技术指标要求过高，并将部分非关键性能指标作为废标条件（如冷却油的油路方式等）。开标前，招标人召开标前会，向所有厂商明确招标文件技术要求，并说明本次招标项目适用的工况条件特殊性。遗憾的是没有一家投标人对招标文件量身定做的招标文件没有提出异议。开标后，10家投标人参与投标，评标委员会评议后认定所有投标人的技术方案均不满足招标文件要求，招标项目流标。招标人被迫重新修改招标文件，重新招标。

技术条件设置不合理的原因有缺乏经验和有意排斥或限制投标人两种情况，因此，在编制招标文件应当邀请相关技术专家对其技术条件审核，审核的要点是招标文件中设置的技术指标否有歧视性排他性指标，是否能构成3人以上有效投标形成竞争。法律没有规定行政监督部门可以对招标文件进行审核或备案，但是为了保证招标的公正和成功，招标人可以主动并坚持将该程序确定为本单位编制招标文件的制度。这是招标投标活动的技术属性决定的，对保证招标投标活动的公平和降低采购成本很有好处。

（5）评标办法的确定。

评标办法包括了评标方法、评标程序、评标标准和评标结果4个方面内容。其中，评标方法又包括了评标因素、权重和评标函数，俗称评标方法三要素。

评标因素从类别可以分为商务条件、技术条件和报价三方面，也有将报价归纳为商务部分。但其本质上可以分为价格因素和非价格因素。依据项目的不同，设置评标因素是招标人的权利，但是为了防止招标人滥用权利，有些行业和部门通过部门规章或标准文件不仅对评审因素做了规定，对评标因素的权重也有限制要求。如工程建设项目设计勘察标准招标文件规定评审的全部因素，还规定各评标因素的权重范围，如投标报价的权重为0.1，在标准施工文件中，规定了两种评标办法。经评审的最低投标价法和综合评估法。实践中，大多数项目采用综合评估法，在国际机电产品中一般采用最低评标价法。

权重则表示在评价过程中，被评价对象的不同侧面的重要程度的定量分配，对各评价因子在总体评价中的作用进行区别对待。事实上，没有重点的评价就不算是客观的评价。权值和权重有时通用，但权值有时还表现为依据权重折算的数值。

企业经营招标采购中，依据直接物料、间接物料/MROs和服务的不同确定权重顺序。依据中国物流和采购联合会组织的调查报告，中国企业在选择供应商时更多看重价格，而北美企业更多看重质量和可靠性，详见表5-8。

安徽省国际招标公司原总工程师钱忠宝先生在其专著《评标方法概论》中提出差异·权重定理（以下简称钱氏定理），其主要论点如下：

表 5-8　中国企业和北美企业经营采购重要性排序

按重要性排序	中国企业	北美企业
1	价格	物料质量/可靠性
2	物料质量/可靠性	价格
3	交货速度	可利用性（所需数量）
4	工程/设计支持	交货速度
5	与供应商的合作和信息透明度	工程/设计支持
6	可利用性（所需数量）	与供应商的合作和信息透明度
7	供选择物料的种类	供选择物料的种类
8	其他	其他

在评标方法中的非价格因素包括了显性因素和非显性因素。

显性因素：设备功能、性能、销售或施工业绩、售后服务、施工设备、潜在投标人资质、财务状况等，这些可以通过有关信息渠道获取，在某一阶段相对稳定；可以用分值和评价区别专家的自由裁量权有限。

隐形因素：施工组织设计、项目管理水平、工程设计理念和创意等差异不可知性较大，变数大。充分体现专家的自由裁量。

①关于差异·权重定理：所谓差异·权重定理是指评价因素权重分配的依据是评价因素中非价格因素的差异性。该定理的主要内容如下：

——对评价因素赋予相应权重和其本身的重要性无直接关系，如某一关键技术指标所有投标人都可以满足，对其设置权重无意义，因为没有差异全是满分，无需评价、区别好坏；

——是否赋予某非价格因素的权重取决于该非价格因素的差异性；

——需要赋予非价格因素的权重大体上和非价格因素的差异成正比；

——价格因素的权重与非价格因素的差异成反比，如果非价格因素的差异很小或为零，评价因素主要是价格，即价格因素的权重最大。

——可通过对价格因素和非价格因素权重的合理分配确定合理的评标方法，如果选择不合理的权重分配可能导致评价结论的扭曲。

②关于差异·评标方法定理：所谓差异·评标方法定理是指非价格因素的差异性不仅影响其权重的设置，还影响评标方法的选择。随着非价格因素差异的增加，我们可以选用的评标方法依次为最低评标价法（包括经评审的最低投标价法）、差异中等的综合评价（估）法、差异大的综合评价（估）法、差异特大的综合评价（估）法。

③关于差异·采购方法定理：所谓差异·采购方式定理是差异·权重定理和差异·评标方法定理的推广。指如果非价格因素超过招标人可以接受的极限范围，将影响到采购方式的选择，即招标人不能用招标方式传统招标方式采购。如采用政府财政资金采购政府合同中的诉讼律师就不能用招标的方式，无法编制科学合理的招标文件；又如，在 PPP 融资项目中就不能用传统的招标程序选择合作对象，政府主管部门需要全程参与包括评标，选择中标人需要政府批准，中标人组建项目公司同政府签订特许经营合同。

关于定理第三项即差异·采购方法定理是作者对钱氏定理的补充。同时还应说明的是，在确定非价格因素前，首先应依据招标人对合同目标三要素的优先程度，即对价格、质量、工期（进度）三要素确定基本权重，如本书前例，招标人对项目进度的要求为首要目标，相对价格、质量因素，工期权重要适当增加。在此基础上确定其他非价格因素，特别在技术因素中应当用钱氏定理确定项目各因素的权重。

评标函数就是指每项评审因素的评审标准,在权值范围内,够哪些条件得多少分或值多少钱(价)。《条例》第三十四条第四款规定:"采用综合评分法的,评审标准中的分值设置应当与评审因素的量化指标相对应。"

如果说资格条件是对合同"相对人"的选择标准。评标办法的选择则是对合同"标的物"的选择条件。在法规框架内确定评审因素、因素权值和评标标准是招标人的权利,也是以不合理条件容易排斥潜在投标人的环节。

(5)合同计价形式的选择。

在选择适当的合同文本后,如何确定合同计价形式关系到合同风险的分配,并直接导致合同能否顺利履行。因此,招标人应当依据项目本身的实际情况选择适当的合同计价形式。选择合同计价形式是招标人的权利,但是其权利同样受《合同法》规定的合同条款不能显失公平的限制。

确定合同计价形式的实质就是通过公平的风险责任分配保证合同的顺利履行。

依据合同履行中价格调整的规定,合同计价可分为两种形式:固定价格合同、可调价格合同。

在固定价格合同与可调价格合同中还可以细分为固定总价合同与固定单价合同;可调总价合同与可调单价合同。

此外,还有成本加酬金合同,适用于项目标的物数量模糊或者紧急状况下的合同,由于这些合同大都不适合通过招标采购缔约,因此这种计价形式在招标采购中很少使用。

在施工合同履行中,由于施工地质条件等多方面的不可预见性,即使是固定价格合同也没有不做变更、不做调整的。固定价格合同的价格调整和可调价格合同中价格调整的区别是,固定价格合同中的调整是在约定的风险范围之外的调整,即所谓固定是在约定的风险范围内固定;而可调价格合同中的调整不按照风险范围区分,而是按照双方约定的条件调整。

① 关于总价合同:固定总价合同与可调总价合同的适用范围参见表5-9。

固定总价合同就是在合同约定的风险范围内"包图纸",图纸之外的变更按照约定增加价款、延长工期。在此合同约定内,承包人对图纸包含的工程范围、质量、工期、技术条件承担全部风险。即对其施工管理和技术能力承担完全风险。但是承包人对市场承担的风险只能在风险约定范围之内,即承担有限风险,同时承包人不承担国家政策变动对合同价格造成的风险。

表5-9 固定总价和可调总价合同的适用范围汇总表

	总 价 合 同	
	固定总价合同	可调总价合同
含义	承包方的报价以发包方详细的设计图纸及计算为依据,并考虑到一些费用上升的因素,如图纸及工程质量不变总价固定,俗称包图纸	按照招标文件的要求及当时物价计算总价合同,在执行合同中中于通货膨胀引起工料或成本增加到某一限度时,合同总价相应调整
风险分割	承包方承担了全部的工作量和价格风险,因此报价中的风险费用较高	发包人承担了通货膨胀的风险,而承包方承担了合同实施中实务工程量、成本和工期因素
适用条件	1. 适用于设计深度已经达到施工图要求,合同履行过程不会有较大的设计变更; 2. 工程量小。工期短,施工过程中环境因素变化小; 3. 工程缔约合同期相对宽裕。承包方对项目调查详细,计划周密	适用于工程内容和技术经济指标规定很明确,工期在1年之内的工程项目

在总价合同中,风险责任示意范围参见表5-10。

在固定总价合同中,合同约定范围之外的工程变更不在图纸范围之内,当然应当由业主承担的风险较大,但是承包人对失败的推断性变更造成的范围调整变更则应当由承包人自己负责。由于是总价合同,价格波动和工程量的风险主要由承包人承担,但超过约定风险范围可以按照合同约定调整。一般人工费的风险范围是5%。材料的风险范围是10%、机械设备使用费的范围是10%。总价合同中的这些约定体现了合同公平原则,否则将属于合同法中显示公平的范畴不做适当的调整无法完成合同。

表5-10 总价合同风险责任示意表

业主承担风险	承包商承担风险		
国家法规政策变化引起的风险以基准日前28天为准,其后的变更应当按照住建部门规定调整价格	合同约定范围之外	合同约定范围之内	其他风险
	工程变更	失败的推断性变更	
	异常波动幅度 人工超过5% 材料超过10% 机械超过10%	价格波动	
		工程量增加 工程量异常波动承包商可以情势变更	

② 关于单价合同:固定单价合同与可调单价合同的适用范围详见表5-11。

表5-11 固定单价和可调单价合同的适用范围表

	单价合同	
	固定单价合同	可调单价合同
含义	固定单价合同是指在合同中约定综合单价包含的风险范围和风险费用计算方法,在约定的风险范围内风险范围的综合单价不再调整。风险以外的综合单价调整方法,应当在合同中约定。俗称"包清单"	可调单价合同指在合同中签订的单价,根据合同约定的条款可做调整,可调价格包括可调综合单价和措施费等
风险分割	实际完成工作量与原估计的工程量不能有实质性变更,如果相差超过±10%,一般允许承包方调整合同单价,也有些固定单价合同在材料价格变动较大时允许承包方调整单价	在工程实施过程中如物价发生变化等,可做调整
适用条件	适用范围比较广,特别适用于工程性质比较明确(如已经完成初设),但工程量并不能十分准确的项目	适用施工图不全,工期长的工程项目

固定单价合同是一种适用范围很广泛的合同计价形式,俗称"包清单",即清单之内的子目价格固定,工程量承担"数量"的风险;承包人承担各子目"价"固定后的风险。显然,合同应当对"量"和"价"的风险范围有个约定,否则对双方都不公平。单价合同风险责任范围的示意图见表5-12。

在单价合同中,由于量价的责任不同,所以在合同约定范围之外,承包人工程量的增加的风险较大,承包人在风险范围之内承担的风险大。

表5-12 单价合同风险责任的适用范围表

业主承担风险		承包商承担风险	
1.国家法规政策变化引起的风险	合同约定范围之外	合同约定范围之内	其他风险
2.施工图(含变更)与清单特征描述不符的风险		价格波动 材料5%,设备使用10%	
3.清单出现漏项工程量计算偏差风险			
4.非承包人原因的工程变更	工程量增加	总价子目部分的工程量变动	
"量"的风险		"价"的风险	

实践中,我们一般用"深度"和"波动"的不同来确定合同的计价形式。深度指设计图纸的深度,波动指合同履行期限。其中深度指标是确定使用总价或单价合同的基础,波动是确定合同

风险大小的基础。如甲方提供了施工图纸，工期也不长，采用总价合同；工期较长，风险估算要偏大；达到一定程度应考虑单价合同；如提供初设图纸即深度不够，一般只能采用单价合同，工期的长短即波动决定了风险值的大小；如深度、波动太大即应考虑成本加酬金合同。

（6）关于标底、最高控制价和最低限价。

① 所谓标底，就是招标人委托具有造价资格的咨询单位，按照招标文件规定的招标范围，结合有关规定、市场要素价格水平，以及合理可行的技术经济方案，综合考虑市场供求状况，进行科学测算的预期价格。它不等于工程（或设备）的概（预）算，也不等于合同价格。标底价格是招标人的期望价格，招标人以此价格作为衡量投标人的投标价格的一个尺度，也是招标人控制投资的一种手段。

招标人设置标底价格有两种目的：一是在坚持最低价中标时，标底价可以作为招标人自己掌握的招标底数，起参考作用，而不作评标的依据；二是为避免因招标价太低而损害质量，对于报价同标底相差较大的投标文件，通过启动低于成本判定程序对可能低于成本造成合同不能顺利履约的投标文件进行澄清和判定。使招标人的期望价成为质量控制的手段之一，由此，保底必须保密。否则将失去招标的意义。《条例》第五十五条规定，标底应当在开标时公布。

② 最高投标限价，说到底无非是临时应急措施的定型化。关于最高投标限价的规定是立法部门总结招标投标管理经验设计的条款。招标文件设置最高控制价可以有效地遏制围标和串标等违法行为的发生。

所谓"最高投标限价"，则指为了确保项目预算或建设成本，招标文件明确规定投标价格最高不得超过特定的具体金额，其在招标前是公开的，投标报价一旦超过最高控制价将导致废标。法律允许招标人在招标文件中设定最高投标价之目的就在于对投标价格的法律控制，旨在避免投标报价高于项目预算或估算价，造成招标人不能支付而废标。法律还规定了最高控制价公布的时间和形式，体现了法律的公平原则，方便投标人科学合理地编制投标文件。

③ 禁止设定最低投标限价，保证充分合理竞争。由于信息不对称，俗话说，会买的永远不如会卖的，所以如果招标人规定最低投标限价，一是会限制投标人之间的竞争；二是也将损害招标人自身的利益。不过，禁止招标人设定最低投标限价，并不意味对于投标人低价竞标不予限制，《招标法》第二十三条规定，投标人不得以低于成本的报价竞标。所以，投标人报价只应在市场价格的基础上，在质量第一的基础上充分竞争，而不得不顾质量来进行不正当的低价竞争。

（六）关于投标保证金

1. 投标保证金及其法律属性

《招标法》没有对投标保证金作出规定，《条例》第二十六条对保证金作出了补充规定："招标人在招标文件中要求投标人提交投标保证金的，投标保证金不得超过招标项目估算价的2%。投标保证金有效期应当与投标有效期一致。

依法必须进行招标的项目的境内投标单位，以现金或者支票形式提交的投标保证金应当从其基本账户转出。

招标人不得挪用投标保证金。"

（1）投标保证金。

投标保证金是为了保护买方（即招标人）免遭因投标人的行为而蒙受不应有的损失，招标人要求投标人在投标时缴纳的，买方在因投标人的行为受到损害时可以不予退换的约定。投标人在投标时缴纳保证金并非其法定义务，或者说投标保证金不是投标文件不可或缺的组成部分。法律规定，招标文件要求投标人应提交规定金额的投标保证金，投标人应当缴纳，并作为其投标书的一部分。当然如果投标人信誉良好，招标文件也可以不要求投标人缴纳投标保证金。

(2) 投标保证金的法律属性。

① 投标保证金是预约合同的担保。《担保法》第二条规定，"债权人需要以担保方式保障其债权实现的，可以依照本法规定设定担保"。在招标投标活动中，投标人依法定程序提交投标文件作为要约，招标人依法作出承诺而构成了招投标合同法律关系，由于招标投标的程序要求，招标人发出中标通知书后构成的合同可以称之为预约合同，其债权表现为如果中标，就负有了同债权人签订书面合同，即本合同的法定义务，此时，招标人作为债权人可以依法要求投标人提供本合同的履约担保，作为招投标合同的本合同的从合同义务，投标人之应当缴纳。而这里的投标保证金仅仅是为订立预约合同而设定的担保。

② 投标保证金是主合同的从合同。依据我国《担保法》的规定，保证合同可以是单独合同，也可以是主合同中的担保条款。《担保法》第五条规定，"担保合同是主合同的从合同，主合同无效，担保合同无效。担保合同另有约定的，按照约定。"因此，投标保证金应是预约合同的从合同，且投标保证金的有效期应当与投标有效期一致。

③ 投标保证金以现金或支票形式提交属于质押。《担保法》第七十五条规定："下列权利可以质押：（一）汇票、支票、本票、债券、存款单、仓单、提单。……"

《最高人民法院关于适用〈华人民共和国担保法〉若干问题的解释》第八十五条规定："债务人或者第三人将其金钱以特户、封金、保证金等形式特定化后，移交债权人占有作为债权的担保，债务人不履行债务时，债权人可以以该金钱优先受偿。"因此，投标保证金是一种特殊形式的质押。

(3) 投标保证金的收受人。

基于投标保证金的法律属性，依据 23 号令的修正，针对目前招标投标市场存在的问题，30 号令和 29 号令都明确规定："投标人应当按照招标文件要求的方式和金额，将投标保证金随投标文件提交给招标人或其委托的招标代理机构。"

2. 投标保证金的作用

(1) 对投标人的投标行为产生约束作用，以保证招标投标活动的严肃性。

招标投标是一项严肃的法律活动，同时竞争性也很激烈。投标人的投标是一种要约行为。在投标文件递交截止时间至招标人确定中标人的这段时间内，投标人不能反悔，不能要求退出竞标或者修改投标文件；而一旦招标人发出中标通知书，作出承诺，则合同即告成立，中标的投标人必须接受，并受到约束。否则，投标人就要承担合同订立过程中的缔约过失责任，投标保证金将不予退还。这实际上是对投标人违背诚实信用原则的一种惩罚。所以，投标保证金能够对投标人的投标行为产生约束作用，这是投标保证金最基本的功能。

(2) 在特殊情况下也可以弥补招标人的损失。

投标保证金一般定为项目估算价的 2%，这是个经验数字。因为通过竞争性合同的统计数据表明，通常最低标与次低标的价格相差在 2%左右。因此，如果发生最低标的投标人反悔而退出投标的情形，则招标人可以不退还其投标保证金并授标给投标报价次低的投标人，用该投标保证金弥补最低价与次低价两者之间的价差，从而在一定程度上可以弥补或减少招标人所遭受的经济损失。

(3) 投标保证金可以督促招标人尽快定标。

投标保证金对投标人的约束作用是有一定时间限制的，这一时间即是投标有效期。如果超出了投标有效期，则投标人不对其投标的法律后果承担任何义务。所以，投标保证金只是在一个明确的期限内保持有法律效力，从而其可以防止招标人无限期地延长定标时间，以至于影响投标人的经营决策和合理调配自己的资源。

（4）投标保证金还可以从一个侧面反映和考察投标人的经济实力。

投标保证金采用的现金、支票、汇票等形式或各种保函，其都是对投标人资金信用的直接考察。如投标保证金采用银行保函的形式．银行在出具投标保函之前一般都要对投标人的资信状况进行考察，信誉欠佳或资不抵债的投标人很难从银行获得经济担保。由于银行一般都对投标人进行动态的资信评价．掌握着大量投标人的资信信息，因此，投标人能否获得银行保函，能够获得多大额度的银行保函，这也可以从一个侧面反映投标人的经济实力。

3．关于投标保证金的限制性规定

（1）招标人行使该权利时的附随义务。

① 保证金数量的限制：本条规定如果要求投标人缴纳投标保证金，其金额的约定不得超过招标项目估算价的 2%。依据 23 号令的修正，30 号令、29 号令规定了投标保证金的上限，工程和货物招标投标保证金最多不超过 80 万元；2 号令规定，勘察设计项目最多不超过 10 万元。计算依据是项目估算价，即以项目建议书的造价为计算依据而不是投标人的报价为依据，这有利于对投标人报价的保密。

② 招标人不得挪用投标保证金：投标保证金在质押期间的所有权暂时归招标人所用，但是，招标结束签订书面合同 5 日内招标人应当及时退还，有利息的退还同期存款利息，不得挪用。考虑到《条例》第六十六条关于投标保证金的收取和退还已有规定，《条例》没有对此再设定相应法律责任。

③ 投标保证金有效期：《FIDIC 招标程序》第 3.1.3 项建议："投标保证金的有效期应当等于投标有效期加上投标人按照合同条款的约定提交履约担保的时间。"以确保在投标有效期结束前，中标人未与招标人签约或未按招标文件规定提供履约保证金时，招标人仍有不退还投标保证金的权利。本条没用采纳其建议而是依据投标保证金属于从合同与主合同法律关系来予以认定，规定投标保证金有效期应当同投标有效期一致。这有助于促进双方尽快按照法律规定签订书面合同。

（2）投标人的义务。

本条规定在三个要件都满足的条件下，其投标保证金应当从其基本账户转出。这三个要件，一是依法必须招标的项目；二是境内投标单位；三是用现金或者支票提交的。这种制度的设计主要是想通过加大围标成本，来对围标串标行为起到一定的遏制作用。应当说明的是，虽然《条例》没有对此设置责任条款，即如果投标人不执行该规定，是否承担法律责任如投标无效等；但招标人可以在招标文件对此责任后果作出约定。

4．关于投标保证金的退还

（1）投标保证金可以不退还的情形。

《条例》第三十五条第二款："投标截止后投标人撤销投标文件的，招标人可以不退还投标保证金"，将退还投标保证金与否完全取决于当事人意思自治，本着这一原则，《条例》关于否决投标文件的条件，也并没有将不缴纳保证金列为否决性的条件，而是由招标文件来予以约定。

（2）投标保证金不退还法定情形。

《条例》第七十四条针对招标文件要求提交保证金的规定，当中标人或投标人发生以下情形时，招标人不退还其投标保证金，若给招标人造成的损失超过投标保证金额的，还应该赔偿超过投标保证金额部分的费用。

① 中标人拒绝按招标文件、投标文件及中标通知书要求与招标人签订中标合同；

② 中标人或投标人要求修改、补充和撤销投标文件的实质性内容或要求更改招标文件和中标通知书实质性内容；

③ 中标人拒绝按招标文件约定时间、金额、形式提交履约保证金。

（3）法律法规和招标文件约定的其他情形。

由于投标保证金属于约定权利，招标人可以在招标文件中约定不退还的其他条件，如发现围标串标、弄虚作假的等时，投标保证金不予退还。

三、招标文本的监督管理

编制招标文本是招标人的私权利，但是行使私权利也必须在法律框架内进行，且必须遵循法律规定的公开、公平、公正和诚实信用的原则，这既是招标人的道德基础，亦是法律的基本要求。

（一）编制招标文件的审核程序

因为编制招标文件属于私权，因此法律没有规定招标文件须经行政监督部门审核才能出售。但是鉴于编制招标文件编制的质量关系到招标投标活动的成败，因此，招标人或招标代理机构应当建立对招标文件进行审核、审批的程序制度，以保证招标文件的质量。图5-13是某代理机构对招标文件管理的框架图，供读者参考。

表5-13 某单位关于对招标文件审核的程序规定图

	确定需求	设置资质	标段划分	选用文本	商务条件	技术条件	评标办法	合同条款计价形式	总体结论	责任人
起草	准确、全面	准确、全面；满足、经济	科学、合理	合法	合理、全面	准确、一致无歧义	方法正确程序合法标准科学	完整性、	合格	项目责任人
审核	合法、无歧义	合理、合法、无歧视	可评审、能实施	合格	无遗漏合理、保证金	无遗漏科学	科学择优实验检测	一致性	合格	项目经理
会签	合法、公平、满足	合法、可竞争、一致性	合法	合法	公平、合法、可操作	无歧视、可竞争、可识别合法	合法、合理	风险分配合理、公平；条款合法	合格	技术、财务、经营、法律等部门
核准	合格	合法、合格	合格	合法合格	合格	合格	合法合格	投标有效期合格性审查	合法合格	采购总监
甲方批准	体现项目意图	合格	合格	合格	合格	合格	合格	合格	同意	甲方各部门依程序核准
批准									批准	总经理或授权人

依据上表，该程序对招标文件的起草、审核、会签、核准，使用方、代理方领导批准的环节，以及质量要点做了详细规定，以及该程序既是编制招标文件的质量控制点，也是事后总结评价的关注点。

（二）编制招标文件不能违法

编制招标文件的内容不能违反法律的强制性和禁止性的规定。

《条例》第二十三条规定："招标人编制的资格预审文件、招标文件的内容违反法律、行政法规的强制性规定，违反公开、公平、公正和诚实信用原则，影响资格预审结果或者潜在投标人投标的，依法必须进行招标的项目的招标人应当在修改资格预审文件或者招标文件后重新招标。"

本条规定重申了招标人应当遵循招标的基本原则，同时要求对影响资格预审结果或者潜在投标人投标的招标文本应当修改，这种修改是关于招标人的法定义务，其针对的是招标过程中资格预审文件、招标文件内容的合法性问题，其在整个招投标活动过程中都应适用，其结果是，如果招标过程中资格预审文件、招标文件内容违反了法律的强制性或者禁止性的规定、违反了三公和诚信原则，将导致招投标活动无效，且应当依法重新予以招标。

有关部门规章中也规定，依法必须招标的项目两次招标失败，经有关部门批准，可以不招标直接采购。为防止招标人在招标文件中设置不合理条件或标准过高，以规避招标，本条要求，第一次招标失败后，必须修改招标文本，重新招标。

本款规定对防止招标人滥用两次招标失败以达到规避招标的目的有一定的遏制作用。

《条例》第二十四条规定："招标人对招标项目划分标段的，应当遵守招标投标法的有关规定，不得利用划分标段限制或者排斥潜在投标人。依法必须进行招标的项目的招标人不得利用划分标段规避招标。"

在招标实践中，划分标段可能产生影响相对人合法权益的违法行为，可能产生两个层次两种违法行为。

一是对于一般招标投标活动要求不得利用划分标段限制或者排斥潜在投标人，这体现的正是法律维护招标投标秩序的公正性。

二是对于依法必须招标的项目，明确其不得利用划分标段规避招标，这不但体现了法律的强制性，并相应地设置了其应负的法律责任。实际上限制和排斥潜在投标人常常是一种规避招标的手段，通过这种限制所造成的不公正，由于其采用了招标程序反而可能为那些招标人内定的中标人，披上某种似乎合法的外衣。法条没有明确投标人是否可以在多标段中同时中标，这些都是由招标文件来约定的。

（三）关于编制招标文件的负面清单的经验

为了规范编制招标文件的合法性，有些地方依据法规结合容易出现的问题针对性地建立关于编制招标文件负面清单制度，作为行业自律的措施，加强对招标文件质量的管理。

1. 强制性禁止条款

强制性禁止条款是指招标采购文件中包含强制禁止的明显具有歧视性或倾向性特征的关键词或内容，项目经理应当予以修正，招标采购业务才能继续开展。

（1）如在货物招标资格审查文件中禁止：
① 设有注册资本金、注册地为某省、某市、某县（区）的供应商；
② 在某地域经营业绩、利润、纳税额度、成立年限、资产总额、营业收入；
③ 投标供应商的企业性质如国有、独资、合资、合作等；
④ 特定行政区域、行业、协会颁发、发布的入围目录名单或名录库。

（2）在确定采购需求中禁止：
① 暂定、指定、备选、参考名牌（含配件）；
② "知名""一线""同档次"品牌等不明确的采购需求表述；
③ 给采购人提供免费的考察、培训（外地）；

③ 要求赠送物品、物件；
④ 要求提供产品制造商的授权证书原件。
（3）在评标办法中禁止：
① 将注册资金的多少作为评分标准，制定授权函作为评分标准；
② 投标报价设定最低限价。

2. 参考性禁止条款

参考性禁止条款是指招标采购文件中包含具有一定歧视性或倾向性因素的关键词或内容，应当项目经理应当予以修正或作出说明，招标采购业务才能继续开展。
（1）如资格审查文件中禁止：
① 将营业执照经营范围的具体名称作为资格标准；
② 将协会、行业、商会颁发的从业资格证书作为资格标准；
③ 将技术协会颁发的资质证书作为资格标准；
④ 将从业人员等供应商的规格条件作为资格标准；
⑤ 要求投标人具有同类项目的从业经验达到多少年以上；
⑥ 质量管理体系认证证书、环境管理体系认证证书、职业健康管理体系认证证书、欧盟认证等。
（2）在确定需求中禁止：
① 将采购标的关于重量、尺寸、体积等要求表述为固定数值，未作出大于、小于等表示幅度的表述；
② 指定某制造商或生产企业的主件、配件、商标、名称、设计等；
③ 要求中标后、签订合同前对产品再一次进行测试或演示；
④ 要求订制器械产品、进口产品交货期最长为 30 天等。
（3）在评标办法中禁止：
① 指定专利、商标、名称、设计、原产地或生产供应商加分；
② 要求地域性业绩加分；
③ 提出进口产品或配件加分；
④ 作出先进性、稳定性、成熟性、市场认可度、产品的市场占有率等模糊表述，并规定由专家自由打分；
⑤ 将制造商、代理商出具的经销代理协议、售后服务授权函作为评分条件。

3. 指导性禁止条款

指导性禁止条款是指招标采购文件中包含可能涉及歧视性或倾向性的条款，须由招标采购文件审查小组进行论证和判定。
（1）如资格审查中禁止：
① 要求达到与采购金额不匹配的（即高于）国家行政部门规定的从业等级标准；
② 资格预审文件未写明选取办法和选取家数。
（2）在确定需求中禁止：
① 要求提供指定检测机构、指定检测日期的检测报告；
② 设置的技术、商务条款与履行合同无关；
③ 设置的业绩金额要求与采购项目规模不匹配；
④ 指定产品的接口、开关等必须在产品的某个位置上；

⑤ 采购通用类货物（如计算机、电器等）时，未写明完全满足技术参数要求的品牌必须达到 3 个以上；

⑥ 苛刻的付款条件；

⑦ 苛刻的售后服务要求；

⑧ 苛刻的验收办法。

（3）在评标办法中禁止：

① 将指定检测机构的检测报告作为评分因素；

② 将资格条件作为评分因素；

③ 提出同一案例（业绩）重复加分；

④ 评分标准未量化，未与评审因素指标相对应；

⑥ 采用综合评分时，分值设置与产品质量、服务需求无关；

⑦ 采用综合评分时，提出在满足招标文件提出的技术、服务需求基础上，"优于"招标文件提出技术、服务要求的可加分，但是未写明"优于"的认定标准，也未写明"优于"的每项加多少分。

（四）对编制招标文本的监督

对编制招标文件是否公正或有违法行为的监督途径主要是当事人和社会的监督。

《招标法》及其《条例》没有授权行政监督部门对招标人编制招标文本可以事前审批或备案等干预招标人编制招标文本的权力。这是缘于招标人对项目的法人责任。招标人的私权利在任意性规范下，不违法即可；但是公权力作为强制性规范必须依法行政。如法律没有授权行政监督部门对招标文本事前审核、备案的权力，有关地方法规则不能违法设置对招标文本审核、备案的上述许可，行政部门也不能要求招标人提交招标文件进行审核或实质性备案。不能设置事前备案"许可"，不是不允许行政监督部门不可以对招标文件中已经发现的问题纠正和查处。实践证明，由于招标文本的技术属性，行政监督部门的备案很容易为其不公正和违法行为背书，而当事人和社会对招标文件不公正或违法行为监督则方便准确，依据当事人投诉，监督部门及时查处，监督成本低而且有力。

有关招标文本不公正或违法行为的纠正执法是事前教育，事后执法。除极少数情况可以依法备案外，不能设置招标文件审批许可。

明确规定编制招标文件在开标前备案的情形是国家发改委《国家重大建设项目招标投标监督暂行办法》（2002 年 18 号令）的规定，对于列入经常性稽查的国家重大建设项目，该办法第九条规定，"招标人应当根据核准的招标事项编制招标文件，并在发售前 15 日将招标文件、资格预审情况和时间安排及相关文件一式三份报国家发改委备案"。所谓国家重大建设项目，指国家出资、融资的，经国家发展改革委审批或审核后报国务院审批的建设项目，对该项目的监督可以采取经常性稽查和专项稽查，法条适用是经常性稽查的国家重大项目。适用范围极其有限。除此之外，法规没有授权行政监督部门要求招标文件应当备案才可以招标。

1. 通过招标文件划分标段规避招标的责任

通过划分标段规避招标的，依照《招标法》第四十九条予以处罚。

《招标法》第四十九条："违反本法规定，必须进行招标的项目而不招标的，将必须进行招标的项目化整为零或者以其他任何方式规避招标的，责令限期改正，可以处项目合同金额千分之五以上千分之十以下的罚款；对全部或者部分使用国有资金的项目，可以暂停项目执行或者暂停资金拨付；对单位直接负责的主管人员和其他直接责任人员依法给予处分。"

2. 对招标文本中违法行为的认定和责任

《条例》第三十二条规定："招标人不得以不合理的条件限制、排斥潜在投标人或者投标人。招标人有下列行为之一的，属于以不合理条件限制、排斥潜在投标人或者投标人：

（一）就同一招标项目向潜在投标人或者投标人提供有差别的项目信息；

（二）设定的资格、技术、商务条件与招标项目的具体特点和实际需要不相适应或者与合同履行无关；

（三）依法必须进行招标的项目以特定行政区域或者特定行业的业绩、奖项作为加分条件或者中标条件；

（四）对潜在投标人或者投标人采取不同的资格审查或者评标标准；

（五）限定或者指定特定的专利、商标、品牌、原产地或者供应商；

（六）依法必须进行招标的项目非法限定潜在投标人或者投标人的所有制形式或者组织形式；

（七）以其他不合理条件限制、排斥潜在投标人或者投标人。"

该条是对《招标法》第十八条第二款招标人义务规则的细化，也是行政监督部门、司法部门执法的依据。

《招标法》第十八条规定："招标人不得以不合理条件限制或者排斥潜在投标人或投标人。"其无疑属于招标人在组织招标活动中的重要法定义务。

（1）不得发布差别信息。

本条第二款第一项规定的情形可能发生在招标公告发布、现场踏勘、投标预备会、招标文件的澄清修改以及投标文件的澄清说明等环节中，差别信息可能对潜在投标人编制投标文件造成实质性影响。

（2）不得设置无关条件。

本条第二款第二项规定的情形发生在拟定招标公告、投标邀请书、编制招标文件时，要求潜在投标人具有相应的资格、技术和商务条件等环节中。所谓"目的限制性规定"要符合两个要件：一是与项目特点和需要无关，如招标项目是三级公路，招标人对投标人要求的却是二级以上公路的同类业绩；二是与合同履约无关，如要求项目经理必须是省劳动模范。

（3）不得附加特定业绩。

本条第二款第三项规定的情形仅适用于依法必须招标的项目，所谓特定行业指招标人指定的行业，如石油行业、电力行业等。所谓特定地区是指本省、本市、本县行政区域的奖项可以加分，对特定行业和地区业绩加分显然违背了公平原则。全国性的业绩、奖项是否可以作为加分条件的，如鲁班奖等由部门规章规定。如〈房屋建筑和市政基础设施工程施工招标投标管理办法〉（建设部令第89号）第四十一条规定"以评分方式进行评估的，对于各种评比奖项不得额外计分。"

不得以特定行政区域的业绩作为加分条件或者中标条件，但并不排斥特定区域项目的特殊性产生的对投标人的要求，实践中对于建设场址位于高海拔、冻土等独特地理环境和自然条件的项目，确有必要将特定区域或特定项目的业绩作为加分条件或者中标条件。如在高寒地区修建一级公路，不能要求投标人必须在本省修建过类似业绩，但可以要求曾修过类似高寒地区一级公路的业绩作为加分条件或者中标条件。

（4）不得适用不同标准。

本条第二款第四项规定的情形发生在资格预审文件或招标文件的评标标准中，如要求外地潜在投标人项目经理必须具有一级建造师资格，本地企业的项目经理可以由二级建造师担任。本地企业和外地企业相同业绩具有相同业绩，本地企业折算的分数是外地企业的1.5倍等。

（5）不得指定特定品牌。

本条第二款第五项规定的情形发生招标公告、招标文件评标标准中，专利、商标、品牌或特定产地或供应商一般是质量的体现，在实践中，招标人倾向采购过去已经使用并熟悉的专利、商标、品牌或特定产地或供应商也是人之常情。但是如果标的物的采购采用招标的方式，指定专利必然造成可能规避招标的后果或限制了竞争性，指定商标、品牌或特定产地或供应商对其他潜在投标人造成不公平。由于信息不对称，招标人已经使用或熟悉的标的物也不一定是最好的，即使质量上乘，应当相信通过竞争也能实现其采购目的。如果招标人在编制招标文件中一定需要通过品牌等表述技术、质量标准，可以在品牌前加三个字"相当于"作为技术参数表示，以体现公平。

（6）不得限制所有制。

本条第二款第六项规定的情形仅适用于依法必须招标的项目，发生在拟定招标公告和编制招标文件评标标准中。在采购中指定供应商的所有制是中国特色，因为改革开放以来，外国企业通过独资、合资等多种形式在我国建厂，其生产的产品一般质量较好；合资企业、国企的信用度比较高。因此，所有制也体现了质量水平或信用标准。为了体现公平，但是对于依法必须招标的项目，必须体现公平原则，对非公有制企业实行歧视政策不符合我国的经济发展和社会目标，因此，本条设置了限制性规定。

（7）其他条件。

第二款第七项是兜底条款，为部门规章指定留下立法空间。

本条对招标环节限制和排斥潜在投标人或投标人作出详细规定，有利于行政监督、司法部门严格执法，但是所列现象的适用范围也有区别，上述7条规定中，第三、第六项的限制性规定仅适用于依法必须招标的项目，其限制和排斥潜在投标人的法律责任，依据《招标法》第五十一条予以处罚，《条例》在责任条款中没有另行规定。

《招标法》第五十一条规定："招标人以不合理的条件限制或者排斥潜在投标人的，对潜在投标人实行歧视待遇的，强制要求投标人组成联合体共同投标的，或者限制投标人之间竞争的，责令改正，可以处一万元以上五万元以下的罚款"。

需要说明的是，由于招标文本的技术属性，对上述行为违法认定应当由技术专家认定，执法部门在其认定的基础上予以行政处罚。

3. 关于出售招标文件前备案引起的讨论

某招标公司代理某工程建设项目电梯招标代理，招标文件约定，投标人应当具备三年以上业绩，但未明确是生产商供应商各自的业绩，还是仅指生产商业绩。该招标文件依据地方规定在省招标办审核备案。经过法定程序，A供应商第一名中标。B供应商在法定时间投诉，A供应商是新成立一年的单位，怎么会有三年的业绩，其资格不合格怎么能中标。招标代理答辩，该招标文件业经政府招标办审核备案，评标委员会依据招标文件规定的评标办法评标合乎法定程序，如有异议请向省招办投诉。由于招标文件经招标办审核备案，招标办很为难，如果裁定中标无效，自己可能涉嫌不作为；如果裁定中标有效，B投诉人提出的问题符合事实，自己承担招标失败的责任。为此，该市晚报就此展开对招标文件备案问题是否合法的讨论。

在报纸开展的讨论中，有读者认为，招标投标法规没有规定招标文件在开标前备案的程序，政府部门要求招标文件备案属于越权行政；有的读者认为，既然招标办审核同意，招标办应当承担责任；也有读者认为，招标文件备案有利于政府对招标项目的监管，否则政府不知道，如何管理。在本次讨论中，报纸没有作出结论性意见。

作者认为，这是一个典型的看似合理明显违法的案例。《招标法》第十九条赋予招标人编制招标文件的权利，法律也没有规定招标人在出售招标文件前应当接受监督部门审核、备案的义务，因此，职权法定作为执法部门的基本原则，政府部门不能违法要求招标文件强制备案，否则不能出售并开标。究其根本是由于招标人要承担项目法人责任。招标人编制招标文件应当在法律规定的范围内，如果违法则应当受到法律惩处，但这和设置前置许可是完全不同的概念。本案中，如果招标文件没有备案，招标办在查处案件中非常方便和公正，但是由于招标办越权行政造成被动，这个教训应当值得汲取。

四、编制 PPP 项目招标文件（摘要）示范[①]

（一）项目简介

2012 年，某市餐厨废弃物资源化利用和无害化处理项目经市发改委批准正式立项，项目可行性研究报告中初步估算项目总投资额 29 705.89 万元。该项目最初由该市市容环境卫生管理局指定其直属企业承担。但在项目准备阶段，主管部门发现项目单位在技术、融资和管理等方面都遇到难以克服的困难。为此，经市政府批准，决定通过招标方式选择社会资本合作方同政府合作，共同完成该项目。

该项目的合同关系、政府和社会资本合作方的权利义务，详见图 5-2。

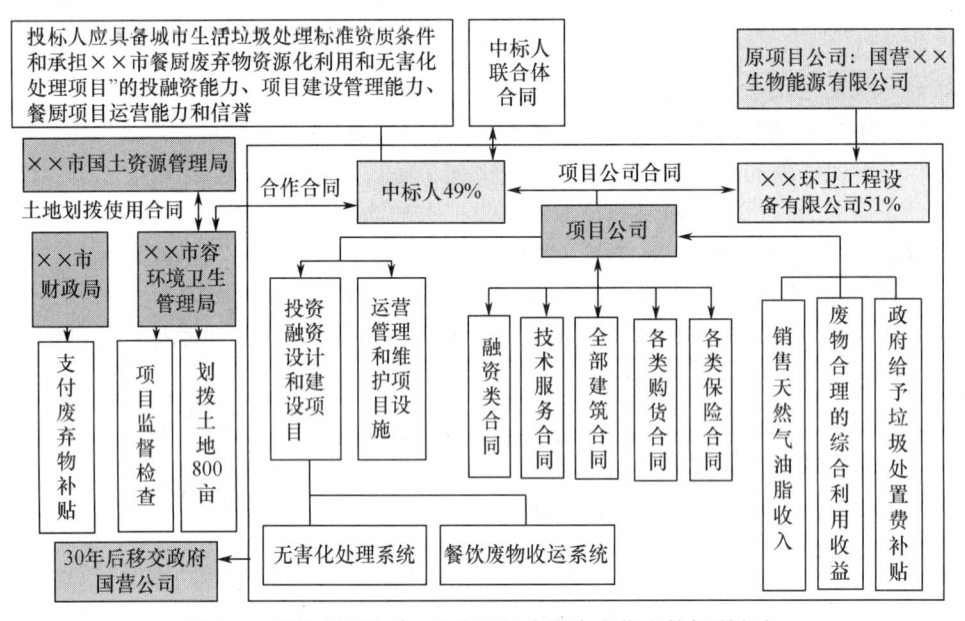

图 5-2 项目合同关系、政府和社会资本合作方的权利义务

从上图我们可以看出，该项目的"标的"是要求中标人和政府有关企业合作，自行投资融资设计、建设、运行和维护本市的餐饮废弃物资的无害化处理系统和餐厨废物收运系统。政府方的代表是该市市容环境卫生管理局。社会合作方是中标人以及原项目承担企业。政府通过划拨的方式将 800 亩土地交由项目公司使用，并依据有关规定承诺对废弃物按照合同约定对新项目公司予以补贴；并承担监督检查的责任；该项目原承担企业和中标人依照 51%和 49%的比例组成股份公司性质的项目公司，双方依据股份承担义务和收益。

项目公司的义务主要是两项：①自行投资融资设计、建设项目；②运行管理和维护项目。

项目公司的收益有三个渠道：①废弃物处理产生的天然气和油脂收入；②废弃物综合利用的收入；③财政对垃圾处理费用的补贴。

[①] 该项目负责人系本书作者之一朱晋华，招标代理公司是中国远东天太招标有限公司。

（二）该类项目编制招标文件的要点

本项目于 2012 年启动，由于当时政府有关部门还没有 PPP 相关政策和指导文件，某招标代理公司在充分理解招标人项目意图的基础上凭借其丰富的实践经验编制了这份有历史意义的招标文件。

1. 确定采购需求体现项目意图

PPP 项目的目标一是融资，二是政府通过和社会资本合作合营提高服务效率。本项目除此之外还要通过同原项目公司合作，帮助招标人解决项目的技术问题。因此，在招标文件的招标内容方面要充分体现上述项目意图。

"10.1 项目意义

餐厨废弃物无害化处理是城市基础设施建设项目，属于市政公用服务工程，它的建设有益于××市食品安全、居民健康、经济社会发展和生态环境状况的改善，将体现出资源节约、环境友好、社会和谐的原则，符合时代精神。

2011 年 8 月初，国家发展改革委、财政部、住房城乡建设部联合印发了《关于同意北京市朝阳区等 33 个城市（区）餐厨废弃物资源化利用和无害化处理试点实施方案并确定为试点城市（区）的通知》，批复了北京市朝阳区等 33 个城市（区）的实施方案并确定为试点城市（区）。××市已被纳入国家首批餐厨废弃物资源化利用和无害化处理试点城市。

10.2 招标要求

10.2.1 原项目承担企业为××A 生物能源有限公司，××A 生物能源有限公司原股东将出让 49%的股份给本项目中标人，中标人根据所占股权比例分享利润和承担风险。在本项目招标前，招标人和原项目承担企业已经完成的和正在进行的前期工作，包括申报国家试点城市、规划、可研、环评、土地划拨、招标费、招标人本项目专项法律服务费等，所产生的相关费用明细表见附件。中标人须认可该前期费用，并将该前期费用纳入项目投资总额（中标人应出具书面承诺函）。

项目总投资由项目公司自有资金和项目公司融资两部分组成。中标人应该具有良好的融资渠道，并办理融资事务。融资规模待项目设计完成后确定（太原市餐厨废弃物资源化利用和无害化处理项目可行性研究报告中初步估算项目总投资额 29705.89 万元）。

10.2.2 中标人须按 10.2.1 中所述的股权比例承担本项目的自有资金投资。

10.2.3 投标人应针对本项目特点编制投资估算表、融资方案、总成本费用估算表、经济分析、财务评价、投标报价合理性分析及项目管理团队。"

2. PPP 项目可行性分析的评价

与一般项目的招标文件不同，PPP 项目前期应当进行物有所值评价，在此基础上，招标文件要求投标人提交可行性分析报告，依此判断投标人融资的可靠性、技术的成熟性、管理的科学性。本次招标文件对此做了如下设计。

"10.2.3.1 投资估算编制要求及范围：

(1) 投资估算应做到方法科学、依据充分。主要依据为：

a. 招标文件第四章"项目概况"中明确项目各单项建设内容及工艺流程；

b. 建设管理部门颁发的建设工程造价费用构成、计算方法和定额及其他有关计算工程造价的文件；

c. 有关部门制定的工程建设其他费用的计算办法和费用标准。

(2) 估算精度要求：

a. 工程内容和费用构成齐全、计算合理、不重复计算、不提高或降低估算标准，不漏项；

b．若选用的指标与具体工程之间的标准或条件有差异，应进行必要的换算或调整；

（3）投资估算范围及内容：

投资估算应对项目投资、建设、运营所需投入的资金即项目总投资进行估算，包括建设投资和流动资金两部分；

10.2.3.2 融资方案

（1）项目融资方案又称资金筹措方案。投标人应在投资估算的基础上，合理确定项目资本金与债务资金的比例，说明资本金和债务资金的筹措方案（见"项目总投资使用计划及资金筹措表"）；

（2）资本金是指项目投资中由投资者提供的股本金，资本金出资形式按招标文件要求，其筹措方案应说明资本金来源、数额及认缴进度；

（3）债务资金是项目总投资中除资本金外需要从金融市场借入的资金。信贷融资方案应说明拟提供贷款的机构及其贷款条件，包括支付方式、贷款期限、贷款利率、还本付息方式及其他附加条件。

10.2.3.3 项目运营成本估算

总运营成本费用包括药剂及燃料动力、水费、电费、外购材料费、人员工资及福利费、设备修理费、经营期内的折旧费、餐厨垃圾收运政府补贴、摊销费、财务费用和其他费用等（见"项目总运营成本费用估算表"）。

10.2.3.4 经济分析

（1）经济分析原则：

本项目的技术经济评价根据国家发改委、建设部发布的《建设项目经济评价方法与参数》(第三版)进行经济分析。依据投标方案所做经济分析应起到或优于以下经济指标。

（2）基本数据。

a．投资总额：本项目建设投资总额_____万元。

b．营业收入：本着项目投资基本内部收益率8%的原则确定垃圾处理收费，以保证企业正常运行，垃圾处理建议价_____元/吨，垃圾处理量根据预测量计算。油脂收入按当前市场价计4500元/吨。压缩天然气按2.8元/米^{3}计。

油脂和压缩天然气收入营业税金及附加：本项目投产后缴纳增值税，税率17%，城市维护建设税税率7%，教育费附加4.5%，营业税金及附加即征即返，按免交计。

此外，由于项目投资较大，成本较高，收益较低，需政府给予补贴，经计算，在餐厨垃圾补贴收入_____元/吨的情况下，项目可以盈利。

c．成本费用：

① 药剂、燃料动力、水费、电费：按目前市场价计算；

② 外购材料费；

③ 工资及福利：按人均_____万元计算；

④ 折旧费：固定资产折旧采用直线法计提折旧，建筑物折旧年限按30年，机器设备折旧年限15年，餐厨废弃物运输车5年，残值率5%；

⑤ 摊销：土地使用权50年，其他5年；

⑥ 管理费用（含营业费用等）根据本项目估算；

⑦ 财务费用：按国家当前利率计。

d．税金、利润与利润分配：本项按国家规定免交营业税金及附加，所得税25%。所得税根据国家有关规定本项目免交。

10.2.3.5 财务评价

投标方所提供的投标方案要满足或优于以下指标要求。

（1）财务盈利能力分析：

a．总投资收益率（平均）9.44%；

b．项目资本金净利润率（平均）14.81%；

c. 项目投资财务内部收益率：项目计算期内（含建设期 2 年），所得税后 8.87‰。所得税前 8.87%；

d. 项目投资财务净值：项目计算期内（Ic=8%）财务净现值所得税后 2023 万元。所得税前 2023 万元；

e. 项目投资回收期：本项目投资回收期所得税后 11.33 年（含建设期）。所得税前 11.33 年（含建设期）。

(2) 财务生存与清偿能力。

生存能力：本项目财务计划现金流量表。

(3) 不确定性分析。

a. 盈亏平衡分析：固定成本

$$BEP（生产能力平均利润率）=\frac{固定成本}{收入-营业税金-可变成本}\times100\%$$

b. 敏感性分析：对投资、产量、收费标准进行单因素敏感性分析（须编制相应表格）。

c. 风险性分析：投标人应编制风险控制报告，风险控制报告应包括政策风险、技术风险、工程风险、外部协作条件风险、管理风险等。

10.2.3.6 项目管理团队

项目经理及技术负责人应具备国家注册的相应资质，且在近三年内承担过类似工程；提供项目机构配备计划。

10.2.4 项目竣工后 6 个月的试运行期内按 100 吨/日处理量计算，试运行期后一年内按 200 吨/日处理量计算，试运行期后一年后按 300 吨/日的保底量计算。"

3．如何量化选择合格的中标人

依据项目目标，本项目招标文件的评审办法设计为：资格条件 15 分，商务条件 55 分，报价 30 分。其中资格条件主要是企业实力和能力指标（2012 年工商管理还未改革，目前体现实力的注册资本指标应当用净资产体现）；商务条件中融资方案和总成本费用估算是主要标准，确保项目融资可靠、管理科学；在价格评审方面由于商务条件已经有了总成本估算指标，因此，报价指标仅设计了 30 分，同时该类项目也不能依据报价的高低确定优劣，用总投资大小进行评审意义不大，而用减少政府补贴作为价格评审应当是比较现实的一种比较办法。所以本招标文件在该项目中报价采用系数报价法，即政府补贴确定后投标人依据自己的实力和能力确定获取补贴的折扣并以此进行价格评审依据。投标人报价为 1~0.9 之间，该系数一方面作为合同履行期间领取政府补贴的折扣值，也作为本次评审的报价值。本次报价三个投标人分别报价为 0.99、0.98 和 0.97，该数值平均作为基准价。并依招标文件规定折算分数。在投标报价表中除了系数指标外还有项目总投资报价。后者不作为评审依据，仅作为计算投标保证金的参考，详见下表。资格评分标准（15 分）

序号	评审因素	分值	评分说明
1	注册资本	5	企业注册资金达到 10000 万元得基本分 1 分，每增加 5000 万元加 1 分，得分不得超过 5 分（联合体不得累加，以注册资金最高者为评审依据）
2	类同垃圾处理相关业绩	5	具有城同垃圾处理项目相关业绩（中标通知书、合同），一个业绩得 1 分，不超过 5 分
3	质量体系认证	2	有 ISO 9001 质量认证证书，得 2 分
4	资信证明	3	1 有 AAA 信用等级证书，得 3 分；有 AA 信用等级证书，得 2 分；有 A 信用等级证书，得 1 分；没有信用等级证书，得 0 分。 2．其他机构认定的得 3 分
	合 计	15	

商务评分标准（55 分）

	评审因素	分值	评分说明
1	投资估算	8	计算方法科学、依据充分、费用构成齐全、计算合理，得6~8分； 计算方法科学、依据较充分、费用构成较齐全、计算较合理，得4~6分；上述各项较差得0~3分
2	融资方案	15	自有资金充足、融资渠道可靠、融资条件有利、满足招标要求，得10~15分； 自有资金较充足、融资渠道较可靠、融资条件较有利、满足招标文件要求，得5~10分； 上述各项较差得0~5分
3	总成本费用估算	15	项目齐全、单项成本合理，得10~15分；项目较齐全、单项成本较合理，得5~10分；上述各项较差得0~5分
4	财务分析	9	项目齐全、分析合理有据、数据准确、满足或优于经济指标，得7~9分； 项目较齐全、分析合理有据、数据准确、满足经济指标，得4~7分； 各项可行性较差得0~3分
5	项目管理团队	8	专职服务本项目工作人员配备齐全、管理经验丰富、满足相关资质要求得6~8分； 专职服务本项目工作人员配备较齐全、管理经验较丰富、满足相关资质要求得4~6分；上述各项较差得0~3分
	合计	55	

3.2.3 价格打分标准（30分）

投标报价采用系数法报价，有效限定区间为：0.9~1；待政府部门确定处置费补贴价（指导价）后乘以中标人所报系数，即为政府最终给予企业的处置费补贴价；

招标人根据投标人的投标报价（以投标人所报系数作为评审的依据），按以下方法计算报价得分：

3.2.3.1 评标基准价：各投标人投标报价的算术平均值作为评标基准价。

3.2.3.2 基准价为满分（30分）

3.2.3.3 投标报价低于或高于评标基准价时，以30分为基准数递减（递减以12分为限）。

投标报价低于评标基准价时，每低1%减0.2分，投标报价高于评标基准价时，每高1%减0.3分，最低得分不低于18分。

3.2.3.4 综合得分不低于60分。

2.4 评标结果

招标人应根据评标委员会的评审结果，确定综合得分排名第一的投标人为预中标人，评标委员会完成评标后，由应当向招标人提交书面评标报告。"

（三）招标文件中对控制项目风险的统筹安排

为防止招标缔约和履约阶段的风险，在采购阶段，招标人（招标代理机构）从以下方面进行风险控制：

一是招标文件对中标人资质条件做了严格规定，通过削弱风险的方法确保中标人具备合同履约能力；

"3.1 注册资本不少于10000万元人民币（联合体成员的注册资金不得累加计算）；

3.2 投标人必须是在中国大陆境内依法成立，并具备承担该项目投融资能力的独立法人；

3.3 投标人应具有良好资金、财务状况；应当具备承担本招标项目、完整履行合同的能力和良好的履行合同记录；

3.4 近3年在国内有餐厨废弃物处置业绩（处理规模200吨/日及以上）；

3.5 投标人应具有从事生活垃圾或餐厨废弃物处理的专业技术力量，包括拥有技术人员和完整的技术管理体系，须提供相应人员配置、机构设置及ISO 9001质量认证证书；

3.6 投标人应为独立于招标人和招标代理机构的投标人；

3.7 投标人必须遵守国家有关法律、法规及规章制度；

3.8 投标人须同意以受让太原天润生物能源有限公司49%股权的方式参股。

3.9 本次招标接受联合体投标，联合体成员最多不超过2名。"

二是在体制上，招标文件的合作合同要求中标人以49%的股份参股项目公司，政府直属企业占51%的股份控股，通过风险保留的方式防止国有土地使用失控和合理的收益。

三是在机制上，招标文件约定了中标人在不同阶段的投标保证金、履约保证金、运行维护保证金通过转移风险保证合同的履行。

四是通过建立完整的合同体系分散风险。如图5-2所示，相关合同除了中标人内部联合体合同和政府和中标人合同、土地使用权合同等外，还有各类融资合同、多种技术咨询服务合同、建设工程合同、各类货物采购合同、保险合同担保等构成闭环的合同体系。

在PPP项目中，政府和社会资本合作协议是最重要的合同文件。目前财政部、发改委都颁布了相关合同的指南，可供招标人参考。

本次招标的合同文件是"项目合作经营合作合同条款及格式"。由招标人聘请相关律师团队进行编制，编制时间长达2个多月。该合同特别规定了财政补贴的计算公式和方法以及由于特定原因的一般补偿条款包括补偿条件的确认、补偿方式和程序等，以保证双方的权益。相关内容由于篇幅不再赘述。

该文件招标前经有政府有关部门进行严格审查批准后发售，这也是PPP项目招标文件和一般项目招标文件在管理上不同的地方。

本次PPP项目招标中，投标人关心项目回报需要经过有经验的咨询公司进行测算。其中确定政府补贴的额度是重要依据之，否则，投标人难以在投标文件中向招标人提交项目准确报价。只能如本次招标一样提交报价系数。

本章练习题

一、判断题

1. 编制资格预审文件的着眼点主要设计对潜在投标人或投标人履约能力审查的条件和方法。（　）
2. 编制招标文件的着眼点是告诉潜在投标人本次招标的标的及其范围和游戏规则。（　）
3. 依据标准文件的说法，评标办法包括评标方法、评标程序、评标标准。（　）
4. 招标文件对中标人资质条件做了严格规定，确保中标人具备合同履约能力是招标人控制风险的措施之一。
（　）
5. 在特殊货物项目中为保证标的的质量招标文件可以约定货物品牌。（　）

二、单选题

关于编制招标文件的说法正确的是（　）。

A. 确定标段的划分是落实项目意图的技术手段之一
B. 编制招标文件是选择交易对象的准入要求
C. 编制资格预审文件是表述交易活动中"买什么"的意思表示
D. 在标准文件中依据项目特点可以创造标准文件之外的评标方法

三、简述题

简述划分标段可能产生影响相对人合法权益违法行为的表现形式。

程序法是经济决策科学化、民主化的最大保障。一部完善的程序法可以使一项重要的决策失误率降到最小处，也可以使经济管理完善化，使产生腐败的漏洞降到最少处。

中国政法大学终身教授　江平

第6章
执行招标程序（招标）

所谓程序一般指依照规定的规则和顺序开展的活动，以保证活动结果达到预期目标。如合理和公平。

所谓程序法，是指在法学分类中实体法以外，法院或是行政机关如何进行各种司法程序或行政程序的实证法。程序法可以定位为非关实体权利，而系为安排各种程序的法令而言。在大陆法系国家，程序法基本上可以分为民事程序法、刑事程序法和行政程序法。

《招标法》是一部民事程序法。作为一部程序法，《招标法》规定了招标、投标、开标、评标和中标（定标）各阶段的程序性规则，其核心是其要约和承诺在公开的条件下，以客观公正的态度和诚实信用的原则，按照规定的程序选择最公平的结果，签订一个双赢合同。

众所周知，工程建设项目招标投标的标的大致分为工程、货物、服务三大类，虽然各类别各行业招投标的每个环节的具体要求有区别，但基本程序都是相同的。

执行招标程序（招标、投标、开标、评标和中标），在项目管理属于项目的执行和控制环节。从法律角度考量既有强制性规范，体现公权力如关于招标公告的规定；也有任意性规定，体现私权如是否启动招标程序由招标人决定。

一、招标投标程序的特点

（一）铁路招标的潜规则[①]

《中国新闻周刊》报道，从规定上看，铁路工程的招标从标准到程序都很严谨。然而事实情况却不尽然。

例如，在原铁道部公布的《铁路建设工程招标投标实施办法》中明确规定：任何单位和个人不得违法限制或排斥本地区、本系统以外的具备相应资质的法人或其他组织参加投标，不得以任何方式非法干涉招标投标活动。然而，在铁道系统内有不成文的规定，即铁路系统外的企业需要与铁道系统的企业组成联合体，方能承揽铁道业务。

《铁路建设工程招标投标实施办法》中也明确规定：铁路建设工程招标投标活动应遵循公开、公平、公正、诚实信用的原则。但熟悉铁路工程的人士却告诉《中国新闻周刊》，现在的铁路项目基本都为内定。

崔仁(化名)曾参加某高速铁路物资的招投标，他告诉《中国新闻周刊》，"只有那些符合铁道部要求的企业才有资格递交标书"。

据报道，上海万某动力能源公司就在屡次审查通不过、得不到竞标资格之后，放弃了跟铁路部门打交道，转而投向地铁。"该有的证我们都有，产品质量也没有问题，但从来没通过审查"，总经理金某生说道。

崔仁说，在审核和竞标过程中，每个竞标单位的资料都放在各自的纸盒中，纸盒上面清楚地标明竞标企业

---

① 节选自《中国新闻周刊》，记者庞清辉，http://news.sina.com.cn2011-08-04111322933461.shtml。

的资料，中铁几局的名字都写在上面。"经常参加审核的专家很容易看出哪个标书是自己人的，一目了然。"有经验的专家也可以看出"哪个公司对项目'志在必得'，哪些企业是在陪标"。通常，招标规定最少要有三家企业投标才能评标。在他看来，整个招标过程就像是铁道部自家人在"分活儿"。

崔仁所在的公司为了获得参与铁道部项目的机会，通常要和中铁工、中铁建等少数国有企业或其下属企业联合，借助其名号，为自己加分。

做了七八年的铁路工程后，崔仁明白，"很多招标都只是走一个过场"。比如，崔仁发现，招投标结果公示的时间通常在临近下班时分，公示期也只有3天，往往是周五、周六、周日。又如，按照规定，在承建中出过事故的单位，至少3个月内不许竞标；但崔仁发现，有些铁路项目"恰逢"这个集团过了限制期限，开始招标。

"表面看起来程序完备，但裁判和教练同属一人"，崔仁说。铁路系统审批程序和招投标规则几乎完全掌握在系统内部，人为干预现象时常发生，有的是领导直接打招呼，有的是中介干预影响招投标，有的是相关企业联合围标串标。

最为荒唐的是，有些项目招投标尚未开始，已有中标单位"提前"开工了。如：《新建铁路南甲枢纽甲南站站房与地铁结合部应急工程施工总价承包招标公告》发布于2008年12月25日，但在2008年1月，中铁××局已经将第一根桩打入地下，2008年3月18日上午"××高速铁路南甲南站桩基部开桩"典礼上，中铁××局集团二公司南甲公司的领导及参建员工还悉数参加了开工典礼。

国家审计署有关人员也向《中国新闻周刊》透露，如××大桥工程土建及监理1标和××高铁咨询业务等项目，招标时间分别为2006年7月和2007年12月，然而××大桥局和××院工程咨询有限公司这些后来的"中标单位"，都在招投标程序启动前数月便开始了工作。中标后，转包现象也很普遍。

"工程也是层层转包。"崔仁说，他们公司的一些项目都是依托关系成为第三层转包方，但他们也并非自己建设，而是"抽点"后再向下转包，结果导致最后实际的承建方为保证有所盈利，不得不偷工减料、以次充好。

这也导致许多看起来几百亿投资的项目，实际并没用这么多，崔仁说，他曾经接手一个工程，投资额是3亿，最后大概花了8000万元，"全分给各个利益关联方"。

工程建设项目中，《中国新闻周刊》披露的上述现象不是个案。上述案例说明，严密的程序不一定能保证结果的公平，除了执法不严外，有关行业的管理和监督不分，或者监督者和被监督者构成利益共同体，法律就是一纸空文。铁路系统招标采购的规范在于其管理体制的改革，根本的好转还有待政治制度的改革。

（二）招标投标制度的时间性

1. 权利的时间性特征

权利的时间性特征是民法的本质属性之一，作为民事权利的重要表征之一，时间本身也成为了一种利益的存在。民法中的时间并不是简单的社会生活的复制，其实法律中所有关于时间的规定，都是在对民事主体的利益予以一种平衡，应该说，这同样也是民法本质的具体体现。时间在民法中无处不在，不论是民法本身的历史发展，还是作为一种法律事实中的时间规范，它们都影响着民事主体利益的方方面面。

《招标法》关于时限的要求有4处，分别是：

《招标法》第二十三条规定：对招标文件的修改距投标截止时间不少于15日；

第二十四条规定：依法必须招标的项目从出售招标文件距投标截止时间不少于20日；

第四十七条规定：确定中标人后15日内向主管部门报告；

第四十六条规定：中标通知书发出后30日内，招标人和中标人签订书面合同。

有关法规关于招标投标程序的时间规定见本书附录B。

由于违反时间程序要求的行为造成后果严重将承担法律责任。

2. 新规定的法律适用

（1）关于对招标文件异议及答复的案例。

某招标项目发售招标文件是 1 日，开标时间是 21 日，问题：

① 如果投标人在 10 日提出异议，招标人在 13 日答复，开标时间是否顺延至 23 日？

参考答案：如果招标人的答复没有造成招标文件的修改，或虽然修改但不影响投标文件的编制，则开标时间不变，还是 21 日；如修改招标文件并影响投标文件的编制，则按照《条例》第二十一条规定执行，延长 15 日至 29 日。

② 如招标人（代理机构）在 3 日内未作答复，那么开标时间是从答复之日顺延，还是按期开标？

参考答案：招标人（代理机构）必须在 3 日内答复，答复不以异议人满意为标准，这是招标人法定义务，超过法定时间，监督部门可依照《条例》第七十七条处罚，但开标时间仍按第①问的原则决定。

（2）关于工作日和日历日。

《民法通则》第一百五十四条规定："民法所称的期间按照公历年、月、日、小时计算。规定按照小时计算期间的，从规定时开始计算。规定按照日、月、年计算期间的，开始的当天不算入，从下一天开始计算。

期间的最后一天是星期日或者其他法定休假日的，以休假日的次日为期间的最后一天。

期间的最后一天的截止时间为 24 时。有业务时间的，到停止业务活动的时间截止。"

《民法通则》第一百五十五条规定："民法所称的"以上"、"以下"、"以内"、"届满"，包括本数。"

依据《民法通则》和《条例》的规定，如周一出售招标文件，当日不算，从周二开始，期间最后一天是周六休息日，截止时间应当是下周一下班前；如果周五出售招标文件，期间的周六、周日应当包括在内，出售招标文件的截止时间为下周三下班前。

实践中，由于招标项目时间紧急，时限计算一般都将当天计算在内。

（三）招标投标制度的保密性

1. 囚徒困境的启示

招标采购过程属于经济学中的博弈，是微观经济学中解决供给与需求的重要手段。其中，投标人之间为获取中标从事的活动属于竞争博弈，招标人和中标人之间通过合同契约约束的合作属于合作博弈，著名的"囚徒困境案例"属于竞争性博弈。

故事概梗：甲乙两个罪犯嫌疑人合伙作案被抓捕，在审讯期间，除非其中至少一个人认罪，按照现有证据法院定罪较轻。为此，检察官对两人分别审讯并交代以下政策供其选择（见表6-1）。

表6-1 两人在不同选择下可能受到的处罚表

嫌疑人		甲	
		Y	N
乙	Y	6年有期徒刑	乙无罪释放，甲被判10年
	N	甲无罪释放，乙被判10年	1年

甲如果坦白检举乙，乙拒不坦白，甲无罪释放；乙如果坦白检举甲，甲不坦白，乙无罪释放；如果两人都

坦白，两人将判处有期徒刑6年，如果两人都不坦白，按照现有证据只能判处最轻的处罚1年拘役。现在的问题是，甲乙两人应当作出何种选择对本人最有利。

博弈问题的约束条件是不知道竞争对手如何出牌。所以双方只能以对自己最有利的选择出发，甲从自己最有利的选择是坦白并检举，因为，这时如果对方不承认，自己可能无罪释放；如果对方承认，自己也不过6年拘役。但是自己如果不坦白，对方坦白检举，自己可能被判处10年拘役，当然如果两个人都不坦白也只有1年拘役，但这种可能性是最小的。同样乙方也持同等的选择意向，结果两人都选择了坦白检举。达到了检察官预期的效果。这里关键是选择方不知道对手的选择，如果两人有机会见面，就达不到检察官预期的效果。

这个故事说明在竞争博弈中保密是多么重要，因此在招标投标活动中保密是一个很重要的原则。

2. 关于保密的法律责任

《招标法》第二十二条规定："招标人不得向他人透露已经获取招标文件的潜在投标人的名称、数量以及可能影响公平竞争的有关招标投标的其他情况，招标人设有标底的，标底必须保密。"

第二十八条规定，在开标之前，"招标人收到投标文件后，应当签收保存不得开启"。

第三十二条规定，投标人之间，以及招标人和投标人不得串通投标。

第三十七条第五款规定："评标委员会成员的名单在中标结果前应当保密"。

第三十八条规定："招标人应当采取必要的措施，保证评标在严格保密的情况下进行"。

第四十四条规定第三款规定："评标委员会和参与评标的有关工作人员不得透露对投标文件的评审和比较、中标候选人的推荐情况以及与评标有关的其他情况。"

鉴于在招标投标活动中保密的极端重要性，法律对泄密情形设置了严格的法律责任。

《招标法》第五十条对招标代理机构违反规定的泄密行为作出处罚规定；

第五十二条对招标人在依法必须招标的项目中的泄密行为作出处罚规定；

第五十三条对投标人串标行为作出处罚规定；

第五十六条对评标委员会成员的泄密行为作出处罚规定；情节严重的承担刑事责任。

二、招标程序的管理

（一）招标程序概述

1. 招标人的概念和招标应具备的条件

（1）法律规定。

《招标法》第八条规定："招标人是依照本法规定提出招标项目、进行招标的法人或者其他组织。"

第九条规定："招标项目按照国家有关规定需要履行项目审批手续的，应当先履行审批手续，取得批准。招标人应当有进行招标项目的相应资金或者资金来源已经落实，并应当在招标文件中如实载明。"

上述规定包括两个方面的4个内容，一是规定了招标人的资格：提出并进行招标项目、法人两个要件；二是规定了招标项目应当具备的条件：履行审批手续、落实资金来源两个要件。

2017年全国人大第十二届代表大会第五次会议通过的《民法通则》将民事主体分为自然人、法人和非法人组织，其中法人分为营利法人、非营利法人和特别法人3种。"非营利法人包括事业单位、社会团体、基金会、社会服务机构等"；特别法人"包括机关法人、农村集体经济组织法人、合作经济组织法人、基层群众性自治组织法人"。非法人组织"包括个人独资企业、合伙企业、不具有法人资格的专业服务机构和其他组织。"民法总则第一百零四条规定："非法人组织可以确定一人或者数人代表该组织从事民事活动。"

有学员提问：分公司是否可以作为招标人或投标人？该问题涉及法律规定的对"其他组织"的理解。所谓承担民事合同能力的其他组织：最高人民法院印发《关于适用《民事诉讼法》若干问题的意见》第四十条提到其他组织的含义，具体包括："民事诉讼法第四十九条规定的其他组织是指合法成立、有一定的组织机构和财产，但又不具备法人资格的组织，包括：

① 依法登记领取营业执照的私营独资企业、合伙组织；
② 依法登记领取营业执照的合营企业；
③ 依法登记领取我国营业执照的中外合作经营企业、外资企业；
④ 经民政部门核准登记领取社会团体登记证的社会团体；
⑤ 法人依法设立并领取营业执照的分支机构；
⑥ 中国人民银行、各专业银行设在各地的分支机构；
⑦ 中国人民保险公司设在各地的分支机构；
⑧ 经核准登记领取营业执照的乡镇、街道、村办企业；
⑨ 符合本条规定条件的其他组织。"

鉴于此，依据上述规定第五条，分公司在当地领取营业执照作为其他组织可以作为招标人或投标人行使民事权利。注意分支机构和子公司的区别，子公司是总公司具有法人资格的分支机构；分公司是总公司不具备法人资格的分支机构，符合上述条件可以称之为"其他组织"。

依据《民法总则》的规定，上述"其他组织"，其中一部分称之为非营利法人、一部分称之为特别法人。一部分称之为非法人组织。

（2）不同项目的具体规定。

根据《招标法》的规定，国家有关部委根据行业特点对招标人招标的具体条件做了进一步的规定。表6-2汇总了有关部门规章关于不同招标项目招标时招标人应当具备的共同条件和特别条件的规定。

表6-2 不同项目应当具备的共同和特别条件汇总表

招标类型	特别条件	共同条件
工程施工	初步设计及概算应当履行审批手续的，已经批准；有招标所需要的设计图纸及技术资料	1. 招标人已经依法成立并符合相应资格条件； 2. 招标项目的内容、范围、条件、招标方式和组织形式已经有关项目审批部门或招标投标监督部门核准，并完成法律法规规章规定的规划、审批、核准或备案实施程序； 3. 招标和组织实施必需的资金，或资金来源落实
工程总承包	根据不同开始阶段和方式分别具有可研报告或实施性方案设计或工程初步设计	
工程货物	能够提出货物的使用与技术要求	
非工程使用的一般货物	应具有满足采购招标的设计图纸或技术规格	
政府采购货物和服务	采购计划和资金已经有关采购主管部门批准	
基础设施特许经营项目融资招标	招标人已确定（项目所在地的基础设施政府主管部门组建的招标委员会或类似机构，国有资产投资管理公司）项目实施方案已经政府相关部门批准	
工程概念性方案设计	具有批准的项目建议书	
工程实施性方案设计	具有批准的工程建设项目规划实际条件 具有可行性研究报告	
工程监理	可行性研究报告或工程实施性方案设计	

如果招标人具备招标条件采用电子招标方式启动招标时，依据《电子招标投标办法》第十六条的规定："招标人或者其委托的招标代理机构应当在其使用的电子招标投标交易平台注册登记，选择使用除招标人或招标代理机构之外第三方运营的电子招标投标交易平台的，还应当与电子招标投标交易平台运营机构签订使用合同，明确服务内容、服务质量、服务费用等权利和义务，并对服务过程中相关信息的产权归属、保密责任、存档等依法作出约定。

电子招标投标交易平台运营机构不得以技术和数据接口配套为由，要求潜在投标人购买指定的工具软件。"

2. 发布招标公告（资格预审公告）

（1）法律关于发布招标公告的规定。

《招标法》第十六条第一款规定："招标人采用公开招标方式的，应当发布招标公告。依法必须进行招标的项目的招标公告，应当通过国家指定的报刊、信息网络或者其他媒介发布。"

《条例》第十五条第三款规定："依法必须招标的项目的资格预审公告和招标公告，应当在国务院发展改革部门依法指定的媒介发布。在不同媒介发布的同一招标项目的资格预审公告或者招标公告应当一致。指定媒介发布依法必须进行招标的项目的境内资格预审公告、招标公告不得收取费用。"

《电子招标投标办法》第十七条规定："招标人或者其委托的招标代理机构应当在资格预审公告、招标公告或者投标邀请书中载明潜在投标人访问电子招标投标交易平台的网络地址和方法。依法必须进行招标项目的上述相关公告应当在电子招标投标交易平台和国家指定的招标公告媒介同步发布。"

有关部门规章依法指定了相关媒介，详见下面的故事。

（2）高速公路招标公告的故事①。

某省高速公路项目是国家高速公路网的重要组成部分，为加快项目进度，本项目业主在工程可行性研究报告完成并上报国家有关部门后，马上委托某招标代理公司组织本项目的勘察设计招标。本项目的招标方式为公开招标资格预审，共一个合同段，招标公告在本省的交通网（省交通厅网站）发布，共有7家申请人购买了资格预审文件并在规定时间递交了资格预审申请文件，经审查，有6家申请人通过了资格预审。本着公开的原则，在发售招标文件时，招标人向所有购买招标文件的投标人通报了资格预审通过情况及通过单位名称。

本项目在开标前经举报被行政监督部门责令暂停并作出处理决定。该决定认为，该项目招标存在以下几方面问题。

（1）本项目可行性研究报告未批复就进行设计招标。根据《工程建设项目勘察设计招标投标办法》（中华人民共和国国家发展和改革委员会令第2号）第九条依法必须进行勘察设计招标的工程建设项目，在招标时应当已履行审批手续，并取得批准。

（2）未在国家指定媒体发布招标公告。根据《招标公告发布暂行办法》（国家计委第4号令），依法必须招标的项目，招标公告应在《中国日报》《中国经济导报》《中国建设报》《中国采购与招标网》（http：//www.chinabidding.com.cn）上发布。

（3）招标人通报了合格潜在投标人的名单涉嫌违反有关保密规定。

3. 关于对招标文件的澄清、修改

《招标法》第二十三条赋予招标人修改招标文件的权利。《条例》第二十一条对此做了补充，

---

① 案例提供：杜晓雷，北京中交建设工程招标有限公司。

"招标人可以对已发出的资格预审文件或者招标文件进行必要的澄清或者修改。澄清或者修改的内容可能影响资格预审申请文件或者投标文件编制的,招标人应当在提交资格预审申请文件截止时间至少3日前,或者投标截止时间至少15日前,以书面形式通知所有获取资格预审文件或者招标文件的潜在投标人;不足3日或者15日的,招标人应当顺延提交资格预审申请文件或者投标文件的截止时间。"

(1) 本条适用主体是招标人。

资格预审文件或者招标文件的内容应当准确、完整、含义清晰。当资格预审文件或者招标文件的内容出现疏漏或者意思表示不明确、含义不清晰的地方,或者因情况变化需要对某些实质性内容作出修改的,可以由招标人主动进行澄清或修改,也可以由潜在投标人提出后招标人进行澄清或者修改。

(2) 澄清说明的内容和形式。

对招标文件或资格预审文件的澄清说明是招标人编制文本权利的延续,属于招标人的私权利。因此法律对招标文本澄清说明的内容不做规定。主动澄清一般是对文件商务或技术条件修改、补充或者说明;被动澄清说明一般两种情况,一是对异议的沟通,二是对违法法律、行政法规或技术规范标准的修改。

由于这些澄清说明构成招标文件的组成部分,因此必须采取书面形式。

(3) 澄清说明的限制性规定。

招标人对已发出的资格预审文件或者招标文件进行必要的澄清或者修改,乃是为保护招标人的合法权益而对其赋予的权利。同时,为了使潜在投标人的合法权益不因此而受到损害,有合理的时间应对招标文件或资格预审文件的修改,编制对其实质性响应的投标文件和资格申请文件。本条规定了相应的时间限制,防止招标人权利滥用。

招标人应当在提交资格预审申请文件截止时间至少3日前,或者投标截止时间至少15日前,以书面形式通知所有获取资格预审文件或者招标文件的潜在投标人;招标不足3日或者15日的,招标人应当顺延提交资格预审申请文件或者投标文件的截止时间,以使潜在投标人有足够的时间根据澄清或者修改的内容相应地调整其资格预审申请文件或者投标文件。

(4) 时限规定兼顾效率和公平。

本条在规定法定时限体现公平的同时,也本着实事求是的原则,兼顾招标投标活动的效率,对是否顺延的澄清和说明增加了"可能影响"的限制性规定。

《招标法》已经颁布实施12年,随着计算机的广泛应用,施工合同造价推行工程量清单计价,以及投标人对招投标活动积累的经验,投标人编制投标文件的时间大大缩短。但法律规定不分项目类别规模大小,从出售招标文件到开标截止,依法招标的项目一律不得少于20日,就显得过于刚性。在法律暂时不能修改的情况下,《条例》通过这种限制性规定尽量缓解法律刚性化对招投标活动的影响。

本条关于"可能影响"的认定主体没有规定。作为私权利,应当由招标、投标双方约定。在公平的前提下,尽可能提高采购效率;如发生争执须有行政监督部门裁定。

由于不少招标程序主要通过网络媒介进行,故而潜在投标人可以匿名从网上下载资格预审文件或者招标文件,因此,有关澄清和说明的规定应依照有关电子招标的规定执行。

4. 关于对招标文本的异议

《条例》第二十二条规定:"潜在投标人或者其他利害关系人对资格预审文件有异议的,应当在提交资格预审申请文件截止时间2日前提出;对招标文件有异议的,应当在投标截止时间 10 日前提出。招标人应当自收到异议之日起 3 日内作出答复；作出答复前，应当暂停招标投标活动。"

本条是对《招标法》第二十三条的补充。第二十三条规定了招标人对招标文本澄清说明的权利和程序。本着合同主体平等的原则，本条补充了投标人对招标文本异议的权利和程序。

（1）提出异议的主体。

提出异议的主体是与招标活动有利害关系的人：首先是潜在投标人；其次是其他利害关系人，如资格预审申请文件或者投标文件中列明的，拟用于招标项目的项目负责人、分包人和供应商以及资格审查委员会或者评标委员会成员等。

（2）提出异议的事由。

异议的事由可以是资格预审文件或者招标文件不符合招投标法规的规定，也可以是对其内容的理解差异。异议有助于招标人及时采取措施纠正招标过程中存在的问题。

（3）提出异议的时限。

提出异议的时间，针对资格预审文件的，应在提高资格预审申请文件截止时间 2 日前提出；针对招标文件的，应当在投标截止时间 10 日前提出。

（4）针对异议招标人的法定义务。

招标人答复的时间为收到异议之日起 3 日内，作出答复前，应当暂停招标投标活动。此款规定是对法律的重要补充，以保护投标人的合法权益。《条例》规定了暂停活动是指暂停下一阶段的工作，如没有答复不能开标，但答复不以异议人满意为要件。这一条款的设计主要从民事权利平等自愿的角度考量，尽量减少行政成本，在兼顾公平的基础上，尽可能提高招投标活动的效率。

答复内容涉及资格预审申请文件或者投标文件编制的，应根据《条例》第二十一条的规定，履行通知义务，并根据实际情况顺延提交资格预审申请文件或者投标文件的截止时间；若关于资格预审文件或者招标文件合法性的异议成立，且属于依法必须进行招标的项目的，则招标人还应依《条例》第二十三条的规定，修改资格预审文件或者招标文件后重新招标。

《电子招标投标办法》第二十二条规定："招标人对资格预审文件、招标文件进行澄清或者修改的，应当通过电子招标投标交易平台以醒目的方式公告澄清或者修改的内容，并以有效方式通知所有已下载资格预审文件或者招标文件的潜在投标人。"

5. 资格预审的主体、依据和对象

资格审查分为资格预审和资格后审。

《条例》第十八条规定："资格预审应当按照资格预审文件载明的标准和方法进行。

国有资金占控股或者主导地位的依法必须进行招标的项目，招标人应当组建资格审查委员会审查资格预审申请文件。资格审查委员会及其成员应当遵守招标投标法和本《条例》有关评标委员会及其成员的规定。"

（1）资格预审的依据。

《招标法》第十八条规定了招标人对投标人资格审查的权利和内容，内容包括审查潜在投标人的资质和业绩情况。但是对资格审查方式、不同方式的主体、对象都没有作出规定。有关部门规章在总结实践经验的基础上，将资格审查分为资格预审和资格后审。所谓资格预审是指对潜在投标人在购买招标文件前进行的资格审查。

本条第一款补充规定了资格预审的依据是资格预审文件载明的标准和方法，对其资格申请文件进行评审。

（2）对审查主体的区别管理。

《招标法》第十八条规定了招标人可以对潜在投标人进行审查，但同时规定，"国家有规定的从其规定"。由于属于国家所有的公有私物的处分问题，必须有公法程序的介入；依据法律授权，本条规定，对国有资金占控股或者主导地位的依法必须进行招标的项目的审查主体是由招标人依法组建的资格审查委员会。而对一般依法必须招标的项目，因为招标投标本质上说到底还是商品交换问题，故而依据私权自治的原理，招标人最知道选择什么样的投标人最符合自己的项目需要。所以，该类项目资格预审的主体自然是招标人。

（3）组建资格审查委员会的程序。

本条规定，资格审查委员会由招标人依照《招标法》第三十七条关于组建评标委员会的标准和程序进行，包括委员会的结构、成员的资格、聘请的来源和方式等。

（4）资格审查委员会的权利和义务。

资格审查委员会依法享有评标委员会成员享有的权利，主要是依据招标人编制的资格预审文件对潜在投标人的资格申请文件进行评审，同评标委员会权利不同的是，在对国有资金占控股或者主导地位的依法必须进行招标的项目的资格预审中，无需招标人授权，资格审查委员会直接确定合格的潜在投标人，在涉及国有资金依法必须招标的项目中，法律进一步约束招标人的法律意思表示。不言而喻，资格审查委员会成员也应当遵守法律关于评标委员会成员应当遵守的义务。

招标是过竞争方式选择交易对象及其方案的采购方式。所以法律没有规定在同一个招标项目中，评标专家只能参加资格审查或评标其中一项，因为，对合同主体资格的评审和投标文件的评审构成对投标人要约的全部评审，采取资格预审方式只是把应当评审的内容为两个阶段，只要依法聘请，不应当对专家作出上述限制。

《条例》第二十一条规定："招标人采用资格后审办法对投标人进行资格审查的，应当在开标后由评标委员会按照招标文件规定的标准和方法对投标人的资格进行审查。"

本条是对《招标法》第十八条关于资格后审的细化和补充。

（1）资格后审的主体。

所谓资格后审，是在开标后评标阶段对投标人的资格审查。对投标人采用资格预审或者后审方式是招标人的私权利，应当依据项目的具体情况自行决定。一般在"三过"的情形下采取资格预审。即潜在投标人过多、评标时间过长、社会成本过高。同资格预审不同，本条明确补充规定，资格后审的主体是评标委员会。

（2）资格后审的依据。

本条规定，在开标后按照招标文件规定的标准和方法对投标文件进行进行评审，即两种审查方式，主体不同、审查的依据也不同。

（3）在评标中关于对已经通过资格预审投标文件的资格审查。

在实践中，即使通过资格预审，一般还会对其进行所谓符合性检查、资格审查等，但是，在已经预审合格的情况下，判断该投标人资格是否合格的依据是资格申请文件，评标中的资格审查主要是检查前后一致性，核对在预审后至开标期间是否发生变化，资格后审的审查则是依据招标文件对其投标文件审查其合格与否。

（4）资格后审和履约能力审查的区别。

《条例》第五十六条规定了招标人对投标人履约能力审查的权利。资格后审和履约能力的共同目的都是为了保证中标人能够有能力履行合同，两者异同见表6-3。

表 6-3　资格后审核履约能力审查的异同汇总表

	资 格 后 审	履约能力审查
不同点	1. 评标中的例行环节，在采用资格后审项目评审中一定发生。 2. 对招标文件要求的全部资格条件进行审查。 3. 对近 3 年有关资料的审查。 4. 风险控制的一个环节。	1. 有条件的审查环节，可能发生也可能不发生。 2. 对其变化或违法部分的重点审查。 3. 对其变化部分是对资格审查合格后至开标阶段的审查，违法部分可以追溯到前 3 年内。 4. 不仅是风险控制的环节还体现了法律对招标人的救济
相同点	审查的主体：招标人依法组建的评标委员会。 审查的依据：招标人编制的招标文件中规定的标准和方法。 审查的目的：保证中标人有能力履行合同。	

6．招标项目现场踏勘

在工程建设项目施工、安装等招标中，对施工现场进行踏勘是或不可缺的重要程序。法律规定招标人不得组织单个或者部分潜在投标人踏勘项目现场。

在踏勘中，招标人应主动向全体潜在投标人介绍所有现场的有关情况，潜在投标人对影响供货或者承包项目的现场条件进行全面考察，包括经济、地理、地质、气候、法律环境等情况，对工程建设项目一般应至少了解以下内容：

① 施工现场是否达到招标文件规定的条件；
② 施工的地理位置和地形、地貌；
③ 施工现场的地址、土质、地下水位、水文等情况；
④ 施工现场的气候条件，如气温、湿度、风力等；
⑤ 现场的环境，如交通、供水、供电、污水排放等；
⑥ 临时用地、临时设施搭建等，即工程施工过程中临时使用的工棚、堆放材料的库房以及这些设施占有或持有方等。

对于潜在投标人提出的问题，可以当场口头解答，也可通过招标预备（答疑）会议一并口头或书面回答。

踏勘还应当注意对潜在投标人名单的保密，有经验的投标人会充分利用踏勘掌握的信息最大限度的通过不平衡报价获取最大利益。

（二）暂估价和两阶段招标的法律适用

1．暂估价招标的法律规定

（1）关于暂估价。

所谓暂估价是指发包人在工程量清单中给定的用于支付必然发生但暂时不能确定价格的材料、设备以及专业工程的金额。该定义适用主体是招标人，即制定项目价格是招标人。适用对象是必然要发生的工程、货物和服务；适用范围是在采用工程量清单计价的项目；适用的客体即价格是估算的，同实际结算由一定的差距。

由于工程总承包项目招标中，投标人只能提供初步设计图纸，其造价形式是概算。因此，对于需要在施工图完成后才能造价的项目只能以暂估价形式的体现。所以本条对暂估价项目招标程序作出规定。

（2）关于暂估价项目招标的规定。

法律规定以暂估价形式包括在总承包范围内的工程、货物、服务属于依法必须进行招标的项目范围且达到国家规定规模标准的，应当依法进行招标。这是由于所有投标文件报价中的暂估价都是依照招标文件填报的，暂估价没有参与竞争，所以达到法定条件应当强制招标。

但是法律没有对该类项目招标的主体作出规定，《条例》颁布前，有关部门规章规定由招标人（发包人）和中标人（总承包人）"共同招标"，因为暂估价项目的实施，双方都是利害关系人：一是暂估价项目包括在总承包范围内，二是暂估价的实际开支最终由总承包发包人承担，三是共同招标是一个确保透明、公平的实现途径，可以避免总承包发包人和总承包人之间的猜忌，从而有助于合同的顺利履行。但是，共同招标后签订的合同，双方是否都是合同相对方，其合同权利义务如何确定，例如，如果总承包人对分包人没有及时付款，发包人是否要承担连带责任，即合同关系不清晰。为此，住建部颁布的《房屋建筑和市政工程标准施工招标文件》规定，暂估价项目招标在发包人指导下由总承包人负责组织招标，发包人负责审批招标文件和签发中标通知书。具体招标程序由总承包人负责。

这样，工程总承包的合同由总承包人和发包人签订，暂估价合同由总承包人和分包人签订，总承包人对发包人负责，分包人对总承包人负责，总承包人就分包项目承担连带责任，权利和义务都比较清晰，也符合《建筑法》关于分包的规定，暂估价招标的实质就是依法分包。

2．模糊标的之两阶段招标

（1）两阶段招标的适用范围。

两阶段招标适用于对技术复杂或者无法精确拟定技术规格的项目。

所谓技术复杂，指招标文件中的技术参数复杂需要多次沟通、交流才能确定；所谓无法精确拟定技术参数指一些模糊指标的量化，如"使用方便"等模糊概念的具体化，其共性的特点是招标人难以准确拟定和描述招标项目的性能特点、质量、规格等技术标准和实施要求，或者说"不知道买什么"和"如何评价选择"。

《条例》参照世界银行《采购指南》关于两步招标的规定，结合我国实际情况对该类项目的适用范围和招标程序做了原则规定，具体项目的适用由招标人根据项目的具体特点和实际需要自主确定。

两阶段招标一般采取邀请招标的方式。

（2）两阶段招标的程序。

两阶段招标采购的程序，与公开招标采购的程序基本相似，所不同的是要进行两次招标，第一阶段投标人提交技术建议，招标人编制招标文件；第二阶段，招标人出售招标文件，按一般招标程序组织招标确定中标人。

招标第一阶段的程序：

① 发布招标公告或投标邀请书。对招标项目基本需求目标和投标人（或称技术方案建议人）资格基本条件以及对技术建议书的编制、递交提出要求。招标公告或邀请书中除了包括一般招标通告的内容以外，必须明确说明本次招标为两阶段招标。

② 发售招标文件或直接发放《征求技术建议文件》。该类招标文件不包括详细技术规格，一般也不作为签订合同的依据，属于投标须知的范畴。

③ 提出技术建议书。供应商得到招标文件或《征求技术建议文件》后，依据对招标文件或《征求技术建议书》的要求编制技术建议文件。技术建议书一般不包括价格。但是项目投资总额会影响不同技术方案的选择，为此，实践中投标人在提交技术建议书也会注明参考估算价格，用信封密封直接交给招标人。但这个价格不是投标人的报价仅供招标人参考，对双方都没有约束力。

④ 依法组织评标委员会对投标文件或技术建议书进行评审。评审的内容是对招标项目技术

规格、质量要求的选择。评标委员会根据投标人的投标建议，对各种投标技术规格进行比较和评价。由于不涉及价格，第一阶段的评标可以通过澄清说明与投标人多次沟通，投标人也可根据招标人的要求不断修改完善其技术建议，这是与一般项目评标不同的地方。本阶段评标不是推荐中标候选人，而是确定并编制招标文件的技术条件，明确"买什么"和"如何评审"。

⑤ 编制招标文件。招标人在投标人的技术建议的基础上，在评标委员会的咨询帮助下最终确定技术条件，并据此拟定技术文件、商务文件和其他部分格式条款等最终完成该项目招标文件的编制。

招标第二阶段的程序：

在完成第一阶段的程序的基础上，即可以向参加第一阶段投标的人出售招标文件，依照一般招标程序完成项目招标，在本阶段招标中的招标人可以在招标文件中约定是否提交投标保证金。

《条例》对没有参加第一阶段的投标人是否可以直接参加第二阶段投标没有明确规定第二阶段，仅规定招标文件向在第一阶段提交技术建议的投标人提供。

如果招标人采用公开招标方式，即使投标人没有参加第一阶段的投标，招标人也不能拒绝其投标，这是因为，即为公开招标，那么所有的市场主体，即可享有平等的权利。

（三）关于终止招标

1. 日本海啸"终止"了我国部分核电项目的招标

2011年3月12日，日本发生灾难性海啸世界震惊，日本宫城全城被海啸倒灌，电力中断，进而造成核电站发生严重泄漏，对世界生态环境造成极大危害。为了国家和社会公众安全，为人民负责，我国政府当即决定，目前已经审批和在建的26座核电项目立即暂停进行全面安全评价，其中有些项目属于"中止"即评价后还可继续项目；有些项目属于"终止"招标，即项目撤销。这种由于项目遇到不可抗力难以继续实施如项目审批撤销或暂停，或项目资金链断裂，终止招标是对于招标人和国家公共利益的最好选择。

2. 终止招标是招标人的权利

所谓终止招标，是指由于客观原因，如启动招标的法定条件由于国家政策等原因缺失（项目撤销、资金链断裂等），或者发生不可抗力等社会或自然原因，招标人无法完成招标项目。此时，终止招标对国家、社会和当事人是一种相对损失最小的举措。《招标法》没有对终止招标作出规定，《条例》对此做了补允：《条例》第三十一条对终止招标做了具体规定：

"招标人终止招标的，应当及时发布公告，或者以书面形式通知被邀请的或者已经获取资格预审文件、招标文件的潜在投标人。已经发售资格预审文件、招标文件或者已经收取投标保证金的，招标人应当及时退还所收取的资格预审文件、招标文件的费用，以及所收取的投标保证金及银行同期存款利息。"

（1）终止招标和暂停招标。

① 招标终止有别于暂停或者中止。终止招投标活动是实践中难以避免的现象，表示本次招标投标活动完全停止。意味着本此招标采购活动在其项目管理的生命周期内已经夭折。如我国核电项目的招标，如果经过安全评价，部分核电项目重新启动，该项目的招标采购作为一个新项目重新发布公告，重新招标。这与招标过程中出现的暂停不同，暂停招标是在原项目进行过程中的停止，待暂停的原因消除后原项目再行恢复。暂停招标是一个项目过程中的停顿，而终止招标是一个项目的夭折。

② 暂停招标的情形。暂停招标的情形包括招标人依据《条例》第二十二条、第五十四条规定决定暂停招投标活动，行政监督部门根据《条例》第六十二条责令招标人暂停招投标活动，招标人在启动招标后需要调整工程设计而决定暂停等。

本条的立法意图为规范终止招标的行为，防止招标人利用终止招标排斥、限制潜在投标人，或者损害投标人的合法权益。

（2）招标人终止招标时的义务。

招标人在终止招标时有两个义务，即告知义务和合理补偿义务。

招标人由于不具备招标条件终止招标时有及时告知的义务，告知的方式可采用公开招标方式的重新发布公告，或采用邀请招标的书面通知。时间要求"及时"是为了尽可能减少双方的损失。

合理补偿义务视招标活动的不同阶段而定。

① 在发布公告或邀请书阶段终止招标的，应当及时发布公告，或者以书面形式通知被邀请的或者已经获取资格预审文件、招标文件的潜在投标人。这是诚信原则的必然要求，目的是减少给潜在的投标人或者投标人本来可以避免扩大的损失。

② 在出售招标文本后终止招标的，对于已经发售资格预审文件、招标文件，招标人应当及时退还所收取的资格预审文件、招标文件的费用。

③ 开标前已经收取投标保证金阶段终止招标的，对在开标阶段已经收取的投标保证金及银行同期存款利息应当退还。

（3）终止招标的时限和法律责任。

本条规定终止招标的时限是发中标通知书前。

对于发中标通知书但没有签订合同期间的终止招标，法律没有对该阶段终止招标时投标人的损失补偿作出规定。由于终止招标大都有不可抗力产生，参照不可抗力的免责条款，这一阶段的直接费用，如投标人为等待澄清或中标结果在投标地的食宿费、差旅费等由投标人承担。

对于签订书面合后同终止招标的法律责任按照合同约定处理。

（4）防止招标人权力滥用。

设计本条的目的是为了避免国家和公共利益遭受更大损失，前提是基于招标人诚实信用的基础上出现正当理由可以适用本规定。法律从没有规定本条适用的认定程序，但不能认为招标人可以无正当理由终止招标。上述规定的依据是缔约过失责任，如果招标人无正当理由擅自中止中标，意味着存在过错，违反了先合同义务，不适用该条规定。

依据23号令的修正，30号令（施工）、27号令（货物）、2号令（勘察、设计）都将不可抗力作为终止招标的条件。

终止招标的，招标人应当及时通过原公告媒介发布终止招标的公告，或者以书面形式通知被邀请投标人；已经发出资格预审文件或者招标文件的，还应当以书面形式通知所有已获取资格预审文件或者招标文件的潜在投标人，并退回其购买资格预审文件或者招标文件的费用；已提交资格预审申请文件或者投标文件的，招标人还应当退还资格预审申请文件、投标文件、投标保证金。

（四）招标阶段招标程序控制点管理

在招标阶段中，为确保招标成功，招标人（代理机构）应当依照表6-4所示的要求，按照职责分工和规定程序落实完成。

表 6-4 招标采购项目招标程序控制点设置表

序	控 制 点	控 制 内 容	经办人（部门）	完成时限	审核人（部门）	完成时限	审批人
1	委托代理合同评审	1．委托内容 2．付款方式 3．赔偿责任	经营部		经营副总		法人代表
2	组织机构设立	任命项目经理，配备人员，专业涵盖	行政部		行政总监		总经理
3	资料收集	1．相关批文 2．市场信息（潜在投标人、价格、货源供应情况等） 3．技术资料	资料员		项目经理		经营副总
4	交易平台注册（如采用电子招标）	1．签订使用平台委托合同 2．在平台登记注册	办事员		项目经理		经营副总
5	招标公告或资格预审公告发布程序	1．是否在规定媒体 2．在不同媒体内容的一致性	项目部办事员		项目部主任科员		经项目理
6	招标文件或资格预审文件出售的时限	1．出售时间符合规定 2．出售价格符合规定 3．按规定备案（如果需要）	项目部办事员		项目部主任科员		项目经理
7	招标文件澄清修改后开标的时限	1．是否书面通知所有购买招标文件的潜在投标人 2．开标时间符合规定	项目部办事员		项目部主任科员		项目经理
8	标底或限价编制（工程项目）	1．工程量 2．计价方式 3．暂定金约定	造价师		主办造价师		项目经理
9	预备会	1．答疑 2．标前会 3．会议纪要	项目部办事员		项目经理		项目经理

三、招标程序中的监督管理

（一）招标阶段的法律责任

1．法律在招标环节的禁止性规定

在招标环节，法律对招标代理机构、招标文件和招标人有禁止性规定。

关于代理机构和招标文本的禁止性规定已经在有关章节做了介绍；关于针对招标人的禁止性规定有：

（1）招标人不得以不合理的条件限制或者排斥潜在投标人，不得对潜在投标人实行歧视待遇。（《招标法》第十八条）

①《条例》补充了对潜在投标人的相应规定：招标人不得以不合理的条件限制、排斥潜在投标人或者投标人。（《招标法》第三十二条）

②《条例》对不合理条件做了细化：一是招标人对招标项目划分标段的，不得利用划分标段限制或者排斥潜在投标人。依法必须进行招标的项目的招标人不得利用划分标段规避招标。（《条例》第二十四条）

二是招标人不得规定最低投标限价。

三是招标人不得组织单个或者部分潜在投标人踏勘项目现场。

（2）招标人不得向他人透露已获取招标文件的潜在投标人的名称、数量以及可能影响公平竞争的有关招标投标的其他情况。（《招标法》第二十二条）

（3）在电子招标投标中，《电子招标投标办法》第二十一条规定："在投标截止时间前，电子招标投标交易平台运营机构不得向招标人或者其委托的招标代理机构以外的任何单位和个人泄露下载资格预审文件、招标文件的潜在投标人名称、数量以及可能影响公平竞争的其他信息。"

2. 招标环节违法行为的表现

（1）不具备招标条件而进行招标。
（2）应当履行核准手续而未履行核准手续。
（3）不按项目审批部门核准内容进行招标。
（4）应当公开招标而不公开招标。未经批准采用邀请招标方式招标。
（5）不在指定媒介发布依法必须招标项目的资格预审或者招标公告。
（6）没有按照程序终止招标。
（7）招标文件、资格预审文件的发售、澄清、修改的时限，或者确定的提交资格预审申请文件、投标文件的时限不符合《招标法》和《条例》规定。
（8）资格预审或者评标标准和方法含有排斥投标人的内容，妨碍或者限制投标人之间竞争。
（9）招标代理机构在所代理的招标项目中投标、代理投标或者向该项目投标人提供咨询的。
（10）接受委托编制标底的中介机构参加受托编制标底项目的投标或者为该项目的投标人编制投标文件、提供咨询。
（11）向他人透露已获取招标文件的潜在投标人的名称、数量或者可能影响公平竞争的有关招标投标的其他情况的，或者泄露标底的。
（12）招标人超过本《条例》规定的比例收取投标保证金、履约保证金或者不按照规定退还投标保证金及银行同期存款利息。
（13）电子招标的相关规定。
（14）其他表现。

3. 电子招标环节违法行为的表现

一是《电子招标投标办法》第五十四条："招标人或者电子招标投标系统运营机构存在以下情形的，视为限制或者排斥潜在投标人，依照招标投标法第五十一条规定处罚。
（1）利用技术手段对享有相同权限的市场主体提供有差别的信息；
（2）拒绝或者限制社会公众、市场主体免费注册并获取依法必须公开的招标投标信息；
（3）违规设置注册登记、投标报名等前置条件；
（4）故意与各类需要分离开发并符合技术规范规定的工具软件不兼容对接；
（5）故意对递交或者解密投标文件设置障碍。"
二是第五十六条电子招标投标系统运营机构泄密行为。
三是第五十七条招标投标活动当事人和电子招标投标系统运营机构协助招标人、投标人串通投标的行为。
四是第五十八条招标投标活动当事人和电子招标投标系统运营机构伪造、篡改、损毁招标投标信息，或者以其他方式弄虚作假的行为。

4. 招标环节监督要点

招标环节监督分为：对招标程序合法性的监督和对招标文本违法行为的监督。

（1）对招标程序合法性的监督要点：

① 满足启动招标条件，即项目审批或核准、资金或资金来源落实。

② 招标组织形式、招标方式的合法性。

③ 公告（资格预审）的内容和程序合法性。

④ 组建资格审查委员会的合法性。

⑤ 组织踏勘的合法性。

⑥ 出售、澄清修改招标文本程序的合法性。

⑦ 对招标文本异议及答复程序的合法性。

⑧ 终止招标的程序合法性。

⑨ 电子招标环节的禁止性规定。《电子招标投标办法》第二十条："除本办法和技术规范规定的注册登记外，任何单位和个人不得在招标投标活动中设置注册登记、投标报名等前置条件限制潜在投标人下载资格预审文件或者招标文件。"

（2）对于招标文本违法行为的监督要点：

在招标人在编制招标文本中，通过资格条件、划分标段和技术、商务等条件设置产生的违法行为，经当事人举报或行政监督部门检查中发现后，由行政监督部门依法处理。

5. 招标环节的法律责任

《招标法》第五十、第五十一、第五十二条对招标环节的法律责任作出规定。其中，第五十条是关于招标代理机构的法律责任条款，已在第三章说明。

《条例》第六十二、第六十四、第六十五、第六十六条对《招标法》做了细化和补充。

（1）不合理条件的限制责任。

《招标法》第五十一条规定："招标人以不合理的条件限制或者排斥潜在投标人的，对潜在投标人实行歧视待遇的，强制要求投标人组成联合体共同投标的，或者限制投标人之间竞争的，责令改正，可以处 1 万元以上 5 万元以下的罚款。"

《条例》第六十三条对《招标法》第五十一条的法律责任做了补充：

"招标人有下列限制或者排斥潜在投标人行为之一的，由有关行政监督部门依照《招标法》第五十一条的规定处罚：

（一）依法应当公开招标的项目不按照规定在指定媒介发布资格预审公告或者招标公告；

（二）在不同媒介发布的同一招标项目的资格预审公告或者招标公告的内容不一致，影响潜在投标人申请资格预审或者投标。

依法必须进行招标的项目的招标人不按照规定发布资格预审公告或者招标公告，构成规避招标的，依照招标投标法第四十九条的规定处罚。"

（2）《招标法》关于招标人泄密的法律责任。

"依法必须进行招标的项目的招标人向他人透露已获取招标文件的潜在投标人的名称、数量或者可能影响公平竞争的有关招标投标的其他情况的，或者泄露标底的，给予警告，可以并处 1 万元以上 10 万元以下的罚款；对单位直接负责的主管人员和其他直接责任人员依法给予处分；构成犯罪的，依法追究刑事责任。

前款所列行为影响中标结果的，中标无效。"

《条例》对该项责任没有补充规定。

（3）《条例》对招标程序违法责任的补充。

《条例》第六十四条："招标人有下列情形之一的，由有关行政监督部门责令改正，可以处10万元以下的罚款：

（一）依法应当公开招标而采用邀请招标；

（二）招标文件、资格预审文件的发售、澄清、修改的时限，或者确定的提交资格预审申请文件、投标文件的时限不符合招标投标法和本《条例》规定；

（三）接受未通过资格预审的单位或者个人参加投标；

（四）接受应当拒收的投标文件。

招标人有前款第一项、第三项、第四项所列行为之一的，对单位直接负责的主管人员和其他直接责任人员依法给予处分。"

《条例》第六十五条是关于对招标代理的法律责任条款，已在第3章说明。

《条例》第六十六条是对投标保证金违法责任的补充，已在第5章解读。

（二）该阶段国家工作人员非法干涉的表现形式

非法干涉行为往往出现在行政管理过程中，或者以行政监督之名，行非法干涉之实。所以区分两者的关键就是要抓住"非法"二字，即非法干涉一定是违反了法律法规的禁止性规定的行为。

实践中表现为两个方面。

1. 直接违反了法律、法规、规章有关规定

这些法律规定主要有8条：

（1）不得强制具备自行招标条件的招标人委托招标代理机构代理招标。（《招标法》第十二条第一款）

（2）不得为招标人指定招标代理机构。（《招标法》第十二条第二款）

（3）不得非法干涉招标代理行为。（《条例》第十三条第一款）

（4）不得要求依法必须进行招标的项目不招标。（《条例》第八十一条）

（5）不得要求依法应当公开招标的项目不公开招标。（《条例》第八十一条）

（6）不得非法限制招标公告的发布地点和发布范围。（《招标公告发布暂行办法》第四条第二款）

（7）不得强制招标人编制或者报审标底，或者干预其确定标底。（《工程建设项目施工招标投标办法》第三十四条第四款）

（8）不得要求有关部门或者单位将依法必须进行招标的项目化整为零，或者假借保密工程、抢险救灾等特殊工程的名义规避招标。《违反规定插手干预工程建设领域行为处分规定》第五条）

2. 非法干涉了依法应当由招标人自主决策的事项

（1）自主选择招标代理机构作为咨询代理。（《招标法》第十二条）

（2）启动招标程序发布资格预审公告或招标公告提出邀约邀请，包括是否允许联合体投标。（《招标法》第十六条）

（3）招标人可以对潜在投标人进行资格审查，国家对投标人资格条件有规定的除外。（《招标法》第十八条）

（4）编制招标文件细化邀约邀请，包括是否进行总承包、何时开标、选择什么样的评标标准

和方法等。（《招标法》第十九条）
（5）可以组织投标人踏勘项目现场。（《招标法》第二十一条）
（6）招标人可以设置标底。（《招标法》第二十二条）

鉴于国家工作人员的公职身份，法律对国家工作人员非法干涉招标投标活动设置了严格的责任条款。

《条例》第八十一条对"非法干涉"的行为方式及惩罚措施（包括记过、记大过、降级、撤职、开除等行政责任直至追究刑事责任）作出了较为完善的规定。这一规定必将对某些官员利用职权直接或间接非法干涉招标投标活动、谋取不正当利益的行为起到威慑作用，对招标投标活动的公正、有序进行产生积极的作用。

（三）关于招标无效

招标投标活动是缔结合同的过程，《民法通则》、《合同法》对民事行为及合同的效力做了一般性规定。特别是《合同法》第五十二条第五项规定，违反法律、行政法规的强制性规定的合同无效。根据《最高人民法院关于适用<中华人民共和国合同法>若干问题的解释(二)》，法律、行政法规的"强制性规定"是指效力性强制性规定。与此相对应，法律对管理性强制性规定一般不设置法律责任。

招标无效的认定的要件有三：一是存在违法行为；二是对中标造成实质性影响的结果；三是不能采取补救措施予以纠正。

注意：仅有违法行为但没有对中标造成实质性影响或可以纠正的不能认定招标无效。
（1）招标方式违法。
应当公开招标未经批准擅自邀请招标。
（2）招标程序违法。
① 不在国家指定媒介发布资格预审公告和招标公告。
② 在资格预审文件、招标文件发售、澄清、修改的时限不符合法定要求。
③ 投标文件确定的提交资格预审申请文件的时限不符合法定要求。
（3）招标行为违法。
① 在不同媒介发布的同一招标项目的公告内容不一致。
② 不按照资格预审文件载明的标准和方法进行资格预审，或者资格审查委员会的组建不符合法定要求。
③ 招标人或者招标代理机构限制排斥潜在投标人。
④ 招标人或者招标代理机构向他人透露已获取招标文件的潜在投标人的名称、数量或者可能影响公平竞争的有关招投标的其他情况，或者泄露标底。
⑤ 招标人或者招标代理机构与投标人串通。
⑥ 招标代理机构在所代理的招标项目中投标或者代理投标。
⑦ 其他违法行为。

上述违法行为，如果在投标截止前发现的，责令改正并顺延投标截止时间。如果在投标截止后被发现和查实，且对中标结果造成执行影响的，招标无效。

（四）前置程序无效的影响和无效处置

招标被确认无效的，依法必须招标项目的招标人应当重新招标。投标被确认无效的，在评标过程中，相关投标应当被否决；在中标候选人公示阶段，应当取消其中标资格；已发出中标通知书的，中标无效。中标被确认无效的，按照《招标法》第六十四条规定，由招标人从符合条件的其他中标候选人中确定中标人或者重新招标。

《民法通则》第六十一条规定，民事行为被确认无效或者撤销后，当事人因该行为取得的财产，应当返还给受损失的一方。有过错的一方应当赔偿对方因此所受的损失，双方都有过错的，应当各自承担相应的责任。因此，招标、投标和中标被确认无效后，还应当根据这一规定返还财产或者赔偿损失。

本章练习题

一、判断题

1. 权利的时间性特征是民法的本质属性之一。（   ）
2. 资格预审的结果应当在指定媒体公开。（   ）
3. 依法必须招标的项目进行资格预审组建资格预审委员会应当按照招标法第三十七条执行。（   ）
4. 不在国家指定媒介发布资格预审公告和招标公告招标无效。（   ）
5. 由于不可抗力招标人可以终止招标。（   ）

二、单选题

认定中标无效的说法正确的是（   ）。

A. 开标前招标人或者招标代理机构限制排斥潜在投标人
B. 由于招标人在不同媒体发布的公告不一致影响中标结果
C. 中标公示期间发现投标人之间有串标行为
D. 发布公告时监督部门发现应当公开招标未经批准擅自邀请招标。

三、论述题

简述两阶段招标程序。

招标实践中，投标人间达成串通投标的合意，通常以利益为动因，故只要投标人间不发生分歧、内讧或利益链断裂等情况，利益受损的其他投标人或招标人很难举证证明投标人之间存在串通投标，评标委员会、司法机关亦很难认定。故法律需要通过设置"视为"条款，通过法律推定认定其行为的存在。

中国政法大学民商法博导、教授　李显冬

第7章
执行招标程序（投标）

一、投标程序的管理

（一）投标程序概述

1. 投标人的概念

《招标法》第三章中首先对招标人概念作出界定。

《招标法》第二十五条规定："投标人是响应招标、参加投标竞争的法人或者其他组织。"在资格主体合格的前提下，作为投标人还必须符合三个"应当"，即

《招标法》第二十六条："投标人应当具备承担招标项目的能力；……"

第二十七条："投标人应当按照招标文件的要求编制投标文件，……"

第二十八条："投标人应当在招标文件要求提交投标文件的截止时间前，将投标文件送达投标地点，……"

在招标投标活动中，购买了资格预审文件的人称作资格申请人，通过资格预审的称之为合格的潜在投标人，合格的潜在投标人投标后称为投标人。如采用电子招标投标方式，投标人在公告或招标文件载明的"电子招标交易平台注册登记，如实递交有关信息，并经电子招标投标交易平台运营机构验证"。

2. 投标人权利义务

（1）投标人权利的条款。

①《条例》第三十三条规定了投标人依法参加投标人的权利："投标人参加依法必须进行招标的项目的投标，不受地区或者部门的限制，任何单位和个人不得非法干涉。"

所谓区域限制即指地区封锁或政策性的限制，其行为主体有地方政府有关部门或者招标人等，在实践中主要是地方政府通过设定非法的行政许可措施等等来进行区域保护，如通过部门文件规定，某一类的项目只能由本行业内的施工企业才有资格参加投标。这种部门垄断、地方保护、画地为牢、近亲繁殖造成的后果不但阻碍了全社会范围内的公平竞争，而且往往成为一些重大恶性工程质量事故的灾难性根源。

所谓非法干涉一般是指具体行为的限制，其行为主体有地方政府也有招标人等，在招标实践中主要是由招标人来实施的，其通过在编制资格预审文件、招标文件等办法排斥和限制潜在投标人来参与投标。正是为了限制上述违法现象的泛滥，《条例》才对招标人平等地参与招标的权利明文予以保护。这无疑意味着，投标人只要符合相关的资质就可以参加投标，任何单位和个人均

不得非法对其正当的投标行为予以非法干涉。这自然是为了最大限度地实现资源的合理配置，也是市场经济正常运行的必然要求。

②《招标法》第二十九条赋予投标人在投标截止前投标人可以修改、补充或者撤回或投标文件的权利。《条例》第三十五条对此补充了相应义务，即投标人撤回投标文件的，应当书面通知招标人。

③《招标法》第三十一条第一款规定了招标人可以组织联合体共同投标的权利。

（2）投标人权利义务并列的条款。

《招标法》第三十一条赋予投标人可以组建联合体属于投标人的权利，但法律同时赋予其相应义务，即联合体应当具备相应的资格条件、签署联合体协议，以一个身份提交，如果中标共同签约并承担连带责任。

《条例》第三十七条补充规定了联合体投标的义务，联合体成员应当在提交资格预审文件之前组成并不得更换。

（3）投标人其他义务的条款。

① 应当具备承担招标项目的能力或资格。（《招标法》第二十六条）

② 应当按照招标文件的要求编制投标文件。（《招标法》第二十七条）

③ 应当在投标截止前将投标文件送达投标地点。（《招标法》第二十八条）

④ 投标人如果根据招标文件载明的情况拟分包的应当在投标文件中载明。（《招标法》第三十条）

⑤ 如果投标人在投标截止前撤回投标文件，应当书面通知招标人，招标人已经收取保证金的，应当在收到通知5日内退还。投标截止后撤销的，招标人可以不退还投标保证金。（《条例》第三十五条）电子招标关于"撤回"和"撤销"的规定见本书第11章有关章节。

⑥ 投标人发生合并、分立、破产等重大变化的，应当书面告知招标人的义务。（《条例》第三十八条）

⑦ 投标人不得串通投标，禁止行贿谋取中标。（《招标法》第三十二条）

⑧ 投标人不得低于成本竞标、不得以他人名义投标或其他弄虚作假获取中标。（《招标法》第三十三条）

⑨ 如采用电子招标，投标人应在指定交易平台登记注册，如实递交有关信息，并经电子招标投标交易平台运行机构验证。

（二）投标游戏规则

1. 特定关系投标人投标无效的限制性规定

《招标法》第二十六条规定了投标人的资格条件，《条例》第三十四条对其做了补充规定："与招标人存在利害关系可能影响招标公正性的法人、其他组织或者个人，不得参加投标。

单位负责人为同一人或者存在控股、管理关系的不同单位，不得参加同一标段投标或者未划分标段的同一招标项目投标。

违反前两款规定的，相关投标均无效。"

该条第一款规定了招标人和投标人的关系。

法律之所以规定，与招标人存在控股关系、管理关系或者招标人的实际控制人以及两者之间存在关联关系等利害关系的情形，有意参加投标的法人、其他组织或者个人均不得投标，是因为在这些情形下，由于两者之间存在密切的关联关系，不可能具有真正意义上的竞争属性。同时，也仅仅是基于维护程序公正的考虑，也不宜让其参加投标活动。但是，基于我国目前经济体制的现状，法律对招标人和投标人之间的"利害关系"规定了"可能影响"的限制性规定，即利益关系仅指利益冲突关系，如投标人作为项目监理单位不能参加本项目的施工投标。除此之外的一般管理关系应当允许投标人投标。

法律没有对"利害关系"的种类、认定的主体和程序作出规定，是由于招标投标涉及的领域及其广泛，如果从法律层次对其作出界定事实上难以穷尽，故主要应通过行业自律和行政监督、社会监督等来予以管制。

该条第二款规定了投标人之间的关系，只要两个及以上投标人没有具备"同一法人"、"控股关系"和"管理关系"即三个关系，符合其他资格条件就可以参加投标。

需要说明的是，本条第二款的规定，在资格预审中应当允许有上述关系的投标人自行确定一个合格的投标人参加投标，不能全部否决其投标资格；但是在评标过程中，发现投标人之间有上述三种关系，评标委员会应当否决其全部投标。

该条第三款规定了违反本条规定的法律责任。违反前两款规定，相关投标均无效。投标无效既可能导致评标无效，亦可能使中标无效乃至整个合同无效。合同无效以后自应当恢复原状，不能恢复原状的中标人即应当赔偿因此所造成的损失。

2. 招标人拒收投标文件的条件

《条例》第三十六条规定了招标人拒收投标文件的三项条件：

一是未通过资格预审的申请人提交的投标文件；

二是逾期送达的投标文件；

三是不按照招标文件要求密封的投标文件。

该条同时规定了招标人应当如实记载投标文件送达时间和密封情况并存档备查的义务。

上述三条规定中，关于资格预审不合格属于投标主体的问题，是《条例》对法律的重要补充；逾期送达尚可认为属于程序问题；但密封不合格就直接关系当事人的合法权益，自属于实体问题了。确定上述三条限制性规定的共同标准是公平性以及招投标制度的系统性。如接受资格预审不合格的投标人投标文件无疑就是在事实上否定了资格审查制度；而接受了逾期递交的投标文件无疑即否定了招标投标法定程序的合法性，至于接受了密封不合格的投标文件则又否定了招标投标应当遵守的保密规则，从而就无法真正保证其竞争性的基本属性。上述限制性规定所规范的主体都是招标人，明确这些规则自然有利于防止作为权利人的招标人滥用其手中的权利。

鉴于程序公正和规范是实体公正的前提与保障，在接受投标文件环节，这一条规范要求招标人须如实记载投标文件的送达时间和密封情况，并存档备查。在开标环节，投标人将对招标人是否尽到了保管投标文件的应有之责任进行核查，这充分体现了法律制度设计的严密性。

《招标采购代理规范》第7.8.3条重申了投标文件上述三不收的规定外，在第二款补充规定："可以接收密封存在微小偏差，且不影响信息保密的投标文件，但需如实记录密封偏差情况，以便开标时鉴别。因密封不合格而被招标代理机构拒收的投标文件，经投标人再次封装，并在招标文件规定的递交截止时间前递交的,招标代理机构须按本项规定重新检查并接收符合要求的投标文件。"

3. 电子招标中关于投标的法律规定

（1）投标注册和验证制度。

《电子招标投标办法》第二十四条"投标人应当在资格预审公告、招标公告或者投标邀请书载明的电子招标投标交易平台注册登记，如实递交有关信息，并经电子招标投标交易平台运营机构验证。"

本条是针对电子投标对法定投标程序的补充，也是相对于纸质投标不同的地方，是对投标人规定的义务要求。投标人应当对投标信息的真实性负责，投标商的投标信息记录将在平台信息库保存作为其诚实性用的资料之一。电子投标程序规定：一是投标人在平台注册登记；二是该登记信息须经过运营平台验证。

《电子招标技术规范》第 5.1.3B 规定，"交易平台应该具备从公共服务平台交换获取投标人注册信息并修改验证的功能。有关信息的范围内容按照技术规范附件表 A.2.1，附表 A.2.2.填报。包括第一次注册的数据项、数据取值范围、数据类型和数据格式。运营商可以要求投标人提供原件进行信息一致性的验证核实。投标人的信息发生变化应在平台及时进行数据变更处理，并经运营商重新验证"。

（2）《电子招标投标办法》第二十三条："电子招标投标交易平台的运营机构，以及与该机构有控股或者管理关系可能影响招标公正性的任何单位和个人，不得在该交易平台进行的招标项目中投标和代理投标。"

本条是防止利益冲突的规定。防止利益冲突原则是国际招标采购通行规则的三大制度之一，为了保证招标采购的公正性，本条规定有关电子交易平台运营机构，以及与该机构有控股或者管理关系可能影响招标公正性的任何单位和个人，不得在该平台进行招标项目中投标或者代理投标。

（3）《电子招标投标办法》第二十六条："电子招标投标交易平台应当允许投标人离线编制投标文件，并且具备分段或者整体加密、解密功能。

投标人应当按照招标文件和电子招标投标交易平台的要求编制并加密投标文件。

投标人未按规定加密的投标文件，电子招标投标交易平台应当拒收并提示。"

本条是关于投标人编制电子投标文件和加密的规定。

第一款是赋予投标人编制投标文件的权利：可以离线编制，既是企业内部审核程序的需要，也有保密的考量；但须分段或整体加密解密。该款是对交易平台的技术性规定。

第二款是投标人的义务，即编制投标文件的依据，一是投标文件实质性要求，二是交易平台的投标技术要求，投标文件必须加密。

第三款是对《条例》第三十六条拒收投标文件的补充，依据《条例》第三十六条规定，接收投标文件的资格预审合格、按时送达、密封符合要求等三项条件中，密封条件在电子招标中表现为投标文件的加密，因此投标文件没有加密也应当拒收。在接受环节运营商有拒收的提醒告知义务。

（4）《电子招标投标办法》第二十七条："投标人应当在投标截止时间前完成投标文件的传输递交，并可以补充、修改或者撤回投标文件。投标截止时间前未完成投标文件传输的，视为撤回投标文件。投标截止时间后送达的投标文件，电子招标投标交易平台应当拒收。

电子招标投标交易平台收到投标人送达的投标文件，应当即时向投标人发出确认回执通知，并妥善保存投标文件。在投标截止时间前，除投标人补充、修改或者撤回投标文件外，任何单位和个人不得解密、提取投标文件。"

本条是关于递交投标文件的规定。

本条第一款依照《招标法》第二十九条及《条例》第三十五条的规定赋予投标人补充、修改或者撤回投标文件的权利和应当在投标截止前完成投标文件传输的义务，在投标截止时间前正在传输但到了截止时间未完成的视为"撤回"；但截止时间后开始传输的视为放弃投标，依据《条例》三十五条的规定，上述投标人有义务书面告知招标人，招标人应在收到书面报告 5 日内退还其保证金。

第二款规定了交易平台接收投标文件的义务。一是发出确认回执，二是妥善保存，三是保证除投标人外在截止时间前其投标文件处于保密状态。

（三）投标程序中的案例解析

1. 这样的投标文件该不该接收

甲、某招标文件中要求：

"4.1 投标文件的密封和标记

4.1.1 投标文件的正本与副本一起包装，加贴封条，并在封套的封口处加盖投标人单位章。

4.1.2 投标文件的封套上应写明的其他内容见投标人须知前附表。

4.1.3 未按本章第 4.1.1 项或第 4.1.2 项要求密封的投标文件，招标人或招标代理机构不予受理。"

乙、投标过程：

（1）在截止时间前招标人或招标代理机构共接收四家投标人递交投标文件。

（2）投标人分别提出了异议如下。

异议 1：甲投标文件分两个包装，此投标文件不符合招标文件要求。

异议 2：乙投标文件加盖了法定代表人章，此投标文件不符合招标文件要求。

（3）经查实投标文件的密封情况如下。

① 甲投标文件分两个包装，加贴封条，并在封套的封口处加盖投标人单位章公章。

② 乙投标文件一个包装密封条加盖了法定代表人章。

③ 丙、丁两家投标文件的正本与副本一起包装，加贴封条，并在封套的封口处加盖投标人单位章和法定代表人章。

（4）招标代理就此异议提交监标人裁定。监标人要代理机构书面征求投标人是否继续开标，代理公司就此拟了"开标密封情况说明"。

征求投标人是否继续开标的意见结果是：一家投标人签写"同意"；两家投标人签写"同意监督部门的处理意见"；有一家投标人签写"按招标文件 4.1.1 规定，不予受理"。

招标人意见：

根据招标文件 4.1 项要求，4 家投标人的投标文件符合要求，予以受理，同意继续开标。

监标人意见：

经研究，同意继续开标，由评标委员会裁定。

（5）继续开标，对四家投标人进行唱标。

丙、专家点评：

（1）招标人或招标代理机构是否可以受理以上投标文件？

上述两个投标人的投标文件无疑和招标文件的要求有差别，但是从密封保密、防止拆封的后果看，没有实质影响，依照《招标采购代理规范》7.8.3 的规定，招标人可认定为细微偏差接受其投标文件。

（2）投标人单位章是指公章还是指法定代表人章或者同时指公章和法定代表人章？

所谓投标单位章一般指行政公章，但具体的解释权在招标人，如招标人认为，投标人单位章包括公章、法定代表人章、合同章专用章，应以其解释为准。

在封口加盖指定公章是为了防止招标人（代理机构）拆封泄密串标，保护招投标双方合法权益不受侵害。招标文件应详细载明有关投标文件的密封要求，并尽量简化，不宜过多过繁过严。在招标投标活动中，认定投标人行为主体资格合格的凭证是投标函的公章或法定代表人的签字，而不是投标文件封皮的公章，因此，对封口盖章的要求标准可以适当放宽，对此，招标人可认定为细微偏差。可以接受其密封的投标文件但应当做好记录，如果由此发生泄密的后果由投标人负责。

即使投标文件的密封情况与招标文件规定存在偏离，应当允许投标人在投标截止时间前修补完善后再提交，而不应将其扣留作为无效投标。如果投标文件密封存在细微偏离，可以详细记录实际情况并让投标人代表签字确认后予以接收。总之，应尽可能减少投标文件因密封不符合要求而被拒收的情形。

建议今后对招标文件："4.1.3 未按本章第4.1.1项或第4.1.2项要求密封的投标文件，招标人或招标代理机构不予受理。"修改为"未按……款进行密封和标记的投标文件将可能导致被招标人拒绝。"招标文件中有些用语过于绝对不留余地，往往给招标人带来被动，如本案认定甲投标文件有效就比较勉强。

（3）监标人提出由评标委员会裁定是否妥当？

认定是否接受投标文件的权利主体是招标人，监标人提出由评标委员会裁定不妥当。因为，招标人的责任是依照《条例》第三十六条规定的三项条件判断提交投标文件行为是否有效，无需监督部门批准。当然如果有人提出异议或投诉，这时已经进入行政监督程序，才可由监督部门裁定，但是，这和评标委员会无关。评标委员会是在评标阶段认定投标文件的合格性问题，之后对合格的投标文件评审。

2．临近投标截止时间是否可以延长截止时间

某工程建设项目招标公告和招标文件中明确了投标的截止时间：5月9日上午9时。但是在5月9时上午8点，交易中心计算机系统运行软件公司通知招标代理公司，鉴于系统出现故障不能按时开标，要求延长投标截止时间一小时。招标公司请示监督部门，监督部门要求改为纸质文件按时投标。但是各投标人都未准备纸质文件，招标代理机构只能同意交易系统软件公司的意见，待上午10点，系统恢复正常后，宣布投标截止并同时开标。某投标商未中标随即向监督部门投诉，认为本次招标违反招标程序规定应当判定其中标无效。

针对本次投标截止时间是否可以延长的问题，有关方面展开讨论。

投诉人认为，公告和招标文件对招标双方都具有约束力。因此本次招标违反了招标法关于程序的有关规定，建议监督部门判定本次招标无效。

交易中心专家认为，确定投标截止时间是私权，是招标人的权利。除非法规有明确定约束性规定，招标人可以随时顺延投标截止时间。本次延长投标截止时间属于偶然的技术原因。而且鉴于：

（1）法规关于顺延投标截止时间的约束性规定有以下三条：

①《条例》第二十一条："招标人可以对已发出的资格预审文件或者招标文件进行必要的澄清或者修改。澄清或者修改的内容可能影响资格预审申请文件或者投标文件编制的，招标人应当在提交资格预审申请文件截止时间至少3日前，或者投标截止时间至少15日前，以书面形式通知所有获取资格预审文件或者招标文件的潜在投标人；不足3日或者15日的，招标人应当顺延提交资格预审申请文件或者投标文件的截止时间。"

②商务部1号令第三十条规定："招标人顺延投标截止时间的，至少应当在招标文件要求提交投标文件的截止时间3日前，将变更时间书面通知所有获取招标文件的潜在投标人，并在招标网上发布变更公告。"

③《政府采购货物和服务招标投标管理办法》（18号令）第二十八条规定："招标采购单位可以视采购具体情况，延长投标截止时间和开标时间，但至少应当在招标文件要求提交投标文件的截止时间3日前，将变更时间书面通知所有招标文件收受人，并在财政部门指定的政府采购信息发布媒体上发布变更公告。"

上述规定都不适用本次活动的具体情形。

（2）本次招标程序的调整对所有投标人的影响都是相同的，没有影响中标结果，因此本次招标结果有效。

最后，监督部门采纳了交易中心的意见。

二、投标程序中的监督管理

（一）投标环节的法律规定

1. 《招标法》及其《条例》在投标环节对当事人的禁止性规定

（1）招标人收到投标文件后，应当签收保存，不得开启。（《招标法》第二十八条）

（2）招标人不得强制投标人组成联合体共同投标，不得限制投标人之间的竞争。（《招标法》第三十一条）

《条例》第三十四条对限制投标人的禁止性规定做了补充：

"与招标人存在利害关系可能影响招标公正性的法人、其他组织或者个人，不得参加投标。

单位负责人为同一人或者存在控股、管理关系的不同单位，不得参加同一标段投标或者未划分标段的同一招标项目投标。

违反前两款规定的，相关投标均无效。"

（3）投标人不得相互串通投标报价，不得排挤其他投标人的公平竞争；投标人不得与招标人串通投标。（《招标法》第三十二条）

《条例》第二十九条、第四十一条对串通投标做了更加严厉的规定：

① 禁止投标人相互串通投标。（《条例》第三十九条）

② 禁止招标人与投标人串通投标。（《条例》第四十一条）

（4）禁止投标人以向招标人或者评标委员会成员行贿的手段谋取中标。（《招标法》第二十二条）

（5）投标人不得以低于成本的报价竞标，也不得以他人名义投标或者以其他方式弄虚作假，骗取中标。（《招标法》第三十三条）

《条例》第三十二条对投标人权利做了重要补充。

投标人参加依法必须进行招标的项目的投标，不受地区或者部门的限制，任何单位和个人不得非法干涉。

2. 投标环节违法行为的表现

（1）在提交投标文件截止时间后接收投标文件。

（2）接受不应当接受的其他投标文件。

（3）强制要求投标人组成联合体共同投标的。

（4）投标人数量不符合法定要求违法开标。

（5）依法必须进行招标的项目泄露标底。

（6）投标人以向招标人或者评标委员会成员行贿的手段谋取中标。

（7）出让或者出租资格、资质证书供他人投标的。

（8）其他违法行为。

3. 该阶段监管要点

（1）投标人投标主体资格是否合法。

① 利害关系影响公正（招标人和投标人）。
② 同一人、控股、管理关系（投标人之间）。
③ 联合体成员增减、变化。
④ 联合体成员和联合体同时投标。
⑤ 投标人资格发生变化。
（2）投标行为和程序的合法性。
① 招标人是否接收了应当拒收的投标文件。
② 投标人是否有串通投标行为、以他人名义弄虚作假行为。
③ 投标文件送达、补充、修改、撤回是否符合法定程序。
④ 投标人依法告知撤回投标文件招标人退还保证金的合法性。

行政监督部门在投标阶段的监督主要是依据当事人的投诉，对投诉事实进行裁定，法律没有赋予监督部门在投标阶段事先审批或其他许可的权力，因此上述监督一般是被动处理。当然如需要监督部门可以抽查，发现问题及时纠正处理。

4. 投标阶段法律禁止国家工作人员非法干涉的表现形式

（1）直接违反法律法规的禁止行为。
① 不得违法限制本地区、本系统以外的法人或者其他组织参加投标。（《招标法》第六条）
② 不得非法限制投标人所属地区或者所属部门。（《条例》第三十三条）
③ 不得以行政手段或者其他不合理方式限制投标人的数量。（《工程建设项目施工招标投标办法》第二十条第二款）
④ 不得影响投标人资格的确定或者评标、中标结果。（《违反规定插手干预工程建设领域行为处分规定》第五条）
（2）非法干涉了依法应当由市场主体自主决策的事项的行为。
① 潜在投标人是否投标。
② 是否组成联合体投标。
③ 投标人以何种方式对招标文件作出响应。

对于应当由当事人自主决策的事项，国家工作人员不得以任何方式，包括直接或者间接，明示或者暗示的方式加以干涉。

（二）投标环节违法行为的认定

1. 禁止投标人相互串通投标

《条例》第三十九条规定："有下列情形之一的，属于投标人相互串通投标：
（一）投标人之间协商投标报价等投标文件的实质性内容；
（二）投标人之间约定中标人；
（三）投标人之间约定部分投标人放弃投标或者中标；
（四）属于同一集团、协会、商会等组织成员的投标人按照该组织要求协同投标；
（五）投标人之间为谋取中标或者排斥特定投标人而采取的其他联合行动。"

本条是对《招标法》第三十二条的细化和补充，其细化和完善将为行政监督部门的监督和司法认定提供法规层面的依据。

首先是关于串通投标行为的概念。

（1）串通行为的主体。

串通投标的主体不仅仅是递交投标文件的投标人，也有可能是掮客，还可能是为实现串通目的获取非法利益而不参与投标的人。

（2）串通投标行为的分类。

串通行为包括串通报价和其他串通行为，即是指投标者之间串通投标，抬高或压低标价，以及投标者为排挤竞争对手而与招标者相互勾结的行为，可分为投标人之间的串通投标与投标人和招标人相互串通的投标。广义上的串通投标包括围标和狭义的串标。

① 围标：所谓围标是指数个投标人之间共同商量策略，一致抬高或压低投标报价进行投标，排斥其他投标人进行公平竞争，从而使某个利益相关者得以中标，以谋取不正当利益的手段和行为。围标行为的发起者习惯上被称为围标人，而参与围标行为的投标人则被称之为陪标人，通常在整个围标过程中由陪标人严格遵守双方预谋合作协议的要求，从而保证围标人能够得以中标，并一般要对其整个围标活动全过程对外保密。围标和串通投标行为显然违反了民商法公正、公平、公开以及择优的原则，违背了招投标活动的基本主旨，其既往往伴生腐败，也不利于最大限度地将投资综合效益最大化与招标目标追求最优化结合起来，故始终为法律所禁止。

② 投标者之间串通投标：所谓投标者之间串通投标是指两个或两个以上的投标者恶意串通，在投标过程中相互配合以低价中标，损害招标人利益的行为。其目的在于通过轮流在类似招标项目中标，避免其自己相互竞争或通过利益输送协议等约定，以最终损害招标人的正当预期利益。此外，投标人除主动串通投标外，还可能被动串通投标。例如将资质证书、印章出借给他人用于串通投标。

③ 其他形式的串通：串通投标也不仅仅局限于具体招标项目，投标人之间还可能结成相互串通投标的伙伴关系甚至形成所谓串通投标俱乐部。

（3）串通投标可能发生于招投标的不同时间段。

串通投标可能发生在投标以及投标前的准备阶段，也可能发生在开标、评标甚至中标候选人公示阶段。

（4）串通投标行为的构成要件。

《招标法》第三十二条肯定了《反不正当竞争法》第十五条第一款所禁止的投标人间相互串通投标的两种表现形态的同时，增加了关于串通投标这种不正当竞争行为的经济损害后果这一构成要件的规定，即其须损害招标人或者其他投标人的合法权益。

其次是关于投标人相互串通投标的具体的表现形式。

《条例》第三十九条在广义的串通投标基础上，对究竟哪些行为属于投标人相互串通投标，作出了更加具体的界定：

（1）投标人之间协商投标报价等投标文件的实质性内容。

虽然《招标法》和《条例》未就何谓"投标文件的实质性内容"进行定义，但是参照《合同法》第三十条"有关合同标的、数量、质量、价款或者报酬、履行期限、履行地点和方式、违约责任和解决争议方法等的变更是对要约内容的实质性变更"的规定，可以认为，投标人之间以口头或书面方式对投标方案、投标报价、工程期限、工程质量等涉及招标人和中标人权利义务关系的实体内容进行协商的，都可视为投标人之间相互串通投标。例如，投标人之间一致哄抬行业价格，抬高投标报价等。

（2）投标人之间约定中标人。

两个或两个以上的投标人通过口头或书面的约定，确定其中某人为中标人，并为促成此项约定而积极作为或不作为。例如，约定实施确定不合常理的投标报价；约定在招标项目中轮流以高价位或低价位中标；投标人之间相互约定，在招标项目中分别以高、中、低价位报价的；除不可抗力因素和招标人的责任等免责条件外，中标公示的第一中标候选人拒绝按规定接受中标；投标人之间先进行内部竞价，内定中标人，然后再参加投标，约定给没有中标或放弃投标的其他投标人以"补偿费"；中标人同时以"协作费"或"协调费"的名义分别转出相同数额的款项给予相关的几个投标人等等行为，都属于投标人之间约定中标人的范畴。

（3）投标人之间约定部分投标人放弃投标或者中标。

这种情况与"投标人之间约定中标人"是一体两面的关系。无论是约定中标人还是约定部分投保人放弃中标，都可能使得特定投标人成为中标人，给招标人造成损害。这包括了诸如递交投标文件截止时间开始至评标结束，投标人撤回投标文件的情形；也包括投标人一年内三次及以上通过资格预审（或参加报名），但不参加投标或不按规定缴纳投标保证金，也不及时书面通知招标人或招标代理机构等行为。

（4）属于同一集团、协会、商会等组织成员的投标人按照该组织要求协同投标。

协同投标指两个或者两个以上享有不同资源、资质的投标人，协同一致完成某一项目的投标。本条的协同投标不同于《招标法》第三十一条允许的"以一个投标人身份共同投标的联合体"。

投标人因同属一个集团、协会、商会等组织，故相互间性质相同、关系密切、易于沟通且为利益关联体。其组织成员对所属组织具有依附性，其利益与组织的利益紧密相连，易遵照组织要求行事。而所属组织为平衡各成员之间的利益关系，避免成员间因竞争而失和，造成其管理等方面的困难，时常要求所属成员在同一招标项目中协同投标。毋庸置疑，这种以利益为动因的协同投标将成为实施串通投标行为的"催化剂"，以至于非该组织成员和招标人的利益都必然在本次投标过程中遭受不应有的损害。

（5）投标人相互串通投标具体表现形式之兜底条款。

《条例》三十九条第二款第（五）项之立法目的，显然在于防止法律的不周延和适应社会的情势变迁。故实际上没有、也不可能包括或者预测所有的围标行为和串通投标行为，这些事实上只能由部门规范等低阶法规予以补充，或者在新的法律和法规中予以规定。

第三是关于串通投标行为的认定主体。

本条没有对上述违法行为的认定主体和程序作出具体规定，但鉴于招标投标活动的技术属性，原国家计委等七部委在《评标委员会和评标方法暂行规定》第二十条规定，"在评标过程中，评标委员会发现投标人以他人的名义投标、串通投标、以行贿手段谋取中标或者以其他弄虚作假方式投标的，该投标人的投标应作废标处理。" 由此可知，此即意味着上述违法行为认定的主体首先是评标委员会；其次，依照行政监督职能分工，由行政监督部门认定；最后，如果当事人起诉，认定机关就是司法机关了。

综上，鉴于《招标法》禁止的串通投标并不限于投标报价方面的串通；而且串通投标并不一定为谋取中标，故认定其违法行为不能以中标作为串通投标的构成要件。所以成立投标人之间串通投标，仅强调必须同时满足两个条件：一是投标人之间主观上为恶意；二是投标人之间存在事实上的串通行为。

2. 串通投标的认定

《条例》第四十条规定："有下列情形之一的，视为投标人相互串通投标：
（一）不同投标人的投标文件由同一单位或者个人编制；
（二）不同投标人委托同一单位或者个人办理投标事宜；
（三）不同投标人的投标文件载明的项目管理成员为同一人；

（四）不同投标人的投标文件异常一致或者投标报价呈规律性差异；
（五）不同投标人的投标文件相互混装；
（六）不同投标人的投标保证金从同一单位或者个人的账户转出。"

本条是《招标法》第三十二条串通行为客观认定的细化。

首先是关于串通投标客观认定的必要性。

实践中，投标人间达成串通投标的合意，通常以利益为动因，故只要投标人间不发生分歧、内讧或利益链断裂等情况，利益受损的其他投标人或招标人很难举证证明投标人之间存在串通投标，评标委员会、司法机关亦很难认定。故《条例》通过制定第四十条，规定投标人之间只要出现本条规定的6种情形，即使无法证明其密谋、伙同等主观恶意，只要能证明存在有损于招标人的利益之事实，即可认定业已构成投标人间串通投标。所以本条规定的"视为"在法律上事实即为"推定"。

这里所谓"推定"其实是根据某一事实的存在而作出的与之相关的另一事实存在（或不存在）的假定，这种定与证据问题息息相关，它可以免除主张推定事实的一方当事人的举证责任，并把证明不存在推定事实的证明责任转移于对方当事人。在理解推定时，应注意区别下列问题：

（1）不可反驳的推定与可反驳的推定。

不可反驳的推定又称为结局性推定，即法律禁止提出证据来反驳被推定事实的推定。但证据法理论中一般认为这种不可反驳的推定不是真正的推定，而只是一种实体法规则，即法律规定一旦出现某种情况应当如何处理的实体法规定。

本条规范的推定不但包括行为和主体的认定，而且其认定的结论并非不可推翻和不可纠正的，因为任何推定均可被反证所推翻。

（2）事实推定与法律推定。

以有无法律依据为标准，推定又可分为法律推定与事实推定。

法律推定是指法律明确规定的推定。如本条这样。而事实推定则是法律推定的对称，指法律没有明文规定，只是法官依据经验法则，从已知事实推定事实存在的假定。事实推定来源于司法人员的逻辑推理过程，但与一般的执法人员日常推理有别，是经过理论和实践的长期总结，成为了一种已经形式化、先定的作出某种结论的规则，即推定规则。所以要特别注意将事实推定与事实推理或推断区别开来，不能将一般推理误认为推定。

故诸如为避免适用法律错误，评标过程中评标委员会可以视情况给予投标人澄清、说明的机会；评标结束后投标人可以通过投诉寻求行政救济，由行政监督部门作出认定。所以这里所谓"视为"必须具备法定的客观外在表现，不宜设立兜底条款。但有其他证据证明投标人串通投标的，评标委员会、行政监督部门、仲裁机构和法院自同样可以依法作出认定。

其次是关于投标人之间串通投标推定的客观标准。

（1）不同投标人的投标文件由同一单位或者个人编制。

法律将此推定为串通投标的理由是：投标人本应根据自身财务状况、技术资质等现实因素，编制投标文件，交由评标委员会审查。若由同一单位或个人编制投标文件，极有可能造成两种危害结果：

一是不同投标人的投标文件所涉各方面都极为相似，无法最大限度满足招标文件中规定的各项综合评价标准，必致招标人利益受损；

二是不同投标人知晓彼此投标信息后，易达成串通投标的意思表示。法律为防患于未然，故将不同投标人的投标文件由同一单位或者个人编制的情形视为投标人之间的串通投标。

除通过投标价、工程钢材、水泥用量、工期、施工方案等方面极为相似可以认定不同投标人的投标文件由同一单位或者个人编制外，出现如下情形，也可视为同一单位或者个人编制了不同的投标文件。

① 错误与漏洞相互雷同。不同投标人的投标文件错、漏之处一致或雷同的。

② 报价相近且内容混乱。不同投标人的投标总报价相近且各分项报价、综合单价分析表内容混乱不能相互对应、乱调乱压或乱抬的，而在询标时没有合理的解释或者不能提供计算依据和报价依据的。

③ 总价相近、单价相同却不合理。不同投标人总报价相近，数项子目单价完全相同，且提不出合理的单价组成的。

④ 打印设备或编制软件同一。不同投标人的投标文件由同一计算机编制或同一台附属设备打印，或投标报价用同一个预算编制软件密码锁制作或出自同一电子文档的。

（2）不同投标人委托同一单位或者个人办理投标事宜。

依代理合同的原理，受托人应以委托人名义，为委托人之利益从事民事活动。若由同一单位或个人代理不同投标人办理投标事宜，单位或个人违反法律规定，构成双方代理的同时，可视为不同投标人向对方公开了自己的投标内容。不同投标人本应是利益冲突的多方，此时能够达成合意，意味着不同投标人之间要么取得了一致目标，要么有部分投标人放弃了其利益，故因符合投标人之间相互串通投标的特征，而被视为串通投标。

实践中，不同投标人委托同一个人或注册在同一家企业的注册人员或同一家企业为其投标提供投标咨询、商务报价、技术咨询（招标工程本身要求采用专有技术的除外）等服务的行为也可视为不同投标人委托同一单位或者个人办理投标事宜。这里所谓投标事宜包括领取或者购买资格预审文件、招标文件、编制资格预审申请文件、编制投标文件、踏勘现场、出席投标预备会、提交资格预审文件、提交投标文件、出席开标会等。

（3）不同投标人的投标文件载明的项目管理成员为同一人。

项目管理成员具体表现形式有：

① 不同投标人的项目负责人、项目总监等人员有在同一个单位缴纳社会保险的；

② 不同投标人的投标文件中项目班子成员出现同一人的。

不同投标人的项目管理人为同一人，有串通投标之嫌；若无串通投标的行为，意味着不同的投标人也许系总公司、分公司的关系，可能造成招标人因投标人少于3人而重新招标的结果。

（4）不同投标人的投标文件异常一致或者投标报价呈规律性差异。

实践中，因财务状况、履约能力、资质技术等方面的差异，不同投标人编制的投标文件因符合其自身实际情况，而有所差异。在实行市场竞争形成工程造价的计价体系下，施工投标人竞争性的投标报价应当是完全自主的活动，只有在投标人相互串通投标报价的基础上或者为保证特定投标人中标才会出现不同投标人的报价呈现规律性差异。

因此，当投标文件异常一致或投标报价呈规律性差异时，法律视为投标人进行了过事前磋商，构成串通投标行为。

（5）不同投标人的投标文件相互混装。

评标委员会根据投标人提供的投标文件确定中标人，若不同人的投标文件相互混装，评标委员会最后确定的中标人，可能并不具备评标委员会认定的合格的中标人的条件。

实践中，通常表现为两种形式：一是不同投标人的投标人由同一个单位或者个人编制，在打印装订时出现相互混装的情况；二是不同投标人先分别编制投标文件，最后再按照预先协商的原则集中统一，装订时出现相互混装的情况，上述两种情形均被推定为串通投标。

（6）不同投标人的投标保证金从同一单位或者个人的账户转出。

本条是对"投标保证金应当从投标人的基本账户转出"规定的负面法律调整。实践中，不同投标人的投标保证金由同一企业或同一账户资金缴纳；不同投标人的投标保证金由同一个人缴纳；不同投标人使用同一个人或者企业出具反担保的投标保函；由投标人基本账户转出的资金均来自同一企业或个人，都可以视为不同投标人的投标保证金从同一单位或者个人的账户转出。

第三是关于上述行为的认定主体。

上述行为的认定主体同《条例》第三十九条第三款。即本条虽然没有对上述违法行为的认定主体和程序作出具体规定，但鉴于招标投标活动的技术属性，原国家计委等七部委在《评标委员会和评标方法暂行规定》第二十条规定，"在评标过程中，评标委员会发现投标人以他人的名义投标、串通投标、以行贿手段谋取中标或者以其他弄虚作假方式投标的，该投标人的投标应作废标处理。"由此可知，此即意味着上述违法行为认定的主体首先是评标委员会；其次，依照行政监督职能分工，由行政监督部门认定；最后，如果当事人起诉，认定机关就是司法机关了。

3．禁止招标人与投标人的串通投标

《条例》第四十一条规定："禁止招标人与投标人串通投标。

有下列情形之一的，属于招标人与投标人串通投标：

（一）招标人在开标前开启投标文件并将有关信息泄露给其他投标人；

（二）招标人直接或者间接向投标人泄露标底、评标委员会成员等信息；

（三）招标人明示或者暗示投标人压低或者抬高投标报价；

（四）招标人授意投标人撤换、修改投标文件；

（五）招标人明示或者暗示投标人为特定投标人中标提供方便；

（六）招标人与投标人为谋求特定投标人中标而采取的其他串通行为。"

本条是对《招标法》第三十二条不同主体串标认定的细化。

（1）本条行为适用的主体和违法性质。

本条适用的主体是招标人和投标人，包括招标人、招标代理机构和投标人；其违法行为属于共同违法。

投标人与招标人相互串通投标是指特定投标人与招标人在招标投标活动中，以不正当的手段从事私下交易，致使招标投标流于形式，共同损害国家利益、社会公共利益和他人的合法权益的行为。根据《反不正当竞争法》第十五条第二款的规定，招标人与特定投标人串通投标属于排挤竞争对手的不公平竞争。

通常认为：在开标、决标以前，投标人与招标人不得发生任何实质联系，如果投标人与招标人违反程序性规定，在开标、决标以前发生任何实质性联系，就是勾结的行为，而相互勾结行为的存在，是这类限制竞争行为成立的要件。

（2）招标人和投标人串通投标的典型表现形式。

《条例》第四十一条细化了《招标法》第三十二条第二款关于"投标人不得与招标人串通投标，损害国家利益、社会公共利益或者他人的合法权益"的规定。列明了6种招标人与投标人串通投标的典型情形：

① 招标人在开标前开启投标文件并将有关信息泄露给其他投标人。所谓"知己知彼，百战不殆"，若投标人获得其他投标人的投标信息，便可修正自己的投标文件，甚至只需凭借微小优势，就可以正中评标委员会的下怀。《招标法》第二十八条规定，招标人受到投标文件后，应当签收保存，不得开启。故招标人在开标前开启投标文件并将有关信息泄露给其他投标人的行为，显属违法。

实践中也确实存在因招标人对投标人在投标截止时间前提交的投标文件因保管不善而被提前开启的情况，只有招标人及时纠正失误并有效防止了有关信息被直接或者间接地泄露给其他投标人的情况下，才可以不归入本项法条所规定的违法情形。

② 招标人直接或者间接向投标人泄露标底、评标委员会成员等信息。《条例》第二十七条规定，标底必须保密。故招标人泄露标底的行为构成违法，投标人将根据已知标底确定对己最有利的略高于标底的投标价。虽然招标人的利益未受损，但因非法排斥了其他投标人公平竞争，故而为法律所禁止。实践中，招标人向投标利害关系人泄露投标人名称、数量或联系方式，泄露资格审查委员会或评标委员会成员名单、资格审查或评标情况等应当保密的事项，都可纳入招标人直接或者间接向投标人泄露标底、评标委员会成员等信息的范围。

③ 招标人明示或者暗示投标人压低或者抬高投标报价。投标报价是投标文件之核心，为充分发挥竞争机制，投标人应根据招标文件的要求和自身实际条件来进行报价。实践中，此种违法行为多为投标人与招标人秘密商定，在招投标时压低或者抬高标价，中标后再给投标人或招标人额外的补偿。

④ 招标人授意投标人撤换或修改投标文件。本项规定意味着招标人不得在招标文件规定的提交投标截止时间前或后授意特定投标人撤换或修改投标文件，也不得在中标后签订合同前授意特定投标人撤换、修改投标文件，否则均构成串通投标。

招标人在规定的提交投标文件截止时间后，协助投标人撤换投标文件、更改报价（包括修改电子投标文件相关数据）的，也可视为招标人授意投标人撤换、修改投标文件。

⑤ 招标人明示或者暗示投标人为特定投标人中标提供方便。诸如招标人指使或暗示甚至强迫要求评标委员会推荐的中标候选人放弃中标；招标人无正当理由拒绝与中标候选人签订合同等行为，是招标人以其优势地位，欲通过拒绝承认中标候选人的资格地位等方式，暗示中标候选人应放弃其候选资格，为特定投标人成为中标人提供便利。

⑥ 招标人与投标人为谋求特定投标人中标而采取的其他串通行为。与招标人相互串通一样，认定招标人与投标人相互串通，必同时满足：招标人和投标人主观上为故意，招标人和投标人存在相互勾结的行为。

串通投标行为无论采用何种形式，都会直接伤害其他人的合法权益。实质上是一种无序竞争、恶意竞争行为，它扰乱了正常的招投标秩序，妨碍了竞争机制应有功能的充分发挥，往往使中标结果在很大程度上操纵在少数几家企业手中，而将有优势、有实力中标的潜在中标人拒之门外。这不仅会破坏建设市场的正常管理和诚信环境，还将严重影响到招标投标的公正性和严肃性，无疑这还将害了大多数投标人和招标人的利益。

（3）招标人和投标人串通投标行为之认定主体。

虽然法律和法规并无对上述违法行为的认定主体和程序的具体规定，但由于招标投标活动的技术属性，既然原国家计委等7部委在《评标委员会和评标方法暂行规定》第二十条业已规定，"在评标过程中，评标委员会发现投标人以他人的名义投标、串通投标、以行贿手段谋取中标或者以其他弄虚作假方式投标的，该投标人的投标应作废标处理。"

故此可以认为，招标人和投标人串通投标违法行为认定的主体首先是评标委员会；其次，可依照行政监督职能分工，由行政监督部门来予以认定；最后，如果当事人起诉，认定机关才是司法机关。

4. 以他人名义投标和弄虚作假行为的认定

《条例》第四十二条规定："使用通过受让或者租借等方式获取的资格、资质证书投标的，属于招标投标法第三十三条规定的以他人名义投标。

投标人有下列情形之一的,属于招标投标法第三十三条规定的以其他方式弄虚作假的行为:

(一)使用伪造、变造的许可证件;
(二)提供虚假的财务状况或者业绩;
(三)提供虚假的项目负责人或者主要技术人员简历、劳动关系证明;
(四)提供虚假的信用状况;
(五)其他弄虚作假的行为。"

本条是对《招标法》第三十三条弄虚作假、骗取中标行为的细化。因本条规定专指投标人以骗取中标为目的参与招投标活动,故应以存在以骗取中标为目的之弄虚作假事实作为认定弄虚作假参与投标的标准,而非中标的结果。

(1)投标人不得以他人名义投标。

评标的主要依据是投标人提交的投标文件的书面材料。投标人故意以其他法人或组织的名义投标,企图利用他人的资质等级、商业信誉为自己牟取私利,骗取招标人的信任的,有违诚实信用原则,之为法律所禁止。

实践中,"以他人名义"多表现为不具备法定或投标文件规定的资格条件的单位或个人,通过挂靠、冒名顶替等方式,以具备资格条件的法人或组织的名参与投标。本条第一款增加了"受让资格、资质证书","租借资格、资质证书"两种以他人名义投标的方式,受让和租借资格、资质证书的社会危害性重于无资质投标人的单方冒名顶替。无资格、资质的主体通过与有资格、资质的主体就受让、租借资格、资质证书达成合意,通过支付一定数额的价款,从而获得资格、资质证书的所有权或使用权,用于骗取评标委员会的信任,最终达到中标以获利。其具体表现形式有很多,诸如:投标人的投标文件中加盖了另一家公司的公章;或者是投标人的投标文件装订的是另一法人的名称或者出现了另一家法定代表人或者授权代理人的签名等。此时,尽管无资格、资质一方获得了证书,但其无资格、资质的法律事实并未予改变,而仅仅是被隐藏。这些做法不但严重扰乱招标投标的正常程序,严重影响中标项目的质量,严重损害招标人的利益、国家利益和社会公共利益,甚至可能造成严重威胁建筑物居住者的人身和财产安全的严重后果。因此,必须通过法律予以禁止。

(2)投标人同样不得以其他方式弄虚作假。

弄虚作假的方式多指提交虚假的营业执照、资格证明文件;伪造资质证书;虚报资质等级等的行为。《条例》第四十二条第二款在保留上述表述方式的同时,增加了其他4种弄虚作假的方式:

①"使用伪造、变造的许可证件"。其指无权限、无资格的投标人通过假冒他人或虚构人名的方式制造安全许可证、建筑资质许可证等证件,或者在非法获得的真实的安全许可证、建筑资质许可证等许可证上,实施涂改、变更等行为。

②"提供虚假的财务状况或者业绩"。其指投标人提供了不存在的或与实际不符的,一定时期内与企业经营活动有关的资金筹集、运用状况或曾完成的工程业绩等。

③"提供虚假的项目负责人或者主要技术人员简历、劳动关系证明"。其指投标人提供的项目负责人或者主要技术人员的简历、劳动关系证明与事实不符。如虚构项目负责人;参加投标活动的人员不能提供其属于投标企业正式在职人员的有效证明的等。

④"提供虚假的信用状况"。其指招标人不具备或不完全具备其提供的信用状况上所记载的信用。信用状况主要指企业信用评级,即信用评级机构通过对制造业企业、建筑安装房地产开发与旅游企业、金融企业等企业主体,在产业、企业素质、经营管理、财务状况和偿债能力等方面的信用进行分析,确定企业的信用评级。

⑤"其他弄虚作假的行为"是兜底性条款。《条例》四十二条第五项规定,所谓其他弄虚作假的行为,无疑将所有其他条款没有包括、难以包括或者目前预测不到的弄虚作假行为都包括其中,以防止法律的不周延性,以及社会情势的变迁性,故才将一些新情况通过这个兜底性条款来予以适用解决,而无需频繁修改法律。

(3) 投标人以他人名义投标或弄虚作假行为的认定主体。

虽然法律和法规并无对上述违法行为的认定主体和程序的具体规定,但可以认为,上述行为的认定主体同《条例》对第三十九条第三款的释义。即招标人和投标人串通投标违法行为认定最后的主体首先是评标委员会;其次,可依照行政监督职能分工,由行政监督部门来予以认定;如果当事人起诉,认定主体才是司法机关。

(三) 投标环节违法行为的法律责任

《招标法》第五十三条、第五十四条对投标阶段的法律责任作出规定,《条例》第六十七条、第六十八条、第六十九条对其做了细化补充和完善。

1. 关于串通投标的法律责任

《招标法》第五十三条:"投标人相互串通投标或者与招标人串通投标的,投标人以向招标人或者评标委员会成员行贿的手段谋取中标的,中标无效,处中标项目金额千分之五以上千分之十以下的罚款,对单位直接负责的主管人员和其他直接责任人员处单位罚款数额百分之五以上百分之十以下的罚款;有违法所得的,并处没收违法所得;情节严重的,取消其一年至二年内参加依法必须进行招标的项目的投标资格并予以公告,直至由工商行政管理机关吊销营业执照;构成犯罪的,依法追究刑事责任。给他人造成损失的,依法承担赔偿责任。"

《条例》第六十七条对未中标人的串通投标法律责任做了补充,对所谓情节严重行为细化了条件。

《条例》第六十七条:"投标人相互串通投标或者与招标人串通投标的,投标人向招标人或者评标委员会成员行贿谋取中标的,中标无效;构成犯罪的,依法追究刑事责任;尚不构成犯罪的,依照招标投标法第五十三条的规定处罚。投标人未中标的,对单位的罚款金额按照招标项目合同金额依照招标投标法规定的比例计算。

投标人有下列行为之一的,属于招标投标法第五十三条规定的情节严重行为,由有关行政监督部门取消其一年至二年内参加依法必须进行招标的项目的投标资格:

(一) 以行贿谋取中标的;

(二) 3年内2次以上串通投标;

(三) 串通投标行为损害招标人、其他投标人或者国家、集体、公民的合法利益,造成直接经济损失30万元以上;

(四) 其他串通投标情节严重的行为。

投标人自本条第二款规定的处罚执行期限届满之日起3年内又有该款所列违法行为之一的,或者串通投标、以行贿谋取中标情节特别严重的,由工商行政管理机关吊销营业执照。

法律、行政法规对串通投标报价行为的处罚另有规定的,从其规定。"

在招标采购的缔约阶段,围标、串标等弄虚作假行为是工程建设领域应当重点治理的违法行为。《招标法》第五十三条对三种围标串标行为作出处罚规定,但是其行为认定在法律法规层面没有细化,部门规章的解释一般不能作为司法判决的依据,法律的空缺客观上影响了司法对此类违法行为的判决。《条例》对此做了细化;其次,鉴于司法实践中,围标串标的主体有些不是为了投标、中标签订合同获取利益而是专门从事肩客的角色,通过围标、串标分赃;因此本条对包括围标串标在内的一些违法行为惩处的对象不限于《招标法》规范的仅针对中标人,也包括未中标人。其中,涉嫌受贿的对象包括国家工作人员和非国家工作人员,分别依照有关法律规定予以处罚。

首先,该条第一款是对串通行为主体、表现形式和法律责任的解读。

(1) 招投标违法通谋行为的主体。本条依据行为主体将该违法行为分为三种:

① 投标人相互串通投标;

② 投标人与招标人串通投标;

③ 投标人向招标人或者评标委员会成员行贿谋取中标。

(2) 串通投标的表现形式。串通投标的各种形式《条例》第三十九条、第四十条、第四十一条做了具体的界定。

(3) 已经中标的投标人违法行为的法律责任。

① 中标无效。

② 刑事处罚。其中,串通投标构成犯罪的依照刑法第二百二十三条惩处;受贿主体是国家工作人员按照刑法第三百八十五条处罚;受贿主体属于非国家工作人员按照刑法第一百六十三条处罚;尚未构成犯罪的依照《招标法》第五十三条处罚。

③ 监督部门应对单位处以中标项目金额 5‰以上 10‰以下的罚款,对单位直接负责的主管人员和其他直接责任人员处单位罚款数额 5%以上 10%以下的罚款。

对于尚不构成犯罪的串通投标和行贿行为,如果行为人取得了违法所得,行政监督部门应同时没收该违法所得。

(4) 未中标的投标人违法行为的法律责任。对于尚未构成犯罪行为的骗取中标的行为,《招标法》第五十三条规定了罚款比例,即对于单位,应处中标项目金额 5‰以上 10‰以下的罚款,对单位直接负责的主管人员和其他直接责任人员,应处以单位罚款数额 5%以上 10%以下的罚款。

依照《招标法》第五十三条的规定上述责任人还应当承担以下责任:

① 有违法所得的并处以没收违法所得;

② 给他人造成损失的,包括侵权责任和合同责任,依法承担赔偿责任。

其次,该条第二款是对串通投标行为中情节严重行为的解释和法律责任解读。

其表现形式有:

① 所谓谋取中标,可能已经中标;也可能在策划投标、中标的过程中,经查实有行贿行为。

② 3 年内两次以上(包括两次)串通投标,即可能经过串通参加了投标,也可能正在串通过程中,如召集串通会议签订或约定了利益分配还未去参加投标的行为都属于串通投标行为。

③ 该行为造成暂停招标、重新招标、合同无效等行为后果并对招标人、其他招标人或者国家、集体和公民造成直接损失。如该行为造成招标人重新招标、投标人重新投标,期间开支的直接费用(差旅费、酒店住宿费、评标专家评审费等)数目巨大,超过 30 万元。

④ 兜底条款,由于法律不能对民事行为穷尽规定的兜底条款为部门规章或地方法规预留的立法依据。

另外,自该处罚执行期限届满之日起 3 年内,又进行违法串通投标或行贿行为,或者串通投标、以行贿谋取中标情节特别严重的,其法律责任有:

① 有关行政监督部门将取消其 1~2 年内参加依法必须进行招标的项目的投标资格并予以公告。

② 工商行政管理机关将吊销其营业执照。

2. 发生在温州的串标大案一审宣判[①]

涉案金额近 3 亿元的全国最大市政工程串标案日前一审宣判,所有涉案人员分别被温州市瓯海区法院以串通投标罪判处缓刑 1 年至有期徒刑 2 年的不等刑罚,同时处 5~80 万元的罚金。

法院审理查明,24 名全国各地建筑工程公司的代表,在参加温州经济技术开发区滨海园区起步区第二标段、温州南塘大道第二、第三标段等三个市政工程项目投标中,为保证自己的利益,经事先预谋串通让其中一家公司中标,然后从中标公司分取所谓的"合理利润"。案发后,经公安机关侦查,"三大工程"投资总额达 2.96 亿元,参加投标的建筑公司先后从中标单位分取"好处费"1216 万元。

据瓯海区人民检察院介绍,2002 年 6 月,温州市经济技术开发区滨海园区起步区市政工程第二标段向社会公开招标,并采用最低造价中标评标办法。经招标方的资格预审、实地考察及随机抽签等程序后,湖南省××市市政工程公司代表、上海××集团总公司、××第二航务局等 7 家单位从 100 多家投标单位中脱颖而出,成为参加最后投标单位。7 家建筑公司的代表张×、陈××、袁×等 10 余人得知被确定为投标单位后,在市区××茶馆、××花苑、××宾馆等处多次进行密谋串通投标,并商定由××市市政工程公司与××建筑第×工程局合伙,并由袁×起草签订了投标报价协议书,由××市政工程总公司××分公司经理沈××提供串标必需的标书。××市市政工程公司在中标后,需支付给其他参加投标公司各 100 万元人民币的"好处费",正式开标前,由××市市政工程公司代表张×与他人出资 500 万元人民币,分二次将"好处费"支付给各投标单位。2002 年 8 月 20 日,××市市政工程公司以 146 572 284 元的标的额顺利中标,其他公司获得了约定的"好处费"。

2003 年 7 月,温州市南塘大道二期工程第三标段向社会公开招标,也采用最低造价中标评标办法。张×、潘×、黄×和以××市市政工程公司代表身份,报名参加该工程的投标,在通过投标资格审查后,张×再次与参加投标的 6 家建筑公司的代表进行预谋串标,与参加投标的建筑公司代表签订了串标协议书,商定由××市市政工程公司中标,该公司在中标后支付参加投标的其他 6 家单位各 90 万元的"好处费",张×在公司中标后立即兑现了串标协议规定的款项,其他 6 家公司的代表将款瓜分。

2003 年 8 月,在南塘大道二期工程第二标段向社会公开招标时。湖南省××市市政建设总公司代表陈××、杨×、陈×,在报名并通过投标资格审查后,陈××、杨××、陈×等人与其他 6 家公司的代表分别私下逐个密谋商定,相互串通标书报价,最后确定由××市市政建设总公司中标,陈××、杨×、陈×等人支付 6 家参加投标单位共计 176 万元人民币作为"回报"。××市市政建设总公司中标后马上予以支付了协议商定的"好处"。

2005 年 11 月 15 日,温州市瓯海区法院对此案进行公开宣判,依法以串通投标罪分别判处张×、陈××等 13 人有期徒刑 2 年、缓刑 2 年至有期徒刑 6 个月、缓刑 1 年的不等刑罚,并处罚金 15 万元至 80 万元;判处丁×等 9 人单处罚金 5 万元至 50 万元。

3. 关于弄虚作假等行为的法律责任

《招标法》第五十四条:"投标人以他人名义投标或者以其他方式弄虚作假,骗取中标的,中标无效,给招标人造成损失的,依法承担赔偿责任;构成犯罪的,依法追究刑事责任。

依法必须进行招标的项目的投标人有前款所列行为尚未构成犯罪的,处中标项目金额千分之五以上千分之十以下的罚款,对单位直接负责的主管人员和其他直接责任人员处单位罚款数额百分之五以上百分之十以下的罚款;有违法所得的,并处没收违法所得;情节严重的,取消其一年至三年内参加依法必须进行招标的项目的投标资格并予以公告,直至由工商行政管理机关吊销营业执照。"

(1)《条例》第六十八条对未中标人的弄虚作假等相应法律责任和情节严重行为作出认定补充:"投标人以他人名义投标或者以其他方式弄虚作假骗取中标的,中标无效;构成犯罪的,依法追究刑事责任;尚不构成犯罪的,依照招标投标法第五十四条的规定处罚。依法必须进行招标的项目的投标人未中标的,对单位的罚款金额按照招标项目合同金额依照招标投标法规定的比例计算。

---

① 本案例节选自法律教育网 2005-11-16

投标人有下列行为之一的,属于招标投标法第五十四条规定的情节严重行为,由有关行政监督部门取消其1~3年内参加依法必须进行招标的项目的投标资格:

(一) 伪造、变造资格、资质证书或者其他许可证件骗取中标;
(二) 3年内2次以上使用他人名义投标;
(三) 弄虚作假骗取中标给招标人造成直接经济损失30万元以上;
(四) 其他弄虚作假骗取中标情节严重的行为。

投标人自本条第二款规定的处罚执行期限届满之日起3年内又有该款所列违法行为之一的,或者弄虚作假骗取中标情节特别严重的,由工商行政管理机关吊销营业执照。"

(2)《条例》第六十九条对出让、出租资格、资质证书等弄虚作假的行为补充以下责任:

"出让或者出租资格、资质证书供他人投标的,依照法律、行政法规的规定给予行政处罚;构成犯罪的,依法追究刑事责任。

针对《条例》补充的违法行为,依法追究对应的刑事责任《刑法》第二百二十四条"合同诈骗罪":"有下列情形之一,以非法占有为目的,在签订、履行合同过程中,骗取对方当事人财物,数额较大的,处3年以下有期徒刑或者拘役,并处或者单处罚金;数额巨大或者有其他严重情节的,处3年以上10年以下有期徒刑,并处罚金;数额特别巨大或者有其他特别严重情节的,处10年以上有期徒刑或者无期徒刑,并处罚金或者没收财产。"

合同诈骗罪同一般合同纠纷的区别关键是有无非法占有他人财物的故意性,其认定应当符合该罪行的客体要件、客观要件、主体要件、主观要件等全部要件。本条刑法责任是《招标法》对应刑事责任的补充。

(四) 关于投标无效

1. 投标主体不合格导致无效

(1) 招标人和投标人有利害关系(且影响公正)。(《条例》第三十四条)
(2) 投标人之间有三个关系关系(同一法人、控股和管理关系)。(《条例》第三十四条)
(3) 联合体成员资格审查后增减变化。(《条例》第二十七条)
(4) 联合体成员和集体同时投标。(《条例》第三十七条)
(5) 投标人资格发生变化不符合原条件。(《条例》第三十八条)

上述主体不合格的投标,依法直接认定无效。

2. 投标行为违法导致无效

(1) 串通投标;
(2) 以他人名义投标的弄虚作假行为;
(3) 向招标人或者评标委员会成员行贿;
(4) 发生合并、分立、破产等重大变化不再具备原资格条件或投标影响公正性;
(5) 其他违法行为。

上述违法行为导致投标无效的认定,须符合行为、结果和不能纠正三个要件。

三、围标、串标走过场等现象深层次的思考[①]

目前招标投标活动在实践中走过场的现象很严重,据专家在某网站不记名投票统计,以围标

---

① 本节引自陈川生,朱晋华《招标投标走过场的思考》一文。《招标采购管理》2014第二期。

串标、弄虚作假等形式"走过场"的项目占全部招标项目的 85%。依据和招投标一线工作的同行交流，大家都基本认同目前招标投标活动存在严重"走过场"的评估。

那么，造成这种现象的原因是什么，单靠监督部门严格执法能解决问题吗？如果不尽如人意，那么锦囊妙计在哪里？下面，我们通过以下 5 个故事分别讨论。

1. 企业集团内部关联企业的利益博弈

故事一：某矿务局领导和作者交底，他们单位许多招标都是走个过场。他们矿务局有个机修厂生产刮板运输机，该设备属于消耗品。局属矿采购时，依据当地国资委规定，国有企业采购金额达到 50 万需要招标。因此，该局招标采购时，找两家陪标的投标人，每次都一定是该局的机修厂中标。该局领导对作者道出其中原委。该企业职工主要是家属子弟，该厂产品质量同国内专业水平高的企业相比一般质次价高，如果公开公平招标难以取得合同，就单项采购来说真招标可节约采购资金 10%左右，但是该局机修厂年底可能造成严重亏损，需要局财物补贴的损失金额远远超过节约的数额；更严重的后果是，如果企业破产造成职工失业会造成严重的社会问题，地方政府解决不了，国企还承担着维护社会稳定的重要社会责任。

这就是典型的所谓关联企业采购制度的设计问题。目前我国企业集团存在大量的二级、三级等企业，依据招标投标法实施条例的规定，集团公司招标，子公司在不影响公正的前提下可以投标，但不能自然取得合同，但是由于上述原因，为了企业集团的最大经济利益和社会稳定，通过围标、串标、限制潜在投标人、量身订做等各种方式走过场不可避免。国家对关联企业的采购政策规定应当实事求是。但根本的出路在于企业经济体制的深入改革。

对策：

在目前这种情况下，针对上述关联企业的采购应当区别不同情况予以解决。

一是对于企业在生产经营中的采购生产资料、原材料的采购项目，无论采购金额大小都不是招标投标法规规定的依法必须招标的项目，招标投标法对各类项目是区别规定分类管理。上述设备的采购方式国家不予管制，其采购方式由企业自行确定，确定的原则是在保证质量、交货期的前提下节约采购成本。企业可以直接采购，也可以为了降低成本通过招标采购，但采购程序有很多条款可以参照执行。

二是依法必须招标的项目，条例中关于"采购人"的解释是否可以放宽为集团公司所有关联实体，与其走过场浪费采购成本不如由项目法人决定采购方式，但要求采购过程公开接受企业职工和社会监督、最后接受审计监督。

2. 评标制度缺陷的影响

故事二：某招标项目采购焊接机器人，在政府专家库抽取了一名名校焊接专业毕业的某高校教授、博导，但是被招标人寄予厚望的专家在评标中基本一言不发，人云亦云。为什么？原来焊接专业分为三个专业方向：一是焊接材料，研究不同焊接介质的可焊性问题，基础课是金属学，工作基本是看显微镜；二是焊接结构，研究不同焊接结构的焊接应力和变形问题，基础课是力学；三是焊接设备，研究满足不同焊接工艺的设备设计，基础课是电学。这位教授是研究焊接材料的专家，对于焊接设备当然无发言权。事后，招标人说，如果所有专家都是类似专家，他们的评标结果我们能相信吗？这就是评标专家依照专业管理和产品需要不相容的矛盾。

还有评标的社会性和专家管理单位属性的矛盾，虽然条例规定有三分之一的专家要求延长评标时间招标人应当延长，但是由于专家的单位属性，专家不可能按照项目需要去评标的，作者曾受一位亲属的委托担任他出资的风电项目的招标人代表参加评标，我们在开标当天完成评标，招标人说，××，你买件衬衣跑三个商店，我 2000 万的项目你一个下午就决定了合同对象，如果我没有预先做功课我敢相信你们的评审结论吗？

还有目前评标制度中专家权利和义务不对等的问题,在有些项目中专家的公正性也令人怀疑。

鉴于此,招标人在招标前如果不做功课,在目前的评标制度下,评出什么你采纳什么,你敢冒此风险吗?依据现在的制度设计,评标专家的评审意见对招标人签订合同具有法律约束力,从而形成对招标人的法定代理;在具体的聘请活动中,抽取的方式由招标人和评标专家形成射幸合同,而射幸合同的特点就是权利义务的不对等或者说结果的不可预见性。这种不可预见性造成的风险专家并不承担。于是在不少项目中招标人预先进行调研和初步谈判,在编制预审文件或编制招标文件中量身订做,通过招标走过场就成了最佳选择。

对策:针对上述问题解决,在目前的法规制度下难以作为。日前,作者在深圳建设工程交易中心参观,特区在制度上解决了这个问题。依据招标法第四十条规定"……评标委员会完成评标后,应当向招标人提出评标报告,并推荐合格的中标候选人"的规定,深圳地方条例规定,专家在评标时依照法律和招标文件规定,否决不合格的投标文件,对其他合格的文件悉数推荐给招标人,不限于3名也不排名次,评审过程不打分,仅对合格的投标文件提出优点和缺点供招标人决标参考。招标人组成定标小组在监督部门监督下投票表决,项目法人签字确认。这样,招标采购项目由招标人负责就落到实处。这种评标方法是合法不合规,即符合招标法的规定,但违反了条例的相应条款。在目前情况下,这种方式只能试点,还不能普遍实施。

在目前制度框架下,应当从四方面努力,缓解制度缺陷造成的影响。

一是对专家库进行科学管理,在依照专业管理的同时,还应当区分职业、岗位,否则普遍出现假专家就难以避免;同时通过后评价对专家进行考核。

二是实事求是采取合适的聘请方式,对于工业项目,鉴于其复杂性,应当依法尽可能指定一个或几个真专家,以弥补抽取专家可能难以保证评标质量的缺陷。

三是区别不同项目在评标程序采取不同的方式,对于技术复杂的项目应当允许专家充分讨论,在充分讨论的基础上独立打分。

四是区别不同行业,细化对评标办法的研究,不能以不变应万变,如何科学准确评价采购标的的经济性和性价比,是招标人采购能力水平体现,标准文件不能规定太死,否则效果适得其反。

3. 政府行为不规范的产物

故事三:某城市市政道路建设项目招标,由于政府没有钱,但路必须修,又不能采取所谓BT或BOT方式,只能以政府信用担保要求投标人垫资,由于愿意垫资的投标人有限,因此只要能垫资就可以承揽该合同,这类项目属于依法招标的项目,所以这类项目的招标只能是走过场假招标。据作者在交通系统的朋友透露,此类情形在交通行业占很普遍,他们作为该类项目的主管部门同时也是监督部门,感到无可奈何。

对策:尽量避免该类不具备招标采购的项目启动招标程序。但是如果由于特殊需要,如召开国际会议需要,工期较紧必须完工,应当经过地方立法部门特别批准,可以纳入不招标范围。如某城市2013年大规模改造。该市市长的思路是办多少事筹多少钱,筹钱的方式是由私企垫资修必要的道路和配套设施,之后道路两旁的土地必然升值,之后挂牌给该垫资人,如果先出让土地,不修路,土地的价格就上不去。这种对国家和社会有利的方法,在道路施工的采购程序上就不可能合法,法律应当有个兜底条款以适应地方的一些特殊需要。否则政府不守法如何保证市场相对人守法。

4. 企业和项目法人负责制不落实的后果

故事四:作者熟悉的某央企集团公司,在最近的反腐败风暴中集团领导层被揪出了一批贪官,其贪污受贿大都和工程建设项目有关。该类央企名义是企业,有股东会、董事会、监事会、经理层等,实际还是行政机关,内部的监督机制形同虚设。政府对该特大型企业的监管很困难,某集团公司的采购部门领导对作者说:"他们(市政府监管部门)一个科级单位怎么到我们这里监督,我们随便一个单位都是处级。"因此,央企的监督大都是同体监督,同体监督对企业和部门的一把手没有任何约束力。同时借口集体负责,通过合法的招标程序造成工程建设项目和采购项目无人负责,无人负责的结果就是大家吃国家这块唐僧肉。

此类现象在政府采购中也很普遍,政府采购法规进一步限制了采购人的权利,采购小组编制采购文件,采购小组组织谈判,采购项目虽然最后由采购人定标,但由于程序的约束实际上还是集体负责,这样,萝卜卖出人参价也就不奇怪了。

对策:在某种意义上说,招标投标制度的基础是项目法人负责制。由于实行项目法人负责制度,所以招标投标法在制度设计上就赋予招标人的重要的权利以及相应的义务。理论和实践都证明,招标投标活动要想取得预期成果必须落实项目法人责任。这种责任不仅包括程序责任,更重要的是合同责任。在程序管理中,只要保证公开透明通过行业自律和社会监督基本可以解决问题,但是对于合同责任,现在政府疏于管理。行之有效的后评价制度没有规定为法定程序,政府管理的思路应当是程序监督从宽,合同监督从严,只要你敢做"文章"就不要怕政府秋后给你拉清单。鉴于此,建议政府有关部门将对招标投标活动的后评价作为法定程序,同时,学习鄂尔多斯资源交易中心的经验,将核算中心作为各类交易中心的组成部分,通过合同核算的公开化加强对招标人的监督。

5. 市场秩序混乱的副产品

故事五:作者在某公路局讲课结束后,该单位接待同事告诉作者,我们单位去年的中标率是50%。我说你们很不简单,他们说,哪里不简单,50%中标靠串标,其余参加围标也有陪标费,我问,你们如何串标呢?他说,公路招标采用合理低价法,我们每次围标一般找40家左右,基本可以围住评标基准价,这样中标就没问题了。具有讽刺意义的是,在这种所谓合理低价法的评标中,不是合理低价中标,而是接近评标基准价的围标人中标。作者在另外一个单位也有同事印证此类事件,他说,他们这里有个公路项目预计如果中标可能盈利2亿元,因此在开标前一天某投标人用三辆轿车装了2000万元现金,分给陪标人围标或买通竞争对手放弃投标,评标结束后顺利中标。某专家告诉作者:"我所熟悉的所有土建甲级公司都具有在3天内组织10家以上串标的能力,是所有公司都是没有道德底线的坏人?"专家说,"不是。对于土建公司,拿不到合同就是死,那公司面临的选择就是:不串标,立刻被别人玩死;串标,不被查处就不死,查处再死。你选择什么?"造成这种现象的原因很多,如僵硬评标办法的政策引诱,采购技能的缺失等都造成了市场秩序的混乱,有位投标人朋友告诉作者,他研究了现在的评审方法才发现串标是最佳投标策略。在市场经济中,政府的作用是建立并维护公平的市场秩序。但是,我们现在的制度管理往往反其道而行之。

我们一些政府部门不能与时俱进,抱着计划经济的思维对市场过分干预。如对企业单位资质的管理其范围之广、标准之复杂全世界都罕见。作者认为对一些特殊领域政府制定一些门槛条件是必要的,现在的问题是,我们政府对企业的资质管理还沿用计划经济的思维,企业分为特级、一级、二级,设计部门分为甲级、乙级、丙级,等等,这种管理事实上是只进不出,客观造成国企对特定市场的垄断,由于认定资质成本高,民企只好通过挂靠进入市场,企业借用资质投标付出的成本必然要通过所有手段保证中标来收回,于是行贿、受贿就成了工程建设领域的行业病。政府相关资质管理部门就是腐败高危岗位。

对策:一是放开绝大多数的单位的资格管理,加强对执业人员个人的资格管理。政府主要通过建立必要的执业资格考试和上岗制度,只有建立严格的执业人员的个人责任制度。挂靠围标现象才能从根本上解决。二是加强对招标采购科学理论和实践的研究而不是制度的研究,培训教材的重点应要求学生掌握科学的采购技能和知识,而不是学习采购制度的书呆子。职业资格制度建设的立脚点是培养符合中国特色的采购专家队伍而不是流程专家、资质专家,有位专家说得好:

"采购本身没有成为科学反而成了制度，结果锦上添花的造价能力成了核心能力，悲哀啊！"

不可否认，在招标投标活动中部分领导干部非法干预招标获取非法利益，国企招标人中的部分腐败分子通过工程建设项目的获取非法利益，其惯用的手段也是通过围标串标、弄虚作假等手段获取合同。这是招标采购走过场的另一方面的原因。对于此类问题，发现一起处理一起，立法部门应当建立类似美国的《虚假申报法》制度，对于通过举报政府查出挽回的损失应当按照规定比例奖励举报人。

结论：针对招标投标活动走过场的现象，应当分别情况不同处理，其基本思路应当是"疏"和"堵"相结合，其中对前五方面的问题主要还是"疏"；当然，招标采购活动作为一种法律行为，强制性是法律的属性，因此，依法、科学、准确的行政监督、司法监督当然是规范市场或不可缺的有力武器，二者不能偏废。

本章练习题

一、判断题
1. 同属一个集团的三个二级公司甲、乙、丙参加某地区同一项目主体资格无效。　　　　　　　　　　　　　　　　　　　　　　　　　　　（　　）
2. 投标人甲委托集团公司的乙投标人向招标人递交了甲、乙两套投标文件可视为投标人串标。
（　　）
3. 某联合体成员甲、乙、丙经过资格预审合格，投标时甲投标人因国家安排重要任务，甲推荐其集团内同等条件的丙替代其联合体成分，招标人认定联合体投标无效。（　　）
4. 是否接受某投标文件的权利主体是招标人。　　　　　　　　　　（　　）
5. 电子投标文件没有加密电子招标投标交易平台应当拒收并提示。　（　　）

二、多选题
下列关于认定投标人之间相互串通投标行为的说法正确的是（　　）。
A．投标人之间协商投标报价等投标文件的实质性内容
B．投标人之间约定中标人
C．招标人直接或间接向投标人泄露标底
D．投标人之间约定部分投标人放弃投标或者中标
E．属于同一集团、协会、商会等组织成员的投标人按照该组织要求协同投标

三、论述题
简述电子招标投标环节和纸质投标程序规定的不同点。

招标制度的强制性必然伴随着管制和反管制的长期博弈,因此如何有效监督就成了该项制度能否真正发挥作用的关键。所谓有效监督应当包括建立独立权威的监督机构、制定科学的监督制度以及有效的监督手段构成监督系统。

第8章

执行招标程序(开标、评标、中标)

一、开标程序的管理

(一)组织机构代码证的审查问题[①]

案例梗概: 某公司接受委托组织某市某重点工程建设项目的监理招标。

按照招标文件要求,本项目如期开标,当开标仪式进行到资格审查环节,按会议议程规定,在监督部门的监督下,公证处对各投标单位的证件进行审查并对审查结果进行公证。审查项目包括:企业法人营业执照、税务登记证、组织机构代码证、资质等级证书、法定代表人授权委托书。经过审查,参加投标的6家单位中有5家单位资格审查合格,所投标书为有效标书;但A企业单位组织机构代码证没有年检痕迹,经过监督部门及公证处审查并当场宣布:该投标单位资格审查不合格,不能继续参加投标活动。该投标单位当场提出异议,称其单位所在地上海组织机构代码证的年检制度非每年一次,其组织机构代码证仍在年检有效期内,属合格的组织机构代码证。公证处现场回复异议,请提供发证机关开具的证明,或有效证明此制度的文件。该投标单位在现场无法出示证明。故公证员宣布,资格审查结果有效。

本次开标的程序引起争议,争议焦点是公证员是否有权确定投标人A资格是否合格?答案是否定的。依据招标投标法律法规定授权,开标后资格审查的主体是评标委员会。一般来讲,招标人委托公正机构对开标环节的公正是对开标程序真实性的公正,而不是对投标文件是否合格的评价。即使招标人同公正机构签订了要求公正投标人资料公正性的委托协议,由于同法律抵触,委托协议也是无效的。

(二)开标的法律规定

1. 开标时间、地点

《招标法》第三十四条规定:"开标应当在招标文件确定的提交投标文件截止时间的统一时间公开进行;开标地点应当为招标文件中预先确定的地点。"

开标的时间、地点由招标人在招标文件中确定,虽然投标截止的时间即开标的时间,但两者却体现着不同的法律属性,前者体现的是招标人的私权的行使,而后者体现的则是公权力确定的交易秩序。可见,开标时间的确定不仅是招标投标活动的重要时间基点,也是合同履约的重要时间基点,依据国际商业惯例,开标前28天为合同基准日,如果发生变更,要以合同基准日计算价格和工期的变更。

招标人应当按照招标文件规定的时间、地点开标,这不但体现了法律活动的严肃性,包括招标人在内的任何人都不能随意去变更它,如果对其予以变更就必须依法进行,非此难以保证招投

[①] 本案例作者:山东齐信招标有限公司 杨可生。

标活动的公正性。

《电子招标投标办法》第二十九条规定:"电子开标应当按照招标文件确定的时间,在电子招标投标交易平台上公开进行,所有投标人均应当准时在线参加开标。"

2. 开标主持人

《招标法》第三十五条规定:"开标由招标人主持,邀请所有投标人参加。"

法律没有规定开标时投标人必须参加的义务,因此作为投标人的私权利,投标人可以决定其自己是否接受邀请而参加开标;当然低位阶的部门规章和规范性文件是不能对此设定投标人必须参加开标会议的规定的,但是招标文件有约定的则可以要求投标人参加;法律业已规定,招标人主持开标会议,但对投标文件的评审是在评标阶段由评标委员会行使的权利,故而招标人在开标现场既不能对评审作出评价,也不能对投标合格与否作出判断。

采用电子招标时,《电子招标投标办法》第二十九条规定:"电子开标应当按照招标文件确定的时间,在电子招标投标交易平台上公开进行,所有投标人均应当准时在线参加开标。"这里的"在线开标"可能指在交易中心现场计算机上在线,也可能在招标人单位或其他非开标现场在线。应当在招标文件中约定。因为如果不在线,电子开标后解密提示等程序无法进行。

3. 开标会议程序

(1)《招标法》第三十六条规定了开标的基本程序:

"开标时,由投标人或者其推选的代表检查投标文件的密封情况,也可以由招标人委托的公证机构检查并公证;经确认无误后,由工作人员当众拆封,宣读投标人名称、投标价格和投标文件的其他主要内容。

招标人在招标文件要求提交投标文件的截止时间前收到的所有投标文件,开标时都应当当众予以拆封、宣读。

开标过程应当记录,并存档备查。"

(2)《条例》第四十四条对《招标法》第三十四、第三十六条规定的补充。

"招标人应当按照招标文件规定的时间、地点开标。

投标人少于3个的,不得开标;招标人应当重新招标。

投标人对开标有异议的,应当在开标现场提出,招标人应当当场作出答复,并制作记录。"

本条第二款重申了《招标法》第二十八条:"……投标人少于3个的,招标人应当依照本法重新招标"的规定,这里所谓"投标人少于3个",不包括本数3,实践中导致参加投标的个数少于3人的情形有:

① 实际参加的投标人个数少于3个;

② 购买招标文件的潜在投标人个数很多,但是在递交投标文件截止日期时,送至指定地点的投标文件数不足3个;

③ 能够进入评标委员会评审阶段的投标人个数少于3个;

④ 提交投标保证金的投标人个数少于3个;

⑤ 其他导致投标人个数不足3个的情形。

依据23号令的修正,30号令(施工)、27号令(货物)和2号令(勘察、设计)对上述规定做了补充。主要是重新招标前应当分析招标失败的原因,并采取相应措施后重新招标;重新招标的适用范围是依法必须招标的项目,对于一般招标投标活动可以不再招标;对于两次招标失败,如果是需要审批、核准的项目,由原审批、核准单位审批、核准后不再招标。其他项目自行决定不再招标。

（3）关于投标不足3人的其他情形。

① 资格预审合格的潜在投标人不足3个。

《条例》第十九条第二款规定："通过资格预审的申请人少于3个的，应当重新招标"；27号令第二十条补充规定，"依法必须招标的项目通过资格预审的申请人不足3个的，招标人在分析招标失败的原因并采取相应措施后，应当重新招标。"

② 评标委员会否决不合格投标后，因有效投标不足3个而使投标明显缺乏竞争，评标委员会决定否决全部投标的。

27号令第四十一条第二款补充规定："依法必须招标的项目评标委员会否决投标的，或者评标委员会否决一部分投标后其他有效投标不足3个使得投标明显缺乏竞争，决定否决全部投标的，招标人在分析招标失败的原因并采取相应措施后，应当重新招标。"

上述规定中如果有效投标不足3个，但其要约参数有竞争性，可以继续评标。

③ 投标有效期满，同意延长投标有效期的投标人少于3个。

27号令第二十八条第三款规定："依法必须进行招标的项目同意延长投标有效期的投标人少于3个的，招标人在分析招标失败的原因并采取相应措施后，应当重新招标。"

包括投标截止前投标人不足三人共有4种情形。

《条例》第四十四条第二款对《招标法》第二十八条"招标人收到投标文件后，应当签收保存，不得开启"做了进一步的补充，本条第二款明确规定，如果投标人少于三人的，即使开标时间已到，不得开标，即不能开启投标文件，以防止泄露已经递交的投标文件，这时应当重新招标，以维护招标投标活动的公正性。

该条第三款是对开标环节最重要的补充，针对开标环节可能出现的违法或不规范行为，法律赋予投标人异议的权利，以防止这些行为所产生的后果难以纠正，给当事人造成更大的损失。但是，法律在维护投标人权利的同时也对该权利做了限制，即必须"当场提出"。其目的在于尽可能地提高招标投标活动的效率。法律还规定了招标人应当答复的义务，并要求其做好记录备查。可见，投标人的开标异议是其将来可能投诉的前置条件，因此，虽然法律没有规定异议的方式，但作为法律行为一般应尽可能采用书面形式。只要投标人的异议成立，招标人自然应立即纠正；而如果异议不成立，也应充分沟通，如果双方发生争议，自可提交行政监督部门予以裁定。

实践中，异议一般表现为两方面的问题：一是关于开标程序方面的问题，如推迟或延长开标时间、密封检查问题、标底不合理、澄清顺序违法约定等，二是对投其他投标人投标主体、客体合格性的异议，这些问题如不及时纠正影响招标程序的继续进行，或纠正比较困难。因此应当及时提出，招标人必须及时答复。但是，对于应当由评标委员会评审决定的问题，招标人无权作出评价，应告知异议人，所提意见已经记录在案，将提请评标委员会评审裁定。

所有异议及其答复的书面材料都应当作为开标记录的组成部分备查。在电子招标投标中意义和答复应当通过交易平台进行。

4．开标会议议程和注意事项

（1）由于招标领域专业及其广泛，法律没有对开标议程作出规定。2016年中国招标协会颁布的《招标采购代理规范》第8.1.4条对开标程序做了示范性规定。

"8.1.4 招标代理机构应当按照招标文件规定的程序组织开标，开标程序一般如下：

① 宣布开标纪律；

② 公布在投标截止时间前递交投标文件的投标人名称；

③ 宣布开标人、唱标人、记录人、监标人等有关人员姓名；
④ 参加开标的各投标人代表检查自己投标文件的密封情况；
⑤ 按照招标文件确定的开标顺序宣布投标文件开标顺序；
⑥ 公布标底价格（如果有）；
⑦ 按照宣布的开标顺序分别当众开标、唱标；公布标段/标包名称、投标人名称、投标报价和投标文件的其他主要内容，投标人当场确认，并记录在案；
⑧ 招标文件规定最高投标限价计算方法的，计算并公布最高投标限价；
⑨ 投标人代表、招标人代表、监标人、记录人等有关人员在开标记录上签字确认；
⑩ 开标结束。"
（2）开标应当注意的事项如下：
① 在投标截止时间前，投标人书面通知招标人撤回其投标的，无需进入开标程序。
② 依据投标函及投标函附录（正本）唱标，其中投标报价以大写金额为准。
③ 开标过程中，投标人对唱标记录提出异议，开标工作人员应立即核对投标函及投标函附录（正本）的内容与唱标记录，并决定是否应该调整唱标记录。
④ 开标时，开标工作人应认真核验并如实记录投标文件的密封、标识，以及投标报价、投标保证金等开标、唱标情况，发现投标文件存在问题或投标人提出异议的，特别是涉及影响评标委员会对投标文件评审结论的，应如实记录在开标记录上。但招标人不应在开标现场对投标文件是否有效作出判断和决定，应递交评标委员会评定。

《招标采购代理规范》第 8.1.6 条规定："招标代理机构宜对开标会议进行全过程录音录像备查。未经招标人同意，招标代理机构不得允许他人复制或查阅相关影像资料。"

（3）关于开标记录内容。
《招标采购代理规范》第 8.1.5 条规定：
"招标代理机构应安排专人妥善做好书面开标记录，完整如实地记录以下内容：
（1）开标时间、地点；
（2）招标项目以及标段/标包名称；
（3）投标人名称；
（4）密封检查情况；
（5）投标报价和其他公布的的主要内容；
（6）标底或最高投标限价（如有）；
（7）开标过程需要说明的其他问题。
招标代理机构应当组织招标人代表、投标人代表、监标人、记录人等在开标记录上签字确认，并存档备查。"

注意唱标记录是开标记录的内容之一。唱标记录不等于开标记录。

5. 电子招标的开标环节特殊规定

（1）《电子招标投标办法》第三十条："开标时，电子招标投标交易平台自动提取所有投标文件，提示招标人和投标人按招标文件规定的方式按时在线解密。解密全部完成后，应当向所有投标人公布投标人名称、投标价格和招标文件规定的其他内容。"
（2）《电子招标投标办法》第三十一条："因投标人原因造成投标文件未解密的，视为撤销其投标文件；因投标人之外的原因造成投标文件未解密的，视为撤回其投标文件，投标人有权要求责任方赔偿因此遭受的直接损失。部分投标文件未解密的，其他投标文件的开标可以继续进行。

招标人可以在招标文件中明确投标文件解密失败的补救方案,投标文件应按照招标文件的要求作出响应。"

本条是对电子招标中特有的小概率事件的规定。

法律规定,由于投标人的原因视为撤销其投标文件承担撤销招标文件的责任,即投标保证金可以不退还;如因投标人之外的原因,如属于交易平台的技术障碍不能输入平台,则视为投标文件的撤回,投标保证金应当退还。同时投标人有权要求责任方赔偿其直接损失,一般应承担缔约过失责任。但条文没有对如何识别解密没有成功责任认定的主体、程序和标准作出规定,需要经过实践,通过细则规定予以完善;如发生个别投标文件不能解密的情况不影响开标的继续进行,授予招标人依法临时处置继续进行开标或组织评标的权利。

由于解密程序的技术复杂性和责任认定的复杂性,本条第二款规定了招标文件应当包括投标文件解密失败补救方案的救济条款。发生此类事件时,招标文件应当规定如允许不能解密的投标人可以用光盘输入以示公平等,或者在交易平台存放投标文件摘要校验本,待再次解密后验证其投标文件的真实性,防止替换、篡改;尽量减少由于技术手段缺陷造成的不公平。投标文件应对招标文件的要求作出响应。

(3)关于电子开标记录的公布,《电子招标投标办法》第三十二条:"电子招标投标交易平台应当生成开标记录并向社会公众公布,但依法应当保密的招标项目除外。"

(三)投标文件密封检查的缘由、现状及建议[①]

在开标程序中容易产生混淆的是对投标文件检查的环节。并涉及到诸多专业问题的理解,如:为什么要开标?有几次密封检查?检查目的分别是什么?检查主体分别是谁?旁观检查是否能等同于为检查下结论?各方当事人应如何认识自身的职责?关于密封检查的法律法规及立法目的是什么?当初的立法背景是否符合当今的实际情况、未来应做哪些补充调整?

1. 界定本文讨论的范围及法律依据

(1)厘清"密封"的含义。

首先需要明确的是,有一些概念与投标文件的密封是彼此交叉并且容易混淆的。如投标文件的签署、盖章、印刷(正副本的份数)、装订、包装(正副本如何装袋)、标记、提交,等等。何谓投标文件的密封检查的"密封"?相关的法律法规都没有定义。按照《现代汉语词典》的解释,密封是指"严密封闭"。而对于什么是"严密封闭",显然在实践当中各方当事人由于认识和立场的不同,有着不同的理解和把握,这也是导致诸多争议的原因所在。笔者认为,按照《辞海》,"密"有"隐蔽""保密"的意思,这才是投标文件密封检查的出发点和落脚点,即密封检查的目的是而且仅是为了验证投标文件的内容是否被泄露。

(2)相关法律法规。

另外,投标文件的密封检查显然存在于公开招标或邀请招标的采购方式中,《政府采购法》对此没有描述。本文的法律依据主要是《招标法》、七部委《工程建设项目施工招标投标办法》(以下简称"30号令")、七部委《工程建设项目货物招标投标办法》(以下简称"27号令")以及财政部的《政府采购货物和服务招标投标管理办法》(以下简称"18号令")。在措辞上,本文中的"招标人"含"采购人","投标人"含"供应商"。

[①] 本小节引自赵勇《政府采购信息报》2011年12月30日,本书引用时做了删节。

2. 开标及投标文件密封检查的缘由

在早期的招标投标活动中，标的以货物为主，评标方法多为经评审的最低投标价法，评标过程也比较简单。各投标人的投标报价一经公布，中标结果"花落谁家"也就八九不离十了。在这种背景下，开标唱标的实际意义非常重大，能够有效实现投标人之间互相监督以及投标人对招标人的监督。

（1）收到投标文件时的第一次密封检查。

在《招标法》颁布前，许多招标活动中提交投标文件截止时间和开标时间之间有一段时间差。此外，很多投标文件是通过邮件提交的，为了保证在投标截止时间之前送达，许多投标文件往往会提前几天寄到。招标人为了排除自身的责任，有必要在接收投标文件时预先对投标文件进行（第一次）密封检查。这次检查，是为了分清责任，保护招标人的利益，降低开标时的风险，检查的主体是招标人或代理机构。

（2）保管后开标时的第二次密封检查。

如何保证投标文件送达招标人到开标前这段时间其内容不被泄露呢？解决办法是在开标前由投标人检查投标文件的密封情况，观察投标文件是否曾被提前开启。即所谓第二次检查。可以看出：如果在第二次密封检查中发现了问题，则意味着招标人有舞弊行为或者没有妥善地保管投标文件，招标人很可能因此被追究责任。第二次对投标文件密封检查的初衷是为了防止招标人或代理机构私自提前拆封投标文件，保护投标人的合法权益不受侵害。检查的主体是投标人（或其代表）或公证机构。

在现有的法律法规中，没有区分这两次密封检查，也没有直接说明在第二次密封检查中如果发现问题应如何处理，为开标实践中的混乱和大量的开标争议留下了隐患。

3. 对于投标文件密封检查的建议

目前，开标的实际情况与我国开展招标活动初期相比已经发生了很大变化。在这种情况下，结合以上的分析，作者对于投标文件的密封检查提出以下建议。

（1）各方当事人各归本位。

投标人：应认真研究招标文件，严格按照招标文件的要求进行密封，特别是招标文件有特殊规定的（如作者不敢苟同的"密封袋""密封条"乃至曾引起过无数争议的"密封章"等），要引起注意，对于不明白的事项要及时问清楚，以免掉进招标人"挖的坑儿里"，造成不必要的损失。要尽早抵达开标现场，及时发现问题及时补救。投标人应将竞争的注意力集中在价格、质量、工期等方面，对于他人投标文件的密封情况不必"鸡蛋里面挑骨头"。

招标人和代理机构：要重视第一次密封检查，如果发现投标文件的密封问题要马上拒绝接受。收取投标文件后，要存放在宽敞明亮、视野开阔的地点，最好是所有投标人都能看得到但是却接触不到的地点，并安排专人保管。这样，可以将保管投标文件的风险降低到最低限度。在程序组织上，开标时应尽量安排投标人检查自身的投标文件，这样既符合法律规定又符合立法的本意。同时还要在开标会上向投标人说明第二次密封检查的目的和主体，不要误导投标人，让他们认为这是一次排斥竞争对手的机会。最重要的是，招标人应把对投标文件密封的要求明确无误地在招标文件中表达清楚，避免含糊不清的表述，依法严格规定密封检查的主体以及出现各种情况后的应对措施，以减少争议的可能性。

监督管理人员：应明确自身的职责和出席开标会的目的，不要越俎代庖地在开标活动中亲历亲为。在条件允许的情况下，可采用摄像头等电子化手段进行远程监督。

公证机构及其人员：应认识到招标活动的发展趋势，加强对招标投标相关知识的学习，提高公证工作的技术含量。目前招标投标中的违法违规活动在向专业化、隐蔽化的方向发展。仅对于开标流程特别是第二次密封性检查进行公证,已经失去了其合理性和必要性。如果非要参与开标活动的话,建议将第一次密封检查、投标文件的保管和第二次密封检查的职责全部承担起来,以确保标准的一致性并降低开标过程的风险。

(2) 立法:完善相关规定。

在立法方面,《招标法》第三十六条一方面规定(投标文件的密封情况)"经确认无误后,由工作人员当众拆封、宣读……",另一方面又规定"招标人在招标文件要求提交投标文件的截止时间前收到的所有投标文件,开标时都应当当众予以拆封、宣读。" 在实践中如果"确认有误"应如何处理没有规定,很容易产生歧义和困惑,有必要补充完善如果第二次密封检查中发现问题应如何处理的内容。如果原先密封完好的投标文件,在第二次密封检查中发现曾被私自拆封,相关内容可能外泄,则应追究招标人的责任,并判定本次招标活动失败。如果已经被接收的投标文件,在第二次密封检查中发现瑕疵,但属于投标人密封时原有的问题(是不是原有的问题,要结合投标文件的提交、保管情况进行判别,并以投标人自己的解释为主要参考),则整个开标过程的合法性不受影响,需要判别的只是该投标文件的有效性。招标人或代理机构应如实记录,交由评标委员会处理。

4. 开标多久必须评标

有学员问,开标多久必须评标。

作者解答如下:招标程序的时间要求体现了合同相对人的权利。考虑到项目的公平和效率、公开和保密等多种因素,法律对开标和评标之间的最低期限没有规定;开标后随即开评已经成为行业惯例。需要说明的是,包括 GPA 示范法等一些采购法规都没有特定的邀请外部评标专家进行评审的法定程序,是否需要请专家咨询由招标人决定。招标人在投标有效期定标即可,因此,我国也没有规定开标和评标的最短时间期限。

(四)唱标的故事

1. 唱错了怎么办

某工程建设项目在当地建设交易中心开标,投标人甲报价 3480 万元,大写和小写一致,但唱标人唱为 3840 万元,由于投标人甲派出的授权代理人作为项目经理是项目执行单位,不知晓本单位报价部门编制的报价,连续唱三遍无异议,该代表在唱标记录表签字。交易中心据此打印了投标记录表。由于时间紧迫,评标委员会按照报价评审投标人乙以 3500 万元中标。在规定的公示期间,招标人甲的法人代表授权律师向招标人提出异议。认为甲投标人报价 3480 万元,其他条件也优于排名第一的投标人乙,请解释理由。招标人答复,你们的报价是 3840 万元且经给单位授权代理人签字认可,评标结果公平。招标人甲携带投标文件副本反驳说,我们的投标文件大、小写一致都是 3480 万元,为什么唱为 3840 万元。这时,招标人才知道唱标出错了。但是招标人认为,既然投标人甲在现场已经签字认可,即使有错误,也应该由投标人甲负责,评标结果不予改正。

对此,投标人甲向行政监督部门投诉,监督部门认为,评标委员会工作极不负责,连投标文件都没有阅读,只要有一个专家看一下投标人甲的投标函就会发现错误。但是评标委员会仅依据唱标记录评标。法律规定,没有按照招标文件规定的标准评标,应当责令改正;即使招标人在开标记录上签字原评审结果也属无效行为,一是由于其行为是招标人的错误导致,二是因为其行为等于撤销要约重新要约,相当二次报价,违反了相关法律规定。鉴于有关部门规章规定,"投标人的投标方案、投标声明(价格变更或其他声明)都要在开标时一并唱出,否则在评标时不予承认。"监督部门要求招标人改正错误,重新召集投标人当众道歉重新唱标,评标委员会依法重新评标。

2. 唱标错了的合同履行完毕如何付款

唱错标的案件无独有偶，某县招标办来函咨询，该县某单位招标时，项目金额报价218万元，但唱标时唱为281万，当时没有人提出异议并且顺利中标。双方签订合同并顺利履约完毕。在合同结算时，招标人财务审计部门发现，投标报价是218万元，中标通知书及合同价是281万元，经请示领导要求按照其报价218万元付款。中标人不服请县招标办裁定。

专家认为，依据本节第一个案例的缘由，依据281万的评标结果应当是无效的，评标无效将导致合同无效。但281万元的合同已经履行完毕，双方已经验收合格，依据《最高院关于审理建设工程施工合同纠纷案件适用法律问题的解释》法释〔2004〕14号文第二条的规定："建设施工合同无效，但建设工程经竣工验收合格，承包人请求参照合同约定支付合同价款的，应予支持。"我们建议如果工程符合14号文的条件，县招标办应支持发包人按照281万元支付工程价款。

3. 电子招标唱标出现的新问题

在电子招标中不会出现唱标错误的问题。除了模块化、智能化等其他条件外平台软件开发商的技术能力集中体现在对投标文件加密和开标解密能力和速度上。在纸质招标中，唱标需要立即报出投标文件的唱标内容，如投标人名称、投标价格、数量等；但是在电子招标中由于开标是每个投标人逐次插入CA数字证书显示唱标内容的，电子屏幕如果立即显示唱标内容，某些投标人认为无竞争希望可能随即借故离开投标现场不予投标或故意按错密码，造成投标人不足3人流标。因此，软件开发商应当通过软件程序保证，每次投标的关键数值屏蔽；待全部投标完毕，屏蔽的数值在电子屏幕一次性显示。从而避免无谓流标。有些地方靠行政办法强迫只要报名必须投标否则列入不良记录的办法保证投标满足3人，这些办法值得商榷。

二、评标程序的管理

（一）评标程序概述

1.《招标法》关于评标的规定

《招标法》第三十八条规定："招标人应当采取必要的措施，保证评标在严格保密的情况下进行。任何单位和个人不得非法干预、影响评标的过程和结果。"

第三十九条规定："评标委员会可以要求投标人对投标文件中含义不明确的内容作必要的澄清或者说明，但是澄清或者说明不得超出投标文件的范围或者改变投标文件的实质性内容。"

第四十条规定："评标委员会应当按照招标文件确定的评标标准和方法，对投标文件进行评审和比较；设有标底的，应当参考标底。评标委员会完成评标后，应当向招标人提出书面评标报告，并推荐合格的中标候选人。"

鉴于《招标法》关于评标的程序规定的比较原则，《条例》四十八条、第四十九条、第五十条、第五十一条、第五十二条、第五十三条对评标程序做了补充规定。

《电子招标投标办法》第三十三条规定："电子评标应当在有效监控和保密的环境下在线进行。

根据国家规定应当进入依法设立的招标投标交易场所的招标项目，评标委员会成员应当在依法设立的招标投标交易场所登录招标项目所使用的电子招标投标交易平台进行评标。

评标中需要投标人对投标文件澄清或者说明的，招标人和投标人应当通过电子招标投标交易平台交换数据电文。"

本条是关于电子评标环境条件和组织程序的特别规定。

开标除了依照《招标法》第三十八条规定应当在严格保密的条件外，针对电子招标的特点，补充了电子招标需要的有效监控的评标条件；对于远程异地评标应当在符合上述条件的基础上进行，即交易平台必须建立视频、音频、第三方切入监控等设施完善的具备保密条件的会务平台，通过会务平台满足有效监控和远程异地评标等功能的实现。

第二款规定了评标委员会成员评标应当使用规定的交易平台，属于评委应当承担的义务；评审的对象是在依法设立的招标投标交易场所登录的招标项目。一般指国有控股占主导地位的依法必须招标的项目；但法律没有对违反该行为设置责任条款；对于非强制类使用电子交易平台的项目，如评委评标是否可以下线评标，可以由招标人预先约定。

第三款规定依据法定评标程序澄清说明补充的渠道也应当使用相同的交易平台交互信息数据。该款是对评委和投标人的限制性义务规定。

2. 提供招标信息、确定评标时间、依法合理回避

《条例》第四十八条规定："招标人应当向评标委员会提供评标所必需的信息，但不得明示或者暗示其倾向或者排斥特定投标人。

招标人应当根据项目规模和技术复杂程度等因素合理确定评标时间。超过三分之一的评标委员会成员认为评标时间不够的，招标人应当适当延长。

评标过程中，评标委员会成员有回避事由、擅离职守或者因健康等原因不能继续评标的，应当及时更换。被更换的评标委员会成员作出的评审结论无效，由更换后的评标委员会成员重新进行评审。"

该条是对评标程序中组建评标委员会工作的细化和完善。

评标是评标委员会按照招标文件规定的评标标准和方法，对各投标人的投标文件评审，包括质疑（真伪）、评审（好坏）和推荐（名次）最佳投标人的过程。

（1）招标人在评标中提供评标所必须的信息。

本条第一款补充并明确了招标人在评标环节提供评标所必需的信息的权利和伴随的相应义务。但是，需要注意的是，招标人所提供的信息只能是中立的、不带有倾向性的，并且不能明示或者暗示其倾向或者排斥特定投标人。所谓"必需的"可由部门规章作出规定。如《评标委员会和评标办法暂行规定》第十五条规定："评标委员会成员应当编制供评标使用的相应表格，认真研究招标文件，至少应了解和熟悉以下内容：

① 招标的目标；
② 招标项目的范围和性质；
③ 招标文件中规定的主要技术要求、标准和商务条款；
④ 招标文件规定的评标标准、评标方法和在评标过程中考虑的相关因素。"

上述要求评标专家了解和熟悉的内容即属于"所必需的信息"。权利和义务的对等可以防止招标投标活动中的不法行为，在制度上保证招标投标的公正性与公平性。

（2）招标人依法确定评标时间。

本条第二款是对评标时间的规定。首先，确定评标时间的主体是招标人；其次，明确权利的限制条件是应当根据项目规模和技术复杂性等因素合理确定，为了防止招标人权利滥用；第三，法律规定了该项权利除外条款，即超过三分之一的评标委员会成员认为评标时间不够，招标人应当适当延长评标时间，以保证评标的质量。

（3）招标人更换评标委员会成员的特别规定。

本条第三款规定了评标委员会成员的更换事宜。

更换评标委员会成员的条件是，成员有回避事由、擅离职守或者因健康等原因不能继续评标，要及时更换，以保证评标的按时完成。

同时，该款规定了更换评标委员会成员的法律后果，即被更换的评标委员会成员作出的评审结论无效，由更换后的评标委员会成员重新进行评审。在实践中，发生上述情况时，其他评委不可能坐等更换评委到场后停止工作，所以本条"评标过程中"指开始评标到发中标通知书为止这个时间段。更换的专家单独评标其评标结果和其他评委已经评审的结果汇总得出最后结果。

3. 评标依据

《条例》第四十九条第一款规定："评标委员会成员应当依照招标投标法和本《条例》的规定，按照招标文件规定的评标标准和方法，客观、公正地对投标文件提出评审意见。招标文件没有规定的评标标准和方法不得作为评标的依据。

评标委员会成员不得私下接触投标人，不得收受投标人给予的财务或者其他好处，不得向招标人征询确定中标人的意向，不得接受任何单位或者个人明示或者个人明示或者暗示提出的倾向或者排斥特定投标人的要求，不得有其他不客观、不公正履行职务的行为。"

本条第一款是对评标程序中评标办法的细化和补充。本条适用的主体是评标委员会成员，评标办法包括了评标方法、评标程序、评标标准、评标结果。

评标应当依照法律法规进行。

本条第一款首先明确了评标委员会成员在评标过程中在享有法定权利的同时应当遵守相应的义务。

首先是评标委员会成员享有的权利：

① 可以对投标文件澄清。（《招标法》第三十九条、《条例》第五十二条）
② 对投标文件评审比较推荐中标候选人。（《招标法》第四十条、《条例》第四十九条）
③ 可以依法否决投标文件。（《条例》第五十一条）
④ 可以依法否决所有投标。（《招标法》第四十二条）

其次是评标委员会成员承担的义务：

① 依照法律法规的要求和招标文件的约定，对投标文件进行评审比较和推荐。（《招标法》第三十九条、《条例》第五十二条）
② 否决投标文件必须符合法律规定。（《招标法》第三十九条、《条例》第五十二条）
③ 否决投标必须依法进行。（《招标法》第四十二条）
④ 应当客观公正地履行职务，遵守职业道德。（《招标法》第四十四条第一款）
⑤ 《条例》第四十九条第二款确立了5条规定，即评标委员会成员的5个"不得"。
⑥ 依照招标文件的约定评审投标文件实质性响应的满足度。

本条第一款是在《招标法》第四十条规定（"评标委员会应当按照招标文件确定的评标标准和方法，对投标文件进行评审和比较；设有标底的，应当参考标底。"）的基础上的进行补充和完善。

所谓补充，即要求评标委员会"公正、客观"评标，"客观公正"属于道德范畴，由于评标委员会成员具有自由裁量权，有时也难以判断，只要在标准规定的范围内评审即不违法。

所谓完善，即针对评标中不规范行为，明确招标文件没有规定的评标标准和方法不得作为评标的依据，保证招标的公平与公正，所以如开标后才宣读评标细则等都是违法违规的行为。

4. 标底在评标中的参考作用

《条例》第五十条规定："招标项目设有标底的，招标人应当在开标时公布。标底只能作为评标的参考，不得以投标报价是否接近标底作为中标条件，也不得以投标报价超过标底上下浮动范围作为否决投标的条件。"

本条是对《招标法》第二十二条第二款规定"招标人设有标底的，标底必须保密"的细化和补充。

（1）编制标底的是招标人的权利。

标底是指招标人根据招标项目的具体情况所编制的完成招标项目所需的基本概算。标底价格由成本、利润、税金等组成，一般应控制在批准的总概算及投资包干的限额内。规定标底只能作为防止串通投标、哄抬标价和分析报价是否合理等情况的参考，不能作为决定废标的直接依据。依据法律规定，招标人可以设定标底，但是法律规定了必须保密的限制性规定。本条补充标底在开标时应当公布，以保证评标的公正性。这自然也就明确了标底保密的时间范围仅以开标为限。

（2）关于标底作用的补充规定。

招标的目的之一就是通过竞争，促进企业采用新技术，加强管理，提高劳动生产率，如果将投标是否有效、是否中标与标底挂钩，则与招投标活动宗旨相违背，也不符合招标投标活动公平竞争的要求。其次，标底是由招标人委托造价机构提前编制的，难以考虑各种施工方案、技术措施对工程造价的影响。因此，标底只能作为评标的参考，不得以投标报价是否接近标底作为中标条件，也不得以投标报价超过标底上下浮动范围作为否决投标的条件。故此，《条例》明确：

① 标底只能作为评标的参考；
② 不得以投标报价是否接近标底作为中标条件；
③ 不得以投标报价超过标底上下浮动的范围来作为否决投标的条件。

显而易见，目前实践中采用的，那种以标底价格加权复合基准价并与评标紧密挂钩的办法，就违反了上述的明文规定，其实际上是将接近标底与否作为了中标的条件，由于其已经限制了有竞争性的合理低价中标，故应当予以纠正。

5. 关于对投标文件的否决

《条例》第五十一条规定："有下列情形之一的，评标委员会应当否决其投标：

（一）投标文件未经投标单位盖章和单位负责人签字；

（二）投标联合体没有提交共同投标协议；

（三）投标人不符合国家或者招标文件规定的资格条件；

（四）同一投标人提交两个以上不同的投标文件或者投标报价，但招标文件要求提交备选投标的除外；

（五）投标报价低于成本或者高于招标文件设定的最高投标限价；

（六）投标文件没有对招标文件的实质性要求和条件作出响应；

（七）投标人有串通投标、弄虚作假、行贿等违法行为。"

本条是对评标程序中评标标准的细化、补充和完善，使评标委员会成员对投标文件的评审更具有操作性。本条的适用主体是评标委员会。

所谓否决投标时指评标委员会依法对投标文件的否决，是招标投标活动中所谓"废标"的规范性表述，以保持《政府采购法》相关定义的一致性。

（1）关于投标主体资格的认定。

从《合同法》的意义上讲，投标文件自属于要约，而要约作为一种典型的意思表示则需要意思表示的主体，倘若投标文件中无投标单位签字或盖章，那么在法律上就可以认为此投标文件欠缺少基本构成要件，无法证明主体意思表示的真实与合法性，不能构成适格的要约，当然即不能认为是有效的投标。需要说明的是，从方便交易的原则出发，考虑到国际贸易的习惯，合同文件上签字和盖章只要有一项即可。

（2）关于联合体合伙资格的认定。

联合体的组成属于各方自愿的共同的一致的法律行为。其本质上就是临时性法人合伙，其签订的合同属于民法通则规定的协作性联营合同。所以，联合体内部成员之间的权利、义务以及责任的承担等问题，都需要以联合体各方订立的合同为依据。因此，投标联合体只要没有共同投标协议，那么就不能以联合体的名义来进行投标，否则招标人将拒绝其投标。

（3）关于投标人行为资格的认定。

投标人应当具备承担招标项目的能力，即投标人在资金、技术、人员、装备等方面，要具备与完成招标项目的需要相适应的能力或者条件。对投标人的资格条件作出规定，对保证招标项目的质量，维护招标人的利益乃至国家和社会公共利益，都是很有必要的。不具备相应的资格条件的承包商、供应商，不能参加有关招标项目的投标；招标人也应当按照本法和国家有关规定及招标文件的要求，对投标人进行必要的资格审查。不具备规定的资格条件的，无法履行合同应当否决其投标。

我国《招标法》对投标人应具备的资格条件作出规定，资格预审文件或招标文件依据项目需要设置具体条件，可以使潜在的投标人据此判断自己有无资格参加投标，以避免花费不必要的投标费用，这对保护潜在投标人的合法权益同样也是有意义的。

（4）关于保障招投标行为公平性的规定。

根据一次性投标规则，当然应禁止一个投标人在同一招投标活动中同时投多个标，否则，实质上就是允许该投标人在一次招投标活动中两次报价，从而违反了招标过程中必须秉持的公平原则；尽管在招标文件允许的情况下可以有所谓备选方案，但备选方案只有在中标的前提下才依照招标文件约定予以评审，有些部门规章还作出备选方案报价不得高于主选方案报价等规定，显然中标后选择对招标人更有利的方案和企图通过两次报价谋取中标是完全不同的法律关系。

（5）关于投标人低于成本报价的处理规则。

这里讲的"低于成本"，是指低于投标人的为完成投标项目所需支出的个别成本。由于每个投标人的管理水平、技术能力与条件不同，即使完成同样的招标项目，其个别成本也不可能完全相同。管理水平高、技术先进的投标人，生产、经营成本低，有条件以较低的报价参加投标竞争，这是其竞争实力强的表现。所以对"低于成本的报价"的判定，在实践中是比较复杂的问题，应当通过法定程序要求投标人澄清说明并提供相关证明，如果评标委员会可以认定特定投标人是以低于成本报价竞标，自应否决其投标。

按照本条规定，禁止投标人以低于其自身完成投标项目所需的成本的报价进行投标竞争，其主要目的有二：一是为了避免出现投标人在以低于成本的报价中标后，再以粗制滥造、偷工减料等违法手段不正当地降低成本，挽回其低价中标的损失，给工程质量造成危害；二是为了维护正常的投标竞争秩序，防止产生投标人以低于其成本的报价进行不正当竞争，损害其他以合理报价进行竞争的投标人的利益。

设置最高限价作为否决性条件可以有效地防止围标等违法现象的发生，其判定相对简单，但对是否低于成本的判定问题则比较复杂。

最高限价、标底和基准价在招标投标活动中经常出现，由于其内涵存在一定程度的交叉，导致招标采购实践工作者和监管部门在使用中容易发生混淆，因此将三者的区别简要归纳如下：

① 目的不同。设置最高限价是防止由于串标或其他原因使招标结果超过预算；设置标底是为了将竞争控制到合理水平，选择在质量、价格、工期等方面最符合招标人采购需求的投标方案。

在采用以标价工程量清单招标中,标底还能起到发现并防范不平衡报价的作用。基准价是在综合评估法中用来折算分值的标准。

② 来源不同。招标控制价的来源主要是项目预算,体现了招标人招标采购的资金限制;标底的来源是招标人或委托的造价机构依据项目规模或计价规范编制的项目成本的基本价格,体现了招标人对建设项目的价格预期;基准价可以以最低价,也可以是某种形式平均价,也可以投标人平均价减扣约定比例为基准价。

③ 作用不同。最高限价对投标文件的评审是限制性的;标底对投标报价评审是参考性的。基准价对投标价格的折算是决定性的。

④ 形式不同。最高限价在开标前是公开的;标底在开标前是保密的。基准价依据招标文件约定的规则表现为多种形式,如果基准价采用投标报价和标底的复合价在开标后方能确定。

(6) 关于投标文件实质性条款不满足的处理规定。

本条关于对招标文件提出的实质性要求和条件作出响应,是指投标文件的标的、价格、工期、质量等实质性内容应当对与招标文件规定的实质要求和条件(包括招标项目的技术要求、投标报价要求和评标标准等)一一作出相对应的回答,不能存有遗漏或重大的偏离,否则将会被予以否决。

但是,招标人也不能偏离招标活动的根本目的,过分强调签字、装订、包装、密封等细节性的形式要件,因为如此很容易造成投标被否决,反而影响正常的竞争效果,故对于上述一类仅仅是工作性的偏差,评标委员会可要求投标人对投标文件作出解释,从而依法视为细微偏差,以保证评标结果取得预期的效果。

(7) 关于对投标违法行为的认定。

本条所列的违法行为主要有串通投标、弄虚作假、行贿等,由于招标投标活动的技术属性,所以法律规定,上述违法行为认定的主体应是评标委员会。

评标委员会应当按照《招标法》第三十二条和第三十三条,以及《条例》第三十九条、第四十条、第四十一条和第四十二条的认定标准,对投标文件作出准确和慎重的判断。

6. 关于澄清程序

《条例》第五十二条对评标程序中的澄清做了具体规定:"投标文件中有含义不明确的内容、明显文字或者计算错误,评标委员会认为需要投标人作出必要澄清、说明的,应当书面通知该投标人。投标人的澄清、说明应当采用书面形式,并不得超出投标文件的范围或者改变投标文件的实质性内容。

评标委员会不得暗示或者诱导投标人作出澄清、说明,不得接受投标人主动提出的澄清、说明。"

本条是对《招标法》第三十九条关于评标澄清的细化和补充。

(1) 依法启动澄清的主体只能是评标委员会。

2009年国家发改委等9部委联合颁布的《标准施工招标文件》在评标办法中明确规定评标程序:

"3.1 初步评审;

3.2 详细评审;

3.3 投标文件的澄清和补正;

3.4 评标结果。"

澄清说明的主体是评标委员会,但不是其任一成员即可启动该程序,应当是评标委员会集体的意思表示;启动澄清的要件是评标委员会认为需要澄清的主动行为。

澄清的对象只限于投标文件中有含义不明确的内容、明显的文字或者计算错误的情形,不能超出投标文件的范围或者改变投标文件的实质性内容。

本条所讲的"实质性内容"，包括投标文件中记载的投标报价、主要技术参数、交货或竣工日期等主要内容。本条作此规定，其目的是为了确保评标的公平和公正。

（2）投标文件的澄清说明应当采用书面形式。

法律规定了投标文件澄清内容的限制范围，《条例》对澄清形式做了补充。启动投标文件的澄清时，评标委员会应书面通知投标人，自然，投标人的相应答复也应当以书面形式进行。澄清说明有些属于认知沟通或一般计算性错误，确认后和合同履约无关；有些则可能构成要约和承诺的补充，作为合同文件的组成部分。所以法律才规定了投标文件的澄清说明应采用书面形式。

实践中由于时间限制，评标委员会在澄清中先口头向投标人提出需要澄清的内容，投标人到评标现场向全体评委口头逐一说明，之后双方用书面方式确认，作为合同的组成部分。换句话说，本条规定了澄清的书面形式是因为其属于合同的组成部分，而不是规定评标时投标人不可以与评标委员会见面。

评标结束后，投标文件的澄清说明纪要作为评标报告的组成部分经评标委员会签字后提交该招标人，评标委员会才算全部完成评标工作。

（3）澄清环节上关于评标委员会成员的禁止性规定。

即两个"不得"的澄清说明：不得暗示、诱导，不得接受投标人主动要求。

（4）电子招标的澄清应当通过交易平台进行。

依据《电子招标投标办法》第三十三条第二款的规定："评标中需要投标人对投标文件澄清或者说明的，应当通过电子招标投标交易平台交换数据电文。"

即在电子招标投标中的澄清是数据电文，若无特别约定无需书面形式。

注意：澄清不能改变投标文件实质性内容，但不等于实质性内容中含义不清等问题不能澄清。

7. 评标报告

《条例》第五十三条规定："评标完成后，评标委员会应当向招标人提交书面评标报告和中标候选人名单。中标候选人应当不超过3个，并标明排序。

评标报告应当由评标委员会全体成员签字。对评标结果有不同意见的评标委员会成员应当以书面形式说明其不同意见和理由，评标报告应当注明该不同意见。评标委员会成员拒绝在评标报告上签字又不书面说明其不同意见和理由的，视为同意评标结果。"

本条是对《招标法》第四十条中关于"书面评标报告"的细化和补充。

（1）提交评标报告和中标候选人名单是评标委员会的法定义务。

本条第一款规定，评标委员会依据有关规定撰写评标报告包括了评标全过程的记录和结果，还包括所见证的评标过程是否程序合法且结果公平，评标报告的内容包括开标记录表，评标委员会所见证的开标过程和数据是否真实可靠。

自然，评标报告中的候选人名单对招标人和中标人都具有法律约束力。

（2）中标候选人名单的数量在法律框架下由招标人确定。

这一条款规定推荐中标候选人的数量由招标人在招标文件中自行约定，一般为三人。《条例》作出这样的规定，一是如果只推荐一名中标候选人，当该候选人因特殊情况不能签订合同时，就需要重新招标，会造成时间、人力、资源等的浪费，同时也可能会侵害其他合格投标人的合法权益；二是根据《招标法》的规定，除国有资金控股或者占主导地位的依法必须进行招标的项目外，招标人可以不确定排名第一的中标候选人为中标人，而是可以根据招标项目的特点和实际需要，从评标委员会推荐的中标候选人中选择一名。

《招标法》第四十二条第一款规定，"评标委员会经评审，认为所有投标都不符合招标文件要求的，可以否决所有投标"。依据上述规定，否决不合格投标文件后，如果剩余的投标文件符合招标文件要求的话，即使有一份，评标评标委员也可以不否决此投标文件。实践中，根据招标文件规定的评标办法否决不合格投标后，有效投标不足三个，评标委员会认为其余投标具有竞争的，应按照招标文件的规定继续进行评审，并向招标人推荐中标候选人；但如果认为其明显缺乏竞争性的，应建议招标人重新招标，并在评标报告中予以说明。在开标前，由于投标人要约在开标前是保密的，是否构成竞争，只能依据投标人数量不足三人予以判断。但是开标后，投标人要约参数已经公开，评标委员会对其要约是否具有竞争性判断的标准应当是要约参数同社会成本的比较判断而不是人数的判断，所以即使只留下一份投标文件，评标委员会也可对其进行评审。

（3）评标委员会成员签字的义务和表示不同意见的权利。

本条第二款规定，评标报告应当由评标委员会全体成员签字。签字是依据法律规定评委对评标结果承担个人责任的证据，是依法行使法律授权参加评标工作后的法定义务。但是评标委员会成员对评标结果有不同意见的权利。

法律规定，不同意见应当以书面形式说明其不同的意见和理由。这种不同意见一般都会引起招标人的高度重视和关注，体现了评标专家在评标中的咨询作用。但是在实践中，也有评委以不签字要挟要求增加评审费或获取某些个人利益，为防止权利滥用。该条规定，如果评标委员会成员拒绝在评标报告上签字又不书面说明其不同意见和理由的，视为其同意该评标结果。显然，上述规定只针对个别评委行为，如果全体评委或多数没有签字，应当继续评审直至完成多数评委同意形成的评标报告。

在电子招标投标中，评标委员会成员在电子评标报告上采用电子签名方式签名，并通过招标投标交易平台向招标人提交评标报告。

（二）评标的故事

1. 表格背后的秘密[①]

评标委员会在初步评审时有两个"发现"的义务：第一个"发现"就是发现投标人以他人的名义投标、串通投标、以行贿手段谋取中标或者以其他弄虚作假方式投标的，该投标人的投标应作废标处理。

在某次评标初审时，评标委员会对某施工招标的开标记录（见表 8-1）进行初审，发现了这个表格背后的秘密。这是一次典型的串通投标的案例。

表 8-1　开　标　记　录

	投标报价（元）	钢材（吨）	水泥（吨）	木材（立方米）	质量	工期（天）
A	28042000	1879	886.36	5422	合格	347
B	28040000	1869	885.63	5419	合格	345
C	27376600	1766	5818	833.62	合格	362
D	28059000	1877	5241	887.35	合格	365
E	30263600	1595	6286	485	合格	356
F	25363862	1575.34	6546.6	744.4	合格	346

---

① 本案例引自《施工招标技巧与案例》，作者毛林繁博士。

（1）投标人A、B、D报价相近，三种材料使用数量也基本相同，特别是A、B两家水泥和木材的用量完全相同，但是同其他投标人比较，明显是水泥用量填在木材栏内，木材用量填在水泥栏内。数量基本一致还说得过去，但同时填错了则可以认定A、B有串标行为。

（2）投标人D和A、B比较，三人的报价及三种材料用量非常接近。在采用定额含量和市场价格调整方式的造价中，这种一致很不正常，应当重点评审并通过澄清判断是否有串标行为。

（3）投标人E、F的报价相差近500万元，但三种材料的用量很接近，不合常理，应当通过重点评审，E、F有串标嫌疑。

通过对上述表格的初步分析，经过澄清程序，评标委员会认定5个投标人有串标行为否决其全部投标，并建议监督部门进一步调查处理。

2．评标时招标代理机构工作人员能否进入评标室

目前，在公共资源交易中心内组织评标时，有些地方不允许评标委员会成员以外的其他人员进入评标室，防止围标串标事件的发生。但是依据《招标采购代理规范》第8.2.9条的要求，在组织评标活动时，招标代理机构有以下报告义务："在评标过程中，招标代理机构发现评标委员会成员未按招标文件载明的方法和标准进行客观、公正评标，发表主观倾向性言论、暗示或者诱导投标人作出澄清或者说明，接受投标人主动提出的澄清说明或泄露应当保密的信息等违规行为，应当向评标委员会主任委员或者相关监督人员当场提出，请其予以纠正；相关行为并未得到纠正的，招标代理机构应当予以记录，并报告有关行政监督部门。"

因为代理机构工作人员同交易中心的工作人员相比更具有专业性。

此外，如果招标文件存在模糊概念、前后不一致等情形也需要招标代理机构予以解释，因此，法律没有禁止招标代理机构工作人员进入评标室。作者认为，应当允许代理机构工作人员进入评标现场为评标委员会做好服务工作，同时承担保密义务。

3．评标澄清时评标专家能否接触投标人

鉴于《条例》第四十九条第二款规定了评标委员会成员不得私下接触投标人，同时考虑到法律对评标专家名单在确定中标人前需要保密的规定，《招标采购代理规范》第8.2.8条规定："招标文件要求投标人需对投标文件进行现场讲解或者介绍，接受评标委员会相关询问的，招标代理机构应当准备专用房间，配备电话、视频传输（单方向）等必要设施，并分别安排投标人进入该房间进行讲解或者介绍，但不得采取组织评标委员会与投标人见面等方式，导致泄露评标过程中应保密的信息。"

该款"不得采取组织评标委员会与投标人见面等方式"的规定没有法律依据，也同实际工作情况不符。特别是在技术复杂的项目澄清或样品演示中，间接沟通有时难以保证澄清效果。评标委员会需要和投标人多次当面沟通；另外，法律要求评标委员会成员不得私下接触投标人但没有禁止评标委员会成员在公开场合和投标人见面，法律这些规定包括要求专家名单在确定中标人前保密，都是为了防止投标人对专家行贿或给予好处以取得其有利于自己的评审的制度防范。在评标过程中，为保证评审专家对投标文件模糊条款的准确判断，提高评审效率，地方交易中心在必要时应当允许评标委员会成员和供应商当面澄清。

三、评标的技术在评标中的应用

鉴于评标环节的技术属性，为了便于监督管理，有必要对微观经济学中跨期选择理论的资金

时间价值理论和评标办法做一个基础解读。

（一）资金时间价值原理

1. 资金时间价值的基本概念

资金的时间价值，是经济学及管理学（财务管理）的重要理论之一，指不同时点上数量相等的资金的实际价值不等。一定数量的资金所包含的价值随着时间的推移不断地减少，即当前所持有的资金比未来等量的资金具有更高的价值。

资金时间价值是随着商品经济的高度发展和借贷关系的产生与发展而产生的。随着商品经济的发展，逐步产生和发展了借贷关系，使资本所有权与经营权发生分离，资本分化为借贷资本和经营资本。借贷资本的所有者将资本的使用价值让渡给经营者，经营者用以进行生产经营而获得了收益，即资本增值。届时借贷资本的所有者就要求从经营者获得的收益中分得一部分报酬。让渡的时间越长，分得的报酬越多，这部分报酬就称为利息。当利息关系普遍化以后，不仅使用资本的经营者要计算利息，就是使用自有资本的经营者，也要从利润中扣除相应的一部分，作为对自有资本的报酬，只将剩余的利润作为真正的生产经营收益。于是，资金时间价值逐渐成为普遍适用的观念在经济生活中被广泛地运用。

资金时间价值的基本计算主要为终值和现值的计算。终值是指现在一定数量的资金按给定的利率计算的在某个未来时间点的价值；现值是指未来的一定数量的资金按给定的利率计算的现在的价值。

资金时间价值的计算基础分单利和复利两种：单利是指按本金计算利息，前期利息不与本金合并计算利息；而复利是指不仅仅按本金计算利息，前期利息要与本金合并计算利息。复利计算法不仅考虑了初始资金的时间价值，同时也客观地考虑了由初始资金产生的时间价值的时间价值，在财务管理中得到了更广泛的使用。

2. 资金时间价值理论在公共采购领域的应用

（1）重视项目的经济可行性研究。

经济可行性分析是固定资产投资项目前期工作的最重要内容。它是在项目投资决策前，对工程建设项目的经济效益进行分析论证的科学方法和工作阶段。在经济可行性分析的过程中，财务内部收益率、净现值、投资回收期、固定资产投资借款偿还期等重要指标的计算都属于资金时间价值理论的应用。

（2）优化采购方案。

在标段划分和采购计划方面，不仅考虑技术因素，还要综合考虑资金的占用时间，尽可能利用科学的管理方法来确定资金最佳水平。既能满足采购的需要，又要降低资金的占用成本。采购人应完善资金管理体制，加强资金集中管理，提高资金的利用效率。

（3）评审投标文件。

不同的投标文件对于付款进度的要求可能是不同的。两份总价相同的投标文件，如果交货期（工期）不同或者工作计划安排以及工作对象的价格不同，可以导致合同价款的支付进度和时点不同。由于资金存在时间价值，何时支付合同款对招标人的支付预算和实际支付价值是不同的。这就要求招标人在招标文件中对付款进度作出要求，并且据此对投标文件报价的现金流折算为现值进行比较；有些特定货物，其全寿命周期的运营成本费用比较高，甚至数倍于直接采购成本，招标文件应采用全寿命周期成本评价办法，将其全寿命周期内未来各时点发生的运营成本按统一折现率折现出评标时点的现值进行比较；从而可以选择实际资金成本最低的投标人。

3. 评标常用计算方法

(1) 已知终值求现值。

一次支付情况下的折现。对于一定时间后将要发生的一次性资金支付，将其折现为现值，称为一次支付情况下的折现或已知终值求现值。

$$P = F \times (1+i\%)^{-n}$$
$$P = F \times (P/F, i, n)$$

[例1] 招标文件规定的支付进度为合同签订后预付10%货款，交货后（交货期为4个月）支付80%，交货后两个月支付10%尾款。某投标人投标价格为100万元，投标文件要求的支付进度为合同签订后预付30%货款，交货后支付60%，交货后一个月支付10%尾款。假设按月计息，月利率为0.8%，计算两种支付方式的现值并比较差别。折现系数参表见8-2。

表8-2 折现系数表

n	1	2	3	4	5	6
$(P/F, 0.8\%, n)$	0.992	0.984	0.976	0.969	0.961	0.953

答：以合同生效时间为计算现值的基准点，按照招标文件规定的支付进度，支付资金的现值为（查表法）

$P = 100 \times 10\% + 100 \times 80\% (P/F, 0.8\%, 4) + 100 \times 10\% (P/F, 0.8\%, 6)$

$= 100 \times 10\% + 100 \times 80\% \times 0.969 + 100 \times 10\% \times 0.953$

$= 10 + 77.52 + 9.53 = 97.05$ 万元

按照投标人建议的支付进度，支付资金的现值为：

$P = 100 \times 30\% + 100 \times 60\% (P/F, 0.8\%, 4) + 100 \times 10\% (P/F, 0.8\%, 5)$

$= 100 \times 30\% + 100 \times 60\% \times 0.969 + 100 \times 10\% \times 0.961$

$= 30 + 58.14 + 9.61 = 97.75$ 万元

两者差距为：97.75 − 97.05 = 0.7 万元

按照投标人的建议，招标人将损失0.7万元的资金价值。

(2) 已知年金求现值。

多次等额支付情况下的折现。对于一定时间后将要发生的相同金额的多次资金支付，将其折现为现值，称为多次等额支付情况下的折现或已知年金求现值。

$$P = A \times [(1+i\%)^n - 1] / i \times (1+i\%)^n$$
$$P = A \times (P/A, i, n)$$

[例2] 某种汽车投标价格为20万元，油耗为0.2万元/月。评标价格为投标价格加上折现后的5年油耗价值。假设银行月息为0.5%，请计算评标价格。（公式计算法）

答：5年油耗成本的现值为

$P = 0.2 \times [(1+0.5\%)^{60} - 1] / [0.5\% \times (1+0.5\%)^{60}] = 10.3451$ 万元

评标价格为：20 + 10.3451 = 30.3451 万元

（二）评标办法

评标办法包含了评标方法、评标标准、评标程序、评标结果等4方面内容。

1. 评标方法

原国家计委等七部委《评标委员会评标方法暂行规定》（12号令）第29条明确了三类评标

方法：包括"经评审的最低投标价法、综合评估法或者法律、行政法规允许的其他评标方法"。为了加强对本行业招投标的监督管理，根据国务院的分工，工业、水利、交通、铁道、民航、信息产业以及建设部、原外经贸等部委以及各省人大在该办法规定的基础上，根据行业特点又颁布的一些具体规定。

原国家计委等七部委《评标委员会评标方法暂行规定》（12号令）第二十九条列举的三类方法分别介绍如下。

（1）经评审的最低投标价法。

经评审的最低投标价法是评标委员会依据招标文件规定的价格调整方法，对所有投标人的投标价以及投标文件的商务部分作必要的调整，形成经评审的最终投标价（修正价），然后以此价格按高低排出次序。该方法最大的特征是在资格和技术条件满足的条件下仅把商务因素折算成价格，该价格是投标人真实的要约一般也是合同价。在实践中，考虑工程或货物的各项财务成本的全寿命期成本计算评标法也属于经评审的最低投标价法范畴，是该评标方法的一个特例。

① 经评审的最低投标价法：一般适用于具有通用技术（性能标准）或者招标人对其技术、性能没有特殊要求的招标项目。

中标人的投标应当符合招标文件规定的技术要求和标准，但评标委员会无须对投标文件的技术部分进行价格折算。

除报价外，评标时应考虑的商务因素一般有内陆运输费用及保险费、交货或竣工期、支付条件、零部件以及售后服务和价格调整因素等。

经澄清确认后修正的最终投标价应当认为是投标人的真实要约，一般可以作为合同的签约价。

② 全寿命周期成本计算法（LCC）评标：全寿命周期成本计算法（Life Cycle Cost）是将工程或货物的建设、采购、安装、运行、维修、消耗、报废等整个寿命周期各项成本分别折算为现值合计后进行比较的评标方法。全寿命周期成本计算法可以全面反映一次采购的全寿命周期成本，使采购的决策不仅仅考虑初始采购成本，还综合考虑项目的长期经济成本，使采购决策更加全面、科学和客观。采用全寿命周期成本计算法仅计算工程或货物的各项财务成本，对其技术、品牌、人员、资质、业绩等因素进行符合评审性。

采用设备寿命期成本计算评标法，应首选确定一个统一的设备评审寿命期，然后将投标报价和因为其他因素而需要调整（增或减）的价格，加上今后一定的运转期内所发生的各项运行和维护费用（如零部件、燃料、油料、电力等）再减去寿命期末设备的残值。计算运转期内各项费用，包括所需零部件、油料、燃料、维修费以及到期后残值等，都应按招标文件规定的贴现率折算成净现值，再计入评标价中。

寿命期成本计算法的结果是"评标价"，仅作为评标排序使用，不是投标人的要约价，这是和前者的一个重要的区别，也是其作为第一种评标方法特例的原因。

（2）综合评估法。

在采购机械、成套设备以及其他重要固定资产如工程项目等时，如果仅仅比较各投标人的报价或报价加商务部分，则对竞争性投标之间的差别不能作出恰如其分的评价。因此，在这些情况下，必须以价格加其他全部因素综合评标，即应用综合评估法评标。综合评估法包括三种方法，即最低评标价法、综合评分法和性价比法。

① 最低评标价法：最低评标价法是将商务、技术等各个评审因素在同一基础或者同一标准上进行量化，量化指标可以采取折算为货币的方法使各投标文件具有可比性。对技术部分和商务部分的量化结果进行加权，计算出每一投标的评标价，以此确定候选中标人。

最低评标价和经评审的最低投标价法有的不同有两点：

一是评价的内容不同。前者不仅把商务条件，也把技术条件等也折算成价格，后者只对商务因素折价折价。

二是评价的结果不同。前者以按游戏规则折算的"评标价"为对象，作为确定推荐中标候选人的评标依据，后者是在资格条件、技术条件满足的前提下对投标人商务部分折算成"修正价"一般都成为签定合同的要约。

② 综合评标价法（综合评分法、打分法）：综合评标价法，也称打分法，是指评标委员会按预先确定的评分标准，对各投标文件需要评审的要素（报价和其他非价格因素）进行量化、评审记分，以投标文件综合分的高低确定中标单位的评标方法。

使用综合评分法，评审要素确定后，首先将需要评审的内容划分为几大部类，并根据招标项目的性质、特点，以及各要素对招标人总投资的影响程度来具体分配分值权重（即"得分"）。然后再将各类要素细划成评定小项并确定评分的标准。这种方法往往将各评审因素的指标分解成100分，因此也称百分法。

在设备综合因素评标法中，黑龙江省机械设备成套局张春宇先生提出4个基本因素的评价体系，如表8-3所示。

表8-3 设备综合因素评标评价指标图

价格因素（P）		价格因素 P 根据用户的承受能力确定权值，如业主资金有限，性能技术要求适中，价格因素的权值适当调高
性能技术因素（T）	性能因素	性能因素由主要部件的性能指标加权合成体现。分两类：一类是可客观量化的指标，如时间、转速等；另一类是模糊待量化的指标，如先进性、合理性等
	技术先进因素	技术先进因素由若干关键技术先进性加权合成体现
	匹配因素	若干产品配件匹配指标和用户匹配指标加权合成
	可靠性因素	可靠性因素由若干耐用性指标和易维护指标加权合成
性能价格比因素（R）		由若干主要部件（总成）加权合成
信用因素（G）	质量因素	加权合成
	售后服务	加权合成
	信誉承诺	加权合成
	业绩因素	加权合成

在编制标书时根据采购设备的技术特点，有关专家将上述因素逐一分解、列表，并经过程序确定合理的权值，设计好打分表格在评标时评委打分汇总。国内有单位编制了专门软件，使用起来也方便。

如在某项目总承包招标中，某公司将该项目分解为：总平面布置、工艺方法、工艺系统、投标设备、投标人业绩、投标报价6个子系统和若干二级、三级系统及相应评分标准，这类项目一般采用模糊打分。

打分法的好处是简便易行，评标考虑因素更为全面，可以将难以用金额表示的各项要素量化后进行比较，从中选出最好的投标。缺点是要确定每个评标因素的权重和权值都易带主观性。在为实现某特定工艺要求的设备招标采购时，如投标人提供的设备型号各异，难以合理确定不同技术性能的有关分值和每一性能应得的分数，有时甚至会忽视某一投标人设备的一些重要指标。因此，在使用该办法设计评标指标体系时，应慎重反复比较，使评价指标表述全面、科学、准确。

③ 性价比法：在政府采购条例规定的评标办法中取消了原部门规章规定采用性价比法。鉴于目前围标盛行，作者认为，采用性价比法评标应当是解决围标的一个好办法。所谓围标，其实质就是围价格折算分数的基准价。如果围标形成的基准价是1000万元，某投标人报价900万元且不低于成本也不能中标，因此，围标就成了必然。性价比法排除了基准价，围标就失去了目标。性价比法实质上也是一种"评估"的评标方法。但量纲特殊，既不是分也不是价，而是分/价，即

投标人总得分=B/N。其中，B 为投标人价格因素以外各项包括商务和技术指标两部分评分之和，N 为投标人报价。

评标方法细则的设计关系到评标工作的综合质量，关系到招标项目的最终结果，关系到招标人的核心利益。在某种意义上说，针对不同项目，设计科学、合理、适用的评标办法细则的能力反映了招标文件编写人员的综合素质，体现了招标代理机构技术服务水平。

（3）法律行政法规允许的其他评标方法。

① **专家评议法**：专家评议法也称定性评议法或综合评议法，评标委员会根据预先确定的评审内容，如报价、工期、技术方案和质量等，对各投标文件共同分项进行定性的分析、比较，进行评议后，选择投标文件在各指标都优良者为候选中标人，也可以用表决的方式确定候选中标人。这种方法实际上是定性的优选法，由于没有对各投标因素的量化（除报价是定量指标外）比较，标准难以确切掌握，往往需要评标委员会协商，评标的随意性较大。其优点是评标委员会成员之间可以直接对话与交流，交换意见和讨论比较深入，评标过程简单，在较短时间内即可完成，但当成员之间评标悬殊时，确定中标人较困难。专家评议法一般适用于小型项目或无法量化投标条件的情况下使用。

② **最低投标价法**：最低投标价法，是价格法之一种，也称合理最低投标价法，即能够满足招标文件的各项要求，投标价格最低的投标可作为中选投标。采用这种方法无须对商务部分折价修正投标价一般适用于简单商品、半成品、原材料，以及其他性能、质量相同或容易进行比较的货物招标。这些货物技术规格简单，技术性能和质量标准及等级通常可采用国际（国家）标准规范，此时仅以投标价格的合理性作为唯一尺度定标。

对于这类产品的招标，招标文件应要求投标人根据规定的交货条件提出标价。计算价格的方法通常情况是，如果所采购的货物从关、境外进口，则一般规定以买主指定港口的到岸价格报价。如果所采购货物来自关、境内，则一般要求以出厂价报价。如果所提供的货物是投标人早已从关、境外进口，目前已存放在关、境内的，则投标价应为仓库交货价或展室价。

③ **其他方法**：在服务领域的招标工作中，采用征求意见书或设计竞赛等方式，业主通过发布公告或征求服务建议书，向感兴趣的服务者发出邀请效果也很好。

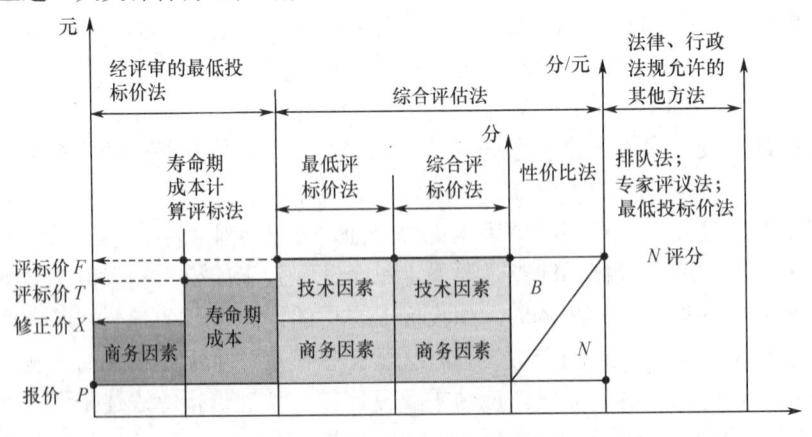

图 8-1 将上述三大类评标方法归纳如下：

图 8-1 三类评标方法归类示意图

图中归纳了本节叙述的三种评标方法。某投标人报价 P，其中，经评审的最低投标价法是对所有投标人的投标价以及投标文件的商务部分做必要的调整修正，形成经评审的最终投标价，也是修正价 X；但寿命期成本计算评标法是该法特例，形成的价格是评标价 T。

注意：修正价一般作为合同要约价；评标价只能作为评标排序使用。

综合评估法中的最低评标价不仅把商务因素，同时把技术因素也折合成价格叠加在报价内形成评标价 F。

综合评估法中的综合评标价（打分法）同样也是把商务、技术因素都进行评审，但不是评"价"而是评"分"。

性价比法也属于一种特殊的综合评估法，但该方法的评审既不是"价"，也不是"分"，而是新的量纲"分/元"$=B/N$，是单位价格的分值比。其中 B 是除去报价以外各种评标因素的分值之和，N 是投标人报价。

综合评估法是最常用的一种评标方法。

2．评标标准

（1）评标内涵。

招标投标活动的过程是通过特殊方式和程序缔结合同的过程。其中，评标是合同缔约过程中法律规定的第三方评价的关键程序。招标文件中的评标标准一般都参照合同法第十二条中的必备条款设置，详见表8-4。

表8-4 合同实质性条款与招投标活动中资格审查和评标的关联表

	合同法关于合同一般条款的规定	招标投标活动相应环节	投标人	评标环节
1	当事人的名称或者姓名、住所	资格审查	满足	真实性评审（履约能力）
2	标的	招标文件约定	响应	核对不予评审
3	数量	评标	响应	核对不予评审
4	质量	评标	满足	满足性分析、比较、论证
5	价款或者报酬	评标	竞争	性价比性分析、比较、论证
6	履行期限、地点和方式	招标文件约定	满足	可靠性分析、比较、论证 核对不予评审
7	违约责任	招标文件约定	响应	核对不予评审
8	解决争议的方法	招标文件约定	响应	核对不予评审

从表8.4可以看出，构成合同必备条款的标的、数量、履行地点、方式和解决争议方法等内容由招标人在招标文件中事先明确，需要竞争的实质上仅有价款、履行期限和质量等实质性内容。所以，招标采购的目标集中在合同价款、履行期限和质量三个方面的抉择，换句话说评标的实质就是在投标人满足履约能力的前提下（资格审查）对其投标文件中要约质量、进度和报价的评价和综合比较。当然，这也是合同履约管理的重点。

（2）评标标准。

《招标法》第四十一条规定，"中标人的投标应当符合下列条件之一：

（一）能够最大限度地满足招标文件中规定的各项综合评价标准；

（二）能够满足招标文件的实质性要求，并且经评审的投标价格最低；但是投标价格低于成本的除外。"

上述条件体现了公平交易中要约的底线原则——物美价廉。如果说，第一条偏重体现了采购的"物美"，第二条则偏重体现了采购的"价廉"。但在招标实践中，第一条标准对应的评标方法是综合评估法；第二条标准对应的评标方法是经评审的最低投标价法。

3. 评标程序

为保证招标结果的公正,《招标法》等有关法律法规对招标程序做了严格的规定。原国家计委《评标委员会和评标方法暂行规定》（2001年12号令）规定了评标工作的三个基本阶段和5个环节：

第一阶段，准备和初步评审；
第二阶段，详细评审；
第三阶段，推荐中标候选人和定标。

（1）准备。

主要是由招标代理机构的工作人员根据招标文件的要求对评标使用的各种表格、文具、做好准备，评委在评标前要认真阅读招标文件。

"至少应了解和熟悉以下内容：

① 招标的目标；
② 招标项目的范围和性质；
③ 招标文件中规定的主要技术要求、标准和商务条款；
④ 招标文件规定的评标标准、评标方法和在评标过程中考虑的相关因素。"

（2）初步评审。

评委主要对投标文件原则条款进行评审和比较。其中一些简单技术工作可由代理机构工作人员完成，如汇率的计算、唱标统计排队等事物性工作。在交通等行业成立了"清标组"专门负责给评标委员会做基础准备工作。评标委员会成员的任务则是注意两个"发现"，两个"应当"。

两个"发现"：一是"发现投标人以他人的名义投标、串通投标、以行贿手段谋取中标或者以其他弄虚作假方式投标的，应当否决该投标人投标"。二是"发现投标人的报价明显低于其他投标报价或者在设有标底时明显低于标底，使得其投标报价可能低于其个别成本的"应当要求该技术人作出书面说明并提供相关证明材料，投标人不能合理说明或者不能提供相关证明材料的，由评标委员会认定该投标人以低于成本报价竞标，应当否决其投标。"

两个"应当"，一是"应当审查每一投标文件是否对招标文件提出的所有实质性要求和条件作出响应。未能在实质上响应的投标，应当予以否决"。二是"应当根据招标文件，审查并逐项列出投标文件的全部投标偏差"。并逐项列出全部投标偏差，其中，投标文件有重大偏差的投标文件作否决投标处理。"

（3）详细评审。

评委要根据招标文件确定的评标办法和细则，按照商务和技术两部分进行详细评审和比较。这部分工作根据工程、货物和服务领域有较大的区别，评委应当按照有关部门规定的要求工作。在施工项目评标中，评委自由裁量权较小，在大型成套项目的评标时，评委的自由裁量权相对较大。评标方法决定了评委的裁量自由度。

注意：在上述两个阶段评标委员会可以要求投标人进行投标文件的澄清和补正。在《标准施工招标文件》规定的评标程序中"投标文件的澄清和补正"单独列为一个环节。其评标程序为：初步评审、详细评审、投标文件的澄清和补正、评标结果4个步骤。其中，澄清的内容也有三条，一是投标文件有含义不清楚，二是同类问题有明显文字和计算错误，三是投标价格可能涉嫌低于成本。

（4）推荐中标候选人。

评委经过认真评审、比较，在代理机构设计的表格上按照打分细则独立打分。这里有些是根据经评审的最低投标价排队，有些是按照综合评分法打分，根据价格或分值推荐前3名。并根据原国家计委《评标委员会和评标方法暂行规定》（2001年12号令）的要求，撰写评标报告。

4．评标结果

（1）评标报告与推荐中标候选人。

评标报告是评标委员会向招标人提交的书面工作报告，反映了评标委员会的工作成果，评标报告推荐的中标候选人名单对招标人有法律约束力。

（2）评标报告的10项内容。

依据有关法规的规定，评标报告应当包含10项内容，评标委员会成员在评标报告的签字体现了评标委员会对招投标过程的参与权、评审权和监督权。

① 基本情况和数据表；
② 评标委员会成员名单；
③ 开标记录；
④ 符合要求的投标一览表；
⑤ 废标情况说明；
⑥ 评标标准、评标方法或者评标因素一览表；
⑦ 经评审的价格或者评分比较一览表；
⑧ 经评审的投标人排序；
⑨ 推荐的中标候选人名单与签订合同前要处理的事宜；
⑩ 澄清、说明、补正事项纪要。

评委对全部报告内容审核后在指定位置签字。

（三）综合评估法折算分值的方法

1．经验折算分值的方法

在采用综合评估法评标时，需要对投标报价及商务技术参数折算成分值，商务部在《机电产品国际招标综合评价法实施规范（试行）》的通知（2008商产字311号）文中总结实践经验确定了以下方法：

A．排除法："对于只需要判定是否符合招标文件要求或是否具有某项功能的指标，可以规定符合要求或具有功能即获得相应分值，反之则不得分。"

[例3] 招标文件规定，设备应具备自动断电保护功能。评价方法为：具备该功能得3分，不具备得0分。某设备不具备自动断电保护功能，该功能得分为多少？

[答案] 某设备不具备自动断电保护功能，该功能得分为0。

B．区间法："对于可以明确量化的指标，规定各区间的对应分值，根据投标人的投标响应情况进行对照打分。采用区间法则需要特别注意区间设置要全面、连续，特别是临界点、最高值最低值等的设定。"

[例4] 系统工作效率用 ε 表示。招标文件规定：效率在 $90\% < \varepsilon \leq 100\%$ 的功能得3分，在 $75\% < \varepsilon \leq 90\%$ 的功能得2分，在 $60\% < \varepsilon \leq 75\%$ 的功能得1分，而 $\varepsilon \leq 60\%$ 的功能得0分。某设备系统工作效率为95%，该功能得分为多少？

[答案] 某设备系统工作效率位于90%～100%之间，该功能得分为3分。

C．排序法："对于可以在投标人之间具体比较的指标，规定不同名次的对应分值，并根据投标人的投标响应情况进行优劣排序后依次打分。"

[例5] 按照各投标人其质保期长短排序，第一名（质保期最长）得满分3，第二名得2分，第三名得1分，第四名及以后的得0分。投标人质保期分别为：投标人A为1年，投标人B为3年，投标人C和D均为2年，请依次给投标人打分。

[答案] 投标人A得0分，投标人B得3分，投标人C和D各得1.5分。

D. 计算法："需要根据投标人的投标响应情况进行计算打分的指标，应当规定相应的计算公式和方法。"

[例6] 废气回收率达到97%得2分，每增加0.5%加0.5分（如97.5%得2.5分，98%得3分，以此类推。若在两个值的区间内的，则以线性插值法计算）。废气回收率低于97%时得0分。某设备废气回收率98.3%，计算该功能得分。

[答案] 设该功能得分＝2＋[(98.3%−97%)÷0.5%]×0.5＝3.3分。

2. 公式折算分值的方法

（1）最小基准价函数计算公式：

该公式常用在设定评标基准价计算（见图8-2），

$$GP(i) = A\frac{N_{\min}}{N_i} \quad (8\text{-}1)$$

其中：A为基础分值；$N_{\min}$为最低评标价；N_i为第I个投标报价。

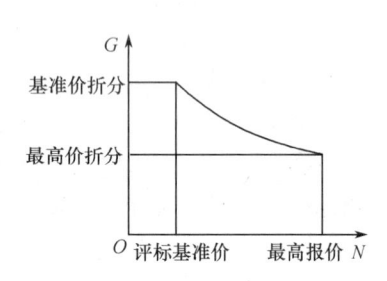

图8-2 最小基准价函数计算

最小基准价函数计算公式是一种常用的折算分值的方法，由于自变量是负一次方，因此其函数值是一条缓降的曲线，且随着报价增加，同等量报价差其函数值差别相对较小。如在机电产品国际招标综合评标法（打分法）或政府采购综合评分法中，就以该公式折算分值。不同的是，前者是以所有投标人的最低评标价为基准价；后者以满足招标文件且投标报价最低的为基准价。

（2）区间限定比例计算公式：

① 方法一（见图8-3）

$$F_{(i)} = A - K\frac{D_i - D_{\min}}{D_{\max} - D_{\min}} \quad (8\text{-}2)$$

式中，$F_{(i)}$为第I个投标人折算分数值；A为基础分值；K为分数因子；$D_{\max}$为投标报价最大值；$D_{\min}$为投标报价的最小值。

例如，某招标项目招标人要求所有投标报价折算分值不超过10分，式（8-2）中K=10，同时约定价格因素占评分的40分，则最高投标报价分数值为1，折算分值为30分，最低报价分数值为零，折算分值为40分。

② 方法二（见图8.4）

$$F = F_2 - \frac{F_2 - F_1}{D_2 - D_1} \times (D - D_1) \quad (8\text{-}3)$$

式中，F为价格得分；F_1为设定的最高价格得分；F_2为设定的最低价格得分；D_1为设定的最低评标价格；D_2为设定最高评标价格；D为投标价格。

在该式中，计算最低评标价时，D为D_1，代入式（8-2）中，则$F = F_2-0=F_2$（分式为零），即折算分数最高；计算最高评标价时，D为D_2，则代入式（8-2）中，则$F = F_2-F_2+F_1=F_1$，即最高评标价折算分数最低。

图 8-3、图 8-4 所示的两种区间限定比例计算公式，其方法本质相同，都是招标人试图将不同报价限定在一定范围内，一般在工程设计、勘探、监理等项目招标时选用该类公式，其报价对评标的影响度将控制在一定范围内。

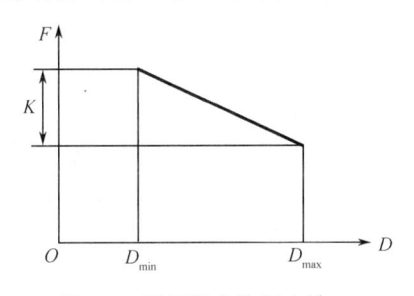

图 8-3 区间限定比例方法一

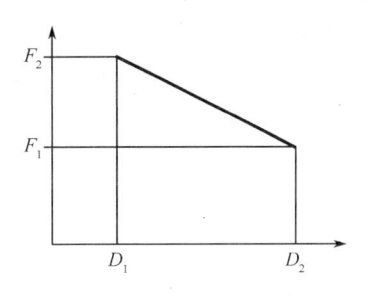

图 8-4 区间限定比例方法二

（3）区别比例计算公式：

$$F_1 = F - \frac{|D_1 - D|}{D} \times 100 \times E \tag{8-4}$$

式中，F_1 为投标价得分；F 为投标报价分值；D_1 为投标人的投标价；D 为评标基准价；E 为调节系数。

当 $|D_1-D|>0$，表示投标报价大于基准价，E 值一般选 2~3；

当 $|D_1-D|<0$，表示投标报价小于基准价，E 值选 1。

区别比例计算公式常用在工程施工评标中，投标报价与基准价相比相同，如图 8-5 中 $K_1=K_2$，折算分值区别处理。超过基准价的投标报价扣分多一些，低于基准价的报价折算分数少一点。

如某项目基准评标价 1000 万元，设 $F=80$，当绝对值为正数，即投标报价超过基准价时 $E=2$，绝对值为负数，即投标报价低于基准价时，$E=1$。

如某投标人 X 报价为 1200 时，其报价折算分值为 80－｜+200/1000｜×100×2=40 分；

某投标人 Y 投标报价为 800 万，其折算分值为 80－｜-200/1000｜×100×1=60 分。

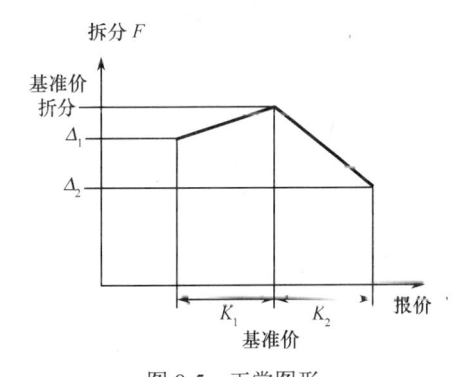

图 8-5 正常图形

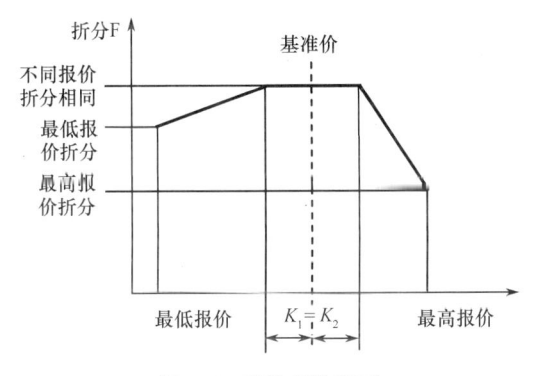

图 8-6 特殊报价图形

这样，当报价和基准价的绝对值相等时，由于各自的 E 值相差 2 倍，折算分值相差 2 倍，实现招标人项目意图。

该公式适用于参照基准价评分并鼓励合理低价中标的项目。

图 8-6 是 $E=1$ 时，上述公式计算的特例。

如某项目基准评标价 412.5 万元，投标人 A 报价 530 万元，投标人 B 报价 295 万元，招标文件设定折算分值公式：

评标价＝50－|投标价－基准价|/基准价×100，$E=1$

式中的 100 是放大系数便于观察折算后的差别。

投标人 A 报价的评标价：
$$50-|530-412.5|/412.5×100=50-(117.5)/412.5×100=50-28=22$$
投标人 B 报价的评标价：
$$50-|295-412.5|/412.5×100=50-(117.5)/412.5×100=50-28=22$$
注意：$|530-412.5|=|295-412.5|=K_1=K_2$

两个投标报价相差 235 万元的投标人按照该办法计算得分相同。该方法适用设计、勘探等智力标的的项目招标。

四、中标程序的管理

（一）中标程序概述

中标（定标）环节包括了两个步骤，招标人依据评标报告和其他必要程序确定中标人发出中标通知书为第一步称之为中标，中标通知书发出后表示预约合同成立并生效；第二步在此基础上经过对细节的补充完善签订书面合同表示本约合同成立并生效，称之为定标。

1．《招标法》关于中标的规定

《招标法》第四十五条规定："中标人确定后，招标人应当向中标人发出中标通知书，并同时将中标结果通知所有未中标的投标人。

中标通知书对招标人和中标人具有法律效力。中标通知书发出后，招标人改变中标结果的，或者中标人放弃中标项目的，应当依法承担法律责任。"

《条例》第五十四条、第五十五条、第五十六条对中标程序作出重要补充。

2．建立公示制度

《条例》第五十四条："依法必须进行招标的项目，招标人应当自收到评标报告之日起 3 日内公示中标候选人，公示期不得少于 3 日。

投标人或者其他利害关系人对依法必须进行招标的项目的评标结果有异议的，应当在中标候选人公示期间提出。招标人应当自收到异议之日起 3 日内作出答复；作出答复前，应当暂停招标投标活动。"

在中标阶段建立公示制度是对法律规定程序的重要补充，是对招标结果管理的重要内容，公示制度的核心是通过形式透明接受社会公众监督，社会公众监督是全社会信用制度建设的重要手段，也是法治化社会管理的基本要求。

（1）本条规定的适用范围。

本条第一款首先明确了本条使用的范围是"依法必须进行招标的项目"。从中可以看出《条例》进一步贯彻着对使用国有资金的"依法必须招标项目"的重点管理，而对于其他招标投标活动则可以在不违法的前提下，交由市场进行规范的这样一种立法理念。而对于除此之外的那些招标投标活动，例如企业正常生产经营活动原材料、个别设备等物资采购，由于其不属于《招标法》规定强制招标的范围，本条款仅是可以参照执行而已。

从本条的整体内容来看，其显然是立足在整个招标投标活动中的公平原则之上的。在《条例》未出台之前，为了自觉接受社会监督，很多地方依据部门规章或文件规定在评标结束后公示中标候选人，但规范的法律层级并不高。此次《条例》将公示作为招投标法定程序性环节，上升到行政法规层次予以规范，同时对公示的起始时间、持续时间、公式内容、异议处理程序都做了详细的规定，兼顾成本和效益，这是对法律规范的重要补充。

此外针对评标委员会权利义务和责任条款设计的平衡，结果公开的方式是公示而不是公告。公示的内容是评标结果而不是中标结果，即社会监督的主要对象是评标委员会兼顾招标人，这对于规范评标委员会的评标活动，增加招投标活动的透明度，加强社会监督，防止评标委员会权利滥用，规范招投标市场无疑有着非常重要的意义。

考虑到尽可能降低受理异议的成本和提高招标投标活动效率两者关系的兼顾，法律规定了公示的起始时间和持续时间。起始时间是"收到评标报告3日内"方便监督，持续时间"不得少于3日"为最低要求。

该条属于监督性质的规定，因此《条例》对该规定没有配置相应的责任条款。

应当指出的是，依据《电子招标投标办法》第35条的规定："依法必须招标的项目中标候选人和中标结果应当在电子招标投标交易平台进行公示和公布。"即采用电子招标方式不仅公示没有确定结果的中标候选人，还应公布已经确定的中标人。但该办法没有对公布中标人的时间和时限作出规定。

（2）对评标结果公示异议程序规定的权利和义务。

本条第二款规定了投标人或其他利害关系人对评标结果提出异议的权利和招标人应予答复的法定义务，而异议的主体除了投标人外还有其他利害关系人。整个制度设计尽可能保障所有利益攸关者的合法权益，虽然法律没有对利害关系人作出界定，但完全可以由部门规章作出解释。

法律规定了招标人对异议应予答复的法定义务，除了时间要求在"自收到异议之日起3日内"外，更重要的是规定了暂停程序。这里的暂停同对招标文本异议的暂停规定相同，暂停时间的长短取决招标人答复的效率，如果异议成立，招标人暂缓发送中标通知书，依法处理和改正；如果发生争执的话，则由行政监督部门予以裁定。

3. 确定中标人的原则

《条例》第五十五条规定："国有资金占控股或者主导地位的依法必须进行招标的项目，招标人应当确定排名第一的中标候选人为中标人。排名第一的中标候选人放弃中标、因不可抗力不能履行合同、不按照招标文件要求提交履约保证金，或者被查实存在影响中标结果的违法行为等情形，不符合中标条件的，招标人可以按照评标委员会提出的中标候选人名单排序依次确定其他中标候选人为中标人，也可以重新招标。"

《招标法》第四十条第二款规定了招标人确定中标人的原则：应该根据评标委员会提出的书面评标报告和推荐的中标候选人确定中标人，也可以授权评标委员会直接确定中标人。本条对上述规定做了细化和完善。

（1）确定中标人的规则体现了区别管理原则。

依法必须招标的项目有国有资金投资的，也有民营资金投资的，为了对招标项目实行差别化管理，以突出监管重点的立法精神，《条例》规定："国有资金占控股或者主导地位的依法必须进行招标的项目，招标人应当确定排名第一的中标候选人为中标人。"至于民营资金投资而依法招标的项目可以在中标候选人确定，即招标人无论是在招标候选人名单中选择第二名或者第三名都是允许的。此种对实践中长期存在的临时应急措施的定型化，无疑更适应我国目前从过去的熟人社会经济向范围愈益扩大陌生人经济逐步过渡的秩序现状。

（2）确定中标人时的依次递补规则之明定。

本条列举了可以依次顺延确定中标人的规则，同原法律规定相比，增加了"被查实存在影响中标结果的违法行为等情形，不符合中标条件的"条款。这体现了法律对招标人的救济，如果在公示后确定中标人之前，发现中标人候选人有串标、围标、弄虚作假等违法现象，招标人可以援引该条依次确定新的中标人。但是，为了防止招标人权利滥用，法律也规定了"被查实"的限制条件，法律没有规定查实的法律主体、程序，这些应当由部门规章予以规定。另外，根据本条款的规定，招标人在此种情况下"可以"而不是"应当"据此重新依次确定中标人，同时也可以重新招标。如果法律规定在此情况下应当依次确定中标人将引起招标秩序的混乱，利益冲动可能造成其他中标候选人捏造事实举报第一名的后果。

经23号令修正，30号令（施工）、27号令（货物）、2号令（服务）等相关部门规章都规定："依次确定其他中标候选人与招标人预期差距较大，或者对招标人明显不利的，招标人可以重新招标。"

4. 履约能力审查

《条例》第五十六条规定："中标候选人的经营、财务状况发生较大变化或者存在违法行为，招标人认为可能影响其履约能力的，应当在发出中标通知书前由原评标委员会按照招标文件规定的标准和方法审查确认。"

终止招标、评标结果公示和本条履约能力审查规定是《条例》对《招标法》规定程序的三项重要补充。本条是对招标人行使履约能力审查权利义务的规定。

（1）对中标候选人履约能力审查是招标人的权利。

启动履约能力审查程序的行为主体是招标人，故其是招标人的权利。此项制度设计的目的就是确保中标人具备完全的履约能力，实质上也构成了法律对招标人的一种事前救济。

（2）招标人行使对中标候选人履约能力审查权利附有条件。

① 投标人告知义务的行为时间：《条例》第三十八条业已明确了投标人对其重大变化的告知义务主要发生在评标报告提交前。因此，《条例》才需要对提交评标报告至发中标通知书前的变化和违法行为也作出明确的规定。

② 招标人启动履约能力审查程序的条件一是中标候选人的资质发生较大变化。

中标人经营、财务状况发生较大变化等资质发生较大变化，如经营决策失误而导致的经营困难等经营变化，资不抵债、流动资金紧张等财务变化。

条件二是中标候选人确有违法行为在评标时没发现。

中标候选人本次或3年内有串标、围标、弄虚作假等违法行为，评标委员会在评标时没有发现。

③ 投标人资质变化或行为违法行为的后果：中标候选人违法行为可能导致丧失履约能力或丧失中标资格两种后果。前者如因违法而被责令停产停业、查封冻结财产；后者如存在串通投标、弄虚作假、行贿的，其投标应当被否决，或者在中标通知书发出后宣布中标无效等。

针对上述行为是否应当启动履约能力的权利是招标人，无需监督部门或第三方批准或认定。

（3）招标人行使履约能力审查权利时的义务。

① 对中标候选人履约能力审查应当交由原评标委员会负责评审。之所以如此，是因为原评标委员会的成员是经法定程序组成且经法律授权而对该项目完全独立自主地来行使其评标权利的。

② 重新评审的依据是原招标文件规定的评标办法而不能另起炉灶。之所以如此，是因为招标文件是招标投标活动中最重要的法律文件，它不仅规定了完整的招标程序，而且还确立了各项具体的技术标准和交易条件，同时还规定了拟订立合同的主要内容，故而其既是投标人准备投标文件和参加投标的法律依据，也是评审委员会评标的法律依据，同时也是当事人拟订立招投标合同的法律基础。

5. 电子招标鼓励公布合同履约信息

《电子招标投标办法》第三十七条："鼓励招标人、中标人等相关主体及时通过电子招标投标交易平台递交和公布中标合同履行情况的信息。"

本条规定是对《招标法》及其《条例》的补充，但属于提倡鼓励性质，因此没有强制性和相应法律责任。鉴于纸质招标文件的局限性，法规没有要求公布招标采购签订的合同履约情况信息，本办法鼓励发包人和承包人提交履约信息体现了合同双方的自我约束，也有利于有关部门对非法转包和违法分包等问题的监督。这对于加强对履约过程中违法行为的监督有重要意义。

在政府采购中，依据《预算法》的规定，政府采购的合同应当公布（需要保密的除外），属于强制性规定。

6. 法律规定的定标程序与企业"三重一大"规则冲突怎么办

在定标阶段法律规定了公示的时间要求，即在评标委员会提交评标报告3日内在指定媒体公示中标候选人。如该项目资金达到企业三重一大（重大项目、重要人事、重大投资和大额开支）的规定，有些企业规定应当按照国资委三重一大的制度提交党委会或董事会研究。但是这些企业的高管会议一般都有例行规定，不会因为一个招标项目召集一次会议。实践中，有些企业领导认为，该项目是否进行建设如属于企业三重一大事项，应提交党委会或董事会研究决定，决定之后的招标投标活动交于职能部门处理。由企业法人授权项目经理审查处理，之后向党委会和董事会报告或备案即可。作者认为这个办法好。

（二）开标、评标、中标程序控制点管理

1. 中标公示后的异议的处理

某采购单位招标采购包装材料生产线，进行国际公开招标，共有三家国外厂商参加投标。经评标委员会对各投标文件审核，投标商A的投标以商务和技术均满足招标文件要求而且评标价最低，被推荐中标，经采购单位确认并且在指定媒体上发布中标结果公告，在公示期内投标商B向主管单位提交了质疑报告，质疑的内容主要有两方面，一是质疑招标文件中有歧视性商务条款，二是质疑评标委员会低估了其公司的技术水平。

（1）案例分析

本案处理的相关法律依据为《机电产品国际招标投标实施办法》（13号令）第二十九条、第四十六条、第四十七条关于对招标文件及中标结果进行质疑的相关规定。

本项目的招标文件在编制过程中有专家审核，并报主管部门备案。如果投标商B认为已公开发售的招标文件含有歧视性条款或不合理的要求，应当在开标日5日以前以书面形式向相应的主管部门提出异议，同时提交相应的证明资料。但其并未有效期限内对招标文件的内容提出任何疑问，而是在中标结果公布后才提出，本身就是一个无效的质疑。

本项目的评标结果是由评标委员会经过对投标文件地认真地审核后作出的评定，同时在评标结论中认为投标商B完全能够满足招标文件的技术要求，并未低估其技术水平。投标商B既然对此进行质疑，就应保证其提出质疑内容及相应证明材料的真实性及来源的合法性，并承担相应的法律责任，但始终不能提供任何材料。

（2）处理

处理程序：按照《机电产品国际招标投标实施办法》（13号令）第四十八条规定，质疑人按程序在网上提出质疑后，招标机构应当对质疑的内容逐项进行核实，并在公示期结束后3日内，将对投标人质疑的书面解释报送相应的主管部门。其中，对受到质疑的重大问题，应由招标机构组织评标委员会成员或受评标委员会的委托进行书面解释。

处理经过：招标机构积极与投标商B联系，进行认真的沟通和解释，并希望其能提供有力的证明材料，但没有结果。在公示期结束3日内，招标机构将书面解释报告递交到了主管部门。

（3）处理结果

主管部门的质疑处理结果为维持原评标结果。

2．开标前后程序控制点的管理

招标人依据法律法规和项目实际情况组织招标投标活动，对于在开标前后程序控制点的管理参见表 8-5。

表 8-5　招标采购项目开标评标中标程序控制点设置表

	控制点	控制内容	经办人部门	审核人部门	审批人
1	投标	1.检查投标文件的密封是否符合规定 2.递交时间地点符合规定 3.是否通过资格预审 4.填写情况记录表 5.电子投标的特殊规定（如有）	项目部办事员	项目部主任科员	项目经理
2	开标	1.相关接待工作无瑕疵 2.投标文件保管完好 3.开标记录准确、内容、完整 4.对开标异议的答复	项目部办事员	项目部主任科员	项目经理或经营副总
3	评标	1.评标委员会组建符合法律规定 2.提供符合法定条件评标场所 3.为评标准备必要的表格、文具和服务 4.接受评标委员会报告	项目部办事员	项目部主任科员	项目经理
4	中标候选人公示	1.在规定时间公示 2.公示时限符合规定 3.对公示异议的答复	项目部办事员	项目部主任科员	项目经理
5	履约能力审查（如有）	1.是否符合启动履约能力条件（资质变化或存在违法） 2.通知原评标委员会成员，准备符合重新审查的场所和服务	项目部办事员	经营副总	法人代表
6	确定中标人（定标）	1.公布中标结果（电子招标） 2.按规定发出中标通知书和未中标通知书	项目部办事员	项目经理	法人代表
7	定标超过投标有效期的通知（如有）	1.书面通知所有中标候选人 2.确认回函	项目部办事员	项目部主任科员	项目经理

（三）全生命周期复杂评标计算案例

某国有大型钢铁企业组织一台大型电机招标。（折旧期限 20 年），共有 6 个投标人参加投标，其中 A 报价 295 万元，B 报价 530 万元，其余报价从略，采用综合评估法（评分）评标。开标后，招标人宣读了标底为 590 万元。经抽签决定权值并计算，评标基准价为 412.5 万元。在依法组建的评标委员会评审中发现，A、B 两家技术实力相当，同类设备业绩较多，B 投标文件含有针对项目的专利授权书，A 投标文件有 2011 年签订的专利技术的合作协议书，有效期 8 年，专利使用费每年年底缴纳人民币 50 万元（专利 2011 年生效有效期 20 年）。评标委员会在该项指标判定 A、B 得分相同；该项目价格总分为 50 分，虽然 A、B 的报价差别较大，但依据评分计算标准，A、B 价格得分相同。其他评审项目 B 得分较高。最终评标委员会推荐，B 投标人为第一中标候选人，A 为第二中标候选人。在确定中标人前，应招标人要求，B 承诺降价至 410 万元，但招标人从为国家节约为投资的角度出发，2011 年经招标人总经理办公会议研究并征得纪检监察部门批准确定第二名 A 为中标人并签订合同。

问题

1．依据题干所设条件拟定招标文件中价格指标计算公式并进行计算（小数点保留两位数）。

2．招标文件拟定的评标标准有哪些不足，如何完善，请列举其中1、2例。

3．该采购是否属于依法必须招标的范围，如果属于依法必须招标的项目，招标人集体研究约定第二名是否妥当？如果不属于依法必须招标的项目，招标人是否可以确定第二名中标。

4．如果设定年利率为0.5%，请计算折现评标现值（参见表8-6），计算投标人A评标现值，并与第一中标候选人B比较。

5．除了第2问的不妥之外，该案例还哪有些不妥以及相应启示。

表8-6 现值系数表

n	2	3	4	5	6	7	8	9	10	11
$(P/F.5\%.n)$	0.8573	0.7938	0.7350	0.6806	0.6202	0.5835	0.5403	0.5002	0.4631	0.5289
$(P/A.5\%.n)$	1.859	2.723	3.545	4.329	5.075	5.786	6.463	7.107	7.721	8.306
n	12	13	14	15	16	17	18	19	20	
$(P/F.5\%.n)$	0.3971	0.3671	0.3405	0.3125	0.2919	0.2703	0.2502	0.2317	0.2137	
$(P/A.5\%.n)$	8.863	9.393	9.898	10.379	10.837	11.274	11.689	12.085	12.462	

参考答案

1．该招标文件中拟定评标办法的关于价格计算方法如下：

评标价=50－|投标价－基准价|/基准价×100

投标人B 报价的评标价=50－|530－412.5|/412.5×100=50－(117.5÷412.5)×100=50－28=22

投标人A 报价的评标价=50－|295－412.5|/412.5×100=50－(117.5÷412.5)×100=50－28=22

2．这对该类采购项目建议做以下修改：

① 超过或低于评标基准价的不同投标报价，在差价绝对值相同时扣分应当不同，建议该公式做适当修改，增加修正系数E 计算公式如下：

评标价=50－|投标价－基准价|/基准价×100×E

其中当上式绝对值为正值时，E=2；

其中当上式绝对值为负值时，E=1；

② 在专利使用指标中，应根据设备折旧期（使用寿命期）20年内专利的使用作出规定，如专利期满需要支付专利费时，将期满后的专利使用费按照年金求现值的方式折算成价格，并与投标报价合成后修正投标价。

③ 设置投标最高限价，超过最高限价的不参与报价均分计算，且判定为否决投标。

3．该采购不属于依法必须招标的项目，因此即使国企招标人可以根据企业实际参照27号令执行。如需要，可以在中标人内确定中标人，即有理由可以确定第二名、第三名中标，如质量技术要求、供货时间满足等；但是如果采购项目属于依法必须招标的项目，无法律规定的事由，应当确定第一名中标。领导集体研究也属违法行为，并依照《条例》第七十三条予以处罚。

4．依据题意，投标人A的专利使用费从第2019年底开始缴纳到第2030年底结束，共12个年周期，年金折现至第8年期末，作为终值折现8年初评标时间现值。

现值=50×($P/A.5\%.12$)×($P/F.5\%.8$)=50×8.863×0.5403=239.44（万元）

即投标人的评标价还应增加239.44（万元）。

投标人A的评标价=295+239.44=534.44（万元）

投标人A报价534.44－投标人B报价530万元=4.44万元

5．本次招标投标活动中的不妥和启示：

① 招标人不能在确定中标人前同投标人在实质性内容方面进行谈判，招标人要求投标人B降低投标报价，违反了上述规定。

② 投标人B在招标人要求下，降低报价属于二次报价，报价无效。

③ 本次评标在一方拥有专利授权书，另一方只有使用协议书的不同条件下，评标委员会应按照投标人 A 的评标价折算分值，以报价折算分值判定投标人 A 和投标人 B 得分相同不妥。

④ 由于没有考虑专利使用费的折现计算，使招标人误以为投标人 A 评标价最低且承担合同无效的风险和违法责任，事实上投标人 B 的投标报价虽然高，但其评标价比 A 还低 4.44 万元。

（四）关于投标低于成本的讨论

2017 年 3 月 10 日，腾讯云 1 分钱投标预算金额 495 万元厦门政务云的事件经媒体报道后，很多业内的朋友表示不可理解，认为只是博人眼球而已，不可能中标。令人大跌眼镜的是，3 月 18 日消息出来，腾讯云 1 分钱居然成功中标了！业内一片哗然。

无独有偶，2017 年 4 月 4 日，辽阳市信息中心公共信息资源共享平台硬件建设项目中标公告；成交供应商：中国电信集团辽宁省辽阳市电信分公司、中国电信系统集成有限公司辽宁分公司组成的联合体。预算金额：8929500 元，中标金额：零点零壹元（0.01 元）。

连续出现这种可能涉嫌低于成本但无人举报并且中标的案例引起专家们的热烈讨论。

反对意见认为：地方政府在政府采购中的定标决定违反了政府采购的相关规定；违反了反不正当法；破坏了市场秩序。

同意的意见认为：在农业社会和工业社会，"成本"、"正当竞争"是比较清晰的概念，在那个时代建立起来的规则，在知识经济、互联网经济的时代需要重新审视。即使在传统工业产品方面，企业的成本还分为战略经营成本和战术营销成本。如果在黄金时间播发一则广告需要 1 个亿，0.01 分一套产品能起到同样效果不就是很合算的交易吗？

这两个案例有一个共同特点即中标标的不是传统产品。软件行业有一个重要的属性：严重的路径依赖。诚然，其他产品也有路径依赖的问题，即用习惯的品牌难以更换，比如牙膏；但是如果发现其他广告，也可能试用一下并形成新的习惯。但是软件行业的这种依赖程度比一般产品严重的多。在软件的销售和经营方面，用的早比软件本身质量好对软件开发商重要的多。从目前国内公共服务和交易平台的使用情形看就非常典型。微信开发使用后，某著名软件开发商看到其重要商机也开发了类似产品"来往"，因为上市较晚且同微信也没有较大的技术差异，开发后市场不认可，没人用。

除非短信和微信这样大的差距，才可被市场接受。因此，为了保证市场占有率，软件开发商可以低价甚至免费赠送其产品。360 杀毒软件案例、阿里云免费和铁路 12306 合作事宜都缘于此。

其次，软件供应商盈利的商业模式很多，他可以在不违反《反不正当竞争法》的情形下合法盈利，如流量的增加间接带动了广告费的暴涨。既没有捆绑软件也没有排斥其他竞争对手。辽宁通信器材中标，其必须产生的流量费的赢利可能远超过预算。因此，判断是否低于成本是供应商考虑的事，在这方面政府是外行。政府应通过《反不正当竞争法》管好市场，监督合同的落实。

供应商从战略营销成本考虑愿意送给你，只要能完成合同。特别是对软件这类特殊产品，有严重的路径依赖性，用得早比用得好重要。供应商不是傻子，他会考虑战略营销成本和战术营销成本的关系。作者在国外考察时曾向同行请教他国如何识别低于成本，该专家脸上一片茫然，脸上的表情告诉你，作为商人怎么会低于成本卖给你。国外同行也会遇到类似案例，他们防范风险的办法更值得我们学习，即如果极低的中标价格中标需要同行担保，以保证万一中标人不能履约给招标人带来的风险。

五、开标、评标、中标的监督管理

（一）开标、评标、中标环节的禁止性规定

1. 开标的禁止性规定

《招标法》第二十八条规定："……投标人少于 3 个的，招标人应当依照本法重新招标。"

《条例》第四十四条第二款补充了禁止性规定:"投标人少于3个的,不得开标;招标人应当重新招标。"

2. 关于组建评标委员会的禁止性规定

《招标法》第三十七条第二款规定:"依法必须进行招标的项目,其评标委员会中技术、经济等方面的专家不得少于成员总数的三分之二。"

该条第三款规定:"与投标人有利害关系的人不得进入相关项目的评标委员会。"

《条例》对评标委员会的规定做了补充。

(1)《条例》第四十六条第一款规定:"任何单位和个人不得以明示、暗示等任何方式指定或者变相指定参加评标委员会的专家成员。"

(2)《条例》第四十六条第二款规定:"依法必须进行招标的项目的招标人非因招标投标法和本《条例》规定的事由,不得更换依法确定的评标委员会成员。"

(3)《条例》第四十六条第四款规定:"行政监督部门的工作人员不得担任本部门负责监督项目的评标委员会成员。"

3. 关于评标规则的禁止性规定

(1)《条例》第四十八条第一款规定:"招标人不得明示或者暗示其倾向或者排斥特定投标人。"

(2)《条例》第四十九条第一款规定:"招标文件没有规定的评标标准和方法不得作为评标的依据。"

(3)《条例》第五十条规定:"不得以投标报价是否接近标底作为中标条件,也不得以投标报价超过标底上下浮动范围作为否决投标的条件。"

4. 关于评标委员会的行为的禁止性规定

(1)《招标法》第三十九条规定:"投标人的澄清或者说明不得超出投标文件的范围或者改变投标文件的实质性内容。"

《条例》第五十二条规定对澄清环节做了细化和补充:"投标人的澄清、说明不得超出投标文件的范围或者改变投标文件的实质性内容。评标委员会不得暗示或者诱导投标人作出澄清、说明,不得接受投标人主动提出的澄清、说明。"

本条第二款明确了评标委员会在澄清中的两项禁止性规定。即两个"不得",评标委员会既不得暗示或者诱导投标人作出澄清和说明;也不得接受投标人主动提出的澄清和说明。既然评标委员会在澄清中不得接受投标人主动提出的澄清和说明,那么,评标委员会必须以团体意思主动认为需要澄清和说明,不得暗示或者诱导投标人作出澄清和说明;也没有必要做如此的行为。这些无疑也都是从确保评标的公平和公正的角度出发来考虑的。

(2)《招标法》第四十三条规定:"评标委员会成员不得私下接触投标人,不得收受投标人的财物或者其他好处。"

《条例》第四十九条第二款对法律第四十三条进行了细化补充:"评标委员会成员不得私下接触投标人,不得收受投标人给予的财物或者其他好处,不得向招标人征询确定中标人的意向,不得接受任何单位或者个人明示或者暗示提出的倾向或者排斥特定投标人的要求,不得有其他不客观、不公正履行职务的行为。"

上述规定为部门规章依据本行业的特点和实际情况制定其他限制性规定提供了立法依据,《条例》第七十一条对上述义务设置了相应的法律责任。由此强化对评标委员会委员职业道德的要求。

(3)《招标法》第四十四条规定:"评标委员会成员和参与评标的有关工作人员不得透露对投标文件的评审和比较、中标候选人的推荐情况以及与评标有关的其他情况。"

5. 法律对评标委员会合法权益的保护规定

《招标法》第三十八条第二款规定:"任何单位和个人不得非法干预、影响评标的过程和结果。"

6. 确定中标人的禁止性规定

《招标法》第四十三条规定:"在确定中标人前,招标人不得与投标人就投标价格、投标方案等实质性内容进行谈判。"

《条例》第五十四条第一款规定:"依法必须进行招标的项目,招标人公示中标候选人不得少于3日。"

(二)开标、评标、中标环节的违法行为和监督

1. 招标人的违法行为

(1)在评标委员会依法推荐的中标候选人以外确定中标人;
(2)依法必须进行招标的项目在所有投标被评标委员会否决后自行确定中标人;
(3)不按规定期限确定中标人;
(4)中标通知书发出后改变中标结果;
(5)与中标人不按照招标文件和中标人的投标文件订立合同;
(6)订立背离合同实质性内容的其他协议;
(7)其他违法行为。

2. 评标委员会成员的违法行为

(1)评标委员会成员应当回避没有回避;
(2)没有按照招标文件规定的评标标准和方法评标;
(3)《条例》第四十九条第二款明示的5种行为;
(4)暗示诱导投标人作出澄清、说明或主动接受其澄清、说明;
(5)其他违法行为。

3. 国家工作人员非法干预开标、评标、中标的违法行为

(1)违反规定担任或指定评标专家、或通过诱导评标专家操控评标结果;
(2)以监督为名干扰依法进行的评标活动;
(3)通过招标代理机构操纵评标结果;
(4)滥用废标权随意废标,以确保特定投标人中标;
(5)其他违法行为。

某报刊报道,某招标文件规定该项目某子目打分的标准是0~10分,行政监督部门在监督评标时发现,有个专家给了0分,有个专家给了10分,即认定专家不公平宣布评标无效。事后专家提出申诉,给0分的专家从环境保护的要求出发,认为给0分合理;给10分的专家认为从项目效益角度看给10分正确,显然都是正确的,凡是没有超过评标标准所定的范围,监督部门不应当干涉。

4. 开标、评标、中标环节的监督要点

开标、评标、中标环节的监督要点汇总于表8-7。

表 8-7　开标、评标、中标环节监督要点

	开 标 程 序	评 标 程 序	中 标 程 序
监督要点	1. 开标程序是否合法； 2. 对开标异议程序的监督； 3. 确定评标专家的方式认定； 4. 专家的抽取和依法更换程序合法性认定	1. 评标委员会成员应当回避没有回避； 2. 是否按照招标文件规定的评标标准评标； 3. 澄清说明是否合法； 4. 《条例》第四十九条第二款明示的评标委员会成员五种违法行为的认定； 5. 评标报告内容和规定； 6. 根据评标委员会认定对串通投标、弄虚作假、行贿等问题的核实、处理	1. 履约能力核查条件和程序的合法性； 2. 公示时间内容的合法性； 3. 依法发中标通知书； 4. 依法确定中标人； 5. 异议、投诉合法性； 6. 根据评标委员会认定对串通投标、弄虚作假、行贿等问题的核实、处理

（三）开标、评标、中标环节的法律责任

1. 开标阶段的法律责任

《招标法》及其《条例》没有对开标程序设置法律责任。

2. 评标阶段违法的法律责任

《招标法》第五十六条对评标委员会成员违法责任做了规定，《条例》第七十一条、第七十二条对此又做了细化和补充，详见本书第 3 章。

3. 中标阶段违法的法律责任

《招标法》第五十七条规定："招标人在评标委员会依法推荐的中标候选人以外确定中标人的，依法必须进行招标的项目在所有投标被评标委员会否决后自行确定中标人的，中标无效。责令改正，可以处中标项目金额 5‰ 以上 10‰ 以下的罚款；对单位直接负责的主管人员和其他直接责任人员依法给予处分。"

本条适用的范围是依法必须招标的项目。《条例》第七十三条对在中标环节招标人发生的 5 种违法行为规定了责任条款。

《条例》第七十三条规定："依法必须进行招标的项目的招标人有下列情形之一的，由有关行政监督部门责令改正，可以处中标项目金额 10‰ 以下的罚款；给他人造成损失的，依法承担赔偿责任；对单位直接负责的主管人员和其他直接责任人员依法给予处分：
（一）无正当理由不发出中标通知书；
（二）不按照规定确定中标人；
（三）中标通知书发出后无正当理由改变中标结果；
（四）无正当理由不与中标人订立合同；
（五）在订立合同时向中标人提出附加条件。"

（四）关于评标无效

评标无效就是指评审结论无效。可归纳为主体不合格和行为违法两大类。
（1）评标主体不合格造成的评审结论无效。
① 依法被更换的评标委员会成员作出的评审结论无效。（《条例》四十八条）
该条指评标过程中成员有回避事由、擅离职守或健康原因不能继续评标的更换。
② 违法确定或者更换的评标委员会成员作出的评审结论无效。（《条例》第七十条）

该条指在组建评标委员会过程中的更换。

③ 评标委员会成员有违法行为责令改正，或取消资格被更换导致评审结论无效。

④《评标专家和评标专家库管理暂行办法》（国家发改委2003年29号令）第十七条第二款规定："政府投资项目的招标人或者其委托的招标代理机构不遵守本办法第五条的规定，不从政府或者政府有关部门组建的评标专家库中抽取专家的，评标无效；情节严重的，政府有关部门依法给予警告。"

（2）评标过程违法行为可能造成原评审结论无效。

① 应当回避而不回避；

② 擅离职守；

③ 不按照招标文件规定的评标标准和方法评标；

④ 私下接触投标人；

⑤ 向招标人征询确定中标人的意向，或者接受任何单位或者个人明示或者暗示提出的倾向，或者排斥特定投标人的要求；

⑥ 对依法应当否决的投标不提出否决意见；

⑦ 暗示或者诱导投标人作出澄清、说明或接受投标人主动提出的澄清、说明；

⑧ 其他不客观、不公正履行职务的行为。

上述违法行为的违法后果，按照不同情况分别处理：

① 如果在中标通知书发出前发现并被查实的，责令改正，重新评标；即原评审结论无效重新评审。评审的结果可能推翻原评审意见，也可能维持原评审意见。如果评审主体合格、程序合法，重新评审意见对招标人、投标人有约束力。

② 如果在中标通知书发出后发现并查实，且对中标结果造成实质性影响的，中标无效；在这种情况下，由监督部门裁定直接认定其中标无效。

③ 需要说明的是，凡是导致招标无效、投标无效的行为，如果是在中标通知书发出后被查实且影响中标结果的，中标无效。

（五）关于中标无效

A. 招标人的违法行为所导致的中标无效：

（1）违规代理导致的无效。《招标法》第五十条规定：

"招标代理机构违反本法规定，泄露应当保密的与招标投标活动有关的情况和资料的，或者与招标人、投标人串通损害国家利益、社会公共利益或者他人合法权益的，处5万元以上25万元以下的罚款，对单位直接负责的主管人员和其他直接责任人员处单位罚款数额5%以上10%以下的罚款；有违法所得的，并处没收违法所得；情节严重的，暂停直至取消招标代理资格；构成犯罪的，依法追究刑事责任。给他人造成损失的，依法承担赔偿责任。

前款所列行为影响中标结果的，中标无效。"

（2）招标人泄露相关信息导致的无效。《招标法》第五十二条规定：

"依法必须进行招标的项目的招标人向他人透露已获取招标文件的潜在投标人的名称、数量或者可能影响公平竞争的有关招标投标的其他情况的，或者泄露标底的，给予警告，可以并处1万元以上10万元以下的罚款；对单位直接负责的主管人员和其他直接责任人员依法给予处分；构成犯罪的，依法追究刑事责任。

前款所列行为影响中标结果的，中标无效。"

（3）违法谈判导致的无效。《招标法》第五十五条规定：

"依法必须进行招标的项目，招标人违反本法规定，与投标人就投标价格、投标方案等实质性内容进行谈判的，给予警告，对单位直接负责的主管人员和其他直接责任人员依法给予处分。

前款所列行为影响中标结果的，中标无效。"

（4）违法确定中标人导致的无效；《招标法》第五十七条规定：

"招标人在评标委员会依法推荐的中标候选人以外确定中标人的，依法必须进行招标的项目在所有投标被评标委员会否决后自行确定中标人的，中标无效。责令改正，可以处中标项目金额5‰以上10‰以下的罚款；对单位直接负责的主管人员和其他直接责任人员依法给予处分。"

B. 投标人的违法行为所导致的中标无效：

（1）串通投标导致的中标无效。《招标法》第五十三条规定：

"投标人相互串通投标或者与招标人串通投标的，投标人以向招标人或者评标委员会成员行贿的手段谋取中标的，中标无效，处中标项目金额5‰以上10‰以下的罚款，对单位直接负责的主管人员和其他直接责任人员处单位罚款数额5%以上10%以下的罚款；有违法所得的，并处没收违法所得；情节严重的，取消其一年至二年内参加依法必须进行招标的项目的投标资格并予以公告，直至由工商行政管理机关吊销营业执照；构成犯罪的，依法追究刑事责任。给他人造成损失的，依法承担赔偿责任。"

（2）弄虚作假导致的中标无效，《招标法》第五十四条规定：

"投标人以他人名义投标或者以其他方式弄虚作假，骗取中标的，中标无效，给招标人造成损失的，依法承担赔偿责任；构成犯罪的，依法追究刑事责任。

依法必须进行招标的项目的投标人有前款所列行为尚未构成犯罪的，处中标项目金额5‰以上10‰以下的罚款，对单位直接负责的主管人员和其他直接责任人员处单位罚款数额5%以上10%以下的罚款；有违法所得的，并处没收违法所得；情节严重的，取消其一年至三年内参加依法必须进行招标的项目的投标资格并予以公告，直至由工商行政管理机关吊销营业执照。"

招标人和投标人的上述行为影响中标结果的中标无效。

本章练习题

一、判断题

1. 投标人少于3个的，不得开标；招标人应当重新招标。　　　　　　　　（　）
2. 开标后检查投标文件是否完好的主体是监督部门。　　　　　　　　　　（　）
3. 评标委员会对实质性问题不能澄清。　　　　　　　　　　　　　　　　（　）
4. 法律规定执行履约能力审查程序规定需要监督部门批准。
5. 电子招标活动中的评标环境不仅需要保密还需要有效监控。　　　　　　（　）

二、多选题

关于法律规定对评标环节的监督的说法正确的是（　　）。

A. 确定评标专家的方式认定
B. 是否按照招标文件规定的评标标准评标
C. 澄清说明是否合法
D. 《条例》第四十九条第二款明示的评标委员会成员5种违法行为的认定
E. 评标报告内容和规定

三、论述题

简述标底和最高限价的不同。

以发出中标通知书为界,招标、投标、开标、评标、中标(定标)活动的完成属于预约合同成立并生效。对于预约合同阶段的管理和监督主要属于程序合法的范畴,属于程序管理,之后依照法定程序签订书面合同则属于本约合同的成立并生效,对于本约合同阶段的监督管理主要属于实体性质,虽然也有程序问题,但主要是监督结果是否公平及其救济。

第9章
招标结果和投诉管理

一、招标结果管理

招标投标活动包括招标、投标、开标、评标、中标(定标)和签订书面合同5个阶段。其中,以发出中标通知书为界,招标、投标、开标、评标、中标(定标)活动的完成属于预约合同成立并生效。对于预约合同阶段的管理和监督主要属于程序合法的范畴,属于程序管理,之后依照法定程序签订书面合同则属于本约合同的成立并生效。对于本约合同阶段的监督管理主要属于实体性质,虽然也有程序问题,但主要是监督结果是否公平。因为程序合法不一定导致公平。如果发现不公平现象,制度设计应能保证有效的法律救济,这就是所谓投诉管理。

(一)定标阶段的游戏规则

1. 定标阶段的法律规定

《招标法》第四十六条规定:"招标人和中标人应当自中标通知书发出之日起三十日内,按照招标文件和中标人的投标文件订立书面合同。招标人和中标人不得再行订立背离合同实质性内容的其他协议。

招标文件要求中标人提交履约保证金的,中标人应当提交。"

《条例》第五十七条对上述规定做了补充和细化。

《条例》第五十七条规定:"招标人和中标人应当依照招标投标法和本《条例》的规定签订书面合同,合同的标的、价款、质量、履行期限等主要条款应当与招标文件和中标人的投标文件的内容一致。招标人和中标人不得再行订立背离合同实质性内容的其他协议。

招标人最迟应当在书面合同签订后5日内向中标人和未中标的投标人退还投标保证金及银行同期存款利息。"

2. 本约合同的成立生效

(1)合同的成立与生效。

业内许多人认为,发出中标通知书后预约合同成立,但本合同还未生效。如国家发改委等八部门2011年12月20日颁发、2012年5月1日生效的《标准设计施工总承包招标文件》中,关于通用合同1.5条款中明确规定:"承包人按中标通知书规定的时间与发包人签订合同协议书。除法律另有规定或合同另有约定外,发包人和承包人的法定代表人或其委托代理人在合同协议书上签字并盖单位章后,合同生效。"但仔细分析会发现,这一法条同样可以解释为:指本合同的生效问题，而就预约合同而言，在其成立时，即可以同时生效。

对于中标人中标之后，双方存在何种法律关系在学术上仍争论：一般都认为，在招投标的过程中，招标属于要约邀请，其目的是诱使更多的人提出要约，以便在其中选择最佳的缔约当事人。而投标一般被视为要约，因为其直接向招标人发出、以订立合同为目的，并且含有合同成立所要求的全部内容特征。

由此，招标人发出中标通知书就为承诺。在承诺生效之后双方的预约法律关系即已经确立，这就意味着双方之间已经存在事实上的预约合同法律关系，而"招标人按中标通知书规定的时间与中标人签订合同协议书"在本质上已经是设立本合同法律关系的问题了。

（2）预约合同订立后禁止再订立背离合同实质性内容的其他协议的规定。

《招标法》规定在发出中标通知书30日内，招标人与中标人之间签订书面合同，该合同在法律关系上仅仅是确认双方的合同法律关系，明确双方具体的权利义务，故"合同的标的、价款、质量、履行期限等主要条款应当与招标文件和中标人的投标文件的内容一致"，"不得再行订立背离合同实质性内容的其他协议"。显而易见，如果允许背离合同实质性变更的存在，不但将导致通过招投标程序确定的中标结果失去法律意义，而且会造成招投标成本的巨大浪费和效率之低下，这显然背离了《招标法》的立法意旨。

根据学界的一般观点，"招标人的中标通知书是对投标人要约的承诺"。《合同法》第二十五条规定："承诺生效时合同成立。"因此，以发中标通知书为标志，招标人与中标人之间的预约合同成立且生效，招标人与中标人要受到预约合同的约束。这不但可以解释《招标法》第四十五条"中标通知书对招标人和投标人具有法律效力"的规定。而且也释明了《招标法》第四十六条规定的"招标人和中标人应当自中标通知书发出之日起30日内，按照招标文件和中标人的投标文件订立书面合同"其实应是依照预约而订立招标投标的本合同。

有鉴于此，在招标投标过程中，对于违反预约合同义务的当事人即可适用强制实际履行，这不仅维护了诚实信用原则，而且也不违反意思自治原则，以及《合同法》第一百一十条的规定。招投标中的预约合同已就本约的主要条款达成了合意，当事人在订立本约时仅需对非实质内容进行磋商即可订立本合同。可见，当事人对于本合同主要条款的意思已在预约中得到充分表示，所以，依据我国《合同法》第一百一十条的规定，不能强制实际履行的非金钱债务包括：一是法律上或者事实上不能履行；二是债务的标的不适用于强制履行或者履行费用过高，三是债权人在合理期限内未要求履行。故对于订立本约这一非金钱债务只要并未违反第一百一十条的规定，法院依照预约内容强制订立本合同即可认为，并未违反违约方的意思表示。

除强制实际履行外，违约方亦应依《合同法》第一百零七条"当事人一方不履行合同义务或者履行合同义务不符合约定的，应当承担继续履行、采取其他补救措施或者赔偿损失等违约责任"和《招标法》的规定承担其他相应的违约责任。

（3）招标人退还保证金义务的履行。

招标人在和中标人签订了作为本合同的一般所谓"书面合同"之后，双方的基本权利义务即得以全面明确，既然招投标的本合同业已成立并生效。投标保证金对预约合同的担保作用即不再具有法律基础。此时招标人自应当退还作为预约合同之从合同标的之投标保证金。本条第二款明确规定了招标人退还的法定时间是签订合同5日之内，这样即可以尽可能地减少了投标人的资金负担，以提高其资金利用效率；本条还明确了，退还的金额除了本金外还应当包括因此产生的银行同期利息，和现行部门规章的要求相比，无疑此种关于退还银行利息的规定，是一种补充性立法，当然，投标人采取其他担保形式若没有产生利息时，则无需退还利息。

· 217 ·

3. 本约合同的担保

《条例》第五十八条对《招标法》第四十六条第二款的履约保证金的规定进行了细化和补充："招标文件要求中标人提交履约保证金的，中标人应当按照招标文件的要求提交。履约保证金不得超过中标合同金额的10%。"

（1）缴纳履约保证金是招标文件约定的权利。

招标的本质属性就是竞争性的缔约，在激烈的商品竞争条件下，经过招标采购程序的合同价格一般较低，工期、质量也有更严格的要求。但任何合同的全面履行都在所难免地要有一定的风险，为了防止中标人反悔及擅自停工、粗制滥造、偷工减料等违约行为的发生，切实保障合同得以严格、全面、正确、恰当地履行，《招标法》规定了招标文件要求中标人缴纳履约保证金的，中标人应当提交。故可见，如果说，投标保证金是预约合同的担保，那么，履约保证金则是本合同的担保。所以，履约保证金本质上是招标人合同风险管理中，为减轻招投标本合同的履约风险所采取的重要措施，即当事人双方自愿附加了作为从合同的履约担保合同。

（2）履约保证金的法律性质。

《条例》第五十五条规定，如果中标人没有按照招标文件提交履约保证金，招标人可依次递补其他中标候选人，并同其签订合同。在招标采购活动中签订书面合同表示招投标过程中的本合同成立和生效。如此，提交履约保证金即可以成为本合同生效的要件。有学者认为履约保证金应属于立约定金，因此，依据23号令修订后的（30号令）第八十五条规定，"招标人不履行与中标人订立的合同的，应当返还中标人的履约保证金，并承担相应的赔偿责任。没有提交履约保证金的，应当对中标人的损失承担赔偿责任。因不可抗力不能履行合同的，不适用前款规定。"同修订前相比，取消了"应当双倍返还中标人的履约保证金；给中标人造成的损失超过返还的履约保证金的，还应当对超过部分予以赔偿；"修改后的条文弱化了定金的法律属性，作为对本合同担保的形式取决于双方的合同约定。

（3）本条规定对原有法律的补充和完善。

《招标法》没有规定提交履约保证金的数量，考虑到履约保证金对合同履约的担保效力兼顾投标人资金负担的合理负担，本条对履约保证金的金额做了限制性规定，即履约保证金不得超过中标合同金额的10%，招标人要求提交的履约保证金超过中标合同金额的10%的，投标人可以拒绝提交，防止垫资或者借此排斥投标人等现象的发生。

法律没有规定提交的形式，交由招标文件约定。为减轻中标人的负担，在实践中提倡采用保函或第三方担保的方式。合同签订后，如果投标人依照合同约定履行了义务，其提交的履约保证金应当按照合同约定予以退还。

4. 提交书面报告

《招标法》第四十七条规定："依法必须进行招标的项目，招标人应当自确定中标人之日起十五日内，向有关行政监督部门提交招标投标情况的书面报告。"

向有关行政监督部门提交招标投标情况的书面报告属于招标人法定义务，行政监督部门依据报告方便对招标投标活动的监督。2016年5月1日实施的《招标采购代理规范》对报告的内容做了规定。

"9.3.2 招标代理机构负责编制招标投标情况报告，一般包括以下内容：

（1）招标项目基本情况；

（2）招标过程简述；

（3）资格预审情况说明（如有）；

（4）评标情况说明；

(5) 中标候选人公示情况;
(6) 异议以及投诉处理情况（如有）;
(7) 中标结果;
(8) 其他需要说明的事项;
(9) 附件:资格审查报告（如有）、评标报告等。"
行业主管部门对该报告内容有规定的从其规定。

5. 文件资料归档

《招标采购代理规范》附录 C 详细规定了招标采购文件归档的明细。

《电子招标投标办法》第四十条对采用电子招标时的文档做了规定。

"招标投标活动中的下列数据电文应当按照《中华人民共和国电子签名法》和招标文件的要求进行电子签名并进行电子存档:
（一）资格预审公告、招标公告或者投标邀请书;
（二）资格预审文件、招标文件及其澄清、补充和修改;
（三）资格预审申请文件、投标文件及其澄清和说明;
（四）资格审查报告、评标报告;
（五）资格预审结果通知书和中标通知书;
（六）合同;
（七）国家规定的其他文件。"

6. 招标采购项目的总结

招标采购项目总结是招标项目结束后，招标人（或代理机构）自我评价的一种形式，总结的目的是为了项目管理的改进，属于项目管理收尾工作的一部分。

（1）总结的内容。

招标采购项目总结的内容主要有两个方面:

① 招标程序工作的满意度，如招标代理机构在代理招标活动中执行程序是否有瑕疵，在接待相关领导、招标人、为评标专家服务、处理投标、开标阶段突发事件的处理、投标人质疑等方面是否有需要改进完善的地方。

② 对招标文件的再评价。评标过程和结果是检验招标文件编制质量的试金石，如果评标专家意见分歧较大，招标代理机构应当反思招标文件中的商务和技术条款是否设置恰当，评标办法是否选用适当，评标方法的权值、权重是否设置准确，在该类项目招标文件的编制中有哪些收获和教训等。

招标人总结的原则、方法和实施步骤可以参照本节后评价的相关内容进行。

（2）总结是自我提高和自我改进的过程。

招标人要善于在总结自己的实践经验中学习，为此要把调查与研究结合，既弄清情况，又理出头绪;把经验与教训结合，成功的经验固然重要，但失败的教训更可贵，从教训中学习往往使人更聪明;把定量分析与定性分析结合，既要有丰富的材料，又要找出本质;把集中起来与坚持下去结合，既要善于集中正确的意见形成科学的决策，又要持之以恒地抓好落实。

（二）电缆招标合同变化的启示

1. 铜材不断涨价时的招标

某招标人采用公开招标方式采购总长约 450000m 的 18 种规格的电力电缆和控制电缆，采用固定单价合同，要求卖方交货至工地。交货进度根据工程进度安排分为三批，分别为合同生效后 30 天内、360 天和 720 天。招标文件中规定的投标有效期为 90 天，投标保证金金额为 5 万元。共有 15 家投标人参加竞标。评标委员会根据招标文件中的规定采用最低投标价法进行评审，最低投标价的投标人中标。中标通知书在投标截止日后 45 天时发出。中标人收到中标通知书后拒绝签约，其理由是投标截止日至中标通知书发出的这一个多月里，电缆价格上涨幅度较大，且合同供货期达两年之久，依据铜材价格不断上涨的趋势，如以该价格签约将导致中标人较大的亏损，希望招标人在其投标价的基础上适当提高签约价格。

显然，该中标人的这一做法是违背国家有关招标投标法律法规的。招标人依据招投标的法律法规及招标文件的规定，该投标人的 5 万元投标保证金不予退还，另选第二名中标候选人中标，但第二名的总价比第一名高出 20 多万元，实际上导致招标人 10 多万元的损失。

2. 招标文件中规定的投标保证金数额偏小

该案例中规定的投标保证金额仅为 5 万元，而合同实际最终的签约总价达 4000 多万元，投标保证金额仅为合同总价的 0.1%左右。由于投标担保金额偏小，一方面难以对投标人的违约行为起到有效的震慑和约束作用，另一方面投标人发生违约后所收取的投标保证金也难以补偿招标人的损失。

根据《条例》规定，"投标保证金一般不得超过项目估算价的 2%。"从本项目的招标规模来看，投标保证金额最高可以规定为 80 万元。虽然，中标人的投标担保成本最终还是通过包含在合同价款中由招标人承担了，但总体来看对于一些招标总金额比较大的项目还是应选取一个适当大的投标担保金额对招标人更为有利些。

3. 投标有效期偏长

本案例中规定的投标有效期为 90 天，对于目前物价指数处于高位运行，原材料价格（特别是铜材价格）普遍上涨幅度偏大、上涨速度偏快的时期，过长的投标有效期虽然给招标人的操作留有了比较大的时间裕度，但同时也给投标人带来因招标人不能及时决标所产生的市场价格上涨过大的风险。根据《工程建设项目货物招标投标办法（国家发展计划委员会等七部委 2005 年第 27 号）》第四十四条规定，"技术简单或技术规格、性能、制作工艺要求统一的货物，一般采用经评审的最低投标价法进行评标"。因此，对于通用性的大宗物资材料采购的招标项目，由于评标相对简单（大多采用最低投标价法），投标有效期可以规定得相对短些，这样也便于投标人能够规避一些市场价格短期上涨的风险，减少中标人违约的几率。

4. 合同应合理体现风险分摊的原则

该案例中的合同供货期长达 2 年之久，且采用固定价格合同。对于投标人而言确实存在一定的因报价时对价格上涨的风险考虑不足或低价中标而产生的风险。近年来，建设工程材料市场价格波动比较频繁，使发包人和承包人（或卖方和买方）无法准确预测市场价格风险，一方面导致中标人不愿意按投标价格签约，另一方面也导致即使签约后在合同执行时的价格争议日益增多，这种情况对一些在建工程项目的施工进度和工程质量产生了较大的不利影响。总体来看，在原材料价格存在长期的上涨趋势的情况下，卖方的风险将明显大于买方，根据风险分摊的原则，对于供货期较长的合同宜考虑在合同条款中设置相应的价差调整内容。

按照风险分摊的原则，在合同条款中规定有关价格调整的内容。

对于供货期较长的合同，由于未来市场价格的变动情况难以准确估计，根据《工程建设项目施工招标投标办法》（国家发改委等七部委令第 30 号）第三十条的规定"施工招标项目工期较长的，招标文件中可以规定工程造价指数体系、价格调整因素和调整方法"。因此，为在合同中体现风险分摊的原则，可在招标文件的合同条款中规定有关价格调整的内容及价格调整公式。价格调整公式中的各可调因子、定值和变值权重，以及基本价格指数及其来源应予以约定。价格指数应首先采用有关部门提供的价格指数，缺乏上述价格指数时，可采用有关部门提供的价格代替。

这种价格调整的有关内容可参照有关管理部门对建筑工程主要材料价格调整的规定，即投标人承担自主报价低于投标时市场价格的风险和可调主要材料在双方约定幅度内以及其他材料市场价格波动的风险；招标人承担从招标基准日（指投标截止时间前28天的日期）至货物交货期间市场价格波动在双方约定幅度以外的风险。招标人在招标文件中对可调价项约定0%～5%以内的风险幅度。在规定的条件期间内，市场价格波动与基准价相比在约定风险幅度值内的不调整，市场价格上涨超过基准价约定风险幅度的，调整超过约定风险幅度以上的价差（如报价高于基准价的，高于部分应作扣除，最多扣到不调为止）；市场价格下跌超过基准价约定风险幅度的，调整超过约定风险幅度以外的价差（如报价低于基准价的，低于部分应作扣除，最多扣到不调为止）。

二、招标结果的监督管理

（一）签订本约合同过程中的法律责任

1. 招标人不依法签订合同

《招标法》第五十九条规定："招标人与中标人不按照招标文件和中标人的投标文件订立合同的，或者招标人、中标人订立背离合同实质性内容的协议的，责令改正；可以处中标项目金额千分之五以上千分之十以下的罚款。"

对于依法必须招标的项目中标（定标）阶段的违法行为，《条例》第七十三条做了列举并设置了相应法律责任，其中第二款第（四）、第（五）项针对签订合同时的违法行为规定为：

"（四）无正当理由不与中标人订立合同；

（五）在订立合同时向中标人提出附加条件。"

上述条款中法律没有对"正当理由"作出限制性规定，如果招标人在发出中标通知书后不与中标人签订合同应当承担预约合同的违约责任和本合同的缔约过失责任。

在实践中，有招标人在中标通知书发出后超过30日才同招标人签订合同，有些甚至超过投标有效期，只要中标人同意，合同依然成立并生效。法律没有对此作出强制性规定。所谓"提出附加条件"是指《招标法》第四十六条 "招标人和中标人不得再行订立背离合同实质性内容的其他协议"的规定。

《条例》第七十五条规定："招标人和中标人不按照招标文件和中标人的投标文件订立合同，合同的主要条款与招标文件、中标人的投标文件的内容不一致，或者招标人、中标人订立背离合同实质性内容的协议的，由有关行政监督部门责令改正，可以处中标项目金额5‰以上10‰以下的罚款。"

本条是对《招标法》第五十九条法律责任的细化和补充，是对《条例》第五十九条违法行为设定的法律责任。

（1）违反招投标预约合同义务行为的表现形式。

① 招标人和中标人不按照招标文件和中标人的投标文件订立合同；

主要表现为合同的主要条款与招标文件、中标人的投标文件的内容不一致。

《条例》第七十五条的第一句话是《招标法》第五十九条的规定，紧接着是《条例》对法律规定的细化。即违法形式主要体现在合同的主要条款而不是其他一些枝节问题。

② 招标人和中标人订立背离合同实质性内容的协议；

该条款重申了《招标法》第五十九条的规定。

（2）违反招投标预约合同义务的法律责任。

① 依法责令限期改正；

② 处中标项目金额5‰以上10‰以下的罚款。

罚款是指行政机关依法强制违反行政管理秩序的公民、法人或者其他组织缴纳一定数量的货币的一种行政处罚,是一种财产处罚。本条的处罚对象是实施违法行为的招标人和中标人,罚款的范围是中标项目金额的 5‰以上 10‰以下,具体数额由作出处罚决定的行政机关根据招标人和中标人违法行为的情节轻重决定。

2. 中标人不依法签订合同

《招标法》第六十条第一款规定:"中标人不履行与招标人订立的合同的,履约保证金不予退还,给招标人造成的损失超过履约保证金数额的,还应当对超过部分予以赔偿;没有提交履约保证金的,应当对招标人的损失承担赔偿责任。"

《条例》第七十四条规定:"中标人无正当理由不与招标人订立合同,在签订合同时向招标人提出附加条件,或者不按照招标文件要求提交履约保证金的,取消其中标资格,投标保证金不予退还。对依法必须进行招标的项目的中标人,由有关行政监督部门责令改正,可以处中标项目金额 10‰以下的罚款。"

本条是对《招标法》第六十条签订合同责任的补充。本条关于中标人不履行与招标人签订的合同的法律责任的规定突出体现了主体平等的公平原则,也宣示了法律的严肃性。

(1) 中标人违反预约合同义务的具体表现形式。

① 中标人无正当理由不与招标人订立合同。法律对"正当理由"认定的主体和条件没有作出规定,实践中,认定的主体一般是有管辖权的行政监督部门,所谓正当理由主要是不可抗力的原因或招标文件约定的其他条件。

② 在签订合同时向招标人提出附加条件。

中标人在签订合同时向招标人提出附加条件同样违反了《招标法》第四十六条的规定。

③ 中标人在签订合同时不按照招标文件要求提交履约保证金。

招标文件要求中标人提交履约保证金是招标人控制风险的措施,中标人不按照招标文件约定提交履约保证金的实质是拒绝签订合同,自应当承担法律责任。

(2) 中标人违反预约合同义务的法律责任。

根据本条规定,中标人不履行与招标人签订的合同的法律责任包括以下内容:

① 取消中标资格。

出现本条规定的因中标人的原因而不能订立合同的,将依法取消其中标资格。

② 投标保证金不予退还。

如果招标文件约定要求投标人提交投标保证金,投标人应当缴纳。投标人如果有上述违法行为,构成法定投标保证金不予退还的要件。

③ 责令改正并处罚款。

按照本条规定,中标人不履行与招标人签订的合同,将由有关行政监督部门责令改正,并处以中标项目金额 10‰以下的罚款。

3. 政府处理投诉送达结果时超过有效期能否签订合同

某招标采购项目发出中标通知书后,政府监督部门接到利害关系人投诉,鉴于项目内容的复杂性,扣除鉴定等时间 50 天,监督部门在 30 个工作日内作出驳回投诉的处理决定并送达招标人,但此时已经超过招标文件约定的投标有效期,招标人是否可以和中标人继续签订合同。

有两种意见,一是鉴于超过有效期是政府部门造成的,只要中标人愿意即可签订合同;二是认为已经超过投标有效期,原有的要约和承诺都无效,因此不能继续签订合同。

作者认为,首先在"公权"意义上考量,《条例》第六十一条第二款的规定"自受理投诉之日起 30 个工作日内作出书面处理决定，需要检验、检测、鉴定、专家评审的，所需时间不计算在内"。故政府部门无过错。即使有过错，法律也没有规定超过有效期的处理办法。二是法律虽然规定在发出中标通知书后 30 日内双方应签订书面合同，但该规定属管理型禁示性规定。因此，法律也没有设立相应法律责任。其次，从"私权"意义上考量，招标文件关于有效期的约定是合同相对人的私权利。法律没有规定本案情形的适用条件，因此，只要双方重新约定，即可签订合同。但如果期间物价波动较大，中标人不愿签订合同，招标人则不能依次递补中标人应当重新招标固为法律对依次递补的条件有规定。

（二）"黑白招标合同"惹纠纷

1. 黑白合同的圈套[①]

2003 年 5 月，原告广东 A 工程公司（即中标供应商）通过招标程序，与采购人 C 省交通厅所属单位签订了某市高速公路采购项目总价款为 2.03 亿元的合同，该合同（即所谓"白合同"）在 C 省发改委招投标处备了案。

早在原告广东 A 工程公司进场施工之前，双方曾经有口头协议；招标程序结束后，应被告的要求，双方又签订了补充协议（即所谓"黑合同"），将已备案采购合同所签订的工程总价款 2.03 亿元下调至 1.98 亿元。这也是双方口头协议的内容。

2004 年 11 月，原告广东 A 工程公司承揽的项目全部竣工，且陆续得到了工程款 1.98 亿元。但采、供双方最终结算时，对"黑合同"中的工程款数额没有异议，而对究竟按照哪份合同作为核算依据发生了争议。于是诉诸法院。原告广东 A 工程公司认为，已备案的合同是经过公开招标签订的，应作为结算的唯一根据。除被告已支付的款项外，还应支付与中标合同的差价款。

被告 C 省交通厅所属单位则辩称，备案合同不是双方的真实意思表示，补充协议才是真实体现双方权利义务。因为在公开招标之前，原告广东 A 工程公司为了拿到招标采购项目，就对采购工程进行了部分垫资，并作出了许多极为优惠的许诺。原告广东 A 工程公司进场施工 6 个月后，被告 C 省交通厅所属单位才为采购项目进行了形式上的公开招标程序，且参加投标的其他供应商都是原告广东 A 工程公司事先寻找的陪标公司。因此，原、被告自愿签订的补充协议对双方才具有法律约束力。

2. 法院判决

法院经审理认为，原告广东 A 工程公司是通过公开招标采购方式获得采购项目的，且双方对所签合同进行了备案，故该合同合法有效。

而补充协议对原已备案的合同内容进行了变更，因此，应当认定变史后的协议构成了招标投标中所禁止的"背离合同实质性内容"的变化，应认定补充协议为无效。依次判决被告根据"白合同"支付给原告 2.03 亿元的工程采购合同的差价款及其银行利息。

3. 法理研究

本案原被告所签的补充协议，即"黑合同"，将采购合同所签订的工程总价款由 2.03 亿元下调至 1.98 亿元，属于对合同主要条款的重大变更，即没有按照招标文件和中标人的投标文件订立合同。按照《条例》第七十五条的规定："招标人和中标人不按照招标文件和中标人的投标文件订立合同，合同的主要条款与招标文件、中标人的投标文件的内容不一致，或者招标人、中标人订立背离合同实质性内容的协议的，由有关行政监督部门责令改正，可以处中标项目金额 5‰以上 10‰以下的罚款。"应当依法追究相关人员的法律责任。法院判决"黑合同"无效是正确的。

---

① 本案例选自：欧阳光、肖琦《招标投标法律实务》法律出版社 2007 年版第 166 页。

但是，该法院的判决的理论与法律依据还值得商榷。

（1）当事人无法借助尚未成立或无效的合同实现自己预期的利益。

随着我国社会主义市场经济制度的建立和不断完善，交易活动日益丰富和多元。订立合同是现代社会公民、法人及其他经济组织进行交易的最主要手段。目的是以合同来确定彼此间利益关系，并通过合同的约束力，要求合同当事人全面履行各自的经济义务，从而实现双方预期利益的最大化。但是，并非当事人之间所有的约定都能获得法律的保护。

原告广东壬葵工程公司与被告乙丑省交通厅所属单位所签订的"白合同"尽管是完全自愿的，但如果有证据表明双方属于共同串通行为，应属无效合同。如果该种串通行为得到法律的保护，则公开招标只是一种表面形式，我国的招标采购制度也将徒有其表，遭受践踏。同时，原被告双方的串通行为，侵害了其他投标供应商以及潜在投标供应商的公平竞争权利。因此，双方所签"白合同"亦无效，并且应根据《招标法》及其《条例》的有关规定，追究相关人的法律责任。

招投标合同所涵涉的利益关系只能建立在合同有效的基础上。一般合同一旦依法成立，就具有法律约束力，但是无效合同即由于违反法律，行政法规的强制性规定或者损害国家社会公共利益，即使其成立，也不具有法律约束力。因此，合同因不具备有效要件而被确认无效，则自始至终不产生法律约束力，不可引起当事人预期的民事权利义务关系，但它却要产生法律所直接规定的某些法律后果。

（2）"工程质量优于合同效力"基础上的"无效合同按有效处理"。

我国《民法通则》）第六十一条，以及《合同法》第五十八条、第五十九条规定："合同无效或者被撤销后，因该合同取得的财产，应当予以返还；不能返还或者没有必要返还的，应当折价补偿。有过错的一方应当赔偿对方因此所受到的损失，双方都有过错的，应当各自承担相应的责任。""当事人恶意串通，损害国家、集体或者第三人利益的，因此取得的财产收归国家所有或者返还集体、第三人。"

这些法律规定当然适用于建设工程无效合同的处理，但是，基于建设工程合同的特殊性，最高人民法院对建设工程合同无效的处理，还进行了专门性的规定。《最高人民法院关于审理建设工程施工合同纠纷案件适用法律问题的解释》第二条规定："建设工程施工合同无效，但建设工程经竣工验收合格，承包人请求参照合同约定支付工程价款的，应予支持。"这就是被称之为"无效合同按有效处理"的原始依据，也是最高人民法院对无效合同处理原则的创新之举。

该司法解释第三条规定："建设工程施工合同无效，且建设工程经竣工验收不合格的，按照以下情形分别处理：

（一）修复后的建设工程经竣工验收合格，发包人请求承包人承担修复费用的，应予支持；

（二）修复后的建设工程经竣工验收不合格，承包人请求支付工程价款的，不予支持。

因建设工程不合格造成的损失，发包人有过错的，也应承担相应的民事责任。"

可以认为，该《司法解释》第二条、第三条是对建设工程无效合同的原则性的处理办法，可以归结为"工程质量优于合同效力"。也就是说，只要工程质量合格，承包方请求参照合同约定主张工程款的，人民法院应当支持。但是，鉴于建设工程合同无效的复杂性，上述原则不能适应一切无效合同的处理。

因此，对于建设工程无效合同，应当依据具体情况，采用不同的处理办法。

① 建设工程施工合同无效，承包方可以突破固定价，请求按照定额据实结算；

② 工程转包，建设方可以主张按照实际施工人的资质，结算工程款；

③ 合同无效，实际施工人可以突破合同相对性，要求发包方、总包方、分包方共同支付工程款；

④ 恶意串通损害国家利益的，非法所得应当罚没。

故鉴于涉案工程既业已完工，合同如被确认无效，自可按下列原则处理：

① 对已完工程质量是否合格进行确认；

② 按照该《司法解释》第二条、第三条的规定进行结算；

③ 免去双方违约责任，造成合同无效的过错方赔偿对方的经济损失，双方均有过错的，依据过错的大小承担相应的责任。

三、招标投诉管理

（一）关于招标投标投诉的法律规定

20多年来招投标活动的实践证明，投诉是投标人在自己合法权益受到侵害时保护自己合法权益的主要途径，是发现和惩处招标投标活动中违法违纪犯罪行为线索的主要渠道，对投诉的处理是政府对招投标活动监督管理的重中之重。

《招标法》第六十五条规定："投标人和其他利害关系人认为招标投标活动不符合本法有关规定的，有权向招标人提出异议或者依法向有关行政监督部门投诉。"

上述条款规定了投诉的主体：投标人和其他利害关系人，包括招标人；投诉程序：异议、投诉两个步骤。

依据法律规定，《条例》对异议和投诉的受理、处理和措施做了具体规定。

1. 投诉的受理条件

《条例》第六十条规定："投标人或者其他利害关系人认为招标投标活动不符合法律、行政法规规定的，可以自知道或者应当知道之日起10日内向有关行政监督部门投诉。投诉应当有明确的请求和必要的证明材料。

就本《条例》第二十二条、第四十四条、第五十四条规定事项投诉的，应当先向招标人提出异议，异议答复期间不计算在前款规定的期限内。"

本条是《招标法》六十五条关于投诉受理程序的细化和完善。

投诉是投标人或者其他利害关系人认为招标投标活动不符合法律、行政法规规定时的救济途径。提起、投诉应当符合以下条件：

（1）行政投诉的主体。

投诉的主体是投标人或者其他利害关系人。

投诉是投标人保护自己合法权益的重要途径，实践证明，鉴于采购活动经济性、技术性、管理和法律属性，投标人对招标程序的监督是最有效的监督方式之一，同时，在招标采购活动中，投标人属于弱势相对方，因此法律保护投标人投诉的权利尤为重要。

其他利害关系人是指投标人以外的，与招标项目或者招标活动有直接或者间接利害关系的法人、其他组织和自然人，具体包括有意参加资格预审或者投标的潜在投标人、资格预审申请文件或者投标文件中列明的拟用于招标项目的项目负责人、分包人和供应商、以及资格审查委员会或者评标委员会成员等。

特别应当指出的是，本条规定的其他利害关系人还有招标人，当评标委员会、监督部门有违法违规行为时，招标人和其他相关人一样，作为平等主体，依法援引该条款可以向有关部门投诉，体现了法律的公正。如本书第8章列举的"百"写成"佰"评标委员会要废标的案例，招标人应当依法向行政监督部门投诉。

（2）招投标投诉的管理部门。

所谓有关行政监督部门是指有管辖权的行政监督部门。

依照《条例》第四条规定的分工，国务院有关行政部门对招标投标活动进行行政监督。投诉人可向有管辖权的有关部门投诉。

（3）招投标投诉的时限要求。

考虑到尽可能降低投诉的成本和提高招标投标活动的效率，法律规定了投诉的时限要求：即自知道或者应当知道招标投标活动不符合法律、行政法规规定之日起 10 日内提起投诉；需要指出的是，提起投诉申请的时限是以日历日为计算单位，而非工作日。本条第二款规定有关异议前置的投诉，其答复期间不计算在前款规定的期限内。其对投诉时效的中断做了特别规定。

（4）招投标投诉的形式要件。

投诉应当有明确的请求和必要的证明材料，明确的请求和相关证据有利于保证行政效率。依据 23 号令的修正，国家发改委等 7 部委颁布的《工程建设项目招标投标投诉办法》（11 号令）（2006 年 5 月 21 日施行）第七条规定：

"投诉人投诉时，应当提交投诉书。投诉书应当包括下列内容：

（一）投诉人的名称、地址及有效联系方式；

（二）被投诉人的名称、地址及有效联系方式；

（三）投诉事项的基本事实；

（四）相关请求及主张；

（五）有效线索和相关证明材料。

对招标投标法实施《条例》规定应先提出异议的事项进行投诉的，应当附提出异议的证明文件。已向有关行政监督部门投诉的，应当一并说明。

投诉人是法人的，投诉书必须由其法定代表人或者授权代表签字并盖章；其他组织或自然人投诉的，投诉书必须由其主要负责人或投诉人本人签字，并附有效身份证明复印件。

投诉书有关材料是外文的，投诉人应当同时提供其中文译本。"

（5）招投标特定内容投诉的前置条件。

本条针对特定内容的投诉设置了前置许可，即对《条例》第二十二条招标文本、第四十四条开标、第五十四条评标结果公示的投诉，应当先向招标人提出异议。

这种前置既包括程序前置，也包括内容前置，所谓内容前置即异议中没有提出的问题在投诉时即不受理。由于异议不属于行政救济手段，故其一般不需要遵循严格的处理程序，异议可能是对违法行为的质疑也可能是由于各自角度不同对同一事项理解上的差异，可能不存在是非或者对错之分，异议有助于招标人及时采取措施纠正招标投标过程中确实存在的问题，避免问题扩大造成难以挽回的后果。

所以，异议前置这种制度设计的主要考量是鼓励当事人通过沟通消除对一般技术或商务问题的歧义，尽量减少行政干预的成本，以提高采购效率。

（6）关于行政监督部门不予受理的投诉事由。

依据 23 号令的修正，11 号令规定了行政监督部门不予受理的法定条件。

11 号令第十二条规定："有下列情形之一的投诉，不予受理：

（一）投诉人不是所投诉招标投标活动的参与者，或者与投诉项目无任何利害关系；

（二）投诉事项不具体，且未提供有效线索，难以查证的；

（三）投诉书未署具投诉人真实姓名、签字和有效联系方式的；以法人名义投诉的，投诉书未经法定代表人签字并加盖公章的；

（四）超过投诉时效的；

（五）已经作出处理决定，并且投诉人没有提出新的证据的；

(六) 投诉事项应先提出异议没有异议、已进入行政复议或行政诉讼程序的。"

对于上述规定，有关行政监督部门不能选择性执法，必须严格按照法律规定在三个工作日作出是否受理的决定。

2．投诉的处理程序

《条例》第六十一条："投诉人就同一事项向两个以上有权受理的行政监督部门投诉的，由最先收到投诉的行政监督部门负责处理。

行政监督部门应当自收到投诉之日起3个工作日内决定是否受理投诉，并自受理投诉之日起30个工作日内作出书面处理决定；需要检验、检测、鉴定、专家评审的，所需时间不计算在内。

投诉人捏造事实、伪造材料或者以非法手段取得证明材料进行投诉的，行政监督部门应当予以驳回。"

（1）招投标当事人有投诉选择权。

本条规定，当两个或两个以上行政监督部门都有权受理投标人或其他利害关系人就招标投标活动提出的投诉时，投标人或其他利害关系人可以选择其中一个行政监督部门提起投诉。当投标人或其他利害关系人就同一事项向两个以上有权受理的行政监督部门投诉的，由最先收到投诉的行政监督部门负责处理。

11号令第四条补充规定："对国家重大建设项目（含工业项目）招标投标活动的投诉，由国家发展改革委受理并依法作出处理决定。对国家重大建设项目招标投标活动的投诉，有关行业行政监督部门已经收到的，应当通报国家发展改革委，国家发展改革委不再受理。"

（2）时限规定有效地提高了行政投诉的效率。

行政监督部门在收到投诉申请后，应当及时审查投诉申请的内容，并在一定期限内作出是否受理的决定。合理规定这一期限，不但应体现效率原则，还得顾及实际操作中的可行性问题。因此，《条例》明确规定："行政监督部门应当自收到投诉之日起3个工作日内决定是否受理投诉"。决定受理投诉后，行政监督部门还需在30个工作日内对投诉作出书面处理决定，这也就是说，30个工作日内要完成整个投诉的处理工作。这种有关时限的规定不但可以有效地提高行政效率，同时也保证了行政工作的正常进行。

（3）招投标投诉处理的结果应当采用书面形式。

这是由于行政处理决定作为有约束力的法律文书自然应当采用书面形式。

而且，不论是通过对相对人提出异议，还是向行政监督部门提出投诉，都是权利人用以解决分歧和纠正违法行为的救济手段，但是，如果投诉人对行政处理不满意，为保护当事人合法权益，依照《行政复议法》，投诉人还可以寻求进一步的行政救济或者根据《行政诉讼法》寻求司法救济。显而易见，采用书面形式也更有利于当事人事后举证，以维护自己的合法权益。

（4）招投标投诉人有义务对自己提供投诉材料的真实性负责。

如投诉人存在捏造事实、伪造材料或者以非法手段取得证明材料进行投诉的，行政监督部门应当驳回其投诉。

捏造事实、伪造材料属于证据作假，以非法手段取得的证据属于手段违法，对于证据作假和手段违法的两类投诉，受理部门确认后应当驳回。上述行为造成相对人经济或其他损失的，《条例》在法律责任章节设定了相应侵权责任的规定。

3．投诉的处理措施

《条例》第六十二条规定："行政监督部门处理投诉，有权查阅、复制有关文件、资料，调查有关情况，相关单位和人员应当予以配合。必要时，行政监督部门可以责令暂停招标投标活动。

行政监督部门的工作人员对监督检查过程中知悉的国家秘密、商业秘密，应当依法予以保密。"

本条是《招标法》第六十五条关于处理投诉措施的细化和完善。

（1）招投标行政监督措施。

本条规定了行政监督措施，具体包括：查阅、复制有关文件、资料；调查有关情况。并且在必要时，行政监督部门可以责令暂停招投标活动。这里所谓暂停与《条例》第二十二条、招标文本、第四十四条开标、第五十四条评标结果公示的异议条款中规定的暂停有所不同：

① 本暂停属于行政监督部门依法作出的强制行为，招标人必须接受；而后者的暂停属于招标人的法定义务，是招标人的主动行为。

② 本暂停有严格的时间有要求；而后者的暂停没有时间规定，取消暂停取决招标人答复的效率；

③ 本暂停是指招标投标活动暂时中止，是否继续组织招标，从哪一阶段继续招标或重新招标，依据行政部门的处理决定进行；后者的暂停是停止下一阶段的招标投标活动，如对招标文本有异议，在没有答复之前，不能按期组织开标。

需要指出的是，暂停招标投标活动将影响招标项目的顺利开展，必须要甄别具体情况，在确有必要时给予暂停。当然，如果招标人能够证明，出于紧急的公共利益的考虑，招标投标活动必须继续的，则不应暂停。

（2）招投标监督部门工作人员的义务。

招投标行政监督部门的工作人员对在招投标监督检查过程中知悉的国家秘密、商业秘密，自应当依法予以保密。国家秘密涉及关系国家的安全和利益，商业秘密涉及相对人经济利益，均依法应当受到法律保护。为严格执法，《条例》有关条款才设置了相应的法律责任条款。

4．违法投诉的法律规定

《条例》第六十一条第二款规定："投诉人捏造事实、伪造材料或者以非法手段取得证明材料进行投诉的，行政监督部门应当予以驳回。"

《条例》第七十七条第一款对上述证据作假、手段违法的行为设定了法律责任：

"投标人或者其他利害关系人捏造事实、伪造材料或者以非法手段取得证明材料进行投诉，给他人造成损失的，依法承担赔偿责任。"

本条列举了违法恶意不实投诉的表现形式。

（1）投标人或者其他利害关系人违法恶意投诉。

《招标法》第六十五条、《条例》第六十条赋予投标人或者其他利害关系人向有关行政监督部门投诉的权利。同时，为了防止利害关系人滥用权利，保护有关招投标当事人的合法权益，维持行政监督部门的正常活动，对投诉行为也进行了规范。针对实践中出现的现实情况，规定违法恶意投诉投诉的具体情形有：

① 捏造事实恶意投诉。投诉人捏造他人违反有关招投标法律法规的情形，即以根本不存在的、可能引起有关行政监督部门作出不利于被投诉人处理决定的行为。

② 伪造材料恶意投诉。通过虚构、编造事实上不存在的文件的行为。

上述两条列举的行为属于证据造假。

（2）以非法手段取得证明材料进行投诉。

《最高人民法院关于民事诉讼证据的若干规定》第六十八条规定，以侵害他人合法权益或者违反法律禁止性规定的方法取得的证据，不能作为认定案件事实的依据。如通过招标人、招标代理机构或评标委员会成员获取应当保密的信息和资料进行投诉应当驳回。

上述条款列举的行为属于行为违法。

《条例》第六十一条第三款明确规定投诉人不得违法投诉。投诉人有上述投诉行为,给他人造成损失的,依法承担赔偿责任。这里的"他人"包括招标人和其他投标人,"损失"指招标项目工期延误所造成的损失,以及招标人和投标人为配合行政监督部门处理投诉而支出的相关费用。

5. 恶意投诉的法理研究

(1) 恶意不实诉讼本身就是侵犯公民合法民事权利的违法行为。

诉讼是人们维护自己的合法权益的手段,其最终目的是追求公平与正义,为此法律赋予了诉讼主体各种权利。不过,说到底,"所谓诉权无非是指有权在审判员面前追诉取得人们应得到的东西。"反之人们无权通过诉讼追求不属于自己的东西。因此,应当认为:任何企图通过钻法律的空子和利用诉讼来达到自己的不正当目的的行为都应当受到惩罚。

(2) 恶意投诉符合一般侵权损害赔偿的构成要件。

① 不实诉讼必定会有损害的事实存在。

为了制止被告侵权行为,补救侵权损害,求得司法部门保护自己的合法权益不得不支付应诉的交通费、委托律师费、调查取证费、误工费等,无疑,将无辜者拖入讼累之中,必然会给其造成不应有的人身和财产损失。

② 不实诉讼与受害人所遭受的损害的事实之间有直接的因果关系。

如果不实诉讼的受害人与侵权人之间,原来就有某种民事法律关系或者权利义务关系,因权利义务不确定或对权利归属发生争议,侵权人为在诉讼中为争取有利于自己的诉讼结果,而实施不实诉讼行为,如伪造证据,则其行为构成妨害民事诉讼,要按妨害民事诉讼的行为论处,并受不利诉讼后果之结果,故不发生不实诉讼一方向对方赔偿损失的问题。实际上,这就是由于,在双方有某种民事法律关系或权利义务关系时所发生的不实诉讼中,当事人所遭受的损失是基于此种关系而产生的,同时又可以由于此种关系为其他法律所调整而可以得到法律救济。

③ 不实诉讼行为人有主观上的过错。

不实诉讼行为人并非仅仅是由于对法律认识不清而陷他人于讼累之中。他们从一开始就知道被起诉人既无能力也无法赔偿他们所谓的损失。换句话说,其不实诉讼行为是恶意的。所以,不实诉讼的行为人知道或者应当知道,自己的不实诉讼行为已经超出了通过行使诉权而维护自己合法权益的范围,这是确定其是否应当承担民事责任的主观要件。

④ 不实诉讼行为具有违法性。

故意为不实诉讼,就刑法而言,捏造事实诬告陷害他人,意图使他人受刑事追究,情节严重,即触犯刑律。同时,以暴力、威胁、贿买等方法阻止证人作证或者指使他人作伪证的,亦触犯刑律。

在民事诉讼中,很多国家都对恶意不实诉讼予以惩罚性的民事制裁。超出当事人维护自己合法权益范围的恶意不实诉讼,由于其主观恶意的社会危害性,显然是一种不法行为。

综上所述,恶意不实诉讼行为,符合一般侵权损害赔偿的四个构成要件,自然依法应当承担民事赔偿责任。

(3) 恶意不实诉讼承担损害赔偿责任的法律要件。

恶意不实诉讼承担损害赔偿责任的法律要件如下:

首先,恶意不实诉讼的责任人,必须是合法享有诉权,可以依法提起诉讼的诉讼当事人。

其次,恶意不实诉讼的责任人,事先与被告并无任何与其诉诉讼的有关的先定的民事法律关系或者其他权利义务关系。

再次,不实诉讼的行为人必须是恶意的。所谓恶意,是指不实诉讼的责任人,知道或者应当知道，自己所为的不实诉讼的行为，显而易见，早已超出了自己诉讼标的所主张的合法权益的范围。作者以为，以是否恶意标准，既可以鼓励公民和法人诉诸司法手段保护自己的合法权益，又不会放纵某些人利用合法的诉讼手段，侵害其他公民、法人和社会公共利益的恶意不实诉讼。

最后，恶意不实诉讼的责任人，必须对自己因故意而为的不实诉讼给受害人所造成的人身和财产损失，承担民事赔偿责任。

总之，让恶意不实诉讼的行为人承担民事责任，有利于维护整个社会良好的道德风尚；为人们诚实信用、公平正当地在商品社会中工作和生活确立一种行为标准；同时，它必将有效地预防和减少不实诉讼的发生；协调在不实诉讼的过程中侵权人与受害人之间的利益冲突，最终达到健全社会法治的目的。

（二）投诉案例的处理和思考

1. 分包工程不算业绩出问题[①]

（1）第一中标候选人业绩造假的匿名举报。

2012年4月，某政府投资的省级重点工程建设项目信息系统工程监理（以下简称"该项目"或"本项目"）第一次招标流标，招标人修改了招标文件于2012年5月8日上午如期在该市公共资源交易中心开标，共有4家报名单位在项目所在地公共资源交易中心递交了投标文件，开标现场同时对投标单位和拟派项目总监理工程师的代表业绩进行了公示，经综合评审，评标委员会提交了评标报告并依次推荐了中标候选人。2012年5月14日，评标结果同时在中国采购与招标网、该省招标投标网、招标人网站上发布，公示期为3日，显示第一标候选人为某工程咨询有限公司，第二中标候选人为某工程监理有限公司，第三中标候选人为某城建监理有限责任公司。

5月16日，上级行政监督部门和招标人同时收到对第一中标候选人业绩造假的匿名举报，具体涉及其现场公示的第一中标候选人的4个业绩有两个虚假，举报人出示了这两个业绩的中标公示网页内容并标明了具体网址，招标人经过初步核实和行政监督部门与业绩当地的行政监督部门的复核，举报信反映的内容基本属实。根据这一情况，招标人暂停决标并要求第一中标候选人3日内以书面形式予以解释。第一中标候选人第三天派出了一位副总经理当面到招标人处说明情况，承认这两个代表业绩确实存在瑕疵但绝不是虚假，实际情况是，该公司作为分包人承担了这两个代表业绩中的监理工作，与本次招标要求的业绩条件相同，就此，该位副总还特意出示了其公司与这两个代表业绩中标单位签订的分包合同原件。但鉴于本项目的招标文件中的资格条件和评标办法均明确规定对分包工程不予认可，尽管该副总经理还出示了其他证明其公司实力的佐证材料，提出希望招标人考虑招标文件对"分包工程不作为业绩"这一情况，重新考虑其中标，并保证如其中标其公司将在招标文件承诺之外加大精干力量投入该项目的实施。招标人将此情况报告了行政监督部门，鉴于第一中标候选人代表业绩造假证据确凿，行政监督部门还是批复了招标人作出取消第一中标候选人中标资格的第一步决定。

接下来，招标人和行政监督部门开始考虑重新招标还是顺位递补的问题，由于该项目已经是第二次招标，该信息系统工程又是比较特定的项目，一般招标人都缺少这方面的专业人员，施工招标前期咨询服务又迫在眉睫，招标人提出了顺位递补的首选方案，出于谨慎考虑，招标人和行政监督部门对第二中标候选人的业绩核实，经调查，第二中标候选人是业内知名的监理单位，单位实力相对雄厚，单位和个人代表业绩不存在问题，但是随着调查的深入，招标人了解到，其上级管理单位系一个知名的设计咨询集团公司，该集团公司近期卷入了一起工程建设项目重大质量安全事故中，该集团公司为该项目的勘察设计单位，并被认定负有设计质量缺陷的责任，面临承担高额的事故赔偿，政府有关部门宣布将对该集团公司进行重组。鉴于这一情况，招标人要求第二中标候选人予以解释，第二中标候选人予以了书面回复，承认其是该集团公司的全资子公司，指出其与集团公司涉案的工程建

[①] 本案例概况选自汪才华：《一起工程建设项目监理招标匿名举报后的处理》《招标采购管理》2012第4期。

设项目没有任何关联,目前其公司业务和财务情况良好,并提供了 2012 年第一季度经审计的财务报告等证明材料的复印件。出于稳妥起见,招标人和行政监督部门并没有采信第二中标候选人这些证据,还是决定重新招标。

(2)本案处理程序和结果引发的思考。

① 匿名异议、投诉的有效性。

依据有关法规规定,异议或投诉的主体是投标人和其他利害关系人,法律对异议投诉主体合法性的规范是为了防止有人捏造事实恶意投诉,进而影响采购效率和行政成本增加。向行政监督部门匿名举报,其法律性质属于"投诉",依据 11 号令第十二条不予受理的情形(三)的规定,"投诉书未署具投诉人真实姓名、签字和有效联系方式的;以法人名义投诉的,投诉书未经法定代表人签字并加盖公章的;"因此,对于匿名投诉,或没有经过异议程序的投诉,即使像本案投诉线索明确简单,上级行政监督部门都不应受理,即行政监督部门不能违法行政;但如果向纪检监察部门举报,纪检监察部门可以依法依据举报线索的可靠性决定是否受理。在本案中,当事人在向行政监督部门匿名举报的同时也向招标人"举报",向招标人的"举报"的法律性质是"异议",招标人考虑到其反映的问题有准确的网站信息,查询也方便,虽然法律规定了异议的主体是投标人及其利害关系人,但法律没有规定匿名异议不得受理,作为民事行为招标人可以按异议处理。考虑到 3 日内可能无法予以查清事实,招标人还是作出了暂停招标投标活动的决定,符合本条"招标人应当自收到异议之日起 3 日内作出答复;作出答复前,应当暂停招标投标活动"的规定。

② 审查业绩的目的是什么?

本案招标文件规定"分包工程不算业绩"是造成变更第一候选人的原因,所谓"业绩"表示投标人完成类似项目的经验和能力。无论是以单独法人名义、分包商名义其能力都无区别。第一候选人有两个独立业绩、两个分包业绩,证明其符合完成项目的能力要求,但是由于招标文件莫名奇妙的要求,投标人被迫将总包的业绩填报为自己的业绩。这是否属于《条例》第四十二条第二款"提供虚假的财务状况或者业绩"?作者认为其业绩背后反映的能力实质不是虚假的,是真实的,但提供表述材料有瑕疵。如果招标文件没有特别规定分包工程不算业绩,类似情况可以扣分,但依照虚假业绩取消其中标资格不妥。

③ 投标人应当充分行使法律赋予自己的合法权利。

《条例》规定了投标人可以对招标文件、开标和评标结果提出异议的权利,针对此类科技含量较高,业内具有这方面经验和类似业绩的单位和个人并不多的项目,代表业绩满分条件设置过高不可避免地造成限制、排斥潜在投标人的现象出现,如果投标人在开标前 10 日前就"分包工程不算业绩"提出异议,认为业内极少单位能达到以总包形式承包的四项代表业绩,可能会对潜在投标人产生倾向性,希望修改为分包业绩也可计分或减少代表业绩满分的个数的评标办法并如实填报。无论招标人是否修改招标文件,投标人都会非常主动,也不会发生之后的事件。本案中投标人不走正路走歪路,"煮熟的鸭子飞了"。这个教训值得汲取。

④ 依法确定中标人的权利是招标人。

对于依照《条例》第五十五条法定原因取消第一名候选人中标资格,依次递补或者决定重新招标的权利属于招标人,法律没有设置行政监督部门批准程序,本案中行政监督部门参与招标人的决策有越权之嫌。在法律框架内确定中标人是招标人的私权利,公权力应当保护私权利的落实而不是共同参与,鉴于招标投标活动的经济性、技术性、法律性,行政监督部门应该对活动中产生的分歧和异议、投诉作出裁定,而不是参与其活动的决策,从本案看,参与的后果是失去了可以选择的中标人造成了无谓的损失。

⑤ 第二中标候选人的资格进行重新审查程序不合法结论值得商榷。

首先,本案中,招标人和行政监督部门对依次递补的第二名进行审核时发现其母公司有高额赔偿事故的问题，认为可能影响其子公司对项目的实施，没有经过法定程序直接将其排除，程序不合法，结果值得商榷。依照《条例》第五十六条的规定，中标候选人的经营、财务状况发生较大变化或者存在违法行为，招标人认为可能影响其履约能力的应当交由原评标委员会重新评审，招标人没有援引该程序由行政监督部门直接认定不满足，认定的主体和程序不妥。

其次，认定的结果值得商榷。第二中标候选人与集团公司存在全资控股关系，虽然集团公司面临承担赔偿、被改组的法律风险，但从第二中标候选人提供的证据来看，其经营状况、财务状况良好，本身也是具有独立于集团公司以外的法人资格的民事主体，可以独立承担法律责任，这是两个不同的法人，各自在法人责任内承担法律责任，该案的结论如同儿子考大学审查其老子有历史问题取消其资格一样荒谬。显然，重复招标是有成本的，这个成本将由纳税人承担。"严格"的执法的结果造成荒谬的后果，这个教训应当汲取。

2. 招标代理机构应当协助监督部门处理投诉[①]

受当地卫生部门的委托，×省招标代理机构（下称招标代理机构）对其所需的医疗设备项目进行政府采购。2007年7月17日和19日组织了该批医疗设备共18个包的开标、评标工作。其中第16包血球分析仪共有6家投标单位购买了招标文件，有5家参加了投标，通过评标，投标人A成为第一预中标人，招标代理机构随即进行了网上公示。

投标人B在公示期内对投标人1的投标资格进行了质疑，理由是：该公司已于2005年9月搬迁，其生产企业注册地址已发生变化。根据《国家食品药品监督管理局令（第16号）》第五章第34条的有关规定，必须重新注册后方可生产、销售，而投标人A提供的HL系列血球计数仪的产品注册证是某地方药监部门核发的"（更）字号"注册证。

针对投标人B提出的质疑问题，招标代理机构向投标人B答复评标委员会评标时查验了投标人A提供的原件"（更）字号"注册证原件，属于有效医疗产品注册证。为此，评标委员会依据"（更）字号"注册证对投标人A的评审是符合招标文件要求的。岂料，投标人B随即又送来一份某地方药监部门关于"撤销投标人A血球计数仪（更）字号注册证的通知"（以下简称"撤销通知"）。

收到"撤销通知"后，招标代理机构于8月1日提请评标委员会进行复议，对照《国家食品药品监督管理局令（第16号）》有关规定，并依据"撤销通知"，认定投标人已被撤销的"（更）字号"注册证为无效注册证书。由于招标文件对投标人提供资质文件以"*"关键条款进行规定，一旦偏离视为废标。因此评标委员会论定投标人A"*"关键条款不满足招标文件要求，作废标处理。依评标办法建议将排序第二的投标人B变更为第一预中标人。

投标人A由于（更）字号注册证书被撤销，取消了预中标资格，肯定不会"善罢甘休"。果然不出所料，投标人A频频递交多份质疑材料，并邀请二位新闻记者"助阵"。投标人A在收到质疑处理意见后，对处理意见不满意而上升到了投诉。

投标人A的质疑事项包括：

(1) 对地方药监部门发出的关于其"（更）字号注册证撤销通知"表示不理解，并承诺尽快确保产品注册证到位，要求恢复其第一预中标人资格；

(2) 投诉其他五家投标人的投标产品对招标文件的"*"关键指标都有不满足招标文件要求的情况，应当全部废标，并强烈要求招标人重新招标；

(3) 投标人B的"*"关键指标"测试速度"在检测报告中没有反映，应作废标处理。并且认为评标委员会在收到质疑后，对投标人B的样机做技术检测的行为属寻求外部证据的行为，违反了招标文件规定，违反法定程序是无效的。

面对投标人尖锐的质疑和新闻媒体的紧密跟踪，招标代理机构的领导高度重视，要求职能部门全力做好调查工作，妥善进行处理。

[①] 案例提供　刘乐　罗红　秀江西省机电设备招标有限公司。

一、面对投标人，严秉公正原则，实事求是做好调查核实工作。

对于检测报告中没有反映"测试速度"指标是否应作废标处理的问题，招标代理机构向相关医疗器械质量监督中心进行了咨询，了解到检测报告的内容是根据企业的要求进行检测（企业产品注册标准），企业产品送检时需提供产品注册标准、样机和产品技术说明书。为此，在检测报告中没有反映的指标和数据可以通过检测样机进行验证。加之招标文件规定投标时需提供样机，这就确定了样机是投标文件的一个组成部分（文字版和实物），并不属于外部证据。另外，按照相关法律的规定，作为政府采购项目实施招标，从开标、评标、质疑、评委复议、投诉、行政复议、行政诉讼是一个完整的过程。在这个过程中的任何环节里，对投标文件——即投标产品样机的检验都是在法定程序之内的工作，不属违法违规的行为。因此8月1日评标委员会在复议时要求对投标人B提供的样机进行检测查验是完全符合法定程序的。

二、面对新闻媒体，严秉公开原则，积极接受社会监督。

投标人在质疑时出现新闻记者"助阵"的现象已屡见不鲜，这一方面说明投标人的维权意识在增强，希望通过新闻媒体为自己赢得更多的机会，借助新闻记者的力量对招标过程中不公平，不公正行为起震慑作用。另一方面也证明新闻媒体的舆论监督作用对招标公正性影响越来越大。面对新闻记者的采访，招标代理机构不藏不掖，不回避事实，公开信息，满足投标人和新闻媒体的知情权，有理有据，以法律和事实为依据，向投标人和记者耐心讲解招标文件和处理原则。不因为有新闻记者的介入而作出有违客观公正的处理决定，查清事实，坚决维护规范政府采购工作秩序。招标代理机构把这次质疑视为对工作人员职业操手的试金石，更视为一次在媒体面前展示公开、公平、公正的企业形象的宝贵机会，以过硬的业务水平和高尚的职业道德赢得投标人的信任和新闻媒体的尊重。

专家点评：

本案虽然是政府采购的案例但是作为招标代理机构的义务，协助政府有关部门处理投诉是应该的，或者说在一定程度上反映了代理机构的综合能力和水平。在政府采购法规中关于处理投诉的程序中对招标文件的质疑同样也是投诉的前置条件。本案主要反映了医疗器械招标采购中资质证书管理的问题，但是通过这个案例也反映了代理机构在协助招标人处理质疑中的重要作用。在本次处理质疑的过程中，招标代理机构面对媒体的压力公正办案，体现了较高的政策法律水平和应对危机的能力，对不断发现的新的证据依法依规处理，受到社会的好评。

本章练习题

一、判断题

1. 招标文件要求中标人提交履约保证金的，中标人应当提交。　　　　　　　　　　　（　　）
2. 如果中标金额明显不合理招标人可以和中标人就合同金额进行重新谈判。　　　　　（　　）
3. 履约保证金不得超过中标合同金额的10%。　　　　　　　　　　　　　　　　　　（　　）
4. 对评标结果不满意投标人可以直接向监督部门投诉。　　　　　　　　　　　　　　（　　）
5. 匿名投诉监督部门应当受理。　　　　　　　　　　　　　　　　　　　　　　　　（　　）

二、多选题

依据《电子招标投标办法》第四十条的规定属于归档文件的是（　　　）。

A. 报名表
B. 资格预审公告、招标公告或者投标邀请书
C. 资格预审文件、招标文件及其澄清、补充和修改
D. 资格预审申请文件、投标文件及其澄清和说明
E. 合同

三、论述题

简述招标投标活动投诉的处理程序。

违法转包和非法分包往往仅仅是外在形式，内在的原因通常在于市场秩序的混乱，而市场秩序的混乱又往往与权力的违法或者不当干预相关，违法转包和非法分包通常与通过权力寻租取得项目有关，公法对此进行干预固然必要，但是必须注意其根源在于公法没有真正做到对权力的限制，因此仅仅通过招标投标法等法律禁止是远远不够的，实行宪政民主把权力关进"笼子"是绝对必要的。

第 10 章

完成中标项目

一、合同与合同法基础

《招标法》第四十八条规定："中标人应当按照合同约定履行义务，完成中标项目。"所谓完成中标项目就是认真履行按照招标投标活动程序签订的合同。因此有必要对有关合同的基础知识做一个解读。

（一）合同的基本概念

1. 合同在国内外法律上的表述

（1）《民法通则》第八十五条："合同是当事人之间设立、变更、终止民事关系的协议。依法成立的合同，受法律保护。"

（2）《合同法》第二条指出："合同是平等主体的自然人、法人、其他组织之间设立、变更、终止民事权利义务关系的协议。

婚姻、收养、监护等有关身份关系的协议，适用其他法律的规定。"

注 1：上述是关于合同的传统界定，所关注的是合同的行为侧面，现代的学说则倾向于从过程的侧面把握合同，认为合同是一种从合同缔结前的阶段到履行完毕后的一个连续的过程。

注 2：《合同法》中第四十三条关于合同缔结过程中的保密义务规定；第四十二条的缔结过失责任规定；第九十二条关于合同终了后的义务规定等，如果借助合同过程论则可以获得较好的说明。

（3）法国《民法典》第一千一百零一条规定："合同为一种合意，依此合意，一人或数人对于其他一人或数人负担给付某物、作为或不作为的债务。"

这是大陆法系关于合同的经典定义。

（4）德国《民法典》第三百零五条规定："以法律行为发生债的关系或改变债的关系的内容者除法律另有规定者外，必须有当事人双方之间的合同。"

（5）美国《法律重述：合同》（第2版）指出："合同是一个允诺或一系列允诺，违反该允诺将由法律给予救济；履行该允诺是法律所确认的义务。"

2. 合同的分类

学理上合同有广义、狭义、最狭义之分。

① 广义合同指所有法律部门中确定权利、义务关系的协议。如民法中的民事合同、行政法中的行政合同、劳动法中的劳动合同、国际法中的国际合同等。

② 狭义合同指指一切民事合同。

作为狭义概念的民事合同包括财产合同和身份合同。

上述财产合同又包括债权合同（即下述的"最狭义合同"）、物权合同、准物权合同。

上述身份合同又包括"婚姻、收养、监护等有关身份关系的协议"（《中华人民共和国合同法》第二条第二款）。

③ 最狭义合同仅指民事合同中的债权合同。

《中华人民共和国合同法》分则所规定的 15 种有名合同全部是债权合同。

3. 调整财产关系合同的法律特征

第一，合同是平等的民事主体之间的协议，契约自由是核心。

第二，合同是一种民事法律行为。

第三，合同以设立、变更或终止民事权利义务关系为目的。

第四，合同是双方或多方的民事法律行为。

4. "合同"和"协议"的概念区别

合同是一种比较正式化、比较严谨的契约，而协议更趋向于口头化。双方的意思都表示一致而达成的一种契约。简单地说，就是你情我愿，然后我们把大家都同意的事情固定下来，说明白，说清楚，那么我们达成一致的这个事项就是协议，在法律上就叫合同。

5. "合同"与"合意"的关系

（1）不是所有的合同或其内容都经由合意。

如，附随义务作为合同的内容即未经当事人约定。

再如，事实劳动关系的内容也未经当事人合意。

再如，合同只要就其最低限度的内容达成合意即可，其他内容可以根据《合同法》第六十一条、第六十二条、第六十三条等规定确定。

（2）不是所有合意都能作为合同。

如，情人间约会的约定，朋友之间一起吃饭的约定等。因此，"合同"＝"合意"只是一个粗略的界定，并没有全面准确揭示合同概念的内涵。

6. 合同形式

合同形式，是指当事人合意的外在表现形式，是合同内容的载体。我国《合同法》第十条："当事人订立合同，有书面形式，口头形式和其他形式。法律，行政法规规定采用书面形式的，应该采用书面形式。当事人约定采用书面形式的，应当采用书面形式。"

（1）按照合同表现形式划分，合同可以分为书面合同、口头合同及默示合同。

（2）以当事人是否相互负有义务为标准划分，合同可分为，单务合同和双务合同。

① 单务合同，指合同当事人仅有一方承担义务。

② 双务合同，指合同的双方当事人互负对待给付义务的合同关系。

（3）依照合同的成立是否以标的物的交付为必要条件划分，合同可分为诺成合同和实践合同。

① 诺成合同是指只要当事人双方意思表示达成一致即可成立的合同，它不以标的物的交付为成立的要件。我国《合同法》中规定的绝大多数合同都属于诺成合同，如买卖合同、建设工程施工合同均属此类。

② 实践合同是指除了要求当事人双方意思表示达成一致外，还必须实际交付标的物后才能

成立的合同。典型的实践合同如借用合同、保管合同等。

（4）按照相互之间的从属关系划分，合同可以分为主合同和从合同。

① 主合同，是指不依赖其他合同而能独立存在的合同。

② 从合同，是指以其他合同的存在为存在前提的合同，又称为附属合同。在招标投标活动中，投标保证金就是项目合同的从合同。

（5）按照对价形式划分，合同可分为有偿合同和无偿合同。

① 有偿合同，是指一方通过履行合同规定的义务而给付对方某种利益，对方要得到该利益必须为此支付相应代价的合同。

② 无偿合同，是指一方给付某种利益，对方取得该利益时并不支付任何报酬的合同。

（6）按照《合同法》所规定的合同类型、格式划分，可以将合同分为有名合同和无名合同，要式合同与不要式合同。

① 有名合同，又称典型合同，是指法律上已经确定了一定的名称及规则的合同。

② 无名合同，又称非典型合同，是指法律上并未确定一定的名称及规则的合同。

③ 要式合同，是指法律规定或当事人约定必须采取特殊形式订立的合同。

④ 不要式合同，是指依法无需采取特定形式订立的合同。

7. 合同的内容

合同的内容即合同的条款，是指当事人依照程序订立合同，意思表示一致所形成的合同条款，合同条款记载着合同当事人的权利、义务。合同条款包括提示性条款、必要条款、普通条款、免责条款。

《合同法》第十二条规定的提示性条款包括当事人姓名等8项内容。

必要条款是合同成立必须具备的条款，欠缺必要条款合同不能成立。

必要条款可由法律规定、合同的性质决定或当事人约定。

8. 合同的法律约束力

合同的法律约束力，应是法律赋予合同对当事人的强制力，即当事人如违反合同约定的内容，即产生相应的法律后果，包括承担相应的法律责任。约束力是当事人必须为之或不得为之的强制状态，约束力或来源于法律，或来源于道德规范，或来源于人们的自觉意识，当然，源于法律的法律约束力，对人们的行为具有最强迫约束力。

合同的约束力主要表现为：

（1）当事人不得擅自变更或者解除合同。

（2）当事人应按合同约定履行其合同义务。

（3）当事人应按诚实信用原则履行一定的合同外义务，如完成合同的报批、登记手续以使合同生效。不得恶意影响附条件法律行为的条件的成就或不成就，不得损害附期限法律行为的期限利益。

① 自成立起，合同当事人都要接受合同的约束；

② 如果情况发生变化，需要变更或解除合同时，应协商解决，任何一方不得擅自变更或解除合同；

③ 除不可抗力等法律规定的情况以外，当事人不履行合同义务或履行合同义务不符合约定的，应承担违约责任；

④ 合同书是一种法律文书，当事人发生合同纠纷时，合同书就是解决纠纷的根据。

依法成立的合同，受法律的保护。

(二)《合同法》基础知识

《合同法》是民商部门法的重要组成部分,是规范市场交易的基本法律,《招标法》和《政府采购法》都明确规定,通过法定程序签订的合同适用《合同法》。

1. 合同的订立与效力

(1)《合同法》第十三条规定:"当事人订立合同,采取要约、承诺方式。"因此,合同的订立必须经过要约和承诺两个阶段。没有要约,则承诺无从谈起;而只有要约没有承诺,则合同无法成立。在招标投标活动中,招标公告和招标文件属于要约邀请,中标通知书属于承诺。

(2)根据《合同法》的规定,依法成立的合同,自成立时生效。其中,合同的成立是指,要约得到相对人的承诺从而使双方当事人的意思表示一致,因而使双方之间具有合意关系;而合同的生效则是指,在合同成立的基础上法律所产生的对双方合意的拘束力。

合同的成立与否属于事实判断问题,着眼点在于判断合同是否存在;而合同的有效与否则是法律价值判断问题,其着眼点在于判断合同是否符合法律的精神和规定,能否发生法律上的效力。判断合同是否成立,其结果只能是成立不成立的事实,如果合同不成立,合同的履行、变更、终止、解释等问题也就无从谈起。合同成立是区分违约责任与缔约过失责任的根本标志;而判断合同是否有效,其结果则有生效、无效、效力待定、可变更、可撤销等多种情形。

合同的成立与否在某些情况下可以适用合同的解释方法使之成立;而合同的生效不能通过解释使无效合同成为有效合同,因为合同生效是国家法律评价的结果,反映国家对合同的干预,是国家强制力的体现;合同生效后才会产生违约责任。

通常合同依法成立之际,就是合同生效之时。两者在时间上是同步的。但是,《合同法》还规定,法律、行政法规规定应当办理批准、登记等手续生效的,合同经批准、登记后即生效。合同的一般生效要件,是指合同发生法律效力普遍应具备的条件。合同是双方或多方的民事行为,有效合同是合法的民事行为即民事法律行为,因此民事法律行为应具备的条件,也就是合同生效的一般条件。《民法通则》第55条规定:

"民事法律行为应当具备下列条件:

(1)行为人具有相应的民事行为能力;

(2)意思表示真实;

(3)不违反法律或社会公共利益。"

在一些特殊合同中,其生效要件还须满足法律规定的形式要求,如需要政府批准等。

2. 合同的履行和变更

(1)合同的履行,是指对合同约定义务的执行。合同的履行表现为合同当事人按照合同的约定或法律的规定,全面、适当地履行自己所承担的义务。合同履行除必须贯彻《民法通则》和《合同法》基本原则外,还应坚持全面履行、适当履行、协作履行和经济合理等原则。

《合同法》作出了规定:当事人一方在对方未履行或者可能不履行合同义务时,可以行使其不履行合同义务的保留性权利,这就是对抗对方当事人要求履行的抗辩权。合同履行中的抗辩权有以下三种:同时履行抗辩权、先履行抗辩权、不安抗辩权。招标采购合同的履行同样需要遵从合同履行的一般原则,因此,合同履行的抗辩权对招标采购合同亦同样适用。

(2)合同的变更有广义、狭义之分。广义的合同变更是指合同主体和内容的变更,合同主体变更是指合同当事人发生变化,合同内容变更是指合同当事人权利义务的变化。狭义的合同变更是指合同内容的变更。合同主体的变更实际上是合同权利义务的概括转让。

合同变更既可能是合同标的的变更，也可能是合同标的数量的增加或者减少，既可能是履行地点的变更，也可能是履行方式的改变，既可能是合同履行期的缩短或者延长，也可能是违约责任的重新约定。当事人给付价款或者报酬的调整更是合同变更的主要原因。此外，合同担保条款以及解决争议方式的变化也会导致合同的变更。

合同变更需要当事人协商一致。但部分情形下，除需要当事人协商一致以外，还应当履行法定的审批程序。

3. 合同的转让

合同的转让包括了合同权利转让、合同义务转让和权利义务概括性转让三种情形。

(1) 合同权利的转让是指不改变合同权利的内容，由债权人将权利转让给第三人。债权人既可以将合同权利全部转让，也可以将合同权利部分转让。

(2) 合同义务转移是指经债权人同意，债务人将合同的义务全部或者部分地转让给第三人。转移合同义务也是法律赋予债务人的一项权利。

(3) 概括转让是指合同一方当事人将其合同权利和义务一并转移给第三人，由第三人全部地承受。合同权利义务一并转让的后果，导致原合同关系的消灭，第三人取代了转让方的地位，产生新的合同关系。

4. 合同的解除和终止

(1) 合同的解除是指在合同依法成立后尚未全部履行前，当事人一方基于法律规定或当事人约定行使解除权而使合同关系归于消灭的一种法律行为。合同的解除分为协商解除、约定解除和法定解除三种。

《招标投标法》及相关法律规范并没有对合同解除有特别的规定。招标采购合同的解除适用《合同法》关于合同解除的一般规定。

(2) 合同的终止指依法生效的合同，因具备法定情形或当事人约定的情形，合同债权、债务归于消灭，债权人不再享有合同权利，债务人也不再承担合同义务。根据《合同法》第九十一条的规定，有下列情形之一的，合同终止：①债务已经按照约定履行；②合同解除；③债务相互抵销；④债务人依法将标的物提存；⑤债权人免除债务；⑥债权债务同归于一人；⑦法律规定或者当事人约定终止的其他情形。

5. 违约责任

违约责任是违反合同的民事责任的简称，指合同当事人一方不履行合同义务或履行合同义务不符合合同约定所应承担的民事责任。《民法通则》第一百一十一条、《合同法》第一百零七条对违约责任均做了概括性规定。违约责任具有以下特征：

①违约责任的产生以合同当事人不履行合同义务为条件；②违约责任具有相对性；③违约责任主要具有补偿性；④违约责任可以由当事人约定。

《合同法》第一百零七条规定："当事人一方不履行合同义务或者履行合同义务不符合约定的，应当承担继续履行、采取补救措施或者赔偿损失等违约责任。"该法第一百一十四条和第一百一十五条还分别规定了支付违约金和定金责任。

根据以上规定，违约的当事人承担违约责任的主要形式包括：继续履行、采取补救措施、损害赔偿、支付违约金、定金责任。

（三）招标采购合同的特点

无论《招标法》，还是《政府采购法》，其采购合同均适用于《合同法》。

采用招标方式订立的合同属于一种特殊的合同。其要约邀请、要约和承诺与《合同法》中的相同概念相近、又有不同；同时，其订立合同的步骤也有其特殊性，我们把它称之为包含有预约合同在内的本约合同。所谓预约合同是指"约定将来订立一定合同之合同"，其将来应订立的合同称为本约合同。

1. 招投标活动中的要约和承诺

从公法范畴考量，《招标法》属于经济法领域中的一部特别法；从私法范畴考量，《招标法》是我国民商法领域的一部特别法。采用招标方式订立的合同是一种特殊的合同。通常，我们把招标公告和招标文件称之为要约邀请，投标人的投标文件称之为要约，招标人发出中标通知书称之为承诺。但是，在招标投标活动中，这里的要约邀请、要约和承诺同《合同法》中的规定有差异。其差异归纳于表 10-1 中。

表 10-1 招标投标活动中的要约邀请、要约、承诺和民法对应关系的差异表

	一般民事合同	采用招标采购方式订立合同
要约邀请	要约邀请和要约最大的区别在于要约邀请内容的不完整性和不确定性，其对象的不特定性，合同订立过程中的不具有法律约束性	要约邀请的资格预审公告、招标公告和招标文件内容明确、完整、稳定，招标文件在招投标活动中对招标人、投标人、评标委员会具有约束力
要约	一般要约人是明确的单人； 其次，要约生效采用到达主义，即使对方未拆封也生效； 再次，要约被拒绝经相对人同意即可	要约人是多数人，公开招标是不特定的多数人，投标文件必须开标后才生效； 要约是否拒绝首先经评标委员会判定
承诺	承诺到达后合同成立并生效	中标通知书作为承诺表明合同成立但未生效。双方还必须按照招标文件和中标人的投标文件订立合同。如果双方签订的合同对生效条款有其他规定，合同的生效从其规定。如履约保函、定金要求条款等

2. 招标采购常见的合同形式

（1）按照签约方的关系分类：可以分为工程总承包合同、工程分施工合同、转包合同、劳务合同、联合承包合同等。

（2）按计价方式分类：可分为固定总价合同、成本加酬金合同、单价合同、计量估价合同等。

（3）按照承包范围划分合同范围：可分为"交钥匙"合同，包括设计—建造一体化合同、设计—采购合同、单项合同（如设计合同、施工合同）等。

3. 招标采购合同的特征

我国招标采购合同的内容涵盖了国民经济领域各行业和部门，依照国际惯例一般分为工程、货物和服务三个类别。由于其采购标的大都涉及国家和社会公众利益，通过招标采购形成的合同与一般工商及其他合同相比有以下特征：

（1）招标采购缔结的合同属于不可转让的合同。依照《合同法》第七十九条第三项规定，该类合同中债权人的权利全部或者部分转让属于"依照法律规定不得转让"的事项；依照《招标法》第四十八条规定，"中标人不得向他人转让中标项目，也不得将中标项目肢解后分别向他人转让"。

（2）招标采购合同具有较强的国家管制性。国家多部门可以对该类合同进行监督：工商管理部门对其合法经营进行监督，行业行政部门对其履行招标采购合同进行监督。行政监察和审计部

门也依法在其职权范围内对其进行监督。

（3）鉴于《招标法》规范的重点是依法必须招标的工程建设项目，在该类合同履约过程中，非法转包和违法分包是对该类合同监督的重点。

二、完成中标项目

中标人完成合同项目属于合同管理的范畴。通过招标采购而缔结的合同不仅要遵守《合同法》的相关规定，还要遵守《招标法》的有关规定。

（一）合同管理

1. 民有私约如律令

"民有私约如律令"[①]这一合同习语刻于出土文物"杨绍买地砖"上，并被清代詹波馆刻本《越中金石记》选录。这表明"私约在立约人之间产生同法令一样的效力"的理念在中国由来已久，虽然历朝历代不尽相同，但十分相近。在现代社会中，权利、义务等民事约定通过合同形式确定并履行，遵守合同中约定的权利、义务是严肃的法律行为。合同管理是指当事人依法订立合同、履行、变更、解除、转让、终止以及审查、监督、控制等一系列行为的总称。其中订立、履行、变更、解除、转让、终止是合同管理的内容；审查、监督、控制是合同管理的手段。合同管理必须是全过程的、系统性的、动态性的。

由于中国长期受计划经济影响，国内工程管理中合同管理和索赔尚未引起业主和承包商的高度重视。一些典型的案例表明，国内一些企业在海外的工程建设项目中，"屁股到了国外，脑子还留在国内"，在合同管理中，对招标文件中的合同条款不研究，合同交底不严谨，现场管理不到位，给企业和国家造成重大经济损失。

如，某公司2009年参加波兰公路局华沙和柏林高速公路招标项目，投标人没有深入考察施工现场，甚至未曾全文翻译波兰语的合同内容，以30.5亿中标，为项目预算的50%。2011年6月完成20%后，由于多种原因无法履行合同撤出工地。经预测，如继续施工完成项目后将亏损25.45亿。

该合同虽然以FIDIC合同为基准，但删节了很多有利于承包商的条款。国际惯例如原材料价格涨价造成成本上升承包商有权要求业主提高工程款，实际工程量超过预期，可要求业主补偿，业主延迟付款超过规定期限，施工方可以停工或终止合同。有关条款全部删除，关于纠纷争议规定在波兰法院审理不能国际仲裁。

招标方认为，招标文件已告知合同在FIDIC修改，投标人应当意识到其中风险，欠缺这些考虑。其专业性值得怀疑。波兰要求17.5亿赔偿，3年禁止在波兰投标。

这个案例教极其深刻，它告诉我们，合同当事人在合同管理中一定要牢固树立"民有私约如律令"的法制观念，在工程建设领域，还要研究FIDIC合同条件、研究国际工程承包商的合同管理方法与程序、研究国际工程合同与索赔案例，使项目组成员认识到这个问题的重要性，重视合同和合同管理。合同意识是市场经济意识、法律意识、工程管理意识的综合体现。

2. 合同管理的组织架构

基于招标采购中公认的合格性原则、防止利益冲突原则和反腐败的原则，在合同管理中，职务不相容岗位的设计很重要。这里所谓不相容职务是指一个人（部门）担任多个职务，后一个职

[①] 李显冬 《溯本求源集》第145页 中国法制出版社 2012年8月。

务可能涉嫌掩盖前一个职务的犯罪（或公正），并直接影响项目决策的科学和实施的质量。如，在项目准备阶段，可行性研究与编制计划的部门应当分离，编制和审批部门应当分离，审批与执行部门应当分离。

在工程执行阶段，可行性研究与决策的部门应当分离，预算编制与审核部门分离，项目实施与验收部门分离，竣工决算与竣工审计部门分离。

在固定资产采购管理中，固定资产采购、验收与货款支付管理部门应当分离，固定资产处置申请、审批、执行应当分离。

在货物采购管理中，货物需求与审批、采购验收与付款、存货报关与会计记录应当分离。

这些岗位职务的分离对确保项目的顺利履行至关重要。当然，项目管理班子选择合适的人选，特别是项目经理人选是项目顺利执行的核心。项目经理除了应当具备的专业知识外，还需要具备与职务相适应的思想品德和修养。即选择德、才兼备的项目经理是保证项目实施的组织保证。

3. 合同管理的依据

（1）合同。

（2）采购结果；在施工中承包商的工程结果，货物或服务交货或服务的结果；如在工程项目中，哪些应完成的已经完成，哪些尚未完成，质量是否达到合同要求，付款情况。作为项目执行结果应当进行汇总。

（3）变更请求；变更请求可以对合同条款或应提供产品或服务的说明修改。如承包商（供应商、服务商）的产品没有达到合同的实质性要求，则终止合同的决定也可作为变更请求处理。对有争议的变更又称做索赔、争议或上诉。

（4）提供单据；承包商（供应商、服务商）应当依据合同约定的时间提供完工或交货单据。

4. 合同履约中的工程变更和相关保证体系

目前，低价中标，在合同履约中千方百计通过合法的工程变更非法索取收益是相当普遍的现象。因此，在工程建设合同管理中，对合同变更应当制定严格的管理程序。

变更是索赔的重要依据，因此对合同变更的处理要迅速、全面、系统。合同变更指令应立即在工程实施中贯彻并体现出来。在合同变更中，量最大、最频繁的是工程变更，它在工程索赔中所占的份额也最大。这些变更最终都是通过各分包商体现出来。对工程变更的责任分析是工程变更起因与工程变更问题处理，是确定索赔与反索赔的重要的直接的依据。

在工程实施过程中，要建立严格的质量保证体系，使总承包合同的实施工作程序化、规范化，按质量保证体系进行工作。其次还要建立文档系统。项目上要设专职或兼职的合同管理人员。合同管理人员负责各种合同资料和相关的工程资料的收集、整理和保存。最后还要建立报告和行文制度。总承包商和业主、分包商之间的沟通都应该以书面形式进行，或以书面形式为最终依据。对在工程中合同双方的任何协商、意见、请示、指示都应落实在纸上，使工程活动有依有据。

合同关系是一种法律关系，违约行为是一种违法行为，要承担支付违约金、赔偿损失或强制履行等法律后果。法律顾问部门审查合同时选择合适的违约条款和纠纷处理条款显得很重要，一旦发生违约情形，法律顾问要区别情况，及时采用协商、仲裁或诉讼等方式，积极维护企业的合法权益，减少企业的经济损失。

5．合同管理的风险分配

合同风险即产生在合同缔约过程中，也产生于合同履约过程中，可能是经济损失，也可能是经济收益。所谓风险分配，即对可识别合同风险的管理分配。这种分配应以降低最终合同支付为目标。将合同承担者指定为有利于控制或减少风险的危害程度，从而减少应对风险需要支付的货币为最终目标的原则为分配合同风险。

依照国际惯例，工程合同的风险分配如表 10-2 所示[1]。

表 10-2 工程合同管理的风险分配图

	风险形式	推荐分配	管理措施
1	不可抗力	共担（承包商承担费用，业主承担时间）	列出风险清单，承包商可以进行部分保险来转移部分风险
2	项目预算准确性	业主	获得高质量的设计文件及其估算造价
3	设计准确性	业主	进行适宜的设计限制
4	恶劣气候条件	业主承担时间，承包商承担费用	通过对恶劣气候条件进行量化定义，不免减少争议
5	含糊的规范	业主	提供完善准确的设计文件
6	危险材料	业主	列出清楚的文字说明；各当事人的责任
7	投标日期后法律的变化	业主	列出一个清楚的声明：责任
8	价格变动	业主	提供清楚公平的条款
9	程序变动	业主	提供清楚有效的程序
10	规范的清晰性和完整性	业主	提供成分的设计文件
11	业主费用估算的准确性	业主	聘请有经验的造价师
12	共同过错工期延误	业主	识别干扰点并建立有效管理
13	承包商资格	业主	建立和加强责任评价
14	决策、明确和解决问题延误	业主	任命一个胜任的授权现场代表
15	图纸和指示的传达延误	业主	任命一个授权的咨询工程师
16	提交问题延误	承包商	列出合理通知条款
17	现场条件差异	业主	使用标准现场条件差异条款提供完全信息
18	业主失查	业主	授权员工
19	业主决策过程	业主	评价过程并采用适宜的流程
20	业主缺乏建造经验	业主	采纳适宜的专家意见
21	业主提供材料和设备质量	业主	预先做好磨合
22	业主提供材料和设备的按时供应	业主	预先做好磨合
23	环境适应	共担	识别要求和特别责任
24	环境限制	共担	识别要求
25	施工设备可获得性	承包商	—
26	施工设备适宜性	承包商	—
27	汇率	共担	在合同中列出恰当的风险共担公式
28	现存管线和地下设施	业主	土地测量、全部资料
29	政府行为	共担	
30	政府稳定性	共担	
31	地基描述	业主	使用地基基准线
32	地基下沉	承包商	明确允许量、保险灾难性风险
33	地下水	业主	使用地基基准线
34	现场遭遇灾难性工程材料破坏	业主	应用合同条款分清责任和解决程序
35	劳动力可获得性	承包商	—

---

[1] 该表引自毛林繁、张俊编著《招标采购理论基础》。中国建筑出版社 2012 年版，P201。

续表

	风险形式	推荐分配	管理措施
36	劳动力的生产能力	承包商	—
37	劳动力的技术水平	承包商	—
38	管理和督导能力	承包商	—
39	管理和督导效率	承包商	—
40	材料可获得性	承包商	—
41	材料质量	承包商	—
42	材料短缺	共担	—
43	建造方法	承包商	—
44	检查的质量	业主	聘请充足的额有经验的员工
45	现场的可用性	业主	在规划阶段评价需要/约束条件
46	现场拥堵	承包商	—
47	现场排水	承包商	报价时考虑
48	现场保安	承包商	报价时考虑
49	分包商可获得性	承包商	发展长期合作伙伴
50	分包商资格	承包商	制定有效的分包商采购制度
51	分包商的可信任性	承包商	制定有效的分包商采购制度
52	分包商的胜任性	承包商	制定有效的分包商采购制度
53	供应商履约	承包商	制定有效的分包商采购制度
54	第三当事人的影响	业主	在规划期间识别潜在的影响
55	未通过的设计	业主	考虑一个设计评价组
56	不现实的履行时间表	业主	采用理性的计划进程
57	不合理的合同条款	业主	评价和修改合同文件
58	数量变更	业主	使用数量变更条款
59	保证义务	承包商	在报价时应识别所有要求

6. 合同收尾

合同收尾是合同的完成和结算,包括所有遗留问题的解决方案。合同条款可以规定合同收尾的具体手续。

(1) 合同收尾的依据是合同文件。合同文件包括(但不限于)合同本身及其所有支持的表格,提出并批准的合同,采购管理计划、合同管理计划、合同文件、合同收尾程序,承包商(供应商、服务商)提出的所有技术文件、进度报告、财务文件等。

(2) 合同收尾的结果包括并不限于:

① 可交付成果验收通知。买方通过授权的合同管理人员向卖方发出可交付成果被验收或被拒绝的正式书面通知。合同条款中一般可以规定可交付成果的验收要求、验收程序以及解决冲突的办法(包括结算是否有优惠条件等)。

② 合同文档。一整套完整的有索引的合同文件(包括收尾文件)并将其纳入项目或管理档案中。

③ 经验总结教训评价。通过对采购的总结和评价,对采购任务的完成经验和教训全盘归纳做好记录,为今后工作参考。

7. 招标代理机构在合同履约中提供服务的案例

在合同履行中,合同当事人发生的争议往往与合同缔约条款的不严谨有关。下面的一个案例就是招标代理机构帮助合同当事人解决争议的一个真实故事。

项目背景[①]：

某企业机床加工设备国际招标项目，委托招标机构招标。招标公告发布时间为2007年10月×日，德国A公司委托国内一代理商B代其购买了招标文件。B公司在招标机构领取了国际招标文件范本第一册（中、英文）和编制的第二册（中、英文）。经评标，投标人德国A公司中标，2008年4月该项目进入合同执行阶段，招标人拟于6月赴德国进行设备的预验收。A公司提出：在他们收到的英文版招标文件中，要求投标人负责招标人一行在德期间的Accommodation，A公司提出他们只负责招标人的住宿费用，但不承担用餐费用；就此双方争执不下，要求招标代理机构对由谁承担此费用作出解答。

存在问题：

Accommodation在英英词典中有两种解释：在英国和德国的英语中，其意为"lodging(住宿)"，而在美国英语中，其意为"food and lodging(膳宿)"。而中标人是德国公司，他们在阅读招标文件的英文版时，想当然地将Accommodation理解为"lodging"，不愿意承担此费用。

处理结果：

针对此问题，招标代理机构解答如下：国际招标中，招标文件由第一册范本与第二册编制文本两部分组成，招标文件第二册的内容是对第一册相关的内容修改与补充，如果第二册中没有约定的，则以第一册为准，本次招标文件在第二册中没有明确指明，当招标文件的中文与英文冲突时，以何为准；因此应该以第一册中的相关条款为准，第一册范本"第一章 投标人须知 5.1 中明确规定：……中文本与英文本如有差异，以中文为准"，而招标文件的中文要求"投标人提供……食宿"，因此A公司必须承担招标人的膳费，至于如何理解英文Accommodation的含义已经不重要了。

（二）工程合同的索赔

1. 索赔的概念和工程索赔范围

在合同履行过程中，变更和索赔是一对孪生兄弟。对于合同履行中发生的"状态变化"承包人或发包人首先通过变更途径解决，经过努力实在无法通过变更途径解决，当事人可以通过索赔程序依法或者依合同约定索取自己应有的权利。索赔程序使承包人或发包人恢复到未发生索赔事件时本应有的状态（资金支付和工期），而不是获取额外利益的手段。索赔能否成功取决于事实是否存在，以及是否符合合同约定，而索赔的损失需要被证明是确实发生，需要提交证据和有关记录。

依据标准施工文件通用合同条款承包人可索赔事件见表10-3中，发包人的相应权利见表10-4。

表10-3 标准施工文件通用合同条款承包人可索赔事件汇总表

序号	条款号	承包人可索赔事件
1	15.1（1）	发包人取消合同工作由发包人或第三人完成
2	3.4.5	监理人未按合同发出指示或指示延误或者错误
3	4.11.2	不利物质条件监理人未发出变更指示承包人采取合理措施
4	5.2.3	发包人提供的材料设备要求提前交货
5	5.2.6	发包人提供的材料设备数量/规格/质量不符合合同约定
6	5.4.3	发包人提供的材料设备不符合要求
7	7.3	发包人提供的基准资料错误
8	9.2.6	发包人原因造成承包人人员工伤
9	11.3	发包人原因造成工期延误的（图纸延误、未及时支付工程款、发包人原因暂停施工、增加合同工作、改变合同工作的质量或者特性、变更供货地点或延期交货）
10	11.4	异常恶劣气候（延长工期）

[①] 本案例作者赵宏卫，中招国际招标有限公司。

续表

序号	条款号	承包人可索赔事件
11	11.6	发包人要求工期提前
12	12.4.2	发包人暂停施工后不能按时复工的
13	13.1.3	发包人原因造成质量不合格的
14	13.5.3	监理人重新检查隐蔽工程质量合格的
15	14.1.3	监理人重新检验试验材料设备和工程质量符合合同约定
16	18.4.2	发包人在全部工程竣工前使用已接收的单位工程
17	18.6.2	发包人原因造成试运行失败
18	19.2.3	发包人原因造成的缺陷
19	19.4	进一步试验和试运行，责任在发包人的
20	20.6.4	未按约定投保的补救，责任在发包人的
21	21.3.1（4）	不可抗力停工期间监理人要求照管、清理和修复工程的费用
22	21.3.1（5）	不可抗力影响工期以及发包人要求赶工
23	21.3.4	不可抗力解除合同后退还订货发生的而费用
24	22.22	发包人违约承包人暂停施工

表 10-4　依据标准施工文件通用合同条款发包人可索赔事件汇总表

序号	条款号	发包人可索赔事件
1	5.2.5	承包人要求更改发包人提供的材料设备交货时间和地点
2	6.3	承包人施工设备不能满足质量和进度要求时增加或者更换
3	9.1.2	承包人原因造成发包人人员工伤
4	11.5	承包人原因造成工期延误
5	12.1	承包人暂停施工
6	12.4.2	承包人无故拖延和拒绝复工
7	13.1.2	承包人原因质量不符合要求造成返工
8	13.5.3	监理人重新检查隐蔽工程质量不合格的
9	14.1.3	监理人重新检验试验材料设备和工程质量不符合合同约定
10	18.7.2	承包人清场不符合约定发包人委托他人完成的
11	19.4	进一步试验和试运行责任在承包人
12	20.6.4	未按约定投保责任在承包人
13	22.1.2（2）	承包人违约
14	22.1.4（3）	合同解除后发包人的损失

2．建立完整索赔文档信息系统的策略

在索赔管理中，必须构建适宜的索赔文档信息管理系统，确保信息的完整性，包括：
（1）明确信息流的路径，避免无效信息和信息交流的混乱。
（2）建立快捷、有效的项目计算机网络管理系统。
（3）提升信息的流速，降低项目管理费用；此条对对方信息的流入及时进行响应和处理。

3．合同索赔活动的风险处置

合同当事人一方不履行或未正确履行其义务，而使另一方受到损失，受损失的一方通过一定的合法程序向违约方提出经济补偿的要求是合同管理的惯例。索赔实际是保证合同正常履行的经济手段，合理的索赔活动可以通过项目管理责任的追究促进合同双方的项目管理水平。

（1）关注索赔证据策略。

在索赔过程中，由于双方利益和期望的差异性，在索赔谈判中常常会出现争执。关键应合理确认项目索赔的证据。索赔证据的认定需要通过双方的沟通，一方面按照公平对待双方利益的原则，协商索赔的合理性；另一方面分析索赔成立的依据，注意证据的客观性、合法性和合理性。

（2）有序控制索赔活动的策略。

在索赔解决的活动中，招标人应围绕索赔管理目标进行有序管理：一是客观分析受理索赔的理由，二是认定和验证索赔证据的客观性，三是合理确定赔偿的原则、依据和方法，四是把握相关索赔过程的技术和管理风险。

（3）索赔的基本特征。

索赔是在工程承包合同履行过程中，根据法律、合同规定及惯例，当事人一方由于另一方未履行合同所规定的义务而遭受损失时，向另一方当事人提出给予赔偿或补偿要求的行为。索赔具有三个基本特征：

① 索赔是双向的，不仅承包人可以向发包人索赔，发包人同样也可以向承包人索赔。

② 只有实际发生了经济损失或权利损害，一方才能向对方索赔。

③ 索赔是一种未经对方确认的单方行为，其对对方尚未形成约束力，这种索赔要求能否得到最终实现，必须要通过确认（如双方协商、调解、仲裁或诉讼）后才能定夺。

（4）合同索赔程序（通用和专用合同约定）

在工程建设项目招标采购中，鉴于我国市场秩序有待完善，低价中标在合同履行中谋求营利的路径有两条，需要招标人（发包）人特别注意：一是通过合同条款的变更或索赔挽回损失；二是利用合同漏洞通过结算挽回损失。

因此，招标人在工程项目管理全过程都要统筹规划、最好聘请专业的咨询公司做好项目前期工作。在合同缔约过程中选择优秀的招标代理公司梳理好合同范围的一致性和合同的规范性；在合同履行中，加强合同管理，缺乏管理能力的聘请项目管理公司；借助外脑可以防止合同的重大风险。

（三）索赔案例和启示

1. 用图纸审查去变更图纸

某著名大型施工企业以低于成本的价格在一座中型桥梁的项目中中标。项目在成本预测中报告，发现保持原样施工企业将发生严重亏损，主要有两项，一项是在河里面施工的措施费，预计亏损1600万元。另一个是这个桥用的钢索材料，预计亏损580万元。合计2188万元。但是，合同已经签订。领导指示工程必须完工企业还不能亏损。

于是，项目部决定审查工程资料想办法找图纸漏洞要求设计变更以挽回公司损失。

项目部在审查文件中发现，该项目初步设计时，方案设计没有进行"防洪评审"！这就是机会啊！于是，项目部就把"防洪评审"作为切入点。一定要通过评审，把工程主体变了。主体变动属于范围调整，风险责任在甲方，应当重新编制预算，亏损的问题就迎刃而解了。

方案确定后，项目部随机把工程蓝图和现场实测情况向水利局和航运主管部门报告和沟通。两部门立即组织专家对防洪影响进行评审发现，原工程设计存在严重问题。大桥中轴线，偏离了河道中线，影响河道行洪和通航，同时河道行洪时产生的冲刷，影响大桥桥墩安全。政府部门建议："河槽内8#墩位向南侧平移10米，让开主行洪道和主航道。"为此，政府还专门发了函给业主。

由于涉及工程安全，业主只能同意变更。变更的内容是"设计跨径由48m+80m+48m变为48m+85m+48m。"

在这种情况下，原来做桥墩的工程保障措施就随机应当调整。项目部工程师向业主报告，大桥的主拱，是超静定结构，受力很复杂，对基础变形质量要求高，轻微变形就会造成主拱开裂，会影响工程质量，甚至造成质量事故。于是，项目部"建议"，增加水中钢管桩支架。这样做既满足施工受力要求又保证质量和安全。

此种情况下，设计院只能要采纳项目部的建议。（这是针对措施费的，主体变了，措施费就得变。）不仅如此，项目部还和设计院说，跨径变了，原来的那些钢索受力也变了！所以，得换钢索。换成高强度的钢索。材料费随机要进行调整重新计价。

设计变更后征得业主同意并重新对变更部分调整价格。施工结算时，该企业从预计亏损2188万元变成营利600万元；实际变更收益2788万元。该变更思路称作"用图纸审查变更图纸"。

专家点评：低价中标变更索赔是很多施工企业在通过招标签订合同获取合法收益的一个途径。在一些项目中承包商通过贿赂业主、设计院更改设计属于违法行为。但是本项目通过图纸审查程序不完善，补充审查找到变更的合法理由，其视角独特属于正当变更。

该案例是通过变更"赚钱"的典型案例。它案例告诉我们，由于商务和技术信息的不对称在工程准备阶段，招标人一定要请优秀的工程咨询公司做好全部工程组织程序和技术准备以免发生致命的程序漏洞。说到底，工程采购就是招标（发包）人和投标（中标）人能力水平的博弈。这种博弈虽然是合作博弈，但也关系到发包人的"钱袋子"。

2．工程结算出"效益"

某工程合同有三个相对人：业主、总包人、实际施工人。

实际施工人在竣工结算时，发现了一个关键合同条款。总包合同约定"乙方在验收后十五天内提供给甲方工程结算书，甲方在一个月内给予审核批复并付清乙方工程款。若甲方在一个月内不予审核批复，视为同意乙方结算为准"。竣工时，实际施工人以总包的名义，抱着试试看的态度，于竣工当年8月16日向发包人提交了8300万的结算报告。当天，业主收到实际施工人（名义上是总包）提交的结算报告。8月25日，发包人向总包回复了一份联系函：要求其补充材料。同时注明该函"转交实际施工人"。

问题：合同是业主和总包的合同，和实际施工人有什么关系呢？能依据别人的合同，主张自己的送审价吗？

一个月时间过去了，什么事也没有发生。

9月20日，业主好像意识到了什么，去找总包说，实际施工人干完的那些活需要审一审才能结算。后来经审查，实际施工人报的那个价格，虚高了近2000万！实际施工人找到业主说：依照合同约定一个月没审核结束，就应当依据8300万结算。业主说：合同说的"审核批复"不是那个意思。合同意思是，我只要答复你，你自己算的那个数是行还是不行，就OK了。

总包听到实际施工人的要求，发现有问题，实际施工人主张了这么高的价格，影响总包的利益。总包告诉实际施工方，你不是合同当事人，合同里约定的默认送审价与分包人无关，且该条款已经做了变更。

实际施工人当然不干，就把业主和总包一起告上法庭，要求按照送审价结算。

最高院判决如下：

（1）合同约定，不但要在一个月内审核和答复，还得付清全款是双方明确的必须在此期间由发包人给出审价结果的约定。

（2）司法解释第二十六条规定，如工程转包给了实际施工人，"案涉工程所产生的合同权利义务应存在于业主和实际施工人之间"，实际施工人按照合同约定提交结算书，业主没能审核批复完毕，那实际施工人的权利就成就了。业主再和总包签的结算协议和再做的审计，对实际施工人没有效力。

最后判决：按照实际施工人的送审价结算。这样，实际施工人凭借合同的规定，通过诉讼增加了2000万元的收益。

专家点评：这就是法律的力量。对中标人是经验；对发包人是教训。

三、关于总承包合同中的分包

（一）总承包项目分包的概念和作用

1. 总承包项目分包的概念

所谓总承包项目工程分包指通过法定采购程序确定总承包商后，总承包人依法对于部分工程分交给第三方履行的工程管理形式。分包需要总承包任何第三方分包人签订第三方合同。分包的实质是组织通过包括招标在内的多种采购形式，对组织的功能、结构、业务范围和业务流程作出调整。

从合法性考虑，分包分为合法分包和违法分包；从分包内容考量分类，分包分为施工总承包、工程总承包等多种形式。从资质管理序列分类可分为施工总承包、专业承包和施工劳务三个序列。从分包工作性质分类：勘察、设计或监理等服务分包、施工分包、安装分包等。本章节重点对前两种分包形式解读。

（1）合法分包和非法分包。

① 合法分包。《中华人民共和国建筑法》第二十九条规定："建筑工程总承包单位可以将承包工程中的部分工程发包给具有相应资质条件的分包单位。施工总承包的，建筑工程主体结构的施工必须由总承包单位自行完成。"在总承包工程项目中，总承包人为了保证施工质量、节约项目资金或项目管理需要等原因往往通过分包的方式，将专业性很强或者缺乏相应施工资质的部分工程通过合同约定分包给专业队伍完成。例如，建筑大厦的玻璃幕墙工程，劳务人员等。依据法律规定，总包项目的分包必须经发包人同意；关键和主体工程不能分包，但钢结构除外；分包人必须具备相应资质；分包后不能再分包。所谓合法分包除了上述规定外，获取分包资格的采购方式也必须合法，其内容是本章研究的重点。

② 非法分包。非法分包形式主要有三种：一是在工程总包项目中，合同成立后，中标人将其承包的中标项目转让给他人，使他人实际上成为该中标人项目的新的承包人的转包行为，实际上是合同主体的变更。二是分包合同的内容违反本章第一节上述规定。三是获取分包合同的程序违法。

（2）施工总承包分包项目和工程总承包分包项目。

① 施工总承包分包项目。指在工程建设项目的施工合同，中标人将施工任务中的部分专业任务分包给具有资质条件或专业能力和经验的队伍完成。

② 工程总承包分包项目。指工程建设项目合同至少包含了设计和建造两部分内容的总承包合同。国家对施工总承包和工程总承包的采购方式有不同的规定。

2. 总承包项目中分包的作用[①]

总包和分包是合同管理的两种形式。在实践中，为方便管理工程项目一般通过总承包的方式实行项目管理。鉴于项目专业领域的多样性，为降低项目成本，招标人或总承包人会依据资质条件、工程成本等多种因素将其中一部分专业性较强的项目分包给第三方。分包的优势在于有利于总承包人更加关注核心业务；有利于组织优化资产管理；有利于企业优化规模，减少经营风险。

除了降低成本的考量外，业主主动分包还有我国现行管理体制、资质条件的考量。如消防工程、电力工程、供水工程等依据现行体制，通过招标选择分包的范围有限。一般均需其系统内关联企业中标或直接发包，否则在项目验收中会遇到不必要的麻烦；

在资质管理方面，原建设部《建筑业企业资质管理规定实施意见》（建市〔2007〕241号）

---

① 案例提供　张雷，上海建玮律师事物所。

第（七）条规定："……总承包企业投标或承包其总承包类别资质覆盖范围以外的专业工程，须具备相应的专业承包类别资质……"因此总包单位不具备资质的非关键非主体工程项目应当分包。

（二）总承包项目选择分包的因素

项目分包可以在组织的多个层级的运作中作出，不同层级外包所考虑的因素也有不同。一般而言，可以将这些因素分为战略层面、战术层面和操作层面因素三个方面。在总承包项目中的分包属于战术层面。

从战术层面的考虑，工程对外分包不仅是一个战略设计的结果，而且也牵涉到外部环境、组织文化、产品特性等诸多复杂的因素。战术层面的考虑在满足资质条件的基础上需要考虑以下因素：

（1）分包项目（施工、货物和服务）的复杂性。分包项目的复杂性在很大程度上决定了交易的不确定性、信息的不对称性，从而影响分包的治理成本。一般而言，分包项目越复杂，其治理成本就越高。

（2）市场的竞争性。在市场竞争充分的条件下，市场上具有相当数量的企业在提供同类产品，或者提供替代性很高的替代产品，分包项目的提出不会对市场价格和市场竞争产生较大的影响。在市场竞争性不够的情况下，为了进行有效的分包，总包方必须保留一定的自我生产能力或其他替代能力，从而可以在承包商表现不佳时，提出可信的反分包方案和应对措施。

（3）资产的专用性。如果一种资产对于某种产品的生产具备特定的价值，并且对于其他用途的价值较低，那么这种资产的实质就是一种专用的资产。在专用资产的领域内，需要使用专用性质资产的交易方很容易对另一方产生依赖，并形成交易中的不平等现象。一般来说，资产的专用性越高，分包的可能性就越低。

（4）保密的需要。如果分包出去的项目涉及组织的内部信息，那么无疑会对项目是否分包产生重大影响。一般来说，保密要求越高，分包的可能性就越低。

（5）价格的波动。如果市场价格发生较大波动，决策者会重新考虑是否分包，一般来说，价格上升的越快，分包的可能性就越低。

总承包项目分包的实质是专业化协作，其目标是降低工程总造价或供应链总成本。

（三）经过招标的总包项目分包是否还要招标

1. 关于施工分包的相关法律规定

原建设部颁布了《房屋建筑和市政基础设施施工分包管理办法》（〔2004〕214号令）（以下简称214号令），对于房屋建筑和市政基础设施工程施工分包活动进行了规定。214号令第6条规定："鼓励发展专业承包企业和劳务分包企业，提倡分包活动进入有形建筑市场公开交易，完善有形建筑市场的分包工程交易功能。"

上述规定提倡了公开性，但没有明确这种分包是否属于强制招标范围。

《工程建设项目施工招标投标办法》（30号令）第三十六条第三款规定，"投标人根据招标文件载明的项目实际情况，拟在中标后将中标项目的部分非主体、非关键性工作进行分包的，应当在投标文件中载明。"

上述条款中"应当在投标文件中载明"的规定表明，法律要求在投标文件中对分包的结果载明，但没有对分包的采购形式做强制规定。如何确定分包采购方式属于招标人的自由裁量权。即总承包人在投标前已经通过竞争方式选取分包伙伴，其总价包含的分包参与了项目竞争的不属于强制招标范围。在这种情况下，企业制度要求通过招标方式选择分包商应按照自愿招标项目的规定进行管理。

2. 关于货物分包的相关法律规定

《工程建设项目货物招标投标办法》（27号令）第五条第二款规定："工程建设项目招标人对项目实行总承包招标时，未包括在总承包范围内的货物属于依法必须进行招标的项目范围且达到国家规定规模标准的，应当由工程建设项目招标人依法组织招标。"

上述规定是针对未包含在总价范围内且达到强制招标范围内的货物应当依法招标的规定。已经包含在总价中参与竞争且达到强制招标的规模和范围的货物采购不适用本条规定。即该类货物采购不属于依法必须招标的范围。如某甲投标人对某建筑施工总包项目报价5000万元，其中包括约定的分包门窗采购价为500万；某乙投标人总包项目报价4800万元，其中分包的门窗价是550万元。乙投标人中标，其中的门窗采购超过了法定货物招标100万的标准，由于门窗作为总价的组成部分参与竞争，因此不应将其视为强制招标范围。但是如果总承包人希望通过招标方式进一步降低门窗采购价格则属于自愿招标范畴，显然，其法律适用则比较宽松。

3. 关于服务分包的相关法律规定

依据《招标法》第三条以及《实施条例》第二条的规定，工程建设有关的服务，是指为完成工程所需的勘察、设计、监理等服务。法律没有列举与工程建设有关的其他服务，如工程项目评估、融资、项目管理、工程造价、招标代理等。上述列举项目应当需要规定依法必须招标的，可以由国务院有关部门或省级地方人大立法予以规定。即上述法条中的"等"为低阶层部门规章或规范性文件的立法留下空间。目前，国家和省级层面还没有对此有专门的规定。因此，在工程建设项目的服务，在目前仅指和工程有关的勘察、设计和监理。

招标人对工程勘察、设计和监理项目分别招标时，项目达到法规规定的范围和规模属于强制招标范围。低于其金额规定，或项目本身不属于依法必须招标的项目（无论金额大小），均不属于依法必须招标的情形。

四、关于非法转包和违法分包

（一）关于非法转包和违法分包

1. 《招标法》关于中标人完成项目的特别规定

在工程建设项目中，如果说在缔约阶段法律主要对投标人围标串标、弄虚作假等行为进行规范；在合同履约阶段主要是对禁止转包和违法分包进行规范。

《招标法》第四十八条规定："中标人应当按照合同约定履行义务，完成中标项目。中标人不得向他人转让中标项目，也不得将中标项目肢解后分别向他人转让。

中标人按照合同约定或者经招标人同意，可以将中标项目的部分非主体、非关键性工作分包给他人完成。接受分包的人应当具备相应的资格条件，并不得再次分包。

中标人应当就分包项目向招标人负责，接受分包的人就分包项目承担连带责任。"

《条例》第五十九条完全引用《招标法》第四十八条。

《条例》在规范招标投标活动的制度设计中，在合同缔约阶段重点防范围标串标、弄虚作假的现象，在履约阶段重点防范非法转包、违法分包的违法现象发生。为了体现制度的完整性，《招标法》第四十八条完整的列为《条例》第五十九条。此条规定了招标人、中标人在合同履行中的法定义务以及相关的禁止性和限制性规定。

（1）当事人全面完成中标项目的合同义务。

由于招标采购成立的合同适用于《合同法》，本条第一款规定了中标人全面履行合同的义务。依照合同法的规定，合同的履行是合同当事人的共同义务。因此招标采购管理的范围不仅仅是执行程序，还应当共同完成合同。合同能够在保证质量的前提下顺利履行，并最大幅度地减少工程实施和结算阶段的纠纷，无疑才是合同缔约阶段质量合格最重要的标志。

（2）关于不得非法转让招标采购等合同的禁止性规定。

合同成立后，中标人将其承包的中标项目转让给他人，使他人实际上成为该中标人项目的新的承包人的转包行为，实际上是合同主体的变更，根据《合同法》的规定，合同一经成立既具有法律约束力，双方不得任意变更合同。《条例》在此处，更是明确禁止中标人将中标项目转让给他人或肢解后转让给他人。这一规定与《合同法》《建筑法》的规定也是一致的。

我国《合同法》第二百七十二条规定："承包人不得将其承包的全部建设工程转包给第三人或者将其承包的全部建设工程肢解以后分包的名义分别转包给第三人。"

《建筑法》第二十八条也规定："禁止承包单位将其承包的全部建筑工程转包给他人，禁止承包单位将承包的全部建筑工程肢解以后以分包的名义，分别转包给他人。"

各种不同的法律分别从不同角度对工程项目的转让和肢解转让作出了禁止性规定，因此，中标人必须严格遵守法律的有关规定而自行履行合同，如果违反法律法规的规定而予以转让的，不但转让行为无效，而且应承担相应的法律责任。

（3）关于分包的限制性规定。

中标项目的分包，是指对中标项目实行总包的单位，将其总承包的中标项目的某一部分或某几部分，再发包给其他的承包单位，与其签订总承包合同项下的分包合同，此时中标人就成为合同的发包人。合同约定中标人的义务一般都应当由中标人自行完成。但在一些大中型建设工程或结构复杂的建设工程中，允许承包人将非主体、非关键性工程项目分包给其他承包人，这不但可以扬长避短，发挥各自的优势，而且更有利于中标项目的及时、较好完成。因而，法律允许中标人将中标项目分包给他人完成，但是，其分包必须遵循一定的法律规定，符合法定条件：

① 中标人必须按照合同约定或者经过招标人同意方可进行分包。即分包的中标项目必须是招标合同中约定可以分包的工程，如果招标合同对此没有约定的，分包则必须经过招标人的认可同意，以防止中标人擅自将中标项目进行分包，或者将工程分包给招标人不信任的承包单位，损害招标人的利益。

② 分包的项目必须是中标项目的部分非主体且非关键性工作。即分包给他人的工作必须是中标项目中的非主体、非关键性工作，且必须是一部分或几部分非主体、非关键性工作，而不能是主体、关键性工作或全部非主体、非关键性工作。但依据住建部《建筑工程施工转包分包等违法行为认定查处管理办法》（建〔2014〕118号）的规定，钢结构分包例解。

中标项目的完成有赖于中标人的资质、能力，因而，为了防止其借分包名义将项目进行肢解转让，影响项目完成的质量和招标人的利益，法律仅允许其将部分的非主体、非关键性工作进行分包。

③ 接受分包的人应为具有相应资格条件的单位。接受分包的人完成的虽然是中标项目中的的部分非主体、非关键性工作，但其工作与整个中标项目是分不开的，因而依然应当具备相应的资格，这是保障其完成的工作质量符合整个项目的质量要求的前提。

④ 接受分包的人不得再次分包。为了防止层层分包，出现影响整个项目质量的情况，法律规定，接受分包的人不能将其接受的项目工作全部或部分分包给其他人。

（4）关于中标项目分包时的连带法律责任。

在总包与分包相结合的承包形式中，存在招标合同与分包合同两个不同的合同关系。在招标人与中标人之间，两者签订的招标合同确立了双方的权利义务，中标人应当就招标合同的履行和全部的中标项目向招标人承担全部责任，即使中标人根据合同的约定或者经招标人同意，将招标合同范围内的部分非主体、非关键性工作分包给他人的,中标人也得对分包的工作向招标人负责。

在中标人与分包人之间,两者签订的分包合同确定了双方的权利义务,双方应依照分包合同履行义务。分包人应依据分包合同的约定,就分包的项目向中标人负责,而不直接向招标人承担责任。但为了维护招标人的权益,法律适当加重了分包人的责任,要求中标人与分包人应当就分包工程对招标人承担连带责任,即当因分包工程出现问题,招标人既可以要求中标人承担责任,也可以直接要求分包人承担责任。

2. 劳务分包和转包、分包的区别

（1）劳务分包允许,而转包和分包受限制。

劳务分包既不是转包,也不是一般的分包。

在劳务分包中,分包商仅提供劳务,而材料、机具及技术管理等工作仍由总承包人承担,劳务分包是将建设工程中的劳务部分转由第三人完成纯粹属于劳动力的使用,其他一切施工技术、物质等均完全由总包单位进行负责,劳务分包是通过工日的单价和工日的总数量进行费用结算的,是纯粹的劳动工费。

按照工日数量、根据预先确定的工日单价进行工费结算是劳务分包的本质特征之一,劳务分包不发生材料、机械等费用,更不会有管理费。

劳务分包的发包人和承包人对工程劳务作业部分向总承包人及建设单位承担连带责任。

（2）工程分包合同与劳务分包合同的主要区别。

① 合同的标的物不同。工程分包人是取得总包工程中的一部分非主体工程；劳务分包人是取得工程中的劳务,提供劳动力。

② 设备、技术和管理等的提供不同。工程分包单位以自己的劳动力、设备、原材料、管理等独立完成分包工程。劳务分包人提供的劳务即劳动力要与承包人的机具设备、原材料结合。承包单位提供技术和管理,共同完成建设工程。

③ 是否须经业主同意不同。承包单位进行分包工程,需经过业主的同意；承包单位进行劳务分包不需要业主同意。

④ 施工过程中的管理与协调不同。工程分包要对分包工程进行施工中的管理,而工程承包对分包人的管理是协调上的管理,基本上不干涉分包人的内部事务,承包人收取分包人的管理费；工程劳务分包人提供的劳动,是工程承包人工建设内容的一部分。属于工程承包人的内部劳动,工程承包人要对劳务分包人提供的劳动力进行直接管理,但不能收取管理费。

⑤ 承包工程价款与分包价款不同。工程分包人向工程承包人结算的是工程价款；劳务分包人向工程承包人结算的是工费,是按日的单价和工日的总数量进行结算的。

3. 非法转包、违法分包的表现形式

（1）中标人将中标项目转让给他人。

我国《合同法》第七十九条规定:"债权人可以将合同的权利全部或者部分转让给第三人,但有下列情形之一的除外:

（一）根据合同性质不得转让；

（二）按照当事人约定不得转让；

（三）依照法律规定不得转让。"

招标投标活动缔结的属于合同"依照法律规定不得转让"的情形,招标人和中标人之间签订的合同,是通过招标程序竞争择优确定的。如果中标人将中标项目转让给他人,招投标程序将失

去意义。转包属于擅自变更合同主体的行为，违背了招标人的利益；转包容易使不具有相应资质的承包者进行工程建设，以致造成工程质量低下、建设市场混乱，影响了国家和公众利益。

（2）将中标项目肢解后分别转让给他人。

该行为的法律性质为变相转包，这里所谓变相转包是指承包单位将其承包的全部工程通过肢解后，以分包的名义转包给他人。直接转包与变相转包两者只是形式的不同，并无实质的区别，其本质都是转包人不履行原合同中全部的建设工程任务，而由转承包人实际完成全部的建设工程任务。变相转包与前述中标人将其中标的全部建筑工程直接转包给某一施工人形成的直接转包实质上并无不同。

（3）将中标项目的部分主体或关键性工作分包给他人。

所谓分包是指从事工程总承包的单位将所承包的建设工程的一部分依法发包给具有相应资质的承包单位的行为，该总承包人并不退出承包关系，其与第三人就第三人完成的工作成果向发包人承担连带责任，以此区别分包和转包。

依据2014年8月4日住房城乡建设部印发的《建筑工程施工转包违法分包等违法行为认定查处管理办法（试行）》（建市〔2014〕118号）相关规定，认定非法分包有两条除外规定，一是关键主体不能分包，但钢结构除外，分包后不能再分包，劳务除外。目前，住建部正在对上述文件进行修订，起草了《建筑工程施工发包与承包违法行为认定查处管理办法（征求意见稿）》，并向社会公开征求意见。

在实践中，有些人利用劳务除外的这一规定，设置了名义上的项目管理机构，将工程借劳务分包全部转包出去，施工方向其缴纳管理费。监督部门检查时管理人员配合检查，检查之后施工队在包工头指挥下施工，一般只要不发生安全事故和质量责任事故，不宜被发现，这种挂靠转包是工程建设领域的顽疾。

4. 非法转让或违法分包行为的法律责任

《招标法》第五十八条规定："中标人将中标项目转让给他人的，将中标项目肢解后分别转让给他人的，违反本法规定将中标项目的部分主体、关键性工作分包给他人的，或者分包人再次分包的，转让、分包无效，处转让、分包项目金额5‰以上10‰以下的罚款；有违法所得的，并处没收违法所得；可以责令停业整顿；情节严重的，由工商行政管理机关吊销营业执照。"

《条例》第七十六条文字表述与《招标法》第五十八条的规定相同，属于下位法直接将上位法的规定予以吸收的特殊情形，同时也是对违反《招标法》第四十八条所规定义务配置的法律责任。

（1）非法转让或违法分包无效。

中标人转让中标项目合同、中标人违法分包合同、分包人再次分包的合同无效。该无效为自始无效，行为人因此取得的财产应当返还给对方当事人，有过错的一方当事人还应赔偿对方因此所受的损失，即中标人和分包人应赔偿招标人因此所受的损失。赔偿的范围包括直接损失和间接损失。

《条例》与《建设工程质量管理条例》第七条一脉相承，吸收了《建设工程质量管理条例》第五十五条规定，建设单位将建设工程肢解发包的，责令改正，处以工程合同价款0.5%~1%的罚款；对全部或者部分使用国有资金的项目，并可以暂停项目执行或者暂停资金拨付。

肢解发包除可能导致业主受到行政处罚的不利后果外，所造成的质量及工期延误等损失应由业主和承担被肢解工程的承包商承担相应责任，总承包商一般不再承担责任。

（2）罚款。

《条例》第七十六条规定的处罚对象是实施违法行为的中标人或分包人，罚款的范围是转让或分包项目金额的5‰以上10‰以下，具体数额由作出处罚决定的行政机关根据违法行为的情节轻重决定。

（3）没收违法所得。

中标人转包或违法分包，以及分包人再次分包所获得的收入应当没收。

（4）责令停业整顿。

《条例》第七十六条规定的"可以责令停业整顿"是一种供选择的行政处罚方式，行政机关应根据违法行为的具体情节作出决定。通过罚款和没收违法所得能够实现制裁目的的，无需责令停业整顿。责令停业整顿后，行为人在规定期间内纠正了违法行为或者完善相关措施的，可以恢复经营。

（5）吊销营业执照。

被吊销营业执照的人不得再从事相关的经营活动。根据《条例》规定，只有中标人非法转让、分包和分包人再次分包的情节严重的，行政机关才能采取这种处罚方式。情节严重通常是指行为人的行为造成了严重后果、屡次实施违法行为、拒不改正，适用其他法律责任不足以实现制裁目的等情况。

（二）层层转包的内幕触目惊心[①]

据 2012 年 12 月 06 日南方周末记者钱昊平报导，因为工程款纠纷，承建厦深铁路广东段四标指挥部七工区的箱梁预制钢筋分项工程的建筑商刘×，决定披露厦深铁路建设工程中的一些层层转包、偷工减料等"潜规则"。

1. 铁路施工的潜规则

刘×是福建××建筑工程有限公司总经理。2009 年，他的公司承包了厦深铁路(广东段)的一项工程，做了 263 片钢梁用以架设铁道桥，宽度都是 11.5 米，其中十多片的长度是 24 米，其余的长 32.6 米。根据设计预算，需使用钢筋 16508 吨，但实际只用了 15506 吨，少用了 1002 吨，但最终双方仍以 16508 吨作为决算数字报给业主单位结算，少用的 1002 吨就成了利润，按当时钢筋价格计算有五百多万元。

2012 年 10 月 15 日，刘×向南方周末记者提供了上述工程中全部的建筑文书以及工程合同。"厦深铁路施工过程中'节约'的钢筋，说白了就是偷工减料，结余部分就是施工方利润的一部分。"刘×说。

依据刘×提供的证据，南方周末记者多方核实，该工程段经层层转包，建筑商的利润空间压缩，于是削减建筑用材，腾挪利润空间，成了建筑商的唯一选择。按设计标准，长 32.6 米的钢梁应使用钢材约 65 吨，但经过"优化""节约"，每片可少用 4.3 吨钢材。

作为厦深高速铁路的建筑商，刘×所说的"减料问题"，难免让人联想起频发的高铁事故。所幸的是，到目前为止，所有的故障都仅指向信号、接触网等系统。但如果偷工减料一说属实，则包括铁路桥在内整个高铁运营系统，都存在安全隐患。

2. 亏本的生意做到不亏的诀窍

即便亏本，刘×仍然敢做，原因在于他可以通过节约钢筋使用量拉平损失，还能从中获利。

估算总投资 417 亿元的厦深铁路是条高铁，系上海至深圳快速客运通道的一部分，依照国家《中长期铁路网规划》的"四纵四横"快速铁路规划，这是其中的"一纵"。由铁道部、广东省、福建省共同建设，全长 502 公里，自厦门新站引出，经漳州、汕尾引入深圳新站。福建段于 2007 年 11 月 23 日开工，广东段于 2008 年 1 月 6 日开工。

与其他工程一样，厦深铁路的施工也经过了层层转包。

中铁××局是厦深铁路的承建方之一，承接到工程后向外转包了部分。2009 年 9 月 15 日，刘×的福建××建筑工程有限公司，从中铁××局五公司承包了××段四标指挥部七工区的箱梁预制钢筋分项工程，"通俗地说就是制造架铁路桥用的钢梁"，施工地点在广东××县××镇中铁十九局××××梁场。

"当然我们自己不加工，拿到工程后再向外转包。"刘×说，但按照五公司给的价格，他再转包是亏本的。刘金荣拿出单据举了几个"亏本"的例子，五公司跟他结算的每吨钢筋施工价格是 405 元，但他转包出去的价格

[①] 《南方周末》记者钱昊平 2012 年 12 月 6 日。

是每吨钢筋450元，按照预算的16508吨用钢量，他就要亏损70万元左右，五公司给的人工费是每人每天50元，但他给包工头的实际价格是150元。

层层转包，是近年重大建筑施工事故的诱因之一。国务院曾多次下文，禁止工程转包。

即便亏本，刘×仍然敢做，原因在于他可以通过节约钢筋使用量拉平损失，还能从中获利。

刘×说，早在一年前，他有过类似的合作。他拿出的另一份合同显示，2008年12月10日，刘×的公司从中铁××局二公司手中也承包了一个厦深铁路的工程，是一个铁路桥的钻孔桩钢筋笼工程，这份合同的第七页写明了"结余部分材料费双方按五五分成"。那次他获利了十几万元。

但2009年与五公司签合同时，没再写明"五五分成"，刘×也觉得问题不大，因为他觉得这是行业潜规则，一般不会违背。刘×觉得"问题不大"的另一筹码是，两个工程都是××局一领导介绍的，前一个工程已经兑现，后一个工程应该不会有问题。11月22日，十九局一副工程师在电话里也主动说起"工程是局领导介绍的"。

3．建筑商的"减法"

设计图里，两个拉钩之间的间距是30厘米，实际做成的距离是1米。

"不可能每片钢梁都减料。"11月17日，××公司一技术员说，刚开始时做了28片足量的钢梁应付检查，后面的235片都是采用了"优化"技术。

以长32.6米的钢梁为例，按照设计，标准重量应该在65吨左右，经过"优化""节约"每片可少用4300多千克钢筋。最大的"节约"就是缩短事关钢梁坚固度的钢筋下料长度（即加工成形的钢筋长度），平均所有构件的下料长度缩短15厘米，他说，按照设计每片梁的长度是32米，如果底板的钢筋真的做成一模一样的32米长，那么塞进底板就要费很大的力气，稍微缩短点再塞进去就容易多了，既省料也省工。

设计图里，箱梁内部的拉钩是密密麻麻的，两个拉钩之间的间距是30厘米，实际做成的距离是1米。此外，在分部筋这块，每片梁也少装了16根。

"最终算下来，实际用钢量少了很多。"刘×出示了完整的钢筋使用量确认单。施工期间，梁场每拉进一批钢筋，××局五公司派驻工区的负责人和××公司的施工队负责人都要签字确认。

确认单显示，从2009年11月27日到2011年3月19日，进场的钢筋是15805.037吨。其间，工区还向外调出了159.262吨，工程完工后，现场还剩余了139.735吨，实际用钢量就是15506.04吨。

但2011年4月6日制做了决算书，双方签字认可使用的箱梁钢筋数量仍然是预算的16508.525吨。意味着实际少用了1002吨。

那位技术员说，当时在施工现场，也有监理单位，这些做法也得到了监理单位的默许。11月26日，《南方周末》记者致电监理监理，王姓部长，对方听完记者意图后挂断了电话，随后记者给他手机发了短信，对方始终没有回复。

"我们节约了钢筋，但对钢梁的质量绝对没有影响。"那位技术员说，因为如果按照设计图纸去做，很多活根本没法干。

如果节约用钢对质量真的没有影响，那么是否意味着最初的设计用钢量就有虚构用钢量之嫌？11月21日，××局五公司负责这个项目的董×说，××公司的说法并不成立，"设计范围内用钢肯定不会有结余"。

但针对刘×拿出的双方签字的用钢量确认单，显示用钢量少于设计用钢量的数字，董×的解释是，五公司拉进去过一些钢筋，由于存在钢筋短、有弯等情况，金荣公司认为用起来会费工，不想要，没有签字，"他们不签我们也放在那里了，所以造成签字确认的用钢量比设计量少，但我们拉进去的钢筋并不少。"

刘×认为董×在撒谎："我们不签字接收，他们会将钢筋放在工地？他们能傻到这个程度吗？"他表示可以请质检部门去检验钢梁。

4．"利润"之争

中铁××局一不愿具名的副总工程师说，这个标段的箱梁经检验，"质量都是合格的"。

刘×坚持认为，他们少用了 1000 多吨钢，按当时每吨钢的价格是 5100 元计算，这就省下了 500 多万元的利润。刘×觉得自己该分得利润的一半 200 多万元，"没想到五公司后来不认了"。

面对刘×一次次追要"节约的钢筋利润"，董×说，他们认为刘×在敲诈，已经向铁路公安报案。十九局相关人士说："以前有人在合同里写过节约的钢筋利润双方五五分成，是怕施工方浪费材料而采取的鼓励办法"。

此前的 11 月 10 日，中铁××局五公司董事长王×在电话里说："事情已进入司法程序，你们媒体就不要再过问了。"王×用最近很忙为由，未与南方周末记者面谈。

11 月 22 日，中铁××局一位不愿具名的副总工程师说，这个标段的箱梁经检验，质量都是合格的。对于施工过程中节约钢筋的现象，他认为一定范围内的节约是正常的，有的能节约到 1%，形成节约的因素也是多方面，比如通过技术优化，又如技术熟练的钢筋工可以少浪费钢筋头。"关键是看节约多少，如果节约太多了那肯定不行。"该副总工程师说。

但如果按照刘×的说法，这一批事关高铁运行安全的铁路桥钢梁，所"节省"的钢材，超过了 6%。

如果上述报道属实，真是触目惊心。数不清的案例都让我们可以清晰地看到：层层转包带来了非常大的负面效应。这其中有建筑商的一些违规的做法，但是从法律思维的角度考察，必然涉及到行政主体的违法违规行为。故而这又涉及一个老生常谈的问题，即公法和私法的关系问题。

江平教授指出："政府应该加强管理，但是管理不是没有权利内容的管理，而是在市场秩序方面的管理。市场秩序方面，国家应该有更多的干预；但涉及市场自由，国家应该避免干预，允许市场自治。"政府也是考虑到层层转包所带来的不利后果，如标的质量不达标、引发腐败、引发纠纷等，所以明确规定，不得转包和非法分包。其实，《合同法》对于建筑工程项目的转包和违法分包早就作出了禁止性规定，当然非主体、非关键部分除外。

《条例》再次对此作出了规定，并予以扩大适用，并不局限于建设工程，而是针对所有的招投标项目。故而需要讨论的是违法转包和非法分包往往仅仅是外在形式，内在的原因通常在于市场秩序的混乱，而市场秩序的混乱又往往与权力的违法或者不当干预相关，违法转包和非法分包通常与通过权力寻租取得项目有关，公法对此进行干预固然必要，但是必须注意其根源在于公法没有真正做到对权力的限制，因此仅仅通过招标投标法等法律禁止是远远不够的，实行宪政民主把权力关进"笼子"是绝对必要的。

（三）招标采购项目完成后的项目评价

招标采购项目完成后的项目评价是招标采购管理最后一项工作，该项工作既是招标人项目收尾阶段的重要工作，也是招标人自我监督和管理的一种形式，属于招标采购项目内部管理的范畴。在项目完成后，审计部门对项目进行审计、项目主管部门对项目进行验收，这些属于外部监督。招标人的内部监督是项目主管部门和审计部门行政监督的基础。

招标人或招标采购代理机构在该项目所有批次招标结束，招标采购项目履行、验收、运行后，对项目的招标采购进行综合评价或委托投资方在依法组织的项目后评价中增加对招投标活动的评价。包括了招标采购对项目决算影响的评估；对投标人合同履约信用的评价；对评标委员会的评价等。即同招标采购项目的总结相比，一是评价的内容范围比较广，二是评价的时间是在招标采购项目履行、验收、运行后进行。

招标采购评价的实质也是一种总结和改进。但是这种总结是指工程建设招标采购项目、货物采购项目、服务项目完成后对预期目标完成满足度的评价，是对整个项目整体的总结评价。

招标采购项目全部或阶段性完成后，根据有关项目跟踪的结果，应对招标采购项目管理过程进行综合评价，或委托投资方在依法组织的项目后评价中增加对招投标活动的评价。评价的内容主要包括：招标采购对项目决算影响的评估；对授标人合同履约信用的评价；对评标委员会的评价等。项目评价一般是由本次招标活动的第三方负责进行，如公司管理部门、项目业主、独立的第三方专业评估机构等。

（1）项目评价的特点。

招标采购项目评价的本质也是一种总结和改进，但是这种总结是指招标采购项目完成后评估招标采购项目管理完成的满足度，是在项目跟踪的基础上对整个招标采购实施全过程或某一阶段的绩效与招标项目管理成果的总结评价。

招标采购项目评价包括招标采购项目评价和招标采购机构内部管理评价两个层面。

一个是招标采购项目层面上的评价。如招标采购项目自身的数量、质量、时间、价格、采购成本等，另一个是招标采购机构内部管理层面的评价，如廉洁自律、工作效率、专业人员队伍建设等。

（2）招标采购项目评价的内容和方法。

① 对全部招标采购活动回顾。在程序方面，包括公开性、公平性和公正性的评价；分析招标的方式选择是否合理；投标单位资格审查是否严格；招标文件编制是否符合基本规定，内容是否完备，有无前后矛盾之处；标底是否合理；开标、评标、决标和授标等程序是否符合规范。

② 对招标采购活动绩效方面的评价。主要是评价合同执行的情况，合同实际履行时的人员、材料、设备与资格预审和投标文件的差异，项目进度、价格（造价）、质量的控制与招标采购方案的差异，招标采购活动与项目总体目标要求的差异等。

③ 招标采购项目的评价一般采用绩效评价的方法。绩效评价是指某一系统运作的过程和结果进行评价，包含效率及效能两个方面；其中，效率是针对过程而言，是实现目标的资源利用程度；而效能则是针对结果而言，是目标的正确性及实现的程度。

④ 评价科目可划分为总体评价、招标质量、采购质量、采购数量、采购价格、采购时间、采购成本、评标委员会、中标人履约信用、廉洁自律 10 个部分。

招标采购资料档案管理基本知识详见本书附录 C。

至此，项目采购管理和监督的工作全部结束。

本章练习题

一、判断题

1．合同的成立与否属于事实判断问题。　　　　　　　　　　　　　　　　　　　（　　）
2．合同生效是国家法律评价的结果。　　　　　　　　　　　　　　　　　　　　（　　）
3．企业招标采购体制应遵循横向制约纵向监督进行建设。　　　　　　　　　　　（　　）
4．只要工程需要未经发包人同意，承包人可以直接发包。　　　　　　　　　　　（　　）
5．工程建设项目中属于关键组成部分的钢结构可以发包。　　　　　　　　　　　（　　）

二、单选题

依据《合同法》关于招标条约合同形式，说法错误的是（　　）。

A．总价合同

B．单价合同

C．成本加酬金合同

D．计件合同

三、论述题

简述招标采购合同的特点。

社会力量是一种自组织，按照相互默契的某种规则，各尽其责又协调地自动地形成有序结构。一个社会，如果自组织功能越强，其保持和产生新功能的能力也就越强。网络时代，大大促进和催生了自组织，然而需要加强的是网络治理，包括法制、技术、文化治理等好的治理环境将会促进自组织健康发展，从而抑制社会力量的消极作用，放大其积极作用。

著名管理学家　席酉民

第 11 章

公开采购方式和电子交易信息系统

企业在经营采购中如采用招标方式并达到预期目标至少应当具备以下几方面的条件：
一是招标采购人是理性采购，采用招标这种方式是发自内心的一种选择；
二是有明确的采购需求，这种需求可以用准确的技术规格表述，商务条件清晰无歧义；
三是采购标的有充分的竞争条件，因为招标的属性就是竞争，是开展招标采购的前提；
四是采购的成本性价比合理，招标的目的就是在保证质量的前提下降低成本；
五是采购人有充足的时间，采购周期长加大了对价格敏感物资采购的风险。

除此之外，依据不同条件还可以选择其他公开采购的方式（保密合同除外）其中包括议标、竞争性谈判、磋商、比选等，这些大都借鉴政府采购的一些采购方式。特别是联合国贸易示范法针对交易的不同情形设计了不同的采购方式。这些都可以作为企业采购制度的借鉴。但政府采购方式的管制一般较严，在公平和效率之间偏重公平而企业采购要偏重效率，因此，这些采购方式应当根据企业实际参照执行。上述这些采购方式包括招标或非招标方式统称公开采购方式鉴于非招标方式程序的灵活性，企业管理部门管理监督的重点是对公开采购方式的采购结果进行监督。最基本的底线是采购合同的价格不能超过市场平均价格。这在互联网大数据时代是不难做到的。

一、政府采购规范的采购方式

（一）关于非招标采购方式

由财政部颁布 2014 年 2 月 1 日起施行的《政府采购非招标采购方式管理办法》（74 号令）第二条第一款规定："本办法所称非招标采购方式，是指竞争性谈判、单一来源采购和询价采购方式。"

1. 竞争性谈判

（1）竞争性谈判定义。

74 号令第二条第三款规定："竞争性谈判是指谈判小组与符合资格条件的供应商就采购货物、工程和服务事宜进行谈判，供应商按照谈判文件的要求提交响应文件和最后报价，采购人从谈判小组提出的成交候选人中确定成交供应商的采购方式。"

（2）适用条件。

《政府采购法》第三十条："符合下列情形之一的货物或者服务，可以依照本法采用竞争性谈判方式采购：

（一）招标后没有供应商投标或者没有合格标的或者重新招标未能成立的；

（二）技术复杂或者性质特殊，不能确定详细规格或者具体要求的；

（三）采用招标所需时间不能满足用户紧急需要的；

（四）不能事先计算出价格总额的。"

（3）采购程序。

《政府采购法》第三十八条："采用竞争性谈判方式采购的，应当遵循下列程序：

（一）成立谈判小组。谈判小组由采购人的代表和有关专家共三人以上的单数组成，其中专家的人数不得少于成员总数的三分之二。

（二）制定谈判文件。谈判文件应当明确谈判程序、谈判内容、合同草案的条款以及评定成交的标准等事项。

（三）确定邀请参加谈判的供应商名单。谈判小组从符合相应资格条件的供应商名单中确定不少于3家的供应商参加谈判，并向其提供谈判文件。

（四）谈判。谈判小组所有成员集中与单一供应商分别进行谈判。在谈判中，谈判的任何一方不得透露与谈判有关的其他供应商的技术资料、价格和其他信息。谈判文件有实质性变动的，谈判小组应当以书面形式通知所有参加谈判的供应商。

（五）确定成交供应商。谈判结束后，谈判小组应当要求所有参加谈判的供应商在规定时间内进行最后报价，采购人从谈判小组提出的成交候选人中根据符合采购需求、质量和服务相等且报价最低的原则确定成交供应商，并将结果通知所有参加谈判的未成交的供应商。"

74号令对竞争性谈判的程序做了详细规定。

① 响应文件截止和采购人的澄清修改权利。74号令第二十九条："从谈判文件发出之日起至供应商提交首次响应文件截止之日止不得少于3个工作日。

提交首次响应文件截止之日前，采购人、采购代理机构或者谈判小组可以对已发出的谈判文件进行必要的澄清或者修改，澄清或者修改的内容作为谈判文件的组成部分。澄清或者修改的内容可能影响响应文件编制的，采购人、采购代理机构或者谈判小组应当在提交首次响应文件截止之日3个工作日前，以书面形式通知所有接收谈判文件的供应商，不足3个工作日的，应当顺延提交首次响应文件截止之日。"

② 谈判程序。74号令第三十条："谈判小组应当对响应文件进行评审，并根据谈判文件规定的程序、评定成交的标准等事项与实质性响应谈判文件要求的供应商进行谈判。未实质性响应谈判文件的响应文件按无效处理，谈判小组应当告知有关供应商。"

74号令第三十一条："谈判小组所有成员应当集中与单一供应商分别进行谈判，并给予所有参加谈判的供应商平等的谈判机会。"

74号令第三十二条："在谈判过程中，谈判小组可以根据谈判文件和谈判情况实质性变动采购需求中的技术、服务要求以及合同草案条款，但不得变动谈判文件中的其他内容。实质性变动的内容，须经采购人代表确认。

对谈判文件作出的实质性变动是谈判文件的有效组成部分，谈判小组应当及时以书面形式同时通知所有参加谈判的供应商。

供应商应当按照谈判文件的变动情况和谈判小组的要求重新提交响应文件，并由其法定代表人或授权代表签字或者加盖公章。由授权代表签字的，应当附法定代表人授权书。供应商为自然人的，应当由本人签字并附身份证明。"

③ 最后报价。74号令第三十三条："谈判文件能够详细列明采购标的的技术、服务要求的，

谈判结束后,谈判小组应当要求所有继续参加谈判的供应商在规定时间内提交最后报价,提交最后报价的供应商不得少于3家。

谈判文件不能详细列明采购标的的技术、服务要求,需经谈判由供应商提供最终设计方案或解决方案的,谈判结束后,谈判小组应当按照少数服从多数的原则投票推荐3家以上供应商的设计方案或者解决方案,并要求其在规定时间内提交最后报价。

最后报价是供应商响应文件的有效组成部分。"

④ 供应商退出谈判的权利。74号令第三十四条:"已提交响应文件的供应商,在提交最后报价之前,可以根据谈判情况退出谈判。采购人、采购代理机构应当退还退出谈判的供应商的保证金。"

该条规定是对供应商的救济条款是对采购法相关程序的重要补充。

⑤ 谈判小组提出成交候选人。74号令第三十五条:"谈判小组应当从质量和服务均能满足采购文件实质性响应要求的供应商中,按照最后报价由低到高的顺序提出3名以上成交候选人,并编写评审报告。"

⑥ 采购人确定成交供应商。74号令第三十六条:"采购代理机构应当在评审结束后2个工作日内将评审报告送采购人确认。

采购人应当在收到评审报告后5个工作日内,从评审报告提出的成交候选人中,根据质量和服务均能满足采购文件实质性响应要求且最后报价最低的原则确定成交供应商,也可以书面授权谈判小组直接确定成交供应商。采购人逾期未确定成交供应商且不提出异议的,视为确定评审报告提出的最后报价最低的供应商为成交供应商"。

关于竞争性谈判采购方式的小结:

(1)采用竞争性谈判的条件有四项:招标不够3人、时间紧迫以及规格型号和价格难以确定;

(2)谈判文件的编制和谈判主体(3人以上)是谈判小组;

(3)谈判的内容主要是明确需求和实质问题的沟通,报价仅供参考;

(4)依据约定的轮次谈判结束后最后报价;

(5)评审报告提交时间:评审结束2个工作日,确定成交人时间:收到报告5个工作日;确定主体:采购人确定的原则满足要求,最后报价最低成交(不考虑性价比);逾期确定的处理:报告的最低价为供应商;

(6)成交结果在指定媒体公告。

注意:企业在采用竞争性谈判时只能参照执行,企业可以根据本单位实际制订"竞争性谈判"的适用条件和程序。如谈判文件可以自己编制而无须谈判小组编制;在谈判结束后,《政府采购法》规定最后报价最低的供应商为中标人。企业则可以依据不同情形分别规定。有关各环节的时间要求也可自行规定。

2. 关于单一来源采购方式

(1)单一来源采购定义。

74号令第二条第四款:"单一来源采购是指采购人从某一特定供应商处采购货物、工程和服务的采购方式。"

(2)适用条件。

《政府采购法》第三十一条:"符合下列情形之一的货物或者服务,可以依照本法采用单一来源方式采购:

(一)只能从唯一供应商处采购的;

(二)发生了不可预见的紧急情况不能从其他供应商处采购的;

（三）必须保证原有采购项目一致性或者服务配套的要求，需要继续从原供应商处添购，且添购资金总额不超过原合同采购金额百分之十的。"

（3）谈判程序。

74号令对单一来源采购的适用条件和认定做了详细规定。

① 确定单一来源的公示制度。74号令第三十八条："属于政府采购法第三十一条第一项情形，且达到公开招标数额的货物、服务项目，拟采用单一来源采购方式的，采购人、采购代理机构在按照本办法第四条报财政部门批准之前，应当在省级以上财政部门指定媒体上公示，并将公示情况一并报财政部门。公示期不得少于5个工作日，公示内容应当包括：

（一）采购人、采购项目名称和内容；

（二）拟采购的货物或者服务的说明；

（三）采用单一来源采购方式的原因及相关说明；

（四）拟定的唯一供应商名称、地址；

（五）专业人员对相关供应商因专利、专有技术等原因具有唯一性的具体论证意见，以及专业人员的姓名、工作单位和职称；

（六）公示的期限；

（七）采购人、采购代理机构、财政部门的联系地址、联系人和联系电话。"

② 接受社会监督。74号令第三十九条："任何供应商、单位或者个人对采用单一来源采购方式公示有异议的，可以在公示期内将书面意见反馈给采购人、采购代理机构，并同时抄送相关财政部门。"

③ 对单一来源采购认定异议的处理。74号令第四十条："采购人、采购代理机构收到对采用单一来源采购方式公示的异议后，应当在公示期满后5个工作日内，组织补充论证，论证后认为异议成立的，应当依法采取其他采购方式；论证后认为异议不成立的，应当将异议意见、论证意见与公示情况一并报相关财政部门。

采购人、采购代理机构应当将补充论证的结论告知提出异议的供应商、单位或者个人。"

（4）单一来源采购方式的采购程序。

《采购法》第三十九条："采取单一来源方式采购的，采购人与供应商应当遵循本法规定的原则，在保证采购项目质量和双方商定合理价格的基础上进行采购。"

74号令对该程序做了补充规定。

① 谈判人员资格。74号令第四十一条："采用单一来源采购方式采购的，采购人、采购代理机构应当组织具有相关经验的专业人员与供应商商定合理的成交价格并保证采购项目质量。"

② 协商记录。74号令第四十二条："单一来源采购人员应当编写协商情况记录，主要内容包括：

（一）依据本办法第三十八条进行公示的，公示情况说明；

（二）协商日期和地点，采购人员名单；

（三）供应商提供的采购物的成本、同类项目合同价格以及相关专利、专有技术等情况说明；

（四）合同主要条款及价格商定情况。

协商情况记录应当由采购全体人员签字认可。对记录有异议的采购人员，应当签署不同意见并说明理由。采购人员拒绝在记录上签字又不书面说明其不同意见和理由的，视为同意。"

关于单一来源采购方式的总结：

（1）单一来源采购的方式的条件：由于货源、紧急采购和配套服务等原因造成只有唯一供应商；

（2）采用该方式首先经专家评议、媒体公示，对该方式确认后进行；

（3）谈判的内容主要是在合理价格上的基础上满足采购人质量、数量、工期等要求；

（4）谈判的主体是采购人有经验的专业人员，谈判过程要有协商记录；

（5）确定成交后在指定媒体公告。

注意：企业采用单一来源的情形比较复杂，条件也可以依据企业需求用清单的方式对采购部门予以管理，如关键设备、重要的原材料等。

3．关于询价采购方式

（1）询价采购的定义。

74号令第二条第五款："询价是指询价小组向符合资格条件的供应商发出采购货物询价通知书，要求供应商一次报出不得更改的价格，采购人从询价小组提出的成交候选人中确定成交供应商的采购方式。"

（2）询价的适用条件。

《政府采购法》第三十二条："采购的货物规格、标准统一、现货货源充足且价格变化幅度小的政府采购项目，可以依照本法采用询价方式采购。"

解读：该条提出的四项基本条件：规格统一、标准统一、现货充足、价格变化幅度小。74号令对询价需求做了补充性规定。

74号令第四十四条："询价采购需求中的技术、服务等要求应当完整、明确，符合相关法律、行政法规和政府采购政策的规定。"

（3）询价的采购程序。

《政府采购法》第四十条："采取询价方式采购的，应当遵循下列程序：

（一）成立询价小组。询价小组由采购人的代表和有关专家共3人以上的单数组成，其中专家的人数不得少于成员总数的三分之二。询价小组应当对采购项目的价格构成和评定成交的标准等事项作出规定。

（二）确定被询价的供应商名单。询价小组根据采购需求，从符合相应资格条件的供应商名单中确定不少于3家的供应商，并向其发出询价通知书让其报价。

（三）询价。询价小组要求被询价的供应商一次报出不得更改的价格。

（四）确定成交供应商。采购人根据符合采购需求、质量和服务相等且报价最低的原则确定成交供应商，并将结果通知所有被询价的未成交的供应商。"

① 响应文件截止的时间和采购人澄清修改的权利。74号令第四十五条："从询价通知书发出之日起至供应商提交响应文件截止之日止不得少于3个工作日。

提交响应文件截止之日前，采购人、采购代理机构或者询价小组可以对已发出的询价通知书进行必要的澄清或者修改，澄清或者修改的内容作为询价通知书的组成部分。澄清或者修改的内容可能影响响应文件编制的，采购人、采购代理机构或者询价小组应当在提交响应文件截止之日3个工作日前，以书面形式通知所有接收询价通知书的供应商，不足3个工作日的，应当顺延提交响应文件截止之日。"

② 询价程序：

74号令第四十六条："询价小组在询价过程中，不得改变询价通知书所确定的技术和服务等要求、评审程序、评定成交的标准和合同文本等事项。"

该条规定了询价小组在询价过程应当遵守的基本义务：不得改变评审标准和合同文本。

74号令第四十七条："参加询价采购活动的供应商，应当按照询价通知书的规定一次报出不得更改的价格。"

该条规定了供应商在询价过程中应当遵守的游戏规则：一次报出不可更改的报价。

③ 询价小组提出成交候选人。74号令第四十八条："询价小组应当从质量和服务均能满足采购文件实质性响应要求的供应商中，按照报价由低到高的顺序提出3名以上成交候选人，并编写评审报告。"

解读：行为主体为询价小组；行为条件为在质量和服务均能满足的条件下依照价格由低到高；行为结果为提出3名候选人；并编写评审报告。

④ 采购人确认成交供应商。74号令第四十九条："采购代理机构应当在评审结束后2个工作日内将评审报告送采购人确认。

采购人应当在收到评审报告后5个工作日内，从评审报告提出的成交候选人中，根据质量和服务均能满足采购文件实质性响应要求且报价最低的原则确定成交供应商，也可以书面授权询价小组直接确定成交供应商。采购人逾期未确定成交供应商且不提出异议的，视为确定评审报告提出的最后报价最低的供应商为成交供应商。"

关于询价采购方式的总结：

（1）符合询价采购方式的条件是规格、标准统一、货源充足、价格稳定的货物。

（2）询价采购的特点是一次报出价格不能更改。

（3）询价的主体是询价小组。

（4）采购小组在评审结束2日内提交评审报告，采购人在收到评审报告5个工作日内确定成交供应商。逾期确认并不提异议的后果：最低价成交。

（5）采购结果在指定媒体公告。

注意：采用询价方式采购的货物大都是标准化的低价值产品，如打印纸等办公用品。目前随着电子交易平台网上商城的开通和使用，企业可制定询价采购目录清单。清单内的货物在网上询价成交；在公平的基础上提高采购效率。

4．三种非招标方式终止采购的条件汇总（表11-1）

表11-1 三种非招标方式终止采购汇总表

竞争性谈判	单一来源采购	询价采购
（一）因情况变化，不再符合规定的竞争性谈判采购方式适用情形的	（一）因情况变化，不再符合规定的单一来源采购方式适用情形的	（一）因情况变化，不再符合规定的询价采购方式适用情形的
（二）出现影响采购公正的违法、违规行为的	（二）出现影响采购公正的违法、违规行为的	（二）出现影响采购公正的违法、违规行为的
（三）在采购过程中符合竞争要求的供应商或者报价未超过采购预算的供应商不足3家，但本办法第二十七条第二款规定的情形除外	（三）报价超过采购预算的	（三）在采购过程中符合竞争要求的供应商或者报价未超过采购预算的供应商不足3家的

注：74号令第二十七条第二款："（二）技术复杂或者性质特殊，不能确定详细规格或者具体要求的；……"

（二）竞争性磋商采购办法

2014年12月31号，财政部颁发了《政府采购竞争性磋商采购方式管理暂行办法》（财库〔2014〕214号），自颁布之日起施行。该办法属于财政部规范性文件，分为总则、磋商程序和附则，全文共38条。

我国《政府采购法》规定的政府采购方式包括：公开招标、邀请招标、竞争性谈判、单一来源采购、询价、国务院政府采购监督管理部门认定的其他采购方式。竞争性磋商采购方式是财政部首次依法创新的采购方式，核心内容是"先明确采购需求、后竞争报价"的两阶段采购模式，倡导"物有所值"的价值目标。有专家认为，该方法是为PPP项目量身定做的一种采购方式。

1. 竞争性磋商相关规定

（1）竞争性磋商定义。

214号文件第二条："本办法所称竞争性磋商采购方式，是指采购人、政府采购代理机构通过组建竞争性磋商小组（以下简称磋商小组）与符合条件的供应商就采购货物、工程和服务事宜进行磋商，供应商按照磋商文件的要求提交响应文件和报价，采购人从磋商小组评审后提出的候选供应商名单中确定成交供应商的采购方式。"

（2）适用范围。

214号文件第三条："符合下列情形的项目，可以采用竞争性磋商方式开展采购：

（一）政府购买服务项目；

（二）技术复杂或者性质特殊，不能确定详细规格或者具体要求的；

（三）因艺术品采购、专利、专有技术或者服务的时间、数量事先不能确定等原因不能事先计算出价格总额的；

（四）市场竞争不充分的科研项目，以及需要扶持的科技成果转化项目；

（五）按照招标投标法及其实施条例必须进行招标的工程建设项目以外的工程建设项目。"

（3）磋商程序。

① 达到公开招标项目的前置审批采购方法需要批准。

214号文件第四条："达到公开招标数额标准的货物、服务采购项目，拟采用竞争性磋商采购方式的，采购人应当在采购活动开始前，报经主管预算单位同意后，依法向设区的市、自治州以上人民政府财政部门申请批准。"

② 采购人确定邀请供应商名单。

214号文件第六条："采购人、采购代理机构应当通过发布公告、从省级以上财政部门建立的供应商库中随机抽取或者采购人和评审专家分别书面推荐的方式邀请不少于3家符合相应资格条件的供应商参与竞争性磋商采购活动。

符合政府采购法第二十二条第一款规定条件的供应商可以在采购活动开始前加入供应商库。财政部门不得对供应商申请入库收取任何费用，不得利用供应商库进行地区和行业封锁。

采取采购人和评审专家书面推荐方式选择供应商的，采购人和评审专家应当各自出具书面推荐意见。采购人推荐供应商的比例不得高于推荐供应商总数的50%。"

解读：谈判办法是首先确定谈判小组，由谈判小组确定供应商，磋商办法给了采购人（代理机构）相应的权利。由采购人而不是采购小组确定供应商。放松了管制，扩大了采购人的权利；谈判小组确定的方式同74号令规定的方式相同。

214号文件第七条："采用公告方式邀请供应商的，采购人、采购代理机构应当在省级以上人民政府财政部门指定的政府采购信息发布媒体发布竞争性磋商公告。竞争性磋商公告应当包括以下主要内容：

（一）采购人、采购代理机构的名称、地点和联系方法；

（二）采购项目的名称、数量、简要规格描述或项目基本概况介绍；

（三）采购项目的预算；
（四）供应商资格条件；
（五）获取磋商文件的时间、地点、方式及磋商文件售价；
（六）响应文件提交的截止时间、开启时间及地点；
（七）采购项目联系人姓名和电话。"

解读：74号令对通过公告随机抽取供应商的公告内容和程序都没有规定，本文件第七条对磋商办法做了明确规定，从而增加了采用磋商办法采购的透明度。

③ 编制磋商文件。

214号文件第八条："竞争性磋商文件（以下简称磋商文件）应当根据采购项目的特点和采购人的实际需求制定，并经采购人书面同意。采购人应当以满足实际需求为原则，不得擅自提高经费预算和资产配置等采购标准。

磋商文件不得要求或者标明供应商名称或者特定货物的品牌，不得含有指向特定供应商的技术、服务等条件。"

解读：同74号令谈判办法相比，本条规定没有明确编制采购文件的主体，应当是招标人（代理机构）。74号令规定编制文件的主体是谈判小组，对于招标失败转入竞争性谈判的由谈判小组确认。其余内容同74号令的规定一致。

214号文件第九条："磋商文件应当包括供应商资格条件、采购邀请、采购方式、采购预算、采购需求、政府采购政策要求、评审程序、评审方法、评审标准、价格构成或者报价要求、响应文件编制要求、保证金交纳数额和形式以及不予退还保证金的情形、磋商过程中可能实质性变动的内容、响应文件提交的截止时间、开启时间及地点以及合同草案条款等。"

解读：本条规定了文件的法定内容。同74号令相比，文件要求增加了政府采购政策要求，采购程序具体表述为评审程序、评审方法、评审标准以便和其规定的综合评分相一致。

④ 发出磋商文件。

214号文件第十条："从磋商文件发出之日起至供应商提交首次响应文件截止之日止不得少于10日。

磋商文件售价应当按照弥补磋商文件制作成本费用的原则确定，不得以营利为目的，不得以项目预算金额作为确定磋商文件售价依据。磋商文件的发售期限自开始之日起不得少于5个工作日。

提交首次响应文件截止之日前，采购人、采购代理机构或者磋商小组可以对已发出的磋商文件进行必要的澄清或者修改，澄清或者修改的内容作为磋商文件的组成部分。澄清或者修改的内容可能影响响应文件编制的，采购人、采购代理机构应当在提交首次响应文件截止时间至少5日前，以书面形式通知所有获取磋商文件的供应商；不足5日的，采购人、采购代理机构应当顺延提交首次响应文件截止时间。"

解读：第一款规定了确定供应商编制响应文件的时间：据截止前10日（74号令是3个工作日）；第二款规定了文件的发售的定价原则和发售时间：5个工作日，参照了招标法规的程序规定，同谈判相比延长了供应商准备的时间，一定程度上减少信息不对称给供应商之间带来的不公平竞争。第三款参照招标程序对采购人修改文件的规定为截止前5日，74号令规定采购人修改文件应在3个工作日前，调整不大。同招标程序规定的15日相比时间还有限，但是"至少"是针对一般情况的规则，如果项目特殊，磋商文件可以针对性的延长，以保证交易公平。

⑤ 提交响应文件和保证金。

214号文件第十一条："供应商应当按照磋商文件的要求编制响应文件，并对其提交的响应文件的真实性、合法性承担法律责任。"

214 号文件第十二条："采购人、采购代理机构可以要求供应商在提交响应文件截止时间之前交纳磋商保证金。磋商保证金应当采用支票、汇票、本票或者金融机构、担保机构出具的保函等非现金形式交纳。磋商保证金数额应当不超过采购项目预算的 2%。供应商未按照磋商文件要求提交磋商保证金的，响应无效。

供应商为联合体的，可以由联合体中的一方或者多方共同交纳磋商保证金，其交纳的保证金对联合体各方均具有约束力。"

解读：该项办法对投标保证金作出的规定与 74 号令第十四条完全相同。

一是采购人（代理机构）可以要求供应商缴纳保证金，也可不缴纳属于约定的权利；

二是采用非现金形式；

三是金额统一为采购合同预算的 2%；

四是规定了未按规定缴纳保证金的法律后果——响应无效。

214 号文件第十三条："供应商应当在磋商文件要求的截止时间前，将响应文件密封送达指定地点。在截止时间后送达的响应文件为无效文件，采购人、采购代理机构或者磋商小组应当拒收。

供应商在提交响应文件截止时间前，可以对所提交的响应文件进行补充、修改或者撤回，并书面通知采购人、采购代理机构。补充、修改的内容作为响应文件的组成部分。补充、修改的内容与响应文件不一致的，以补充、修改的内容为准"。

解读：磋商办法十二条对递交、撤回的规定同 74 号令第十五条的规定基本相同。

⑥ 采购人组建评审小组。

214 号文件第十四条："磋商小组由采购人代表和评审专家共 3 人以上单数组成，其中评审专家人数不得少于磋商小组成员总数的 2/3。采购人代表不得以评审专家身份参加本部门或本单位采购项目的评审。采购代理机构人员不得参加本机构代理的采购项目的评审。

采用竞争性磋商方式的政府采购项目，评审专家应当从政府采购评审专家库内相关专业的专家名单中随机抽取。符合本办法第三条第四项规定情形的项目，以及情况特殊、通过随机方式难以确定合适的评审专家的项目，经主管预算单位同意，可以自行选定评审专家。技术复杂、专业性强的采购项目，评审专家中应当包含 1 名法律专家。"

解读：关于对磋商小组的构成同 74 号令第七条规定基本相同。

第一款规定了磋商小组由两类人组成，即采购人代表和评审专家且 3 人以上，但是同 74 号令相比有两项除外规定，"采购人代表不得以评审专家身份参加本部门或本单位采购项目的评审。采购代理机构人员不得参加本机构代理的采购项目的评审。"

74 号令第七条规定达到公开招标数额或工程项目评审小组应为 5 人以上，磋商办法对此没有规定。

⑦ 评审小组审查、澄清、磋商。

214 号文件第十五条："评审专家应当遵守评审工作纪律，不得泄露评审情况和评审中获悉的商业秘密。"

磋商小组在评审过程中发现供应商有行贿、提供虚假材料或者串通等违法行为的，应当及时向财政部门报告。

评审专家在评审过程中受到非法干涉的，应当及时向财政、监察等部门举报。"

解读：该条第一款是保密的义务，第二款是发现供应商违法行为应当举报的义务；第三款是对非法干扰举报的义务，体现了法律对专家评审的独立性的保护。

214 号文件第十六条："磋商小组成员应当按照客观、公正、审慎的原则，根据磋商文件规定的评审程序、评审方法和评审标准进行独立评审。未实质性响应磋商文件的响应文件按无效响应处理，磋商小组应当告知提交响应文件的供应商。

磋商文件内容违反国家有关强制性规定的，磋商小组应当停止评审并向采购人或者采购代理机构说明情况。"

解读： 同谈判办法相比，磋商办法最大的特点就是需要综合评分，因此，本条第一款作出原则规定的同时要求成员依据程序、方法和标准评审，对无效文件有告知义务。第二款规定了违反国家强制规定的处理办法：停止评审并说明。但74号令没有相应规定。

214号文件第十七条："采购人、采购代理机构不得向磋商小组中的评审专家作倾向性、误导性的解释或者说明。

采购人、采购代理机构可以视采购项目的具体情况，组织供应商进行现场考察或召开磋商前答疑会，但不得单独或分别组织只有一个供应商参加的现场考察和答疑会。"

解读： 本条第一款从禁止性角度对采购人向磋商小组介绍项目程序做了规定，可以介绍也可以不介绍。第二款参照招标程序设计了考察和答疑会的程序和限制性规定：不能单独组织以体现公平。

214号文件第十八条："磋商小组在对响应文件的有效性、完整性和响应程度进行审查时，可以要求供应商对响应文件中含义不明确、同类问题表述不一致或者有明显文字和计算错误的内容等作出必要的澄清、说明或者更正。供应商的澄清、说明或者更正不得超出响应文件的范围或者改变响应文件的实质性内容。

磋商小组要求供应商澄清、说明或者更正响应文件应当以书面形式作出。供应商的澄清、说明或者更正应当由法定代表人或其授权代表签字或者加盖公章。由授权代表签字的，应当附法定代表人授权书。供应商为自然人的，应当由本人签字并附身份证明。"

解读： 本条第一款参照招标部门规章在评审第一阶段允许对4种情况进行澄清：含义不清、同一问题表达不一致、明显文字错误、明显计算错误。同时规定，澄清不能超出文件范围改变实质内容。第二款规定了澄清的形式：书面；其中，澄清文件的效力性规定：签字或盖章有其中之一即可，签字的主体：法定代表人或授权代表。前者需要本人签字和身份证明，后者需要委托书。

214号文件第十九条："磋商小组所有成员应当集中与单一供应商分别进行磋商，并给予所有参加磋商的供应商平等的磋商机会。"

解读： 磋商办法的核心是磋商，本条规定了磋商程序和谈判程序是一样的：集中和单一，机会均等。反复的沟通确定"买什么"。

214号文件第二十条："在磋商过程中，磋商小组可以根据磋商文件和磋商情况实质性变动采购需求中的技术、服务要求以及合同草案条款，但不得变动磋商文件中的其他内容。实质性变动的内容，须经采购人代表确认。

对磋商文件作出的实质性变动是磋商文件的有效组成部分，磋商小组应当及时以书面形式同时通知所有参加磋商的供应商。

供应商应当按照磋商文件的变动情况和磋商小组的要求重新提交响应文件，并由其法定代表人或授权代表签字或者加盖公章。由授权代表签字的，应当附法定代表人授权书。供应商为自然人的，应当由本人签字并附身份证明。"

解读： 磋商和谈判都可以改变实质内容，但须采购人确认。由于反复沟通可能影响磋商文件的实质内容的调整（其余不应变），本条第二款规定应及时以书面形式通知所有相关人。由于措施文件的变动势必要求供应商重新作出响应，其程序同澄清规则是一样的。

⑧ 供应商最后报价。

214号文件第二十一条："磋商文件能够详细列明采购标的的技术、服务要求的，磋商结束后,磋商小组应当要求所有实质性响应的供应商在规定时间内提交最后报价,提交最后报价的供应商不得少于3家。

磋商文件不能详细列明采购标的的技术、服务要求,需经磋商由供应商提供最终设计方案或解决方案的,磋商结束后,磋商小组应当按照少数服从多数的原则投票推荐3家以上供应商的设计方案或者解决方案,并要求其在规定时间内提交最后报价。

最后报价是供应商响应文件的有效组成部分。符合本办法第三条第四项情形的,提交最后报价的供应商可以为2家。"

解读：同竞争性谈判相同,在适用磋商项目中由于采购人一般对"买什么"不确定,因此供应商的报价也大都是参考性的,不能作出准确的要约。只能经过磋商确定采购需求后,供应商才可最后报价。为体现竞争一般要求提交最后报价的供应商不少于3家。

第二款对技术方案不统一情形作出规定,按照少数服从多数的原则确定唯一技术方案并以此最后报价。

第三款规定了最后报价是响应文件的组成部分,最后报价一般应当3人以上,但考虑到科技成果转化项目的特殊性,法律规定了除外条款,可以为2家。

214号文件第二十二条："已提交响应文件的供应商,在提交最后报价之前,可以根据磋商情况退出磋商。采购人、采购代理机构应当退还退出磋商的供应商的磋商保证金。"

解读：鉴于本条第二款的规定,在磋商项目中经过磋商,不同技术方案经表决,少数服从多数,少数方案的供应商参加最后报价可能就无意义。也有供应商在磋商中有其他理由不愿参加竞争,法律规定可以在提交最后报价前退出并按照撤回要约处理；采购人退还其保证金。

⑨ 评审小组综合性评分、提交评标报告推荐成交候选人。

214号文件第二十三条："经磋商确定最终采购需求和提交最后报价的供应商后,由磋商小组采用综合评分法对提交最后报价的供应商的响应文件和最后报价进行综合评分。

综合评分法,是指响应文件满足磋商文件全部实质性要求且按评审因素的量化指标评审得分最高的供应商为成交候选供应商的评审方法。"

解读：在确定需求最后报价后进行综合评分是磋商办法和谈判办法在程序规则上最大的不同。本条第二款是对综合评分法的定义：实质响应的基础上评审量化得分最高。

214号文件第二十四条："综合评分法评审标准中的分值设置应当与评审因素的量化指标相对应。磋商文件中没有规定的评审标准不得作为评审依据。

评审时,磋商小组各成员应当独立对每个有效响应的文件进行评价、打分,然后汇总每个供应商每项评分因素的得分。

综合评分法货物项目的价格分值占总分值的比重(即权值)为30%~60%,服务项目的价格分值占总分值的比重(即权值)为10%~30%。采购项目中含不同采购对象的,以占项目资金比例最高的采购对象确定其项目属性。符合本办法第三条第三项的规定和执行统一价格标准的项目,其价格不列为评分因素。有特殊情况需要在上述规定范围外设定价格分权重的,应当经本级人民政府财政部门审核同意。

综合评分法中的价格分统一采用低价优先法计算,即满足磋商文件要求且最后报价最低的供应商的价格为磋商基准价,其价格分为满分。其他供应商的价格分统一按照下列公式计算：

$$磋商报价得分 = (磋商基准价/最后磋商报价) \times 价格权值 \times 100$$

项目评审过程中,不得去掉最后报价中的最高报价和最低报价。"

解读：本条第一款规定了分值设置原则为与评审因素量化指标相对应；如质量标准30分,其评审因素分解性能、稳定、可靠等因素分值量化对应；评审依据为：没有规定的不能作为依据。

防止磋商小组权力滥用。

第二款规定了打分的规则，即专家评价在前两阶段充分沟通的基础上，独立评价打分汇总体现评价的公正公平。

第三款沿用政府采购18号令关于综合评分法的相关规定对货物和服务的价格因素做了适当限制。但对非价格因素差异巨大的标的物的采购做了例外规定。对于"（三）因艺术品采购、专利、专有技术或者服务的时间、数量事先不能确定等原因不能事先计算出价格总额的；"购买的原因主要是非价格因素，非价格因素的差异的比较是购买"标的"的决定因素，同理对于统一价格的标的物来讲，价格不是选择供应商的因素，基于此，法律做了上述规定。本款还对特殊项目需要对规定价格因素做例外规定的管理：需要同级市财政部门批准。

本条第四款是关于计分的规则，在综合评分法中如何准确确定基准价。（经评审最低投标价的难点是如何准确确定低于成本。）本条沿用18号令的规则：有效最低价价为基准价。由于磋商办法适用办法供应商一般人数有限，办法没有取消一个最高价、一个最低价。

214号文件第二十五条："磋商小组应当根据综合评分情况，按照评审得分由高到低顺序推荐3名以上成交候选供应商，并编写评审报告。符合本办法第二十一条第三款情形的，可以推荐2家成交候选供应商。评审得分相同的，按照最后报价由低到高的顺序推荐。评审得分且最后报价相同的，按照技术指标优劣顺序推荐。"

解读：磋商办法定标的依据是综合分值因此评标报告必须排队，本条规定了得分相同的依次排队规则。

214号文件第二十六条："评审报告应当包括以下主要内容：

（一）邀请供应商参加采购活动的具体方式和相关情况；

（二）响应文件开启日期和地点；

（三）获取磋商文件的供应商名单和磋商小组成员名单；

（四）评审情况记录和说明，包括对供应商的资格审查情况、供应商响应文件评审情况、磋商情况、报价情况等；

（五）提出的成交候选供应商的排序名单及理由。"

214号文件第二十七条："评审报告应当由磋商小组全体人员签字认可。磋商小组成员对评审报告有异议的，磋商小组按照少数服从多数的原则推荐成交候选供应商，采购程序继续进行。对评审报告有异议的磋商小组成员，应当在报告上签署不同意见并说明理由，由磋商小组书面记录相关情况。磋商小组成员拒绝在报告上签字又不书面说明其不同意见和理由的，视为同意评审报告。"

解读：关于评审报告的规定基本按照招标法规的规则确定。其中，无理由不签字视为同意。

⑩ 采购人确认评标报告确定成交人公告发通知书。

214号文件第二十八条："采购代理机构应当在评审结束后2个工作日内将评审报告送采购人确认。

采购人应当在收到评审报告后5个工作日内，从评审报告提出的成交候选供应商中，按照排序由高到低的原则确定成交供应商，也可以书面授权磋商小组直接确定成交供应商。采购人逾期未确定成交供应商且不提出异议的，视为确定评审报告提出的排序第一的供应商为成交供应商。"

解读：本条第一款规定了报告送交采购人的时间：2个工作日；第二款规定了确定成交商的程序：5个工作日内。这同74号令的规定一致。尽可能提高采购效率。

214号文件第二十九条："采购人或者采购代理机构应当在成交供应商确定后2个工作日内，在省级以上财政部门指定的政府采购信息发布媒体上公告成交结果，同时向成交供应商发出成交通知书，并将磋商文件随成交结果同时公告。成交结果公告应当包括以下内容：
　　（一）采购人和采购代理机构的名称、地址和联系方式；
　　（二）项目名称和项目编号；
　　（三）成交供应商名称、地址和成交金额；
　　（四）主要成交标的的名称、规格型号、数量、单价、服务要求；
　　（五）磋商小组成员名单。
　　采用书面推荐供应商参加采购活动的，还应当公告采购人和评审专家的推荐意见。"

　　解读：本条规定与 74 号令第十八条的规定基本相同。第一款首先规定了公告和发成交通知书的时间：确定成交供应商 2 个工作日内。其次，规定了公告的法定内容。第二款规定了对推荐供应商项目的公示要求，保证推荐的公平公正接受社会监督。

　　⑪ 签订书面合同。
　　214 号文件第三十条："采购人与成交供应商应当在成交通知书发出之日起 30 日内，按照磋商文件确定的合同文本以及采购标的、规格型号、采购金额、采购数量、技术和服务要求等事项签订政府采购合同。

　　采购人不得向成交供应商提出超出磋商文件以外的任何要求作为签订合同的条件，不得与成交供应商订立背离磋商文件确定的合同文本以及采购标的、规格型号、采购金额、采购数量、技术和服务要求等实质性内容的协议。"

　　解读：本条的磋商办法第一款规定了签订合同的法定时间和内容要求：采购标的、规格型号、采购金额、采购数量、技术和服务要求等事项是构成合同的基本条款。第二款规定了签订合同环节的禁止性规定：两个不得，一是不得设置签订合同的任何前置条件；二是不得签订违背合同实质内容的其他协议，以维护政府采购的严肃性，保护国家、社会和当事人合法权益。

　　214 号文件第三十一条："采购人或者采购代理机构应当在采购活动结束后及时退还供应商的磋商保证金，但因供应商自身原因导致无法及时退还的除外。未成交供应商的磋商保证金应当在成交通知书发出后 5 个工作日内退还，成交供应商的磋商保证金应当在采购合同签订后 5 个工作日内退还。

　　有下列情形之一的，磋商保证金不予退还：
　　（一）供应商在提交响应文件截止时间后撤回响应文件的；
　　（二）供应商在响应文件中提供虚假材料的；
　　（三）除因不可抗力或磋商文件认可的情形以外，成交供应商不与采购人签订合同的；
　　（四）供应商与采购人、其他供应商或者采购代理机构恶意串通的；
　　（五）磋商文件规定的其他情形。"

　　解读：本条第一款规定了退还保证金的规定：分发成交通知书和签订书面合同两个时间点的 5 个工作日内退还给未成交人和成交人。但没有规定未按规定的处罚规定，如 18 号令规定未按规定退还的处罚：按照同期银行贷款利息加 20%。第二款规定了违反约定不退还保证金的 5 项规定。其中第（二）、第（四）项属于违法行为。第（一）、第（三）项属于民事违约行为，第五项是兜底条款可以有磋商文件另行约定。

　　214 号文件第三十二条："除资格性检查认定错误、分值汇总计算错误、分项评分超出评分标准范围、客观分评分不一致、经磋商小组一致认定评分畸高、畸低的情形外，采购人或者采购代理机构不得以任何理由组织重新评审。采购人、采购代理机构发现磋商小组未按照磋商文件规定的评审标准进行评审的，应当重新开展采购活动，并同时书面报告本级财政部门。

　　采购人或者采购代理机构不得通过对样品进行检测、对供应商进行考察等方式改变评审结果。"

解读：磋商办法和谈判办法相比，扩大了采购人（代理机构）重新组织评审的权利。除了资格认定和计算错误两项外，第三超出标准打分和第四项客观分不客观的认定也比较容易识别，难点在第五项。"经磋商小组一致认定评分畸高、畸低的"这条规定执行有较大的空间，如何判定畸高、畸低应允许小组成员交换意见，如某项指标专家的自由裁量有10分的空间，那么专家打0分和10分都不能认定为畸高、畸低，打0分的专家从环保考虑、打10分的专家从效益考虑，因此，这里必须经过讨论取得一致意见，而不能凭少数服从多数的原则认定。

214号文件第三十三条："成交供应商拒绝签订政府采购合同的，采购人可以按照本办法第二十八条第二款规定的原则确定其他供应商作为成交供应商并签订政府采购合同，也可以重新开展采购活动。拒绝签订政府采购合同的成交供应商不得参加对该项目重新开展的采购活动。"

解读：本条是对成交供应商拒绝签订合同的规定，在招标采购相关法规一般都规定，在第一名拒绝合同的处理办法：依次递补或重新组织采购。该法没有对重新组织采购的条件作出规定，但明确了不允许违约的供应商参加同一项目的磋商。

214号文件第三十四条："出现下列情形之一的，采购人或者采购代理机构应当终止竞争性磋商采购活动，发布项目终止公告并说明原因，重新开展采购活动：

（一）因情况变化，不再符合规定的竞争性磋商采购方式适用情形的；

（二）出现影响采购公正的违法、违规行为的；

（三）除本办法第二十一条第三款规定的情形外，在采购过程中符合要求的供应商或者报价未超过采购预算的供应商不足3家的。"

解读：本条磋商办法规定了应当终止可以重新开展磋商获得的情形。其中第三项对应采购法第三十六第一项（不足3人），但是对科技成果转化的项目做了除外规定。

214号文件第三十五条："在采购活动中因重大变故，采购任务取消的，采购人或者采购代理机构应当终止采购活动，通知所有参加采购活动的供应商，并将项目实施情况和采购任务取消原因报送本级财政部门。"

解读：本条磋商办法是取消采购活动的情形，对应《政府采购法》第三十六条第四项。法律规定，如果活动取消采购人的法定义务：一是通知供应商，二是向财政部门报告，包括任务实施情况和活动取消原因。

2. 竞争性磋商和其他类似采购方式的区别

（1）竞争性磋商和两阶段招标的区别。

《条例》第三十条规定："对于技术复杂或者无法精确拟定技术规格的项目，招标人可以分两阶段进行招标。

第一阶段，投标人按照招标公告或者投标邀请书的要求提交不带报价的技术建议，招标人根据投标人提交的技术建议确定技术标准和要求，编制招标文件。

第二阶段，招标人向在第一阶段提交技术建议的投标人提供招标文件，投标人按照招标文件的要求提交包括最终技术方案和投标报价的投标文件。

招标人要求投标人提交投标保证金的，应当在第二阶段提交。"

招标第一阶段分4个步骤：①征询技术建议；②提交技术建议；③评价和选择技术方案和建议；④编制招标文件。

招标第二阶段向提交技术建议的潜在投标人发出招标文件，依照法定招标程序组织招标。

磋商办法与两阶段招标办法相比是一样的，首先要确定需求，其次通过竞争手段取得合同的程序规则。即第一阶段解决买什么，第二阶段解决买谁的。但磋商办法主要用在政府采购法规范的项目，且在文件编制、程序规则有许多不同。

① 使用范围增加。在规格型号和价格难以确定等情况复杂的项目中，增加了政府采购的服务项目；增加了科研项目和招标法没有规范的政府工程项目。

② 采购文件不同。两阶段招标按照招标投标法及其条例的规定编制招标文件，其中内容法定，依法必须招标的项目需采用标准文本。而磋商办法规定的磋商文件依照该办法第九条、第十条规定编制。

③ 采购程序不同。两阶段招标依照招标投标程序招标，其中最大的不同就是采购标的明确后报价是一次性的；竞争性磋商可以在谈判结束后再次报价，评分采用了类似公开招标的"综合评分法"，又区别于竞争性谈判的"最低价成交"。

（2）竞争性磋商和竞争性谈判适用范围的区别。

两类方法适用范围如表 11-2 所示。

表 11-2　竞争性谈判和磋商适用条件对比表

竞争性谈判适用条件	竞争性磋商适用情况
（一）招标后没有供应商投标或者没有合格标的或者重新招标未能成立的	（一）政府购买服务项目
（二）技术复杂或性质特殊，不能确定详细规格或者具体要求的	（二）技术复杂或者性质特殊，不能确定详细规格或者具体要求的
（三）非采购人所能预见的原因或者非采购人拖延造成采用招标所需时间不能满足用户紧急需要的	（三）因艺术品采购、专利、专有技术或者服务的时间、数量事先不能确定等原因不能事先计算出价格总额的
（四）因艺术品采购、专利、专有技术或者服务的时间、数量事先不能确定等原因不能事先计算出价格总额的	（四）市场竞争不充分的科研项目，以及需要扶持的科技成果转化项目
	（五）按照招标投标法及其实施条例必须进行招标的工程建设项目以外的工程建设项目

从表 11-2 可以看出两种办法解决问题的思路不同。①谈判办法解决三类问题：一是人不够；二是情况复杂（包括技术参数和价格）；三是时间不够。②磋商办法没有解决时间紧迫的任务要求，其余的条件相同，主要是解决政府采购的服务项目，办法对服务项目的范围没有任何限制条款，尽可能满足政府采购服务的需要。

服务是一种过程、一种活动、一种流程，甚至是一种体验；服务与其他种类商品最大的区别之处在于服务大都是无形的，一般无法被使用者触摸或用肉眼看见；服务的生产与消费过程是流动的，其价值与成果实现于生产和消费过程之中；等等。

服务采购的最大特点就是其非价格因素差异巨大。

二、《联合国贸易法委员会公共采购示范法》规范的采购方式

（一）《联合国贸易法委员会公共采购示范法》设计多种采购方法的缘由

《联合国贸易法委员会公共采购示范法》（以下简称《公共采购示范法》）规定的采购方式包括公开招标等 10 种方法，所列方法和安排是针对采购实务中可能出现的各种情形设计的。其目的是使采购实体在如何进行采购程序时考虑到所要采购的是什么（标的）、市场情况（潜在供应商数量、市场集中度、市场竞争程度）、紧急程度，以及适当的技术水平（如评价电子采购是否适当）。不言而喻，只要具备条件，都应选择公开招标的方式。其他采购方法旨在适合从现成物品到十分复杂的产品等可能不宜采用公开招标的各种物项和服务的采购。其中一些方法是基于

招标的方法（其他采购方法范围内的限制性招标、两阶段招标和开放式框架协议），这些方法要求根据技术规格描述采购标的，采购实体保留对技术解决办法的控制和责任。一些方法是征求建议书方法（不通过谈判征求建议书、通过对话征求建议书，以及通过顺序谈判征求建议书），采购实体籍此征求供应商或承包商的建议书以满足其需要，这些需要均写成最低限技术要求和标准。在这些方法中，供应商或承包商负责确保其提出的解决办法能够确实满足采购实体的需要。还有一些其他方法的结构较松散，规范性较弱（询价、竞争性谈判和单一来源采购），这反映出适合使用此种方法的情形特殊（价值极低采购、紧急情况、突发事件等）；这些情形不大适合或不适合使用结构严谨、规范性强的方法。

本节对除了公开招标以外的其他采购方式予以介绍。这些采购方法可供企业在制订制度招标或非招标制度规定时参考。

（二）限制类采购方式

1. 采购需求明确不符合公开招标条件的采购方式

限制性招标、询价，以及不通过谈判征求建议书等方法一般用于以下情形：采购需要很明确，不需要采购实体与供应商或承包商进行讨论、对话或谈判，而且这些方法都存在不适用公开招标的正当理由。

（1）限制性招标。

限制性招标是指采购实体可以在特殊情形下，仅邀请数目有限的供应商或承包商参加投标，类似我国的邀请招标方式。限制性招标的适用条件：一是采购标的因其高度复杂性或专门性只能从数目有限的供应商或承包商处获得；二是审查和评审大量投标书所需要的时间和费用与采购标的价值不成比例。

使用限制性招标应服从透明度保障措施，要求登载采购预告，其程序遵从公开招标的程序，但有关招标办法的程序除外。公开招标的规定大多适用于限制性招标，只在公开招标中征求投标书、公开招标中登载投标邀请书的内容和提供招标文件等方面的规定不适用于限制性招标程序。

（2）询价。

询价为采购标准化的低价值项目提供了适当的方法。

《公共采购示范法》规定了询价的使用条件：一是所采购的现成货物或服务并非按采购实体特定说明专门生产或提供，二是已有固定市场的，采购实体可以使用询价方式进行采购。询价签订的合同价不能高于预算或最高限价。

（3）不通过谈判征求建议书。

不通过谈判征求建议书适合相对标准的项目或服务的采购，这种采购不必与供应商讨论、不通过谈判征求建议书适合相对标准的项目或服务的采购，对话或谈判就可以对建议书的所有方面进行评审。如采购实体希望考虑特定技术解决方案是否有效，或者希望评价关键人员的素质等。

《公共采购示范法》规定了不通过谈判征求建议书的使用条件：采购实体需要在建议书的质量和技术方面审查和评审完成之后才对建议书的财务方面单独进行审议的，采购实体可以使用不通过谈判征求建议书的方式进行采购。

2. 采购需求不明确的采购方式

两阶段招标、通过对话征求建议书、通过顺序谈判征求建议书、竞争性谈判和单一来源采购等方法在使用上并无一种固定的方式，但它们有一个共同的特点，即采购需求不明确。采购实体需要与供应商或承包商进行讨论、对话或谈判，首先明确需求，之后进行要约。

（1）两阶段招标。

两阶段招标允许采购实体与潜在供应商从技术和质量方面讨论采购实体的需要，讨论后公布明确的采购需要和技术规格等，供应商和承包商按照该说明提交投标书。《公共采购示范法》购：

一是采购实体经评价认定，为了使采购实体的采购需要达成最满意的解决，需要与供应商或承包商进行讨论，细化采购标的说明的各个方面，并按照要求的详细程度拟订采购标的说明。

二是进行了公开招标而无人投标。

三是采购实体取消了采购，并且根据采购实体的判断，进行新的公开招标程序或者使用限制性招标程序、询价程序、不通过谈判征求建议书程序等采购方法将不可能产生采购合同。

《公共采购示范法》规范了两阶段招标的程序，基本原则是公开招标规则适用于两阶段招标，但可按照两阶段招标的特有程序做必要修改。

第一阶段征求初步投标书。招标文件应当邀请供应商或承包商在第一阶段递交初步投标书，在其中载明不包括投标价格的建议。供应商或承包商的初步投标书未根据规定被否决的，采购实体可以在第一阶段就其初步投标书的任何方面与其进行讨论。采购实体与任何供应商或承包商进行讨论时，应当给予所有供应商或承包商平等参加讨论的机会。

第二阶段的程序步骤。采购实体应当邀请初步投标书未在第一阶段被否决的所有供应商或承包商根据一套经修订的采购条款和条件递交列明价格的最后投标书。在修订有关的采购条款和条件时，采购实体不得修改采购标的，但可以细化采购标的说明的各个方面，但此种删除、修改或增列只能是由于对采购标的技术特点、质量特点或性能特点作出改动所必需的。供应商或承包商无意递交最后投标书的，可以退出招标程序而不丧失该供应商或承包商原先可能被要求提供的任何投标担保。采购实体应当对最后投标书进行评审，以确定中选投标书。

（2）通过对话征求建议书。

通过对话征求建议书的采购方法是为采购相对复杂的项目和服务而设计的程序。

《公共采购示范法》规定了使用通过对话征求建议书的条件：

"（a）采购实体根据本法第 10 条拟订采购标的详细说明不可行，而且采购实体经评价认定需要与供应商或承包商对话才能使其采购需要达致最满意的解决；

（b）采购实体寻求为科研、实验、研究或开发目的订立一项合同，但合同所涉货品产量足以确立该货品的商业可行性或足以收回研发费用的除外；

（c）采购实体认定，所选择的方法是最适合保护国家基本安全利益的采购方法；或者

（d）进行了公开招标而无人投标，或者采购实体根据本法第 19 条第 1 款取消了采购，并且根据采购实体的判断，进行新的公开招标程序或者使用本法第四章采购方法将不可能产生采购合同。"

本条明确了关于适用本办法采购的条件，以及采购合同或框架协议条款和条件的规则，该方式适用于采购标的规格型号或服务内容不明确的项目。

通过对话征求建议书的采购程序包括两个阶段：第一阶段，采购实体发出邀请书，对采购实体的需要作出说明，这些都是指导供应商拟订建议书的条款和条件。第二阶段，程序中包含对话，对话结束时供应商和承包商提出可满足这些需要的最佳和最终报盘。《公共采购示范法》对使用通过对话征求建议书的采购程序加以规范，具体程序包括以下内容。

① 邀请书。《公共采购示范法》规定采购实体应登载参加通过对话征求建议书程序的邀请书，并规定了邀请书必须包含的最低限度内容。

② 资格预选。采购实体可以向其征求建议书的供应商或承包商数目进行预选程序。预选文

件应当列明通过预选的供应商或承包商的最高人数限制,以及选定这一限数的方式。在确定这一限数时,采购实体应当考虑到确保有效竞争的必要性。采购实体应当按照预选邀请书和预选文件中列明的排名方式,对符合预选文件列明的标准的供应商或承包商进行排名。采购实体预选的取得最佳排名的供应商或承包商,应当限于预选文件所列明的最高限数,但如有可能至少应为3个。

③ 征求建议书。《公共采购示范法》要求采购实体符合要求的供应商发出征求建议书,并规定了征求建议书应包含的内容。

④ 对话。凡是递交了具响应性建议书的供应商或承包商,采购实体均应在所适用的任何最高限数之内邀请其参加对话。采购实体应当分派若干位相同代表,在同一时间进行对话。对话过程中,采购实体不得修改采购标的、任何资格标准或评审标准以及任何最低限要求,不得修改采购标的说明的任何要素,也不得修改不属于建议征求书所列明的对话内容的任何采购合同条款或条件。

⑤ 授标。中选报盘应当是按照建议征求书列明的建议书评审标准和程序确定的最符合采购实体需要的报盘。采购合同应当授予中选报盘,中选报盘应当根据建议征求书中规定的建议书评审标准和程序加以确定。

(3) 通过顺序谈判征求建议书。

《公共采购示范法》规定了通过顺序谈判征求建议书的使用条件。即采购实体需要在建议书的质量和技术方面审查和评审完成之后才对建议书的财务方面单独进行审查,而且采购实体经评价认定需要与供应商或承包商进行顺序谈判才能确保采购合同的财务条款和条件为采购实体接受的,采购实体可以使用通过顺序谈判征求建议书的方式进行采购。

该采购程序:①建议书的技术特点、质量特点和性能特点达到或超过有关的最低限要求的,该建议书应当视为具响应性。采购实体应当按照建议征求书列明的建议书评审标准和程序对每项具响应性建议书进行排名,并应当:

"(a) 迅速向每一个递交了具响应性建议书的供应商或承包商告知其各自建议书技术特点、质量特点和性能特点的得分和排名;

(b) 邀请按照这些标准和程序取得最佳排名的供应商或承包商就其建议书的财务方面进行谈判;并且

(c) 告知递交了具响应性建议书的其他供应商或承包商,可能考虑在与排名靠前的一个或多个供应商或承包商谈判未产生采购合同的情况下就其建议书进行谈判。"

② 如果采购实体认为与根据本条第 2 款 (b) 项邀请的供应商或承包商谈判显然不会产生采购合同,采购实体应当通知该供应商或承包商将终止谈判。

③ 采购实体随后应当邀请排名次高的供应商或承包商进行谈判;如果与该供应商或承包商谈判未产生采购合同,采购实体应当根据排名顺序,邀请其他仍然参加采购程序的供应商或承包商进行谈判,直至达成采购合同或否决其余所有建议书。

④ 谈判过程中,采购实体不得修改采购标的;不得修改任何资格标准、审查标准或评审标准,包括所规定的任何最低限要求;不得修改采购标的说明的任何要素;除属于建议征求书所列明的谈判内容的建议书财务方面之外,也不得修改采购合同条款和条件。

⑤ 采购实体与任何供应商或承包商终止谈判后不得与其重新进行谈判。

(4) 竞争性谈判。

竞争性谈判是只能用于紧急情况、灾难事件和保护颁布国的基本安全利益等例外情形的采购方法。《公共采购示范法》规定了竞争性谈判的使用条件,在下列情况下,采购实体可以进行竞争性谈判:

① 对采购标的存在紧迫需要,使用公开招标程序或者其他任何竞争性采购方法都将因使用

这些方法所涉及的时间而不可行，条件是造成此种紧迫性的情形既非采购实体所能预见，也非采购实体办事拖延所致。

② 由于灾难性事件而对采购标的存在紧迫需要，使用公开招标程序或者其他任何竞争性采购方法都将因使用这些方法所涉及的时间而不可行。

③ 采购实体认定，使用其他任何竞争性采购方法均不适合保护国家基本安全利益。

该采购程序与我国的竞争性谈判程序基本相同，但是该法明确规定采购实体不得就供应商或承包商提出的最佳和最终报盘与其进行谈判。即最终报价后不得再谈判，同时规定，"中选报盘应当是最符合采购实体需要的报盘"。没有规定必须最低价中标。

(5) 单一来源采购。

《公共采购示范法》规定了单一来源采购的使用条件。

① 包括采购标的只能从某一供应商或承包商获得，或者某一供应商或承包商拥有与采购标的相关的专属权，所以不存在其他合理选择或替代物，并且因此不可能使用其他任何采购方法。

② 由于灾难性事件而对采购标的存在极端紧迫需要，使用其他任何采购方法都将因使用这些方法所涉及的时间而不可行。

③ 采购实体原先向某一供应商或承包商采购货物、设备、技术或服务的，现因为标准化或者由于需要与现有货物、设备、技术或服务配套，在考虑到原先采购能有效满足采购实体需要、拟议采购与原先采购相比规模有限、价格合理且另选其他货物或服务代替不合适的情况下，采购实体认定必须从原供应商或承包商添购供应品；采购实体认定使用其他任何采购方法均不适合保护国家基本安全利益。

④ 向某一供应商或承包商采购系实施本国社会经济政策所必需，条件是向其他任何供应商或承包商采购不能促进该政策，但须经颁布国指定的审批机关的名称批准，并且事先发布公告并有充分机会进行评议。

(三) 电子逆向拍卖和框架协议程序

1. 电子逆向拍卖

电子逆向拍卖涉及供应商或承包商在规定期限内相继提交出价，以及利用信息和通信技术系统自动评审这些出价，直至确定中选出价人。

《公共采购示范法》规定了电子逆向拍卖方式进行采购的使用条件：

① 包括采购实体拟订采购标的详细说明是可行的。

② 存在着供应商或承包商的竞争市场，预期有资格的供应商或承包商将参加电子逆向拍卖，从而可确保有效竞争。

③ 并且采购实体确定中选提交书所使用的标准可以量化，且可用金额表示。

采购实体也可以在根据规定酌情使用的采购方法中，使用作为授予采购合同前一个阶段的电子逆向拍卖，或在有第二阶段竞争的框架协议程序中为授予采购合同而使用电子逆向拍卖。只有满足采购实体确定中选提交书所使用的标准可以量化，且可用金额表示的条件时，才可使用电子逆向拍卖。

电子逆向拍卖结束后的要求：

① 从中选出价应当是电子逆向拍卖结束时的最低出价或最有利出价，以适用者为准。

② 在使用拍卖方式的采购中，拍卖之前不对初步出价进行审查或评审的，采购实体应当在拍卖之后确定中选出价的响应性和递交了该出价的供应商或承包商的资格。采购实体认为该出价

不具响应性，或者认为递交该出价的供应商或承包商不合格的，应当否决该出价。在不影响采购实体根据本法第 19 条第 1 款取消采购的权利的情况下，采购实体应当选择拍卖结束时的次低出价或次有利出价，条件是确定该出价具响应性并且确定递交该出价的供应商或承包商合格。

③ 采购实体认为拍卖结束时的中选出价异常偏低，由此引起采购实体对该出价递交人履行采购合同能力关切的，采购实体可以采用本法第 20 条所说明的程序。如果采购实体根据本法第 20 条以其价格异常偏低否决该出价，采购实体应当选择拍卖结束时的次低出价或次有利出价。本规定不影响采购实体根据本法第 19 条第 1 款取消采购的权利。

2．框架协议程序

框架协议程序是指在一段时期内进行的两阶段采购方法：第一阶段甄选将加入与采购实体的框架协议的一个或多个供应商或承包商，第二阶段将框架协议下的采购合同授予已加入框架协议的一个供应商或承包商。《示范法》规定了框架协议程序的使用条件：

① 对采购标的的需要预计将在某一特定时期内不定期出现或重复出现。

② 或者由于采购标的的性质，对该采购标的的需要可能在某一特定时期内在紧急情况下出现。采购实体认定有上述情形之一的，可以进行框架协议程序。

采购实体应当在本法第 25 条要求的记录中载列关于采购实体使用框架协议程序和所选择的框架协议类型所依据的理由和情形的说明。

《公共采购示范法》规定框架协议采购在符合公开招标的情形下可以用公开招标的方式进行框架协议采购；如不满足招标条件也可依照相应条件的采购方式采购。

框架协议分为封闭框架协议和开放框架协议两种形式。其中，开放式框架协议的确立和维持采购实体应当在网上进行；此外，开放式框架协议应当就授予开放式框架协议下采购合同的第二阶段竞争作出规定；在开放式框架协议整个运作期间，采购实体应当至少每年重新登载加入开放式框架协议邀请书，并应确保对框架协议条款和条件以及与框架协议运作有关的其他任何必要信息的不受限制、直接和充分查取。

表 11-1 公共采购示范法各种采购方式汇总表

	采购方式	方法特点	适用条件
标的明确、文件不能修改	公开招标	默认办法	标的明确、竞争、交易成本、时间允许
	限制性招标	人数有限、费用过高	公开的替代
	询价	解决标准化的低值采购	
	不通过谈判征求意见书	采购复杂项目主要考虑质量和技术条件、质量和功效特性	如涉及人的素质评价
采购标的或过程需要讨论、对话、和谈判的方式	两阶段招标	技术、质量和性能特点以及审查和评审投标书的标准可以修改细化标准，形成统一技术规格	如机械设备供应和安装、公路修建和专业车辆采购
	通过对话征求建议书	除提出最低限技术要求之外，供应商提出不同方案。对话不会产生单一套通用技术规格。采购人对各种建议评审	提供工程技术方法和范围不同的设施，涉及不同的商业问题，以及市场正在迅速扩大的某种高技术的采购
	通过顺序谈判征求建议书	在对话基础上再进行价格谈判	适合专为采购实体设计的采购"标的"的采购
	竞争性谈判	主要解决时间紧迫问题	
	单一来源	竞争性谈判的最后方式	时间紧、配套和国家安全等
电子在线采购	电子逆向拍卖	必须有数学计算公式用于及时评审；效率高，成本低	最适合常用货物和服务并以价格为主要中选条件的
制度安排	框架协议	一般需要两阶段	不定期重复采购或遇到紧急情况突然需要采购

三、议标采购方式的思考

(一) 分橙子故事的启示

有位妈妈把一个橙子分给邻居的两个孩子,怎样分才能公平呢?

(1) 一个孩子切,另一个孩子有优先选择权,这样能达到两者的效用最大化吗?

(2) 第一个孩子的方法是把橙子拿到家,把皮剥掉扔进垃圾桶,把果肉放在果汁机上打果汁喝;另一个孩子的方法是回到家把果肉扔到垃圾桶,把橙子皮留下来磨碎了,混在面粉里烤蛋糕吃。早知道这样,两个孩子在分前沟通一下多好。

(3) 如果两个孩子充分交流各取所需,或允许多个方案出现。可能的一种情况就是两个孩子想办法把果肉和果皮分开,一个拿到果肉去喝果汁,一个拿到果皮去烤面包。

然而,也可能经过沟通后是另外一种情况。恰好有一个孩子又想喝果汁又想烤面包。这时如何能创造价值就非常重要了。

(4) 想要整个橙子的孩子提议,可以将其他问题拿出来一起谈。他说:"如果把这个橙子全部给我,你上次欠我的棒棒糖就不用还了。"其实,他的牙已经被蛀得一塌糊涂,父母上星期就不让他吃糖了。另一个孩子想了想,很快就答应了,他刚从父母哪儿要了5元钱准备买糖还债,这次他可以用这5元钱去打游戏,才不在乎这酸溜溜的橙汁呢。

专家点评: 两个孩子的思考妥协的过程就是双方不断沟通创造价值的过程,满足各自利益的过程。在采购活动中,市场经济的产权属性决定了交换的平等互利和有偿性。有商品交换就有商务谈判,谈判是人们合作最主要的形式。

(二) 议标采购制度

1. 定义

作者认为议标是指在采购需求确定的条件下采购实体通过既定程序通过沟通谈判多轮报价最终确定合同相对人的一种采购方式。

议标的采购需求明确。这点与《公共采购示范法》规定的限制性招标相同,所不同的是程序相对宽泛。议标的程序和竞争性谈判相似,可以反复沟通(包括价格调整),但竞争性谈判的采购需求不明确或不具备招标条件,需要谈判确定。这是竞争性谈判和议标的主要区别。

议标和询价的主要差别除了询价需要一次报出不可更改的报价外,主要是议标的采购需求因素一般较为复杂。议标和单一来源采购方式相似,即采购需求明确且价格也可以反复沟通,不同的是在议标采购中,符合条件的供应商可能不止一家,而在单一来源谈判采购中由于各种原因,合同相对方只有一家。

议标和竞争性磋商的不同表现在前者采购需求明确,后者需要谈判确定;其次,前者程序灵活,后者有严格程序规定,且谈判结束报价后还需要由评审专家综合评审(打分)。

因此,议标是一种独特的采购方式。基于采购需求明确,且有一定程序规则,议标也可以视为一种招标的方式。

2. 议标采购方法的特点[①]

(1) 议标是商主体实施的商行为。

议标的招标人和投标人都是"依照法律规定参与商事法律关系,能够以自己的名义从事商行

[①] 本节引自北京建筑大学法学院副院长李志国博士论文《强制招标与有条件议标制度契合研究》。引用时有删节和修改。

为，享受权利和承担义务的人"。因此招标人和投标人都是商主体，认定其为商主体，具有法律上的意义，"商主体是一种特殊的法律人格体，它既关系到商法的调整范围和法律的适用，又关系到商主体的专门保护和商法的价值取向"。其价值无论西方还是东方，无论社会主义还是资本主义，只要搞市场经济和法治，都可以引入有条件议标制度，特别是在互联网采购的基础上，更有利于发挥其功能和价值。

（2）议标制度属于中性制度，根植于市场，完善于企业采购。

议标和公开招标、邀请招标制度的相同点都是在采购需求明确的条件下，通过竞争性程序确定中标人，但是其竞争性随公开招标、邀请招标、议标而弱化。换句话说招标人的自由裁量权越来越大。其监督成本相对增加。因此其使用范围应有一定的条件。

在企业内部一般对于非强制招标的工程建设项目可以采用议标的方式。此外，实践中属于研究、试验或实验及有待完善的项目承包合同；处于紧急情况或紧迫需求的项目；秘密工程；属于国防需要的工程；少数保密性较强而不适合公开招标或邀请招标的工程，以及工程所在地区偏僻而很少有施工单位前来投标的工程。也应当允许采用议标形式。《招标法》及其《条例》规定了应当招标可以不招标的条款，凡是不强制招标的均可采用议标的方式采购。

（3）议标符合交易谈判的基本属性。

议标主要是"议"；议的对象是"标"，有标就表示采购需求明确。在此前提下，议的结果主要依赖谈判的艺术。美国空军采购指南认为："谈判采购是通过讨价还价就诸如发货、技术规格、价款和交易术语等合同要件达成共识的艺术。由于谈判中的因素相互关联，谈判艺术要求运用判断、智谋和常识，因此有效的谈判员一定是一位真正的采购员，他必须留意同卖方进行讨价还价的可能性。只有通过注意相互间讨价还价的力量，谈判员才能知道何时坚持自己的价格或条件，何时作出让步。"

（4）议标的主要优点：一是议标的程序有一定的灵活性；二是议标具有一定的竞争性；三是议标的程序简单高效；四是议标方式可以澄清条款，降低标价或优化标书条件。

招标人通过"比价"竞争，可以实现自身利益最大化，而该最大化的成果又不是单方面作出，而是和投标人反复谈判妥协的结果，反映了当事人的意思自治，体现了机会公平，从程序上保障了结果的公平性。

（三）议标采购制度的渊源

1. 一般市场的交易法则

日常交易行为是"一对一成交"，可以分为 8 个阶段。以买卖为例，根据生活经验可知：一个买卖往往要经过初步接洽、资格审查、要约邀请、要约（初次的）、讨价还价（商业澄清）、新要约邀请与新要约、承诺、履行承诺等阶段。俗称：八分法。

（1）初步接洽。

关于初步接洽，并不是一个规范的法律概念。胡福庭认为："初步接洽也叫'破冰'。这个阶段销售人员与客户往往从未见面，即使有电话预约，也只能知道对方的姓名与办公地点等信息。因此，初步接洽必须确认对方，其中包括确认对方是否是电话预约要找的人，是否有决策权等。初步接洽是获得相关信息，并对信息整合以备作出判断的重要一环，比如通过初步接洽，了解相关交易背景、所需产品或者服务的供给信息，产品或者服务宣传的信息等市场相关情况，初步建立互信，为下一步决策或者行动提供判断基础。

（2）资格审查。

日常生活中交易中的资格审查与投标资格预审含义相似，即经过初步接洽，如果筛选出潜在的交易伙伴，经过初步接洽以后，有继续进行交易的意愿，就需要进行履约能力判断在招标程序称之为资格预审，如果认为对方适格，则向对方发出要约邀请，邀请对方发出要约邀请。如果认为对方不适格，则可以终止交易，交易到此结束。

（3）要约邀请。

"要约邀请是指一方向他方发出的希望他方向自己发出要约的意思表示。"[①]接到要约邀请的一方如果有意继续进行交易，则可以向对方发出要约。要约邀请可以分为两类。一类是提出交易条件的要约邀请。还有一类是未提出交易条件的要约邀请，"询价"就是如此。

（4）要约。

所谓"要约是指希望和他人订立契约的意思表示。"[②]具体来讲，构成要约的意思表示需要具体明确，并且表明要约人受自己发出要约的约束（尽管这种表明可能是明示的，也可能是默示的，但按照诚信原则推导，可以确信确实"表明"这一意思表示是客观存在），即一旦受要约人表示承诺，合同即告成立，要约人不得进行反悔。

（5）商业澄清（又称讨价还价）。

商业澄清不是一个规范的法学概念，交易过程中，每一次讨价或者还价都是一个全新的要约，受要约人可以对他人发出的要约进行修改，此为新要约，即通常所说的讨价还价。讨价还价并没有法定的次数限制，讨价还价的过程往往就是对买卖契约涉及的条款，如标的物的规格以及型号、价款、交货及付款的时间地点等进行磋商的过程，这一过程就是典型的商业澄清。

应当从法律的角度分析商业澄清的操作过程，理由在于：合同成立的过程是双方意思表示达成一致的过程，合同的内容是要约、新要约和承诺中意思表示达成一致的部分，而这部分的确定取决于每一对要约和新要约中的共性成分。因此，对商业澄清做好记录备查就显得尤为重要。

（6）承诺。

受要约人完全接受要约，发出同意与对方订立契约的意思表示，即为承诺。

（7）契约成立。

"从契约订立的目的和过程看，是当事人为满足私人的目标而欲达到一定的法律效果的合意。欲缔结契约的当事人各自怀有不同的目标和需要，经过讨价还价和充分的协商，即经过要约、反要约、再要约、承诺的复杂过程达成一致时，契约即告成立。由此可见，契约的成立完全是个人之间的事情，是每个缔结契约的当事人对自己利益和义务的衡量和肯定。这就使得其与生效严格地区分开来，因为生效是国家或法律以一个管理者和统治者的身份，以国家和社会的利益为尺度，对缔结契约的当事人之间已经成立的契约进行评价，决定是否让其产生缔结契约的当事人希望发生的效果。如果当事人间已经成立的契约有悖国家或社会利益，应否定其效力。可见，生效已不再是私人之间的事情了。"[③]由此可见，契约成立强调的是一个事实判断，原则上考察双方当事人的意思表示是否达成一致。"承诺生效时，合同即告成立。"[④]这是原则规定，但有例外，合同如果属于实践性合同，不仅需要承诺生效，还需标的物的交付，合同方为成立。所谓"实践性合同，又称要物合同，是指除双方当事人意思表示一致以外，尚需交付标的物或者完成其他给付才能成立的合同。"[⑤]

所谓合同的成立，是指当事人之间就合同的主要内容协商一致。一般认为，"合同的成立只

[①]《合同法》第十三条。
[②]《合同法》第十四条。
[③] 赵晓钧，《合同期前救济制度研究》，黑龙江大学硕士论文，2005年4月。
[④]《合同法》第二十五条。
[⑤] 魏振瀛，《民法》第4版，高等教育出版社、北京大学出版社，2010年，第422页。

是表明当事人之间的意思表示一致，合同具备形式上的构成要件，当事人之间形成了合同关系。[1]

因此，"合同的成立只是对合同进行形式上的考察，而非实质性的评判。故已成立的合同未必一定有效，但有效的合同一定是成立的。"[2]合同的成立较为充分地体现了当事人的自由意志。

（8）生效履行。

合同一经承诺，通常就发生法律效力，但是合同生效通常需要满足两个条件，一个是合同本身得到了法律肯定性评价，即合同有效。如果合同无效，不可能生效。另一个就是如果是附条件或者附期限的合同，需要满足条件或者期限的约定，方可生效。

"合同一旦生效即具有法律约束力，当事人应当履行合同，如果无正当理由或者不具备法律规定的免责事由而违法合同，依法应当承担法律责任。"[3]可见交易过程无论如何复杂，其实本质就是一个协商一致的过程，本身具有强烈的"议"的色彩。即使是交易额很小的最为简单的交易，客观上也存在讨价还价和货比三家的机制，初步接洽、资格预审、要约邀请、要约（初次的）、讨价还价（商业澄清）、承诺、生效履行等阶段就是这一机制的完整体现。如果某些阶段表面上没有发生，实质上并不是不存在，而是因为这些阶段被隐藏在其他阶段的后面，并未明显显示而已，或者可以理解为当事人对于自己某一阶段权利的放弃使然。

2. 市场交易具有鲜明的谈判属性

市场交易过程就是谈判的过程。从整体上来讲交易的过程，无论何种交易方式，都是一个谈判过程；从本质上来讲，是人们通过谈判获得他所期望的利益的需要。

人们进行交易总是以某种利益的满足为目标，这是建立在人们需要的基础上的，无论法人、自然人还是其他组织都是如此。"获得利益是人们进行谈判的动机，也是谈判产生的原因。"尼伦伯格指出："当人们想交换意见、改变关系或寻求同意时，人们开始谈判。这里，交换意见、改变关系、寻求同意都是人们的需要。这些需要来自于人们想满足自己的某种利益，这些利益包含的内容非常广泛：有物质的、精神的，有组织的、个人的等。当需要无法仅仅通过自身而需要他人的合作才能满足时，就要借助于谈判的方式来实现，而且，需要越强烈，谈判的要求越迫切。"

既然"合同本质上是只能通过双方当事人的行为缔结的双方交易"，那么在任何交易中，都存在着交易成本。其中，发现相对价格的工作以及交易谈判和签约谈判成本都发生在合同磋商缔结过程中，可见，合同磋商缔结过程中的成本是交易成本的主要组成部分，降低交易成本就要降低缔约阶段的成本。

3. 市场交易方式是演进的结果

交易可能是简单的、复杂的或是一般的，有的可以类型化，有的则不可以，不能因为简单交易的存在，就否定类型化的必要性，也不能因为类型化及其优点的彰显，就对所有交易都进行类型化。

人类的欲望和需求往往以个性化为常态，只不过有时程度不同而已。我们应当认识到："任何一种交易方式都是与一定的生产规模、生产方式相联系的，都是在特定的条件下形成的。交易方式既不是固定不变的，也不是可以任意选择的，有一个逐步发展、逐步完善的过程。这个过程一般表现为：从野蛮到文明、从单一到多样、从简单到复杂、从传统到现代，以适应多品种、大批量、远距离商品流通发展的需要。因此，商品交易方式既属于经济范畴，也属于历史范畴。"

"商品交易方式发展到今天，其所呈现出的灵活性和多样化，并非是一蹴而就的，而是随着

---

[1] 李克武，《合同法专题研究》，华中师范大学出版社，2011年，第64页。
[2] 王燕，《自助保险卡业务中电子保险合同的成立与生效问题研究》，上海大学硕士论文，2014年4月。
[3] 《合同法》第九十一条。

社会生产力的发展，不断创新、不断演进的结果。"多种多样的商品交易方式，互相渗透，共同结合，形成一个先后相继、互相补充、同时并存的链，并在功能互补的条件下构成一个完整的交易方式体系。

4. 市场交易方式的选择

交易本身是一个非常复杂的范畴，意味着我们在运用理性进行归纳之时，必须切忌简单化的倾向。不能认为新出现的交易方式就是最先进的，何种交易方式为优，是一个相对的概念，有其具体的时空和特定的人群等诸多条件，不能认为哪一种交易方式是高级的，其他的是低级的；也不能认为某一种交易方式只要受到立法者或者统治者的推崇，就成为高级的方式，其他方式必须从低级到高级的进化，这是不正确的理念，因为只有当事人自己才是自己利益的最好的判断者，意思自治是最好的制度安排，意思自治意味着自己责任，对于当事人的选择，无论何种结果，都是应当承受的。

对此有学者曾指出："一种习惯的形成有着其必需的外在和内在条件，外在条件就是习惯得以生成和发展的客观环境，内在条件则是人们的内在心理需求。而从习惯发展成为习惯法的条件则更加苛刻严格，它不仅要符合个体的需求，还要切合群体的利益需要。"以上观点颇有见地，本文予以采纳。

长期的交易过程中，当事人对于某些交易方式予以认可，反复使用，就会形成商事习惯，在商事习惯基础上，法律可以将其定型化，形成定型化契约。

即使交易类型复杂化，契约自由仍然发挥基础性的核心作用，契约并未衰落，"正如市场经济未衰落一样，只是在新的社会条件下获得了新的表现形式。"只要市场经济没有蜕变，契约仍将是而且应当是自由的。应当坚信，在现代契约法中，"在现代契约法中，合同自由仍然是一个最基本的出发点。"即使在公权管制下的合同，契约自由也是核心。

议标是交易方式中自然形成的一种交易类型，它作为一对多比选交易的一种和日常生活交易所蕴含的制度核心信息并无本质上的不同。因此无论人们是否喜欢它，无论它有什么优点和缺点，都不得不承认它的存在价值。

四、电子交易信息系统

（一）无收银员超市的启示

东南亚某国政局稳定、市场成熟、治安良好，基本可以做到路不拾遗夜不闭户。在此基础上为降低营业成本，该国选择一些地段设立了一批无收银员超市。顾客根据商品标注的价格自觉付款，自行从货架取货带出超市。该办法施行一段后，管理者发现，有些超市有人买东西不付钱，超市亏损严重；但有些超市营业基本正常不存在问题。管理部门对两类超市做了分析发现，发生亏损的超市有两个特点：一是地理位置一般在火车站、公交车站等人员流动的地方，其行为人难以进行信用评价；二是现场虽然有摄像头但不公开不完备。而经营正常的超市，一是建在小区附近，人员相对固定流动性不大，大家相互了解，都珍惜自己的名誉；二是该类超市有公开、完备的摄像头等监控设备，投币箱也是透明的，监督有力。对此，管理人员及时做了调整。对丢失货物的费用超过聘用收银员工资的超市改为有收银员的收款超市，对第二类超市继续进行试验。管理者认为，电子技术的应用可以降低营业成本，当顾客认为自己的言行在有效的监督视野下一般都能保持自己的操守，即使摄像探头不工作，顾客认为存在有效监督，效果也相同。

这个故事说明给我们如下启示：①即使受过良好教育的行为人，在买东西付钱这种现代社会最基本的常识性操守方面，如果缺乏信用评价和有效监督，鉴于经济人自私的本性，好人也会有利己冲动甚至会以身试法；②当少数行为人违法得不到惩处时，多数守法的人也会违法；③监督需要成本，随着技术进步，电子技术的应用在一定条件下可以降低监督成本，招标投标活动也是这样。电子技术的应用可以降低招标投标活动的监督成本，更加公开透明的程序增强了社会监督、行政监督和司法监督的有效性。

（二）电子商务和平台经济

1. 电子商务

随着信息技术与经济社会的融合日趋紧密，在某种意义上，电子商务的作用已经大大超出了商业本身，对经济发展、社会管理、商业模式、生产方式以及我们的思维和工作方式都带来了深刻影响。

电子招标采购属于电子商务的一种形式，电子商务需要相应的平台实现其特定功能，原先各类庙会、展销会等交易平台随着互联网通信技术和各种软件技术的发展以及相应法律制度的保障如电子签名法的实施蜕变成为电子平台，并在市场力量的推动下膨胀为平台经济体。平台经济的规模和水平显现了信息化社会形态的成熟度。

2. 平台经济

在互联网时代，平台经济（Platform Economics）所指是一种虚拟或真实的交易场所，平台本身不生产产品，但可以促成双方或多方供求之间的交易，收取恰当的费用或赚取差价而获得收益。平台经济是近年来快速兴起，并为全世界密切关注的一种新型经营模式。学术界称其为"双边市场"或"双边平台"。这种经营模式的最大特征是有效搭建双边或多边平台，通过这一平台来连接两类或更多类型的终端顾客，让他们进行交易或者信息交换。平台通过对产业资源、市场资源的整合，可为企业提供广阔的发展空间。

平台随着电子信息技术的发展不断更新。平台的初始阶段称之为信息平台，其显著特征是平台内只有信息流；国内绝大多数的经济平台都属于信息平台；但淘宝网、京东网属于交易平台，其显著的特征是不仅有信息流，还有资金流、物流；平台的更高级阶段是增值平台。除了信息流、物流和资金流还能产生增值服务，如银行、保险等服务。

公共资源交易平台的电子信息系统属于信息平台。

3. 电子信息系统的结构

依据发改委等部门颁布的《电子招标投标办法》公共资源交易系统分为服务信息系统、交易信息系统、监督信息系统。如图11-1所示。

电子信息系统是公共资源交易平台最重要的组成部分。依据国务院办公厅《整合建立统一的公共资源交易平台方案》（63号文）的要求，所谓整合公共资源交易平台的核心是对公共资源交易平台中信息系统的整合。

国家发改委法规司负责人在贯彻63号文的新闻发布会上指出：方案将公共资源交易平台定位为"平台"，有别于建立"公共资源交易中心"，不等同于将工程建设项目招投标、政府采购等集中到一个有形场所来办公，而是更加突出利用信息化的手段来推动交易信息、市场主体信息等资源共享，实现各领域、各行业交易信息的公开，以及监管信息的共享联动。

该文件第六条规定："中央管理企业有关电子招标采购交易系统应与国家电子交易公共服务系统连接并按规定交换信息，纳入公共资源交易平台体系。"

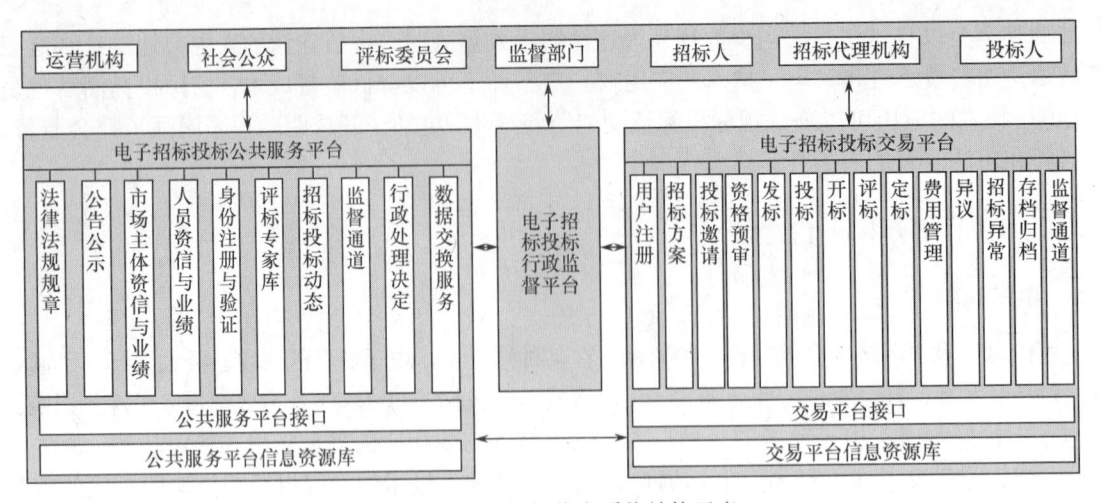

图 11-1　电子招标信息系统结构示意

4. 公共资源交易平台体系（见图 11-2）

39号令第三条规定："本办法所称公共资源交易平台是指实施统一的制度和标准、具备开放共享的公共资源交易电子服务系统和规范透明的运行机制，为市场主体、社会公众、行政监督管理部门等提供公共资源交易综合服务的体系。"

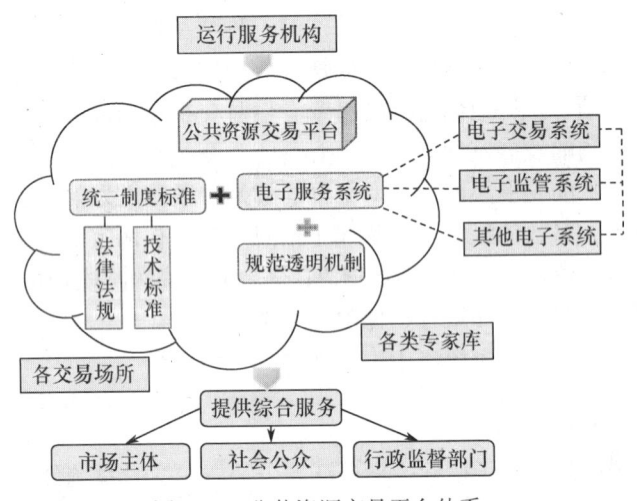

图 11-2　公共资源交易平台体系

（三）电子信息系统的创新和展望

1. 云技术在电子信息系统的全面应用

目前，国内绝大多数的电子招标采购系统如图 11-3（a）所示，其技术路线是招标采购文件由招标采购人上传至互联网，投标人或供应商通过身份识别（CA）后，从网上下载招标采购文件和相应工具至自己的计算机并编制投标或供应文件，编好后加密上传至互联网；开标后投标人或供应商输入身份识别密码（CA）对投标或供应文件解密，评标专家从网上下载到固定交易场所的计算机开始评标，评标结束后将结果上传至互联网的交易平台公示，直至在网上签订合同。政府采购活动还要求公布采购合同。这种技术路线称之为"招标采购电子化"。

这类系统的显著特征是信息流的反复传输，各种系统的质量优劣主要表现在投标文件加密、解密技术的成熟度；以及系统页面的操作方便性即模块的多种组合以及引申的智能化；还有程序链条的完整性包括需求确定至采购完成后的总结评价。作者称其为"电子采购系统№1.0"。

图 11-3（b）是目前随着市场需求和技术的发展运用而生的一种新的电子交易系统。这里所谓市场需求指，是为应对未来交易数据的空前膨胀。表现在工程建设项目 BIM 技术和货物服务 VR 技术的应用。上述两种技术的共同特点是可视化、影视化，一份招标采购或投标文件的数据传输相当于一部电影。如果沿用现有交易系统容易造成现行交易信息平台信息流的堵塞。即使通过增加前置服务器或采用先进压缩技术扩容带宽，"路修得再宽也赶不上车增加的速度"。数据不能连起来，大数据应用起来就成为了空话。所谓技术发展的应用指云计算等相关技术的成熟。2016 年 12 月 1 日环球日报刊登的《云计算时代，中国可能会抛下》的文章指出，云计算推动产业、政府和社会变革远远超过我们迄今认知的程度，它是一场宏大的社会创新，远远超过一项技术、一个企业。

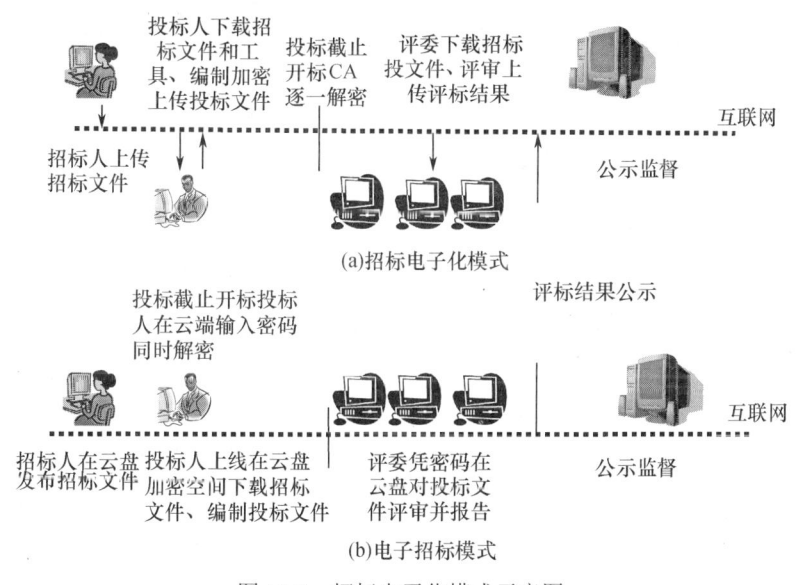

图 11-3 招标电子化模式示意图

图 11-3（b）所示的技术路线采用了云技术，其显著特征是应用云技术使数据之间的交换是"显示"而不是传输（下载），彻底解决了数据传输的堵塞弊病。如果说，第一种技术路线称之为招标采购电子化，第二种技术路线应当视为电子招标采购。

如图 11-3 第二列所示，招标采购文件上传在网上云端的一个"房间"，投标人或供应商输入身份识别密码，即可以看到招标文件和相应工具，投标人或供应商在网上云端设置的个人密闭"房间"编制投标或供应文件，其单位和个人身份绑定；开标后，投标人或供应商输入密码，"房间"打开，系统在云端开设评委"房间"，评委输入身份密码后进入各自"房间"，"房间内"可以看到所有投标（供应商）文件并在线进行评审，评审结束后将其评审结果公示或公告直至招标采购资料归档完成本次采购任务。这种路线作者称其为"电子采购系统№2.0"。

中国机械研究院采购研究中心副主任吕汉阳博士在中国公共资源交易 2016 年年度高峰论坛上指出，"传统的电子平台和系统建设是公共资源交易电子化的第一阶段，解决了把交易业务从纸质文件搬到计算机中的问题。而当前，大数据推动公共资源交易电子化进入了新的阶段，通过互联网思维和大数据技术，使公共资源交易电子化能够提供智慧决策和精准服务，这才是公共资源交易电子化的本质。"

为实现这一转变，电子服务系统应当从系统№.1 向№2 转变，保证数据的完整，并不断引进新技术，如人工智能技术。人工智能技术是一种颠覆性的技术，该技术在采购领域的应用可能引进范式革命，使一些传统的主流的东西开始受到人们的怀疑，过去难于解决的问题可能迎刃而解。

2. 学生用餐卡应用大数据的启示

西安某大学通过大数据加强学生管理，在学生就餐卡上预先设置了定位和计费系统。对统计时间段来用餐学生的群居性进行统计，如学生可以按照寝室、性别、班级等属性在一起吃饭。但经过统计时间段的分析发现有几个学生总是独自在角落中吃饭不合群。数据工程师及时把这几个学生的名字告诉这几个学生的班级辅导员，希望他们关注这些学生是否有悲观厌世等自杀倾向。关于在校大学生自杀问题教育部曾组织专家进行专题研究，该校通过大数据的分析有效减少了此类问题的发生。在就餐卡的统计中，数据工程师发现有几个学生在学校食堂的次数只有应餐的 1/3，即向该学生辅导员报告，这几个学生经常外出可能影响学生，期末考试可能作弊，要加强教育。在就餐卡中数据工程师还向班级辅导员提供了几位全部都在食堂就餐，但伙食费累计不到 500 元的学生，显然这是贫困生，学校应当及时给予补助给卡里充值并告知学生，使其感到组织的温暖，加倍努力学习。

由此可见，大数据的应用应当提前选定服务方向，高层设计数据源，选定挖掘参数才能取得预期目的。公共资源交易平台的数据采集应用也一样。

大数据及其应用是随着信息技术的发展，人类对客观事物不断深化认识的必然。因此，在经济领域也不能像搞政治运动一样一哄而起，要把简单的数理统计和大数据的应用区别开来，大数据及其应用是一个技术工具，它和地方政府的政绩无关。

3. 1.35 亿美元的学生论文和商业模式

大数据的挖掘和实现其价值在于其找到实现价值的商业模式。美国有位研究生对购买航空公司的最低票价发生兴趣。他对世界主要航空公司的售票价格规律进行数理统计分析，找到了主要航空公司低价出售票价的规律并据此写了一篇论文。文中对航空公司售低价的条件、时间、环境、政策等因素进行了分析并绘制了低价出售的曲线。该文发表后的一开始并没有引起读者的重视。一般读者认为这是大学生的游戏作文不以为然。但是这篇论文背后的数据引起微软公司的注意。微软公司找到这位大学生听取他这篇文章的写作背景和数据系统来源以及购买最低票价的可靠性。最后双方达成协议。微软公司最后出价 1.35 亿美元的高价购买这篇论文以及相应数据。微软公司以该数据群为样本，创建了某航空售票系统。购票者每人缴纳 10 美元，即可进入该系统购票。购买最低票价的概率为 72%。那么，剩下的 28%没有买到最低票价怎么办呢？该系统自动补偿购买价和最低价的差价。这样该售票系统很快就成为老百姓最受欢迎的售票系统。庞大的流量及其产生的效益使微软公司很快收回投资并不断创造新的财富。

4. Watson 和白血病人的故事

据 IBM 大中华区的 CMO 周忆女士介绍，前不久，东京大学医学院收留了一位 66 岁的白血病的女性患者，全医院的白血病专家竭尽所有力量想去挽救她的生命，但是所有的治疗方案全部失败。当时，所有专家心中都知道，如果能够做成一件事，救治这位患者其实是有希望的。也就是说，要去研究她癌细胞里活性基因的突变，基因突变的突变点。

但是如果要知道这个基因突变点在哪里，必须要研究两千万份医学文献。两千万份医学如果摞起纸来，大概有 4000 多米高。这 2000 万份的医学文献包括大量的基因图谱、非结构性数据，像 MIT 的片子，包括临床病例，以及在基因突变的研究领域中，世界上医学领导者们的文献。

后来这个医学院的教授们说，那咱们就把 Watson 请来，看看它有什么办法。因为 Watson 本身就是一个认知计算的平台、IT 的大平台。结果沃森在十分钟内就把这两千万份医学文献全部读完了。Watson 用到 URLI 中的

URL三种能力，在两千万份的医学文献的消化过程中，通过深度学习、推理以及最后的理解、给出的建议。它找到了病人基因突变的点，大家如获至宝，立刻就采取相应的治疗措施，目前这位病人正在康复当中。

这个例子说明，随着技术的进步，特别是人工智能技术的发展，过去难以想象的梦幻可能变成现实。在管制的采购活动中还需要走过场的"专家"吗？

5. 人工智能技术在电子系统中的应用

白血病人的案例告诉我们，人工智能技术已经发展到非常惊人的阶段。在人工智能技术中，认知系统已经在发达国家一些领域中得到应用。IBM公司的产品中，认知计算的里程碑式的一个科技的集大成者就是Watson。认知计算的最大特点就是4个字，URLI。U指的是understand，理解；R指的是reasoning，推理；L指的是learning，自我学习、深度学习；I指的是interactive，交互；机器跟人之间可以用自然语言去交互，所以所谓的认知系统，一定需要具备这4个特点，才有可能达到如今人工智能的水平。

在人工智能技术中，还有一个概念叫亲密计算（Intimate Compute）。这个关系已经不再是机器和科学家之间的交互，更多的是实用者和机器之间的一个交互。也就是说，每天的衣食住行，所有的需求，都可以讲给Watson听，我们可以用自然语言跟它交流，它立刻就能帮我们寻找到最贴合我的采购对象，这样，认知技术用在招标采购领域中将不再是遥远的事；公共资源交易平台的整合为大数据的应用创造了条件，其中电子信息系统的不断创新将引领电子招标行业不断发展并最终使公共资源交易进入一个智慧采购的新阶段。

从以上五个小故事我们可以看出，借助互联网、物联网的发展，电子交易平台系统的建设和发展为大数据的应用提供了宽实的平台，大数据的应用将在企事业经营管理中发挥重要作用；但大数据本身产生的效益需要适当的商业模式。随着技术的进步，人工智能技术的应用正在颠覆我们的传统习惯思维，在采购领域逐步实现智能采购应当是可以看得见的中国梦。

本章练习题

一、判断题

1. 两阶段招标的采购需求是确定的。（   ）
2. 竞争性谈判的采购需求是确定的。（   ）
3. 议标不是招标法强制招标规定的采购方式。（   ）
4. 大数据就是统计分析。（   ）
5. 合同一经承诺则必然生效。（   ）

二、多选题

关于政府采购法关于废标的规定，下列说法正确的是（   ）。

A. 招标后没有供应商投标或者没有合格标的或者重新招标未能成立的
B. 技术复杂或者性质特殊，不能确定详细规格或者具体要求的
C. 采用招标所需时间不能满足用户紧急需要的
D. 项目主管部门要求停止招标
E. 不能事先计算出价格总额的

三、论述题

简述公共资源交易平台产生的大数据在公共采购领域应用的前景。

附录 A 固定资产分类与代码（房屋、构筑物部分）
（GB/T 14885—2010）

中华人民共和国国家质量监督检验检疫总局

中国国家标准化管理委员会 [2011-01-10 发布 2011-05-01 实施]

表 A-1 1020000 房屋

代码	名称	计量单位	说明
1020000	房屋	平方米	
1020100	生产用房	平方米	
1020101	工业生产用房	平方米	
1020102	农林牧渔业用房	平方米	
1020103	建筑业用房	平方米	
1020199	其他生产用房	平方米	
1020200	交通、邮电用房	平方米	
1020201	铁路交通用房	平方米	
1020202	公路交通用房	平方米	
1020203	水运交通用房	平方米	
1020204	民航交通用房	平方米	
1020205	地铁用房	平方米	
1020206	邮政用房	平方米	
1020207	电信用房	平方米	
1020299	其他交通、邮电用房	平方米	
1020300	商业及服务业用房	平方米	
1020301	金融服务业用房	平方米	银行、信用社、证券交易所、保险公司等用房入此
1020302	批发零售用房	平方米	
1020303	住宿餐饮用房	平方米	
1020399	其他商业及服务用房	平方米	
1020400	行政单位用房	平方米	
1020401	办公用房	平方米	承担行政职能的事业单位办公用房入此
1020402	业务用房	平方米	如：审判庭、羁押室、律师室、调解室；各政府机构的业务大厅等
1020500	公共安全用房	平方米	
1020501	监狱	平方米	
1020502	看守所	平方米	
1020503	劳教所	平方米	
1020504	拘留所	平方米	
1020505	戒毒所	平方米	
1020599	其他公共安全用房	平方米	
1020600	事业单位用房	平方米	
1020601	教育用房	平方米	教育、培训用房
1020602	科研用房	平方米	科学研究和设计、科学试验基地、实验室、观测和监测等用房
1020603	新闻出版用房	平方米	
1020604	图书档案用房	平方米	文博、展览入此
1020605	医卫慈善用房	平方米	医疗业务、卫生防疫、疗养（休养）、社会福利院（所）等用房
1020606	文体、艺术团体用房	平方米	广播电视电影办公用房入此，不包括影剧院等娱乐及体育场馆用房
1020699	其他事业单位用房	平方米	
1020700	社会团体用房	平方米	
1020900	军事用房	平方米	

· 288 ·

续表

代码	名称	计量单位	说明
1021000	外事用房	平方米	
1021001	外国驻华领、使馆用房	平方米	
1021002	外国驻华商贸机构用房	平方米	
1021003	外国驻华人员生活用房	平方米	
1021099	其他外事用房	平方米	
1021200	宗教用房	平方米	
1021300	居住用房	平方米	
1021400	体育、娱乐用房	平方米	
1021401	体育场馆用房	平方米	
1021402	游乐场所用房	平方米	
1021403	俱乐部、影剧院	平方米	
1021404	舞厅、音乐厅	平方米	
1021405	文化宫、少年官	平方米	
1021406	老年活动中心	平方米	
1021499	其他体育、娱乐用房	平方米	布景类棚房入此
1021500	市政公共设施用房	平方米	
1021501	供应设施用房	平方米	
1021502	施工与维修用房	平方米	
1021599	其他市政公共设施用房	平方米	
1021800	仓储用房	平方米	
1029000	房屋附属设施		
1029001	门	个	含防盗门、伸缩门、自动门、防护门、保温门、密闭门等
1029002	门禁系统	套	
1029003	岗楼	个	
1029004	围墙	延长米	
1029005	采暖设施	套	
1029006	供水系统	套	
1029007	停车设施	套	
1029099	其他房屋附属设施		徽标、雕塑、旗杆等入此
1029900	其他用房	平方米	

表 A-2 1030000 构筑物

代码	名称	计量单位	说明
1030000	构筑物	平方米	
1030100	池、罐	座,立方米	
1030101	工业生产用池、罐	座,立方米	石油和化学工业专用储油罐入"3030000 石油和化学工业专用设备"大类中的相应生产设施
1030102	滞渍用池	座,立方米	
1030103	水生动物饲养池	座,立方米	
1030104	观赏鱼池及花池	座,立方米	
1030105	沼气发生池	座,立方米	
1030106	水利用池	座,立方米	包括进水池、出水池、沉砂池
1030199	其他池	座,立方米	
1030200	槽	座,延长米	
1030201	工业生产用槽	座,延长米	化工生产线上的槽入"3030000 石油和化学工业专用设备"大类的相应生产设施
1030202	农业用槽	座,延长米	
1030203	科研用槽	座,延长米	
1030299	其他槽	座,延长米	
1030300	塔	座,延长米	
1030301	工业用塔	座,延长米	石油和化学工业专用塔类入"3030000 石油和化学工业专用设备"大类中的相应生产设施
1030302	农业用塔	座,延长米	
1030303	广播电视用塔	座,延长米	

续表

代码	名称	计量单位	说明
1030304	交通航空用塔	座,延长米	江、河、湖、海导航用塔,机场、车站用塔、灯柱入此
1030305	气象、水利及环保用塔	座,延长米	气象塔、调压塔、环保监测塔、缆道铁塔入此
1030399	其他塔		
1030400	烟囱	座,延长米	
1030500	井	眼	采油、采气专用井入"3020100 油气水井设施"
1030501	水井	眼	
1030502	地热水井	眼	
1030503	矿井	条,米	
1030504	科研用井	眼	
1030599	其他井		
1030600	坑		
1030601	原料坑	立方米	
1030602	铸铁块坑	立方米	
1030603	铸锭坑	立方米	
1030604	修罐包坑	立方米	
1030605	机车灰坑	座,延长米	
1030606	机车检查坑	座,延长米	
1030607	渣坑	立方米	
1030699	其他坑		
1030700	台、站		
1030701	旅客站台	座,平方米	
1030702	货物站台	座,平方米	
1030703	平台	平方米	
1030704	转运站	平方米	
1030705	煤台	座,平方米	
1030706	上油台	平方米	
1030707	料台	平方米	
1030708	渣台	平方米	
	加油站		见"3032402 加油站"
	加气站		见"3032403 加气站"
1030709	检查收费站	座,平方米	
1030710	地铁车站	座,平方米	
1030711	候车亭	座,平方米	
1030799	其他台、站	座,平方米	
1030800	码头		
1030801	直立式码头	个,平方米	
1030802	栈桥式码头	个,平方米	
1030803	斜坡式码头	个,平方米	
1030804	浮式码头	个,平方米	
1030805	简易式码头	个,平方米	
1030806	其他码头	个,平方米	
1030900	道路		
1030901	一、二、三级公路	千米	
1030902	高速公路	千米	
1030903	城市道路	千米	
1030904	铁路正线	延长千米	
1030905	铁路站线	座,延长米	
1030906	铁路段管线	延长千米	
1030907	铁路岔线	延长千米	
1030908	铁路专用线	延长千米	企业专用线入此
1030909	特别用途线	延长千米	
1030910	铁路道岔	组	
1030911	铁路隧道	座,延长米	
1030912	地铁线路	千米	
1030913	地铁道岔	千米	

续表

代码	名　称	计量单位	说明
1030914	公路隧道	座，延长米	
1030915	电缆隧道	条，米	
1030916	排灌隧道	条，米	
1030917	巷道	条，延长米	
1030918	渠道	条，米	
1030919	坑道	条，米	
1030920	飞机滑行道	条，米	
1030921	飞机跑道	条，米	
1030922	飞机停机坪	块，平方米	
1030923	生产用道路	条，米	
1030999	其他道路	千米	厂内公路入此
1031000	沟	条，延长米	
1031001	地沟	条，延长米	
1031002	水沟	条，延长米	
1031003	围厂河沟	条，延长米	
1031004	渠沟	条，延长米	
1031005	盐场引潮沟	条，延长米	
1031006	盐场排淡沟	条，延长米	
1031007	盐场落卤沟	条，延长米	
1031008	盐场运盐沟	条，延长米	
1031099	其他沟	条，延长米	
1031100	洞	座，延长米	
1031101	铁路涵洞	座，延长米	
1031102	公路涵洞	条，米	
1031103	防空洞	条，米	
1031104	隧洞	条，米	
1031105	水工涵洞	条，米	
1031106	放水洞	条，米	
1031107	科学观测、监测洞体	条，米	
1031199	其他洞	条，米	
1031200	廊	条，米	
1031201	通廊	条，米	
1031299	其他廊	条，米	
1031300	桥梁、架	座，米	
1031301	公路桥梁	座，延长米	
1031302	铁路桥梁	座，延长米	
1031303	公路、铁路两用桥梁	座，延长米	
1031304	市内立交桥	座，米	
1031305	露天栈桥	座，米	
1031306	吊车栈桥	座，米	
1031307	洗涤塔支架	座，米	
1031308	通道支架	座，米	
1031309	落罐架	座，米	
1031310	露天框架	座，米	
1031311	凉水架	座，米	
1031312	混凝土支架	座，米	
1031399	其他桥梁、架	座，米	
1031400	坝、堰及水道	座	
1031401	水电站大坝	座	
1031402	水库	座，平方米	
1031403	堤坝	条，米	
1031404	防洪堤	条，米	
1031405	防波堤	条，米	
1031406	尾矿坝	条，米	
1031407	护坡	条，米	
1031408	流量堰	座，平方米	

续表

代码	名　称	计量单位	说明
1031409	溢、泄洪道	条，米	
1031499	其他坝、堰及水道		
1031500	闸	座	
1031501	节制闸	座	
1031502	进水闸	座	
1031503	排水闸	座	
1031504	分洪闸	座	
1031505	挡潮闸	座	
1031506	船闸	座	
1031507	冲沙闸	座	
1031599	其他闸	座	
1031600	水利管道	条，米	
1031601	引水管道	条	
1031602	排水管道	条	
1031603	尾水管道	条，米	
1031604	节水管道	条，米	
1031605	倒吸虹	条，米	
1031699	其他水利管道	条，米	
1031700	市政管道	条，米	
1031800	库	平方米	
1031801	飞机库	平方米	
1031802	汽车库	平方米	
1031803	船坞	平方米	
1031804	粮库	平方米	
1031899	其他库	平方米	
1031900	仓	平方米	
1031901	平房仓	平方米	
1031902	立筒仓	平方米	
1031903	浅圆仓	平方米	
1031904	砖圆仓	平方米	
1031905	地下仓	平方米	
1031906	楼房仓	平方米	
1031907	简易仓	平方米	
1031999	其他仓	平方米	
1032000	场	平方米	
1032001	露天原料场	平方米	
1032002	废渣场	平方米	
1032003	停车场	平方米	
1032004	晾晒场	平方米	
1032005	露天体育场、训练场	平方米	
1032006	雨量场	平方米	
1032099	其他场	平方米	
1032100	斗	平方米	
1032101	料斗	平方米	
1032102	其他斗	平方米	
1032200	罩棚	个	
1039900	其他构筑物		

附录 B 《招标投标法实施条例》关于招标程序法定时间和异议投诉法定时间的规定

	程 序 内 容	法 定 时 间
1	资格预审文件的发售期。	不得少于 5 日。
2	招标人合理确定提交资格预审申请文件的时间。	依法必须进行招标的项目提交资格预审申请文件的时间,自资格预审文件停止发售之日起不得少于 5 日。
3	招标人对已发出的资格预审文件进行必要的澄清或者修改。澄清或者修改的内容可能影响资格预审申请文件编制的。	应当在提交资格预审申请文件截止时间至少 3 日前,以书面形式通知所有获取资格预审文件潜在投标人;不足 3 日的,招标人应当顺延提交资格预审申请文件的截止时间。
4	潜在投标人或者其他利害关系人对资格预审文件有异议的。	应当在提交资格预审申请文件截止时间 2 日前提出;招标人应当自收到异议之日起 3 日内作出答复;作出答复前,应当暂停招标投标活动。
5	招标文件的发售期。	不得少于 5 日。
6	招标人应当确定投标人编制投标文件的合理时间。	依法必须进行招标的项目从招标文件发出之日起至投标人提交投标文件截止之日止,最短不得少于 20 天。
7	对已发出的招标文件进行必要的澄清或者修改。澄清或者修改的内容可能影响投标文件编制的。	招标人应当在投标截止时间至少 15 日前,以书面形式通知所有获取招标文件的潜在投标人;不足 15 日的,招标人应当顺延投标文件的截止时间。
8	潜在投标人或者其他利害关系人对招标文件有异议的。	应当在投标截止时间 10 日前提出。招标人应当自收到异议之日起 3 日内作出答复;作出答复前,应当暂停招标投标活动。
9	投标人撤回已提交的投标文件,应当在投标截止时间前书面通知招标人。招标人已收取投标保证金的。	应当自收到投标人书面撤回通知之日起 5 日内退还。
10	投标人对开标有异议的。	应当在开标现场提出,招标人应当当场作出答复,并制作记录。
11	公示中标候选人。	依法必须进行招标的项目,招标人应当自收到评标报告之日起 3 日内公示中标候选人,公示期不得少于 3 日。
12	投标人或者其他利害关系人对依法必须进行招标的项目的评标结果有异议的。	应当在中标候选人公示期间提出。招标人应当自收到异议之日起 3 日内作出答复;作出答复前,应当暂停招标投标活动。
13	按照招标文件和中标人的投标文件订立书面合同。	中标人应当自中标通知书发出之日起 30 日内签订。
14	依法必须招标的项目招标人向有关行政监督部门提交招标投标情况书面报告。	应当自确定中标人之日起 15 日内。
15	向中标人和未中标的投标人退还投标保证金及银行同期存款利息。	招标人最迟应当在书面合同签订后 5 日内。
16	关于对招标投标活动的投诉时效。	投标人或者其他利害关系人认为招标投标活动不符合法律、行政法规规定的,可以自知道或者应当知道之日起 10 日内向有关行政监督部门投诉。投诉应当有明确的请求和必要的证明材料。
17	关于对招标投标活动的投诉处理的时间要求。	行政监督部门应当自收到投诉之日起 3 个工作日内决定是否受理投诉,并自受理投诉之日起 30 个工作日内作出书面处理决定;需要检验、检测、鉴定、专家评审的,所需时间不计算在内。

附录 C 招标采购资料档案管理基本知识

一、招标采购资料档案管理基本知识

招标（采购）项目档案是反映招标（采购）活动的重要记录。招标（采购）人或者其委托的招标代理机构在组织实施招标采购项目活动中形成的文件材料，都应归入招标（采购）项目档案管理，保证档案资料的真实性、完整性。招标（采购）人或者其委托的招标代理机构应当妥善保管招标过程中的文件资料，存档备查，并至少保存15年。

招标采购项目档案是指招标人或者其委托的招标代理机构在招标采购活动中形成的文字、图纸、图表、声像、纸质、磁盘、光盘等不同媒质载体的记录。招标采购项目档案包括：招标(采购)活动记录、工程项目（采购）预算、招标（采购）文件、投标（报价）文件、评审标准、评审报告、定标、中标通知书、成交文件、合同文本、验收证明、质疑答复、投诉处理决定及其他有关文件、资料。

依法必须招标项目的招标人应当自确定中标人之日起15日内，向有关行政监督部门提交招标投标情况的书面报告。报告内容包括：
（1）招标范围、招标方式以及招标组织形式；
（2）发布资格预审公告、招标公告以及公示中标候选人的媒介；
（3）资格预审文件、招标文件、中标人的投标文件；
（4）开标时间、地点；
（5）资格审查委员会、评标委员会的组成和评标报告复印件；
（6）资格审查结果、中标结果；
（7）其他需要说明的事项。

二、招标项目资料归集与组卷

在招标采购项目管理中会形成的大量文件，当工作一个阶段之后，需要按照一定的原则和方法，将有保存价值的文件要加以系统的归集整理，整理得最终结果是把单份文件组合在一起，形成一个个数量不等的集合体，这些由互有联系的若干文件的集合体（又称档案保管单位）就叫做案卷，这种把零散文件归集、组合成案卷的工作就是文书组卷工作，也称立卷。将形成的文件整理立卷后，按规定移交档案管理机构就是归档。建设工程项目资料归集与组卷的基本要求和方法如下。

招标人在工程招标及与勘察、设计、施工、监理等单位签订协议、合同时，应对工程项目档案资料的内容、套数、费用、质量、移交时间等提出明确要求。建设工程项目实行总承包的，总包单位负责收集、汇总各分包单位形成的工程档案，并应及时向建设单位移交；各分包单位应将本单位形成的工程文件整理、立卷后及时移交总包单位。建设工程项目由几个单位承包的，各承包单位负责收集、整理立卷其承包项目的工程文件，并应及时向建设单位移交。

1. 归档文件的质量要求

（1）归档的工程文件应为原件，其内容须真实、准确，与工程实际相符合。
（2）工程文件应采用耐久性强的书写材料。
（3）工程文件应字迹清楚，图样清晰，图表整洁，签字盖章手续完备。
（4）工程文件中文字材料幅面尺寸规格宜为 A4 幅面（297cm×210cm）。图纸宜采用国家标准图幅。
（5）竣工图应是新蓝图，计算机出图必须清晰，不得使用计算机出图的复印件。
（6）所用竣工图均应加盖竣工图章。
（7）竣工图章的基本内容应包括："竣工图"字样、施工单位、编制人、审核人、技术负责人、编制日期、监理单位、现场监理、总监。
（8）竣工图章应使用不易褪色的红印泥，应盖在图标上方空白处。

（9）利用施工图纸改绘竣工图，必须标明变更修改依据；凡施工图结构、工艺、平面布置等有重大改变，或变更部分超过图面 1/3 的，应当重新绘制竣工图。

（10）不同幅面的工程图纸应按《技术制图复制图的折叠方法》(GB/10609.3—89)统一手风琴叠法折叠成 A4 幅面（297mm×210mm），图标栏露在外面。（竣工图不装订）

2．立卷的方法

（1）一个建设工程由多个单位工程组成时，工程文件应按单位工程组卷。

（2）工程文件按工程竣工档案的归档内容中的每一部分分别组卷。

（3）案卷不宜过厚，每卷不超过 20mm。

（4）文件材料按事项、专业顺序排列。同一事项的请示与批复、主件与附件不能分开，并按批复在前、请示在后，主件在前、附件在后的顺序排列。

（5）卷内文件均按有书写内容的页面编号。每卷单独编号，页号从"1"开始。

（6）页号编写位置：单面书写的文件在右下角；双面书写的文件，正面在右下角，背面在左下角，折叠后的图纸一律在右下角。文件材料的页数以号码机打字显示。

（7）案卷封面、卷内目录、卷内备考表不编写页号。

3．卷内目录的编写

（1）序号：以一份文件为单位，用阿拉伯数字从 1 依次标注。

（2）文件编号．填写工程文件原有的文件号或图号。

（3）文件材料题名：填写工程文件标题的全称。

（4）页次：填写每份文件材料首页上标注的页号，最后一份文填写起至页号，如"1"页。

（5）卷内目录的所有数字一律用阿拉伯数字。

（6）卷内目录排列在卷内所有文件之前。

4．卷内备考表的编制

（1）卷内备考表主要标明卷内文件的总面数、各类文件页数，以及立卷单位对案卷情况的说明。

（2）卷内备考表排列在卷内文件的尾页之后。

5．案卷封面的编制

（1）案卷题名：应简明、准确地揭示卷内文件的归档内容。案卷题名应包括工程名称、工程项目名称、卷内文件的归档内容。工程名称和工程项目名称填写在案卷题名的第一栏，卷内文件的归纳内容填写在案卷题名的第二栏。

（2）责任者：填写案卷内容文件材料的主要形成单位。

（3）编制日期：填写卷内文件材料形成的起止日期。

（4）移交单位：填写移交竣工档案的单位（一般指工程项目的建设单位）。

（5）密级：一般填写"秘密"。

（6）保管期限：般填写"长期"。

（7）卷数以单位工程立卷数量排列。案卷封面所有数字一律用阿拉伯数字。年月日用点隔开。

（8）卷内目录、卷内备考表、案卷内封面应采用 70 克以上白色书写纸制作。按卷内文件不同分别采用 16 开、A4 幅面。

6．案卷装订

（1）卷内文字材料必须装订。既有义件材料，又有图纸的案卷应装订。装订采用线绳三孔左侧装订法，要整齐、美观、牢固、便于保管和利用。

（2）装订时必须剔除金属物。

（3）图样材料单独立卷时，一律不装订。

7．工程文件的归档范围

对与工程建设有关的重要活动、记载工程建设主要过程和现状、具有保存价值的各种载体的文件，均应收集齐全，整理立卷后归档。

三、工程项目竣工档案的归档内容

（一）工程前期及竣工文件材料
1. 可行性研究方案
2. 计划任务书及批复（立项批复）
3. 工程项目申请、批准文件
4. 征地、拆迁等审批文件（包括拆迁、补偿等文件）
5. 规划选址意见书（建筑红线图和道路红线图）
6. 工程地质和水文地质勘察报告
7. 规划方案变更审批文件及附图
8. 小区总平面图、竖向规划图、管网综合图
9. 建筑设计的环保审批文件（建设项目环境影响报告书）
10. 消防审批文件
11. 防疫审批文件
12. 房地产开发建设许可证
13. 规划用地许可证及房地产权证
14. 建设工程规划许可证
15. 建设工程施工许可证
16. 建设工程质量监督书
17. 承发包合同或施工合同、勘察、设计合同、监理合同
18. 招标、投标、决标等文件（施工中标通知书、监理中标通知书）
19. 室内空气质量检验报告
20. 房屋工程质量保修书
21. 消防验收意见书
22. 竣工报告
23. 规划验收合格证（地形竣工图）
24. 工程质量评估报告
25. 建设工程竣工验收报告（备-2）
26. 建设工程竣工验收备案表（备-1）
27. 决算书及审计文件

（二）各种建筑材料合格证、施工试验报告
1. 钢材出厂合格证、备案证及检验报告
2. 钢材焊接检验报告及焊条合格证、焊工操作证
3. 水泥出厂合格证、备案证及检验报告
4. 砖、骨料出厂合格证、备案证及检验报告
5. 建筑用水检验报告或证明
6. 防水材料合格证及试验报告、保温材料合格证
7. 构件出厂合格证及试验报告
8. 商品砼材料出厂合格证、试验报告
9. 外加剂出厂合格证、试验报告
10. 采暖卫生与煤气工程材料、设备出厂合格证、备案证、检验报告
11. 电气工程材料、设备出厂合格证、备案证、检验报告（包括电梯部分）
12. 通风与空调工程材料、设备出厂合格证、备案证、检验报告
13. 建筑装饰装修材料出厂合格证、检验报告
14. 其他材料合格证、备案证、检验报告

15. 土壤试验
16. 砂浆配合比通知单、抗压强度试验报告
17. 混凝土配合比通知单、抗压强度试验报告
18. 现场预应力混凝土试验
19. 建设工程结构抽样检测报告
20. 砂浆、混凝土抽检报告

(三) **图纸会审**、设计变更、定位放线、基础结构验收、施工记录、隐蔽工程验收记录

1. 图纸会审、设计变更证明
2. 图纸会审
3. 设计变更
4. 定位放线验收记录
5. 建筑工程测量定位报告单及附图
6. 定位放线记录
7. 地基钎探记录
8. 桩基施工记录
9. 地基处理记录
10. 预应力钢筋张拉记录
11. 防水工程试水检查记录
12. 楼地面、坡度检查记录
13. 沉降观测记录
14. 质量事故处理报告及记录
15. 新材料、新工艺施工记录
16. 基础结构验收
17. 地基与基础工程质量验收备案报告
18. 主体结构验收
19. 主体结构工程质量验收备案报告
20. 结构吊装，预制砼楼板安装记录
21. 地基验槽
22. 基础隐蔽工程验收记录
23. 主体隐蔽工程验收记录
24. 楼地面隐蔽工程验收记录
25. 屋面隐蔽工程验收记录
26. 采暖卫生与煤气隐蔽工程验收记录
27. 电气隐蔽工程验收记录
28. 防雷设施检验报告
29. 通风与空调隐蔽工程验收记录
30. 电梯安装检验报告、电梯验收检验报告
31. 装饰装修隐蔽工程验收记录
32. 工程分项使用功能检测记录：
(1) 墙体裂缝情况检查记录
(2) 抽气道、烟道、吸排烟道记录
(3) 屋面蓄水试验记录
(4) 地漏安装、卫生间、阳台地面坡向检查记录
(5) 浴间、卫生间蓄水试验记录
(6) 顶棚、楼地面裂缝情况检查记录

（7）管内穿线质量检查记录
（8）给水（采暖）管道系统压力试验记录
（9）给水（采暖）管道系统清洗记录
（10）管道通球检验记录
（11）散热器组装后压力试验记录
（12）（排水）管道灌水（雨水）静压试验记录
（13）卫生器具盛水试验记录
（14）普通电气设备安装动态检查记录
（15）电气绝缘电阻测试记录
（16）防雷及电器设备接地电阻测试验收记录
（17）漏电保护开关动态检查表
（18）电器照明试运行记录

第四部分：单位工程分部分项工程及检验批质量验收记录表
1. 单位（子单位）工程质量竣工验收记录表
2. 单位（子单位）工程质量控制资料核查表
3. 单位（子单位）工程安全和功能检验资料核查及主要功能抽查记录
4. 单位（子单位）工程观感质量核查记录
5. 地基与基础分部分项工程及检验批质量验收记录表
6. 主体分部分项工程及检验批质量验收记录表
7. 楼、地面分部分项工程及检验批质量验收记录表
8. 装饰分部分项工程及检验批质量验收记录表
9. 屋面分部分项工程及检验批质量验收记录表
10. 采暖卫生与煤气分部分项工程及检验批质量验收记录表
11. 电气分部分项工程及检验批质量验收记录表
12. 通风与空调分部分项工程及检验批质量验收记录表
13. 电梯安装工程的分部分项工程及检验批质量验收记录表

（五）竣工图
1. 建筑竣工图
2. 结构竣工图
3. 给排水竣工图
4. 采暖竣工图
5. 电气竣工图
6. 通风与空调竣工图

如有深基坑、钢架、幕墙等分项工程，其材料合格证、检验报告、检查记录、隐蔽分项评定等单独组卷。

四、机电产品国际招标项目采购资料归集与组卷归挡目录

1. *委托招标协议
2. 项目可研及批复
3. 进口申请表
4. 招标项目一览表
5. 网上招标文件审核专家抽取记录
6. 招标文件送审版
7. *专家的审核意见、招标机构的意见
8. *招标文件修改版及用户书面确认

9. *同意招标复函
10. *招标文件发售版
11. *网上发布的招标公告
12. *招标文件购买记录
13. 潜在投标人的书面问题与答复
14. 招标文件的修改与补充（含有关审核文件）
15. 网上评标专家抽取与记录
16. *标前准备会记录
17. *开标记录表
18. 评委登记表
19. *评标报告及评标结果网上公示
20. *投标文件正本（含投标保证金的复印件）
21. *无质疑公示结果公告或质疑处理意见
22. *中标通知书
23. 国际招标机电证复印件
24. 中标服务费的收取及投标保证金的退还记录

五、服务采购项目资料归集与组卷

（一）工程设计资料归档资料目录
1. 设计必备资料
（1）委托设计任务书
（2）设计合同
（3）合同评审表
（4）设计工作计划
（5）事前指导意见书
（6）设计输入审批单
（7）工程项目批文
（8）规划用地红线图及批文
（9）供电、消防、卫生防洪（如有）等有关部门批文
（10）审图中心审查意见
（11）对审图中心审查意见的答复
（12）审图中心审查合格证书
（13）消防竣工验收报告
（14）其他各部门竣工验收报告
（15）各专业互提资料单
（16）设计评审报告
（17）图纸审核记录单
（18）图纸校对记录单
（19）各专业消防设计质量等级评定表
（20）地质报告
（21）节能计算书
（22）结构计算书

注：*项为不可缺少的文件。

（23）各专业设计图纸

2．其他有关资料

（1）规划要点

（2）设计要点

（3）地形图及光盘

（4）各专业之间设计商定单

（5）设计变更通知

（6）工程交底记录

（7）施工验收报告

（8）现场服务报告

（二）工程施工监理归档资料目录

（1）施工合同文件及委托监理合同

（2）勘察设计文件

（3）监理规划

（4）监理实施细则

（5）分包单位资格报审表

（6）设计交底与图纸会审会议纪要

（7）施工组织设计(方案) 报审表

（8）工程开工／复工报审表及工程暂停令

（9）测量核验资料

（10）工程进度计划

（11）工程材料、构配件、设备的质量证明文件

（12）检查试验资料

（13）工程变更资料

（14）隐蔽工程验收资料

（15）工程计量单和工程款支付证书

（16）监理工程师通知单

（17）监理工作联系单

（18）报验申请表

（19）会议纪要

（20）来往函件

（21）监理日记

（22）监理月报

（23）质量缺陷与事故的处理文件

（24）分部工程、单位工程等验收资料

（25）索赔文件资料

（26）竣工结算审核意见书

（27）工程项目施工阶段质量评估报告等专题报告

（28）监理工作总结

（三）工程造价咨询归档资料目录

归档资料主要由咨询成果报告、咨询依据文件、其他文件三部分组成。

1．咨询成果报告主要内容和排列

（1）咨询报告书正本原件(含附件)

（2）签发人签发的报告书底稿

（3）技术文件及工作底稿（各类分析说明文件、计算书、工料分析表等）

2．咨询依据文件主要内容和排列

（1）委托方提供资料清单（清单应注明委托单位名称及项目名称）
（2）项目建议书或批件（投资估算编审）
（3）设计方案及初步设计文件（设计概算编审）
（4）工程招标文件（含工程量清单）、设计交底纪要、招标答疑（工程量清单、标底、投标报价、结算编审）
（5）工程承包合同、中标通知书、补充协议（结算编制、造价控制）
（6）送审工程概、预、决算书
（7）施工单位送审的工程结算书（结算审核）
（8）设计变更单、施工签证（结算编审）
（9）工程竣工验收凭证（结算编审）
（10）甲供材料、设备明细单（结算、决算编制）
（11）会议纪要、文函
（12）安全文明施工措施费测定表（结算审核）
（13）其他材料：施工单位计价管理手册复印件、各种调查材料、采集数据、取证资料等

3．其他文件主要内容和排列

（1）工程造价咨询合同或司法鉴定委托书；
（2）咨询企业作业计划书（重大项目需存放）；
（3）工程造价咨询质量控制流程单；
（4）备考表；（立卷情况说明：卷内文件缺损、修改、补充、移出、销毁等情况，由档案管理人员填写。）
（5）封底。工程施工图和竣工图一般不纳入归档范围。如设计变更单和施工签证较多，可用清单形式归档，原件由委托方保存。

（四）科技招标项目招标文件

1．招标文件

招标文件至少包括下列内容：
（1）投标须知
（2）科技项目名称
（3）项目主要内容要求
（4）目标、考核指标构成
（5）成果形式及数量要求
（6）进度、时间要求
（7）财政拨款的支付方式
（8）投标报价的构成细目及制订原则
（9）投标文件的编制要求
（10）投标人应当提供的有关资格和资信证明文件
（11）提交投标文件的方式、地点和截止日期
（12）开标、评标、定标的日程安排
（13）综合评标标准和方法

2．投标文件

投标文件应当对招标文件提出的实质性要求和条件作出响应，至少包括下列内容：
（1）投标函；
（2）投标人概况；
（3）近两年的经营发展和科研状况；
（4）技术方案及说明：含方案的可行性、先进性、创新性，技术、经济、质量指标，风险分析等；
（5）计划进度；
（6）投标报价及构成细目；

（7）成果提供方式及规模；

（8）承担项目的能力说明，包括：

① 与招标项目有关的科技成果或产品开发情况；

② 承担项目主要负责人的资历及业绩情况；

③ 相关专业的科技队伍情况及管理水平；

④ 所具备的科研设施、仪器情况；

⑤ 为完成项目所筹措的资金情况及证明等。

（9）项目实施组织形式和管理措施；

（10）有关技术秘密的申明；

（11）招标文件要求具备的其他内容。

六、建设工程项目审计（核）归档资料目录

（一）招标文件复核审计档案资料

第一单元　结论性文件材料

1. 档案目录（序号、文号、责任者、资料名称、日期、页号）
2. 审计报告
3. 审计报告征求意见书
4. 审计报告征求意见稿
5. 有关申请处理审计事项的请示、报告及上级机关相应的批复、批示
6. 审计文书送达回证

第二单元　证明性文件材料

7. 汇总审计工作底稿目录
8. 审计工作底稿及审计证据和资料

分为5部分：项目基本条件审计（各项批准手续、资金到位、管理制度）；咨询单位中标审计（招标代理、设计的选择和费用）；工程量清单审计；招标控制价审计；招标投标评标操作内容和合同主要结算条款审计。

9. 承诺书（建设单位）
10. 审计工作日记
11. 审计工作汇报

第三单元　立项性文件材料

12. 审计中标通知书、审计合同
13. 审计工作方案

第四单元　其他备查文件材料

14. 有关项目审计结果的信息或报道
15. 审计移送、审计建议反馈情况资料
16. 不归入前三项但需要归档的审计文件材料

（二）跟踪审计档案资料

第一单元　结论性文件材料

1. 档案目录（序号、文号、责任者、资料名称、日期、页号）
2. 审计报告
3. 审计报告征求意见书
4. 审计报告征求意见稿
5. 有关申请处理审计事项的请示、报告及上级机关相应的批复、批示
6. 审计文书送达回证

第二单元　证明性文件材料

7. 汇总审计工作底稿目录

8. 承诺书（建设单位）

9. 审计工作底稿及审计证据和资料

分为 4 部分：施工单位中标审计（投标、评标、定标、合同签订）；监理、检测、材料设备供应等单位中标审计（招标、投标、评标、定标、合同签订）；工程签证及变更审计（批准文件、申报造价、审定造价）；工程完成情况审计（质量、进度、投资）。

10. 审计工作日记

11. 审计工作汇报

12. 招标文件复核审计报告

第三单元　立项性文件材料

13. 审计中标通知书、审计合同

14. 审计工作方案

第四单元　其他备查文件材料

15. 有关项目审计结果的信息或报道

16. 审计移送、审计建议反馈情况资料

17. 不归入前三项但需要归档的审计文件材料

（三）竣工结算审计档案资料

第一单元　结论性文件材料

1. 档案目录（序号、文号、责任者、资料名称、日期、页号）

2. 审计报告

3. 审计报告征求意见书

4. 审计报告征求意见稿

5. 有关申请处理审计事项的请示、报告及上级机关相应的批复、批示

6. 审计文书送达回证

第二单元　证明性文件材料

7. 汇总审计工作底稿目录

8. 承诺书（建设单位）

9. 审计工作底稿及审计证据和资料

分为 5 部分：项目基本条件审计（各项批准手续、资金到位、管理制度）；施工单位中标审计（招标、投标、评标、定标、合同签订）；各咨询单位中标审计（勘察、设计、招标代理、监理、检测等的招标、投标、评标、定标、合同签订）；材料设备供应单位中标审计（招标、投标、评标、定标、合同签订）；工程造价结算审计（批准手续、申报造价、审定造价）；工程完成情况审计（质量、进度、投资）。

10. 审计工作日记

11. 审计工作汇报

第三单元　立项性文件材料

12. 审计中标通知书、审计合同

13. 审计工作方案

第四单元　其他备查文件材料

14. 有关项目审计结果的信息或报道

15. 审计移送、审计建议反馈情况资料

16. 不归入前二项但需要归档的审计文件材料

七、政府采购项目资料归集与组卷

1. 政府采购活动记录至少应包括下列内容：

（1）采购项目类别、名称；

（2）采购项目预算、资金构成和合同价格；

（3）采购方式，采用公开招标以外的采购方式的，应当载明原因；

（4）邀请和确定供应商的条件及办法；

（5）评审标准及确定中标、成交供应商的依据；

（6）废标的原因。

2. 采购人和采购代理机构应根据具体采购方式，参照《政府采购档案目录》（附后），建立政府采购项目档案。

政府采购项目档案文件、资料应采用标准 A4 纸记录和打印。工程项目的设计图纸可根据具体情况确定。

3. 采购人和采购代理机构在政府采购项目合同签订、交付验收完成后，按规定负责收集、整理、立卷、装订、编制目录。

（一）政府采购档案目录（公开招标采购方式）

1. 采购项目采购活动记录表

    1.1 采购项目采购活动记录表

2. 准备阶段

    2.1 确定采购方式文件（或政府采购计划申报表）

    2.2 用户需求书

    2.3 委托代理协议

    2.4 招标预告资料

    2.5 招标文件论证资料

    2.6 招标文件确认函

3. 招标阶段

    3.1 招标公告（包括各种媒体刊登公开招标公告的资料记载）

    3.2 招标文件发售资料（包括投标报名、资格预审、招标文件发售登记表等）

    3.3 澄清修改资料（包括澄清会签到表、澄清修改文件、供应商对澄清修改文件的签收资料等）

4. 开标阶段

    4.1 收取投标文件登记表

    4.2 开标会签到表

    4.3 开标记录表

5. 评标阶段

    5.1 评标委员会组建资料（包括采购人委派评委和专家库中抽取的专家确认表）

    5.2 评标委员会签到表及有关工作人员签到表

    5.3 评标纪律认知资料

    5.4 评标报告及其附件

    5.5 评标过程有关的变更文件

6. 确定中标供应商阶段

    6.1 采购人对评标结果的确定文件

    6.2 中标通知书和中标结果通知书

    6.3 质疑、投诉及处理文件

7. 采购阶段

    7.1 采购合同

    7.2 采购项目验收证明

    7.3 资金支付文件及证明

8. 附件

    8.1 招标文件（另册装订）

8.2 澄清修改文件

8.3 投标人投标文件正本（另册装订）

8.4 其他有关的重要文件

（二）政府采购档案目录（邀请招标采购方式）

1. 采购项目采购活动记录表

    1.1 采购项目采购活动记录表

2. 准备阶段

    2.1 确定采购方式文件（或政府采购计划申报表）

    2.2 用户需求书

    2.3 委托代理协议

    2.4 招标预告资料

    2.5 招标文件论证资料

    2.6 招标文件确认函

3. 招标阶段

    3.1 招标公告（包括各种媒体刊登公开招标公告的资料记载）

    3.2 选择确定被邀请参与投标供应商的方式及名单

    3.3 招标文件发售资料

    3.4 澄清修改资料（包括澄清会签到表、澄清修改文件、供应商对澄清修改文件的签收资料等）

4. 开标阶段

    4.1 收取投标文件登记表

    4.2 开标会签到表

    4.3 开标记录表

5. 评标阶段

    5.1 评标委员会组建资料（包括采购人委派评委和专家库中抽取的专家确认表）

    5.2 评标委员会签到表及有关工作人员签到表

    5.3 评标报告及其附件

    5.4 评标纪律认知资料

    5.5 评标过程有关的变更文件

6. 确定中标人阶段

    6.1 采购人对评标结果的确定文件

    6.2 中标通知书和中标结果通知书

    6.3 质疑、投诉及处理文件

7. 采购阶段

    7.1 采购合同

    7.2 采购项目验收证明

    7.3 资金支付文件及证明

8. 附件

    8.1 招标文件（另册装订）

    8.2 澄清修改文件

    8.3 投标人投标文件正本（另册装订）

    8.4 其他有关的重要文件

（三）政府采购档案目录（询价采购方式）

1. 采购项目采购活动记录表

    1.1 采购项目采购活动记录表

2. 准备阶段
   2.1 确定采购方式文件（或政府采购计划申报表）
   2.2 用户需求书
   2.3 委托代理协议书
   2.4 采购文件确认函
3. 询价阶段
   3.1 选择确定被邀请参与询价供应商的方式及名单
   3.2 询价文件
   3.3 澄清修改文件
   3.4 询价通知书
   3.5 询价小组组建资料
   3.6 询价小组评审报告
4. 确定成交供应商阶段
   4.1 采购人确认成交供应商的文件
   4.2 成交通知书和询价结果通知书
   4.3 质疑、投诉及处理文件
5. 采购阶段
   5.1 采购合同
   5.2 采购项目验收证明
   5.3 资金支付文件及证明
6. 附件
   6.1 询价文件（另册装订）
   6.2 澄清修改文件
   6.3 被询价供应商报价文件正本（另册装订）
   6.4 其他有关重要文件

（四）政府采购档案目录（竞争性谈判采购方式）

1. 采购项目采购活动记录表
   1.1 采购项目采购活动记录表
2. 准备阶段
   2.1 确定采购方式文件（或政府采购计划申报表）
   2.2 用户需求书
   2.3 委托代理协议书
   2.4 采购文件确认函
3. 谈判阶段
   3.1 选择确定参加谈判供应商的方式及名单
   3.2 谈判文件
   3.3 谈判小组组建资料及谈判签到表
   3.4 谈判纪律认知资料
   3.5 参加谈判供应商的签名表
   3.6 谈判记录及报价文件
   3.7 谈判过程变更文件
   3.8 谈判小组评审报告
4. 确定成交供应商阶段
   4.1 成交通知书和谈判结果通知书
   4.2 采购人确定成交供应商的文件

8.2　澄清修改文件

8.3　投标人投标文件正本（另册装订）

8.4　其他有关的重要文件

（二）政府采购档案目录（邀请招标采购方式）

1. 采购项目采购活动记录表

    1.1　采购项目采购活动记录表

2. 准备阶段

    2.1　确定采购方式文件（或政府采购计划申报表）

    2.2　用户需求书

    2.3　委托代理协议

    2.4　招标预告资料

    2.5　招标文件论证资料

    2.6　招标文件确认函

3. 招标阶段

    3.1　招标公告（包括各种媒体刊登公开招标公告的资料记载）

    3.2　选择确定被邀请参与投标供应商的方式及名单

    3.3　招标文件发售资料

    3.4　澄清修改资料（包括澄清会签到表、澄清修改文件、供应商对澄清修改文件的签收资料等）

4. 开标阶段

    4.1　收取投标文件登记表

    4.2　开标会签到表

    4.3　开标记录表

5. 评标阶段

    5.1　评标委员会组建资料（包括采购人委派评委和专家库中抽取的专家确认表）

    5.2　评标委员会签到表及有关工作人员签到表

    5.3　评标报告及其附件

    5.4　评标纪律认知资料

    5.5　评标过程有关的变更文件

6. 确定中标人阶段

    6.1　采购人对评标结果的确定文件

    6.2　中标通知书和中标结果通知书

    6.3　质疑、投诉及处理文件

7. 采购阶段

    7.1　采购合同

    7.2　采购项目验收证明

    7.3　资金支付文件及证明

8. 附件

    8.1　招标文件（另册装订）

    8.2　澄清修改文件

    8.3　投标人投标文件正本（另册装订）

    8.4　其他有关的重要文件

（三）政府采购档案目录（询价采购方式）

1. 采购项目采购活动记录表

    1.1　采购项目采购活动记录表

2. 准备阶段
   2.1 确定采购方式文件（或政府采购计划申报表）
   2.2 用户需求书
   2.3 委托代理协议书
   2.4 采购文件确认函
3. 询价阶段
   3.1 选择确定被邀请参与询价供应商的方式及名单
   3.2 询价文件
   3.3 澄清修改文件
   3.4 询价通知书
   3.5 询价小组组建资料
   3.6 询价小组评审报告
4. 确定成交供应商阶段
   4.1 采购人确认成交供应商的文件
   4.2 成交通知书和询价结果通知书
   4.3 质疑、投诉及处理文件
5. 采购阶段
   5.1 采购合同
   5.2 采购项目验收证明
   5.3 资金支付文件及证明
6. 附件
   6.1 询价文件（另册装订）
   6.2 澄清修改文件
   6.3 被询价供应商报价文件正本（另册装订）
   6.4 其他有关重要文件

（四）政府采购档案目录（竞争性谈判采购方式）
1. 采购项目采购活动记录表
   1.1 采购项目采购活动记录表
2. 准备阶段
   2.1 确定采购方式文件（或政府采购计划申报表）
   2.2 用户需求书
   2.3 委托代理协议书
   2.4 采购文件确认函
3. 谈判阶段
   3.1 选择确定参加谈判供应商的方式及名单
   3.2 谈判文件
   3.3 谈判小组组建资料及谈判签到表
   3.4 谈判纪律认知资料
   3.5 参加谈判供应商的签名表
   3.6 谈判记录及报价文件
   3.7 谈判过程变更文件
   3.8 谈判小组评审报告
4. 确定成交供应商阶段
   4.1 成交通知书和谈判结果通知书
   4.2 采购人确定成交供应商的文件

  4.3 质疑、投诉及处理文件
5. 采购阶段
  5.1 采购合同
  5.2 采购项目验收证明
  5.3 资金支付文件及证明
6. 附件
  6.1 谈判文件（另册装订）
  6.2 参加谈判供应商的报价文件正本（另册装订）
  6.3 其他有关重要文件

（五）政府采购档案目录（单一来源采购方式）

1. 采购项目采购活动记录表
  1.1 采购项目采购活动记录表
2. 准备阶段
  2.1 确定采购方式文件（确定第一来源采购公示表审批表）
  2.2 用户需求书
  2.3 委托代理协议书
  2.4 采购文件确认函
3. 谈判阶段
  3.1 单一来源采购文件
  3.2 评审小组组建资料及谈判签到表
  3.3 供应商的签名表
  3.4 谈判纪律认知资料
  3.5 供应商报价文件
  3.6 谈判协商记录文件
  3.7 评审小组评审报告
4. 确定成交阶段
  4.1 成交通知书
  4.2 采购人确定成交供应商的文件
  4.3 质疑、投诉及处理文件
5. 采购阶段
  5.1 采购合同
  5.2 采购项目验收证明
  5.3 资金支付文件及证明
6. 附件
  6.1 单一来源文件（另册装订）
  6.2 报价供应商的报价文件正本（另册装订）
  6.3 其他有关重要文件

各章习题答案

第1章
一、判断题：1（√），2（×），3（×），4（√），5（√）

二、单选题：B

三、论述题参考答案：董仲舒《举贤良对策》的故事应当引起政府立法和执法部门的深思。针对招标投标市场出现的问题，政府部门应当依法行政，科学管理。市场能够解决的问题，政府不应干预，在必要的监督中，应加大对违法行为的查处。倡导道德规范的正能量，维护公平的市场秩序。

第2章
一、判断题：1（√），2（×），3（√），4（×），5（×）

二、单选题：B

三、论述题参考答案：《招标法》作为公法，其管制的范围和规模首先应当和市场发育的成熟度相适应，在市场化不够成熟时，规模和范围可以稍多一些，反之应当少一些；其次，要考虑采购成本和效率，范围和规模的经济性；第三，考虑管制对象对社会和国家的影响度，管制的规模和范围并非是越大越好。

第3章
一、判断题：1（√），2（×），3（√），4（×），5（×）

二、单选题 D

三、论述题参考答案：在推荐遴选评标专家时，《招标投标法》和29号令规定可以聘用同等专业水平的专家，厦门大学教授谢泳说过："学历是证明一个人受过某一方面训练的最有力证据，学历是一个社会常态管理。但是一个正常的社会，必须在常态之外，给特殊人才留出空间。"因此，特殊人才也应当经过一定程序聘为评标专家库专家。

第4章
一、判断题：1（√），2（×），3（×），4（√），5（×）

二、单选题：C

三、论述题参考答案：招标方案的作用表现在：

（1）目标任务的分解书；（2）技术措施的路线图；（3）组织协调的指挥棒。

第5章
一、判断题：1（√），2（√），3（×），4（√），5（×）

二、单选题：A

三、论述题参考答案：在招标实践中，划分标段可能产生影响相对人合法权益的违法行为，可能产生两个层次两种违法行为。一是对于一般招标投标活动要求不得利用划分标段限制或者排斥潜在投标人，这体现的正是法律维护招标投标秩序的公正性；二是对于依法必须招标的项目，明确其不得利用划分标段规避招标，这不但体现了法律的强制性，并相应地设置了其应负的法律责任。

第6章
一、判断题：1（√），2（×），3（×），4（×），5（√）

二、单选题：B

三、论述题参考答案：两阶段招标采购的程序，与公开招标采购的程序基本相似，所不同的是要进行两次招标，第一阶段投标人提交技术建议，招标人编制招标文件；第二阶段，招标人出售招标文件，按一般招标程序组织招标确定中标人。

第 7 章

一、判断题：1（×），2（×），3（√），4（√），5（√）

二、多选题：A、B、D、E

三、论述题参考答案：主要有以下三点：

1. 投标人限制条件：与平台主体、控股或管理关系可能影响公正的任何单位和个人不得投标或代理投标

2. 投标文件的拒收：按照招标文件规定编制和加密，未加密拒收。

3. 递交投标文件：注册登记有关信息（营业执照、组织机构代码、税务登记）平台验证；使用电子平台递交

第 8 章

一、判断题：1（√），2（×），3（×），4（×），5（√）

二、多选题：B、C、D、E

三、论述题参考答案：标底和最高限价有四个不同，即①目的不同；②来源不同；③作用不同；④形式不同。

第 9 章

一、判断题：1（√），2（×），3（√），4（×），5（×）

二、多选题：B、C、D、E

三、论述题参考答案：依据招标投标法实施条例第六十一条的规定处理，即受理、处理对恶意投诉驳回。

第 10 章

一、判断题：1（√），2（√），3（√），4（×），5（√）

二、单选题：D

三、论述题参考答案：招标采购合同有以下三个特征：

（1）招标采购缔结的合同属于不可转让的合同；

（2）招标采购合同具有较强的国家管制性；

（3）鉴于《招标法》规范的重点是依法必须招标的工程建设项目。

第 11 章

一、判断题：1（√），2（×），3（√），4（√），5（×）

二、多选题：A、B、C、E

三、论述题参考答案：公共资源交易平台产生的大数据应用前景主要表现在了解宏观经济走向、社会预期、重点产业活跃度、区域经济关联度、社会通胀通缩预期、社会消费热点、企业生产经营状况、大宗商品供求及价格走势、重要商品价格异常波动、采购订单变化趋势、国民经济动员潜力等方面和领域。这是一方面；另一方面实现各种形式的智慧采购。

参 考 文 献

[1] 何红锋. 招标采购案例分析（招标师职业水平考试辅导教材 2012 版）. 北京：中国计划出版社，2012.
[2] 刘慧. 招标采购专业实务（招标师职业水平考试辅导教材 2012 版）. 北京：中国计划出版社，2012.
[3] 孔晓. 项目管理与招标采购（招标师职业水平考试辅导教材 2012 版）. 北京：中国计划出版社，2012.
[4] 毛林繁. 工程建设项目招标采购理论与实践. American Rqsearch Press, America. 2007.
[5] 林善谋. 招标投标法适用与案例评析. 北京：机械工业出版社，2004.
[6] 李显冬. 民法教程. 北京：中国人民公安大学出版社，2003.
[7] 朱建元. 工程招标投标案例评析及法律实务. 北京：知识产权出版社，2004.
[8] 许高峰. 国际招投标. 北京：人民交通出版社，2001.
[9] 江平. 江平文选. 北京：中国法制出版社，2000.
[10] 曲修山. 建设工程施工合同与纠纷处理实务. 北京：知识产权出版社，2004.
[11] 陈川生，沈力. 招标投标法律法规解读评析——评标专家指南（第二版）. 北京：电子工业出版社，2012.
[12] 唐广庆. 建设工程实施阶段的项目管理. 北京：知识产权出版社，2005.
[13] 鲁布革工程管理局. 鲁布革水电站项目管理的实践. 北京：水利电力出版社.
[14] 国家发展和改革委员会法规司等编著. 中华人民共和国招标投标法实施条例释义. 北京：中国计划出版社，2012.
[15] 刘亚利. 政府采购案例精编. 北京：中国金融出版社，2011.
[16] 中国（双法）项目管理研究委员会. 中国项目管理知识体系（C—PMBOK2006）. 北京：电子工业出版社，2006.
[17] 王志毅. 中华人民共和国标准设计施工总承包招标文件（2012 版）合同条款评注. 北京：中国建材工业出版社，2012.